파국에서 레짐 체인지로

−채무 노예의 길과 구체제 해체의 갈림길−

최배근

집문당

이번이 다른 이유: 시장시스템들의 저주?

미국의 대형 투자은행 중 하나인 리먼 브러더스가 파산한 지 4주년이 되는 2012년 9월, 주요 선진국 경제는 여전히 위기에서 헤어나지 못하는 모습을 드러냈다. 9월 6일 유럽중앙은행(ECB) 총재 드라기(Draghi)는 유로존 국채시장 안정을 위해 유럽중앙은행의 무제한 국채 매입 프로그램을 발표했다. 일본은행(BOJ) 역시 2012년 8월부터 연말까지 자산매입을 위한 특별 기금을 계속 늘리더니 12월 총선 이후 선거에서 압승한 자민당의 아베 정부도 무제한 금융완화에 동참했다. 제로금리의 지속과 무제한 돈 찍어내기는 세계 3대 선진국 경제의 현 상황을 잘 보여준다. 그런데 금리를 바닥까지 낮추고 돈을 찍어내도 돈은 돌지 않고, 소비나 투자가 살아나지 않는다. 그렇다보니 은행, 소비자, 기업 모두 현금을 축적하고 있다. 미래에 대한 불확실성 때문이다. 문제는 불확실성이 구조적 요인에서 비롯되고 있기에 간단한 일은 아니다. 주요 선진국들의 경제가 좀비경제나 몽유병환자 등에 비유되고 '글로벌 경제의 일본화'에 대한 우려가 증대되고 있는 배경이다. 글로벌 금융위기 이후 선진국 경제는 더 이상 과거 우리의 머릿속에 있던 선진국 경제가 아니다. 최근 많은 사람들이 미국 경제가 회복되고 있다고 얘기하지만 이러한 인식은 글로벌 금융위기를 제대로 이해하지 못하기 때문이다.

미국 경제를 포함해 선진국 경제가 왜 이렇게 되었을까? 글로벌 금융위기 발발 이후에도 많은 사람들, 특히 대다수 경제전문가들은 미국 경제가 툭툭 털고 일어설 것이라고 전망했다. 일반인들은 '글로벌 금융위기'의 시작을 리먼 브러더스가 파산한

2008년 9월 15일로 기억하겠지만, '글로벌 금융위기'의 기원은 적어도 리먼 사태보다 1년 전인 2007년 여름으로 거슬러 올라간다. 글로벌 은행들이 본격적으로 대형 손실을 기록하기 시작했기 때문이다. 예를 들어, 2007년 8월 13일(월요일) 미국의 대표적 투자은행인 골드만삭스는 자신이 운영하던 헤지펀드들의 대규모 손실을 발표했다. 당시 상황을 파이낸셜 타임스(2007년 8월 13일) 기사를 통해 살펴보자. 7월 말 글로벌 증시가 급락장을 전개하면서 골드만삭스가 운영하던 대표 헤지펀드인 GEO (Global Equity Opportunities) 펀드는 연초 대비 2007년 8월 6일(월요일) 기준, 한 자리 수로 수익률이 하락하고 있었다. 손실을 만회하기 위해 20억 달러를 추가 투입했다. 그러나 주가 이동은 컴퓨터 모델 예측과 반대로 이동, 8월 10일까지 30% 이상의 손실이 발생했다. 골드만삭스의 또 다른 간판 펀드인 글로벌 알파(Global Alpha) 펀드 역시 27%의 손실을 기록했다. 필자가 이 기사를 소개한 이유는 골드만삭스의 헤지펀드들이 서브프라임 모기지 채권과 전혀 관련이 없는 주식형 펀드의 폭락이라는 점이다.

물론, 2006년 말부터 그 모습을 드러내기 시작한 금융위기의 초기 증상은 서브프라임 모기지와 관련된 것이었다. 그러나 투자 손실이 서브프라임 모기지에서만 국한되지 않고 금융시장 전반으로 확산되었듯이 미국의 서브프라임 모기지 사태의 본질은 미국 금융시스템의 파산 그 자체였다. 반면, 미국의 엘리트들은 위기의 성격을 제대로 이해하지 못하고 있었다. 위기의 불길이 번지기 시작한 초기의 처방들이 실패한 이유이다. 예를 들어, 연준(Fed)의 벤 버냉키 의장은 미국 하원 공동경제위원회 증언(2007년 3월 28일)에서 경제 전망과 관련하여 "경제와 금융시장에 대한 서브프라임 시장의 영향은 억제될 것"이라고 확신했다. 그러나 사태는 갈수록 악화되었다. 베어스턴스, 리먼 브러더스, 메릴린치, AIG, 시티뱅크 등 대형은행들 및 금융회사들이 파산 혹은 사실상 파산을 하고, 정부가 보증한 모기지 대출 전문 금융회사인 패니매와 프레디맥 등을 국유화하고, 금리를 제로 수준까지 내리는 등 금융회사들이 보유하던 독성자산들과 미국 정부가 발행한 채권을 매입해주기 위해 수조 달러를 찍어내고서야 금융시장의 붕괴는 멈추었다. 시장 붕괴가 멈춘 이후에도 계속된 양적 완화를 정당화하기 위해 연준의 버냉키 의장은 양적 완화가 GDP 증가와 고용 개선 등에 성공적이었다고 자평했다. 그러나 그동안의 고용 개선은 만족스럽지 못했고, 증가했다는 일자리도 질 낮은 일자리가 대부분이었다. 부채(거품)로 만든 성장과 일자리가 사라지면서 금융위기 이전의 고용 수준으로 돌아갈 수 없는 것이다. 지난 30년간 부채(거품)로 만든 성장과 일자리만큼을 대체할 새로운 성장 추진력과 일자리를 만들지 못하는 한 저성장과 고실업의 지속은 불가피함을 의미한다. 미국 경제가 작은 충격에도 경기가 둔화되고 스스로 회복을 하지 못할 정도로 체력이 약해진 배경이다. 또한, 양적 완화가 일반적으로 목표로 삼는 금융스트레스의 완화, 장기 시장금리의 인하, 은행 대출 촉진, 위험자산 가격의 회복(상승) 등이 모두 이루어진 상황에서도 명분도 없는 양적 완화를 계속 시행한 것도 그 이유이다. 게다가 국가 부채와 연준 부채의 급증이 미래 세대에게 '의도하지 않은 결과'를 가져다줄 가능성이 높다. 그런데도 연준은 무제한 '돈 찍어내기'를 선택할 수밖에 없는 것일까? 양적 완화에 대한 국내외의 비판과 비난에도 불구하고 연준의 강행은 미국 경제의 체질이 너무 허약해졌기 때문이다. 미국 경제는 자력으로 좋은 일자리를 만들고 국가 부채를 해결하기 어려울 정도로 주요 시스템이 훼손되었다. 비정상적 수단까지 동원했음에도 불구하고 미국 경제가 정상화되지 못하는 것은 '글로벌 금융위기'의 본질이 금융시스템의 파산 이상을 의미하기 때문이다. 글로벌 금융위기는 산업화의 완료와 탈공업화에 따른 산업구조의 변화 및 시장시스템의 한계라는 역사이행기의 문제에서 비롯한다.

유로존 문제를 '유로존 위기'가 표면화되기 이전까지 유럽의 엘리트들이 제대로 이해하지 못하고 있었던 것도 마찬가지다. 글로벌 금융위기가 발발했을 때 유럽의 지도자들은 '글로벌 금융위기'를 자신들과 관계없는 미국의 금융위기로 이해하고 있었다. 예를 들어, 리먼 파산 이후 당시 독일의 재무장관이었던 슈타인부뤽(Steinbrück)은 금융위기는 미국이 만든 것이고 독일과 유럽은 미국이 만든 대외 위기에 의해 상처를 입은 '아무 죄가 없는 제3자'라고 말했다. 따라서 납세자의 비용으로 7천억 달러의 금융부문 구제를 계획하는 미국 정부의 노력이 유럽과 독일에게는 "합리적이지도, 필요하지도 않다(neither sensible nor necessary)"고 주장했다(FT, September 26,

2008, Germany sees an end to US hegemony). 즉 대다수 유럽인들은 '유로존 위기'를 예상하지 못했을 뿐만 아니라 '유로존 위기'와 '글로벌 금융위기'의 연관성을 이해하지 못하고 있었다. 주지하듯이 '글로벌 금융위기'로 신용경색이 일어나자 금융위기 이전 이른바 피그스(PIIGS) 혹은 깁스(GIIPS)로 불리는 유럽의 주변국들에 유입되었던 해외투자자본이 본국으로 회귀했고 주변국들은 해외차입의 길이 막혔다. 급증한 신용(부채)과 주택시장 확장에 기초했던 성장과 세수 기반은 붕괴되었고, 파산한 금융권을 구제하는 과정에서 재정은 고갈되고 국채 이자율은 치솟고 국가부채의 비중은 순식간에 위험 수위를 넘어서며 유럽의 위기는 시작되었다. 즉 유로존의 시스템 문제점이 '글로벌 금융위기'로 드러났듯이 '유로존 위기'는 글로벌 금융위기와 분리해 이해할 수가 없다. 유로존의 구조와 시스템 문제는 기본적으로 개별 국가의 자율성을 전제로 재정위기 등에 대한 공동 책임이나 경제적 차이에 대한 거시경제적 조정 등 초국가 협력을 만들어내야 하는 과제와 관련이 있다. 예를 들어, 유로존의 가입은 개별 국가에게 국가 리스크 프리미엄을 제로로 만들어준 대신 이 혜택은 개별 국가 정부에 대한 규율을 전제로 한 것이었다. 즉 유로존은 개별 국가 정부의 자율적 규율을 전제로 한 제도였다. 또한, 한편에서 거론되는 유로본드 발행 역시 시장 규율을 무력화시킨다는 점에서 시장 규율을 대신할 자율적 규율의 확보 없는 유로본드 발행은 유로존 전체의 재앙이 될 수도 있다. 이처럼 개별 국가의 엄격한 자율적 규율을 전제로 한 초국가 협력은 유럽의 향방을 결정할 수밖에 없다. 그러나 현재 유럽은 유로존 재정위기를 해결할 최소한의 조건인 유럽중앙은행(ECB)의 적극적 개입조차도 합의를 만들어내지 못하고 있다. 이는 유로존의 과제가 인류 사회 누구도 '가보지 않은 길'이기 때문이다. 게다가 유럽 역시 탈공업화와 인구구조의 변화에서 자유롭지 못하다. '부채의 늪'에서 벗어날 근본적 해법은 새로운 성장 추진력의 마련이기 때문이다.

마지막으로 일본의 '잃어버린 20년'에서 보듯이 '일본의 파산'은 피하기 어렵다. 일본 경제의 문제 역시 기본적으로 산업화 완료 이후 탈공업화와 인구구조 변화 등에 일본 시스템(네트워크형 시장시스템)이 무력감을 드러낸 결과이다. 경제력에서 세계 2위로 부상한 일본 경제는 70년대 이후 금융자유화 물결 속에 산업화 성숙 단계에 진입했다. 첫째, 70년대 초 국제통화시스템의 대변화와 그 이후 미국이 주도한 금융자유화(미국의 '원자적 금융시스템'의 확대)는 일본의 산업화를 가능케 한 '관계적 은행중심 시스템'에 균열을 야기했고, 그 결과는 일본의 고도성장을 만들어낸 '리스크공유 메커니즘'의 붕괴로 나타났다. 예를 들어, 1960~74년간 연평균 8.9%를 기록했던 실질 GDP 성장률은 1974~89년간 4.0%로 하락했다. 둘째, 글로벌 불균형의 조정 과정('플라자합의 쇼크')에서 일본은 산업화 이후의 산업구조의 업그레이드 등 산업체계에 대한 전면적 재검토보다는 자산버블을 만들어냈다. 그 결과가 90년대 초 자산버블의 붕괴였고 '잃어버린 20년'이다. 버블 붕괴의 후유증으로 1990~2007년간 연평균 실질 GDP 성장률은 다시 1.7%로 하락한다. 게다가 이 기간 중에 실질 GDP 성장률은 플러스(+)를 기록했지만, 이는 디플레이션의 결과로 2009년 명목 GDP는 90년대 초 수준에 불과했기에 '잃어버린 20년'을 말하는 것이다. 자산버블의 붕괴 이후 일본 경제의 장기 저성장은 '일본형 네트워크 시장시스템'이 더 이상 작동하지 않는다는 사실을 의미하고, 일본 시스템에서 주도적 역할을 수행했던 정부 리더십의 실종, 즉 '정치의 실패'를 의미한다. 1960년대 후반 이래 선진국을 중심으로 제조업 기술의 평준화가 확산되면서 제조업 중심의 모노칼라 산업구조를 갖고 있는 국가일수록 제조업에서의 경쟁 압력 증대에 따른 비용 절감과 수익성 압박에 대응하여 기업은 임금 인상의 억제, 비정규직 노동력 사용의 증대, 자동화 및 해외 이전 등으로 대응하고, 국가는 환율정책 등으로 지원한다. 이러한 대응은 국가마다 정도의 차이가 존재할 뿐 기업과 가계 간 소득의 불균등 배분, 고용의 불안정 및 질의 악화, 저출산, 내수 취약성의 심화를 초래했다. 즉 제조업 중심의 모노칼라 산업구조의 함정이 만들어낸 노동자의 소득 정체와 내수 약화, (생산연령 인구의 비중이 하락하면서 경제성장이 지체되는 것을 의미하는) 인구 오너스의 전개, '수출에 목을 매는 경제'의 악순환 속에서 일본 시스템은 무력감을 드러내고 있다.

이처럼 인류 사회는 지난 수 세기 동안 경제발전을 주도했던 주요 선진국 시장시스템들의 붕괴를 목도하고 있다. 탈공업화 속에 산업화를 만들어낸 시스템들이 제대로 작동하지 않고 있는 것이다. 즉 산업화 시대라는 한 시대가 막을 내리고 새로운 시대로의 이행기에 놓여 있다. '글로벌 금융위기' 이후 미국을 비롯한 유럽, 영국, 일본 등 주요 선진국들이 천문학적 규모의 통화를 인쇄하여 투입하는 등 모든 수단을 동원했음에도 불구하고 선진국 경제가 정상화되지 못하는 이유이다. 금융의 중개기능이 회복되기는커녕 은행들의 위험관리는 여전히 매우 취약하고, 고용의 회복은 기약이 없고, 은행위기는 국가부채와 중앙은행 부채의 위기로 전환되었을 뿐이다. "금융위기와 경기 침체 → 재정위기 → 경기 침체와 금융위기"로 이어지는 악순환에 빠져 있는 것은 그 고리를 끊어버릴 수 있는 새로운 성장 추진력을 만들어내지 못하기 때문이다. '글로벌 금융위기' 이후 유럽의 주변국들뿐만 아니라 미국과 영국 등 주요 선진국들이 '제2의 일본(the Next Japan)'이 될 가능성이 거론되는 배경이다.

주요 선진국들의 시스템 붕괴는 국제경제질서를 다극체제의 일상화 시대로 전환시키고 있다. 다극체제의 도래는 산업화의 완료와 맞물려 있다. 미국을 필두로 일본 및 서유럽 국가들의 공업화 완료는 경제력의 다원화를 의미했고, 그 결과 미국 중심의 세계경제질서는 더 이상 유지되기 어려워졌다. 한 시대가 저물고 있음을 보여주는 것이다. 다극체제는 달러 중심의 국제통화체제인 브레튼우즈 체제의 붕괴와 변동환율제가 도래한 70년대 초부터 시작되었다. 산업화의 확산 및 미국 경제력의 상대적 약화에서 비롯한 변동환율제의 등장은 금융시장의 글로벌화를 초래했고, 국제 금융시장의 통합은 개별 국가별 통화정책과의 불일치 문제를 야기했다. 변동환율제가 국제 자본흐름을 중개함으로써 개별 국가 통화정책의 확산효과를 만들어냈다. 예를 들어, 주요 국제결제통화국의 정책금리 인하는 나머지 국가들의 주요 통화 차입(캐리트레이드)을 증가시킴으로써 통화조건에 직접 영향을 미친다. 그 결과 상품가격의 압력 증대와 인플레 우려로 신흥시장국이 금리를 인상시켜야 하지만 추가 자금유입과 통화절상에 대한 우려로 금리 인상을 주저하게 만든다. 개별 국가의 통화정책이 합리적일지 모르지만 글로벌 경제 전체에 어려움을 만들어내는 이른바 '구성의 오류'를 낳는 것이다. 이처럼 글로벌 경제의 네트워크화는 국가 간 협력의 중요성을 증대시키고 있다. 그러나 초국가 협력의 빈곤은 글로벌 경제의 불확실성을 증대시키고 있다. 통화전쟁이 한 예이다.

선진국에 큰 타격을 입힌 글로벌 금융위기는 다극체제를 강화시키고 있다. 예를 들어, 2007년과 2011년 사이에 전 세계 국가부채는 22조에서 34조 달러로 증가했는데 부채 증가의 대부분은 선진국이 만들어낸 것이다. 그 결과 2011년을 기준으로 미국, 유로존, 영국, 일본 등 4대 국제결제통화국의 부채가 세계 총부채의 81%를 차지하고 있다. 게다가 선진국의 경우 낮은 인구성장률, 급속한 고령화, 의료비용 등 의무지출이 급증하는 반면, 공공부채의 증가는 민간부문에 부담으로 작용할 수밖에 없기에 선진국 경제의 장기 저성장과 선진국과 신흥국 간 격차 축소는 불가피하다. 즉 힘의 균형 이동은 불가피하고, 실질적인 다극체제의 시대가 도래한 것이다. 다극체제에서 초국가 협력은 글로벌 경제의 안정과 공동 번영을 위해 선택이 아닌 필수 조건이다. 초국가 협력의 빈곤은 불확실성과 불안정성을 초래할 수밖에 없기 때문이다. 예를 들어, 국제결제통화들(달러, 유로, 파운드, 엔)의 가치 하락은 불가피한 가운데 신흥국들이 '보험' 차원에서 보유하고 있는 외화자산 손실에 대한 우려가 증대할 경우 국제통화시스템의 갑작스러운 붕괴도 배제할 수 없다. 예를 들어, 미국의 재정위기(연준의 부채위기)는 달러 리스크의 현실화에 출발점이 될 것이다. 이처럼 국가 간 상호의존의 증대 속에 초국가 협력이 불가피한 반면, 경제 체질이 약화된 선진국들을 중심으로 자기 이익만 챙기려는 신중상주의가 득세하고 있다. 이 두 가지 경향은 서로 양립할 수 없다는 점에서 인류 사회로 하여금 '혁명적 결단'을 요구하고 있다. 즉 모든 국가의 이익을 증대시킬 수 있는 초국가 협력 체제를 마련하는 일이다. 집단행동과 상호작용 그리고 피드백의 증대로 세계경제의 초국가 협력은 선택의 문제가 아니라 필수가 된 것이다.

한편, 주요국의 시스템들이 제대로 작동하지 않으면서 대다수 시민들은 '채무 노예'로 전락했다. 앞으로 더 많은 시민들이 '채무 노예'로 전락할 것이다. 사회 붕괴를 막는다는 명분으로 선택한 은행 부채의 해결은 시민들의 '채무 노예' 전락을 막는 데 실패했다. '채무 노예'화가 시스템 실패의 산물이라는 점에서 대중을 채무로부터 해방시켜야 한다. 그런데 사회 전체의 파이가 과거처럼 증가할 수 없는 상황에서 대중을 채무로부터 해방시키는 일은 계급전쟁을 야기할 수밖에 없다. 계급전쟁을 피하기 위해서는 시스템을 근본적으로 바꿔야 한다. '채무 노예'화의 해법은 채무 상환에 필요한 소득 창출 기회의 제공이라는 점에서 새로운 시스템은 좋은 일자리와 새로운 성장 추진력을 만들어낼 수 있는가가 기준이 된다. 그런데 산업사회의 시스템은 좋은 일자리를 만들어낼 역량이 크게 약화됐다는 점에서 새로운 시스템의 창출은 산업사회의 운영원리를 뛰어넘는 '혁명적 상상력'을 요구한다. 즉 새로운 사회운영 원리에 기초한 교육, 금융, 법률 시스템 등을 만들어내는 일이다. 이처럼 새로운 시스템의 마련과 초국가 협력 체제의 구축이 필요하나 어느 하나도 간단한 과제가 아니다. 선진국의 위기가 단기간 내 끝날 수 없는 이유이다. 선진국의 장기 저성장 속에 인류 세계가 역사이행기 국면에 진입했음을 인식할 필요가 있다.

대변환의 진행은 한국 경제라고 예외가 될 수 없다. 한국 경제는 제조업 중심의 모노칼라 산업구조를 가졌다는 점에서 일본 등과 유사하지만, 제조업의 자기완결성이 부족하다는 점에서 상대적으로 산업구조가 취약하다. 가계 소득과 내수의 취약성, 높은 대외의존도, 비정규직 노동력 문제, 저출산-고령화 등이 일본이나 독일보다 심각한 이유이다. 게다가 우리나라는 인구요인으로만 볼 때 향후 40년(2010~50년)간 OECD 국가 중에서 주택가격 하락률이 가장 클 것으로 전망된다. 또한, 잠재성장률의 하락 속도 역시 가장 빠르게 진행되어 2030년 이후에는 OECD 국가 중에서 성장률이 두 번째로 가장 낮은 국가가 될 것으로 전망된다. 인구와 성장 요인을 결합한 것이 핵심노동력을 비생산인구(연소인구+노년인구)로 나눈 '역부양인구비율'인데, 이 비율은 (주택)자산 시장과 깊은 연관성을 갖는다. 미국과 일본 그리고 유럽 국가들의 경우 '역부양인구비율'이 하락하는 시점과 자산시장의 붕괴가 정확히 일치했다. 그런데 한국의 경우 2010년 이후부터 '역부양인구비율'이 하락하기 시작했다. 가계부채와 깊은 연관성을 갖고 있는 주택시장이 침체되기 시작한 배경이다. 이처럼 한국 경제는 일본이 20년 전에 겪었던 자산버블의 붕괴와 인구 오너스(onus)의 결합이 막 도래하여 장기불황이나 침몰 가능성을 배제할 수 없는 절체절명의 상황에 직면해 있다. 게다가 중국의 부상에 따른 미·중 갈등의 한복판으로 한반도가 빠져들고 있다. 한반도의 자체적 전쟁 가능성 혹은 동북아 갈등 구도에 휘말릴 가능성을 배제할 수 없는 상황에서 동북아에서 미·중 갈등이라는 구조적 리스크를 제거하지 않는 것은 안보 무감각증의 극치라고 할 수밖에 없다. 이처럼 한국은 경제적 침몰과 한반도 전쟁 가능성이라는 두 개의 쓰나미 앞에서 역사 이행기의 희생양이 될 것인가 아니면 새로운 역사 흐름을 만들어낼 것인가의 갈림길에 놓여 있다. 따라서 한국 사회가 산업화 이후의 사회경제적 진보와 미·중 갈등을 넘어 한반도 통일을 만들어낼 수 있는 새로운 패러다임을 만들어내는 것은 생존을 위해서도 피할 수 없는 역사적 운명이다.

역사이행기는 과거와 미래가 공존한다. 윌리엄 깁슨(William Gibson)의 표현대로 "미래는 이미 와 있다. 단지 널리 퍼져 있지 않을 뿐이다(The future is already here. It's just not evenly distributed)." 과거와 미래가 공존하는 이행기의 특징 중 하나가 세대 갈등이다. 기성세대는 과거의 경험으로 해석한다. 그러나 미래세대는 직관적이고 본능적으로 미래를 받아들인다. 더 이상 과거의 프리즘을 통한 해석은 받아들이기 어렵기 때문이다. 시중에 회자되는 '부동산 40년 공식'의 붕괴도 산업구조와 인구구조의 변화가 발생하는 역사이행기의 한 현상인 것이다. 세대 갈등의 최대 희생양은 청년 세대이다. 순기능이 약화된 산업사회의 시스템에 갇힌 청년 세대의 모습이 청년 실업이기 때문이다. 많은 시민들을 '채무 노예'로 전락시키고 저출산-고령화 등 인구구조를 변화시키는 근본적 요인도 산업사회 시스템의 기능 약화이다. 산업화 완료에서 비롯한 탈공업화 과정이 새로운 사회질서로 순조롭게 이행되지 않으면서 인류 사회의 고통은 증대하고 있고, 불확실성이 고조되고 있는 것이다. 역사 이행기는 국가와 개인 등에게 지금까지와는 다른 방식의 사고를 요구한다. 사회질서를 운영하는 기본 시스템의 혁신은 불가피하다. 영국이 시스템의 혁신을 통해 산업화 시대를 열었듯이 새로운 혁신을 만들어낼 수 있는 국가가 새로운 시대의 주역이 될 수밖에 없다. 그러나 핵심 시스템의 전환은 사회 구성원 간의 이해 차이로 쉽지 않은 과제이다. 그렇지만 새로운 시대로의 이행은 불가역적이다. 개인의 선택 역시 이러한 흐름을 고려하여 결정할 수밖에 없다.

이 책은 인류 세계를 뒤덮은 불확실성의 근본 요인들과 흐름의 방향 등을 이해하고, 국가와 개인 등은 어떤 선택을 해야 하는가에 대한 정보를 제공하기 위한 것이다.

이 책을 통해 독자들은 지금 인류 세계가 직면한 위기가 지난 수백 년간 산업사회와 물질문명 등을 만들어낸 주요 시스템들이 더 이상 제대로 작동하지 않은 데서 비롯했다는 사실을 이해할 수 있을 것이다. 또한, 이 책은 세계 경제의 흐름에 대한 이해를 넘어 한국 사회가 직면한 과제에 대한 해법을 제시한다.

차례

프롤로그 / 3

제 1 장 위기의 기원과 이행기의 시작 ········· 15
제 2 장 금융 과잉과 경제의 금융화 ········· 36
제 3 장 펀드(매니저) 자본주의와 금융과두정의 등장 ········· 46
제 4 장 글래스-스티걸 체제의 붕괴: 탈규제 이데올로기의 제도화 ········· 51
제 5 장 공식 세계가 만든 비공식 세계: 그림자금융시스템 ········· 64
제 6 장 금융혁신과 대량살상무기의 제조 ········· 71
제 7 장 자산의 증권화: 리스크 배분과 시스템 리스크의 창출 ········· 84
제 8 장 부채 주도의 성장과 채무 노예의 길 ········· 89
제 9 장 금융화와 소득불평등 그리고 채무 노예화 ········· 108
제10장 월가와 워싱턴의 유착 그리고 신자유주의 포퓰리즘 ········· 121
제11장 고용 시스템의 약화와 모기지 시스템의 붕괴 ········· 129
제12장 일극체제의 붕괴와 글로벌 불균형 그리고 초국가 협력의 빈곤 · 141
제13장 선진국 통화정책은 글로벌 경제의 새로운 리스크 ········· 155
제14장 삽질 프로젝트와 재정위기 ········· 187

제15장 미국 시대의 종언 ························ 198
제16장 유로존, 파국과 새로운 선택의 갈림길 ························ 247
제17장 일본 모델의 파산 ························ 278
제18장 베이징 컨센서스와 팍스 시니카의 환상 ························ 304
제19장 코리아, 파국과 레짐 체인지의 갈림길에 서다! ························ 321

찾아보기 / 349

제1장

위기의 기원과 이행기의 시작

기본적으로 글로벌 금융위기의 기원은 공업화 이후 이행기의 산물이다. 첫째는 제조업 이후 산업구조의 업그레이드나 제조업 중심에서 산업체계의 다양화가 순조롭게 진행되지 못하면서 금융의 과잉이 만들어진 결과이다. 둘째는 산업화 시대의 패러다임, 제도, 시스템 등이 더 이상 혁신을 만들어내지 못하고 사회경제의 진보에 대한 순기능이 소멸된 결과이다. 즉 글로벌 금융위기에서 탈출은 새로운 사회경제로의 혁신과 진보가 이루어지는 과정이 될 것이다. 한 가지 예를 들면, 주요 선진국의 시스템 위기들은 현상적으로 과잉부채의 문제이다. 과잉부채의 해결은 소득 및 일자리 창출이라는 새로운 성장 모멘텀(추진력)의 확보로 가능하다. 즉 개인이나 은행 등의 과잉부채를 감면 혹은 탕감하더라도 그 부채들은 국가로 이전되는 것인 반면, 부채 감면이나 탕감이 성장 추진력이 되는 것은 아니기 때문이다.

탈공업화와 일자리 창출 역량 약화

인류세계는 18세기 말부터 19세기 초 사이에 영국에서 진행된 '산업혁명' 이래 적어도 200년간 공업화를 진행해왔다. 그런데 이러한 공업화는 1960년대 후반부터 새로운 국면을 맞이한다. 즉 산업혁명으로 시작한 공업화는 19세기 말과 20세기 초에 또 다른 기술혁명(이른바 2차 산업혁명)을 경험했다. 국가들마다 공업화의 전개 과정에 차이는 있지만 1960년대까지 미국과 서유럽 국가들, 그리고 일본 등 이른바 공업화의 선진국들은 기본적으로 중화학 공업화를 완료한다. 그 결과 인류 세계의 공업생산력은 비약적으로 발전했지만, (상대적) 과잉 공급의 문제에 직면하게 된다. 미국

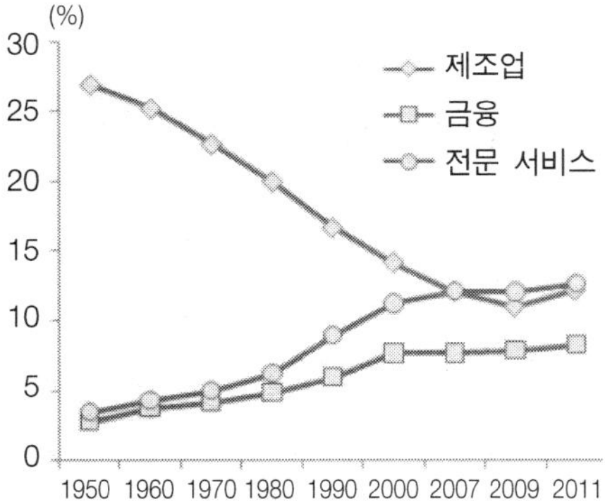

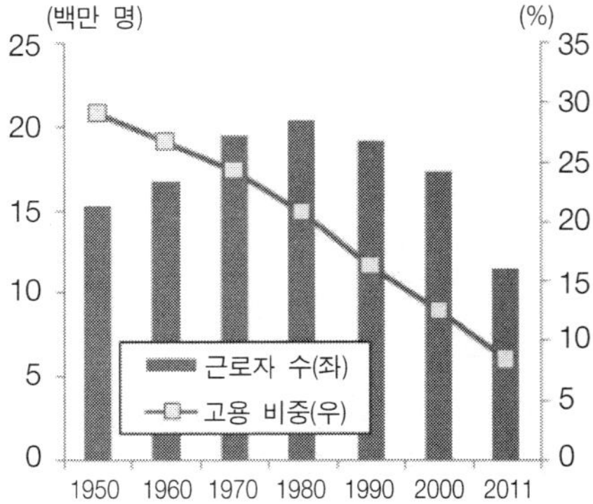

자료: BEA.

GDP 중 각 산업의 비중

제조업 고용 추이

과 서유럽 국가 그리고 일본 등 사이에 제조업 부문의 기술이 평준화되는 가운데 가격 경쟁이 치열해졌고, 그 결과 가격경쟁력에서 뒤처질 수밖에 없는 미국 제조업의 경쟁력 쇠퇴는 불가피했다. 이에 미국은 60년대 후반에 일본과 독일(당시 서독)에 대해 무역적자를 기록하기 시작했고, 1985년부터는 중국에 대해서도 무역적자를 실현했다. 사실, 미국이 주도적으로 추진한 시장개방 정책은 가격 경쟁력에 기초하는 제조업에게 불리하게 작용할 수밖에 없었다. 60년대부터 무역자유화가 급속히 확장되면서 제조업 일자리의 외주화(outsourcing)가 진행되었고, 여기에 70년대 초부터 주기적으로 반복되는 경기 침체는 제조업 노동자의 해고로 이어지는 등 미국의 '러스트 벨트(Rust Belt, 공장지대)'는 위축되기 시작했다. 1950~2009년 사이에 GDP에서 제조업의 비중은 27%에서 11%로 하락했다. 2011년에는 세계 제조업에서 중국이 차지하는 비중이 19.9%로 미국을 제치고 세계 1위 자리에 올랐다. 제조업 고용 비중 역시 1940년대에 정점에 도달한 이후 1950~2011년 사이에 29.1%에서 8.5%까지 지속적으로 하락했다. 특히, 80년대 이후 제조업 종사자는 절대 규모가 감소하기 시작했다. 2000년 이후에도 미국 제조업은 노동력의 약 6백만 명에 해당하는 31%를 축소했다. 맥킨지 글로벌 연구소(MGI)에 따르면 미국의 고용 증가율은 연평균 2.6%를 기록한 1970년대를 정점으로 하락하기 시작하여 80년대는 1.6%, 90년대는 1.3%, 그리고 2000년대는 0.9%로 지속적으로 하락했다. 즉 50년대부터 70년대까지는 매 10년마다 12%, 20%, 26%씩 고용 증가율이 상승했지만 그 이후 80년대는 20%, 90년대는 15%, 그리고 2000~07년간(2000~10년간)은 7%(2%)로 계속 하락했다. 그리고 1960~90년간 절반 수준으로 하락했다.

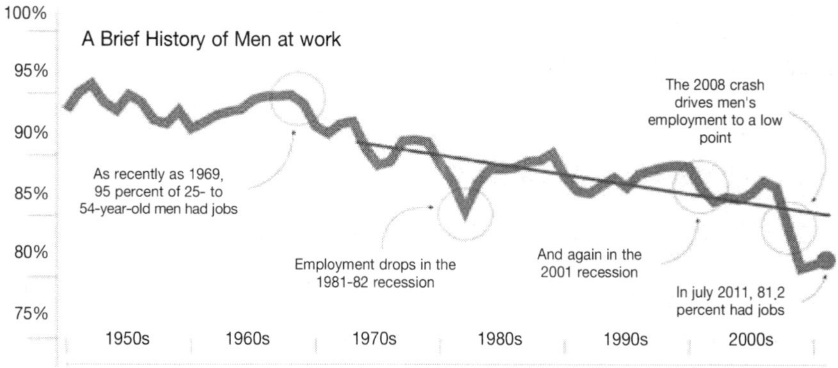

출처: Businessweek, August 24, 2011, The Slow Disappearance of the American Working Man.

남성 핵심노동력(25~54세) 고용률의 장기 추이, 1950~2011

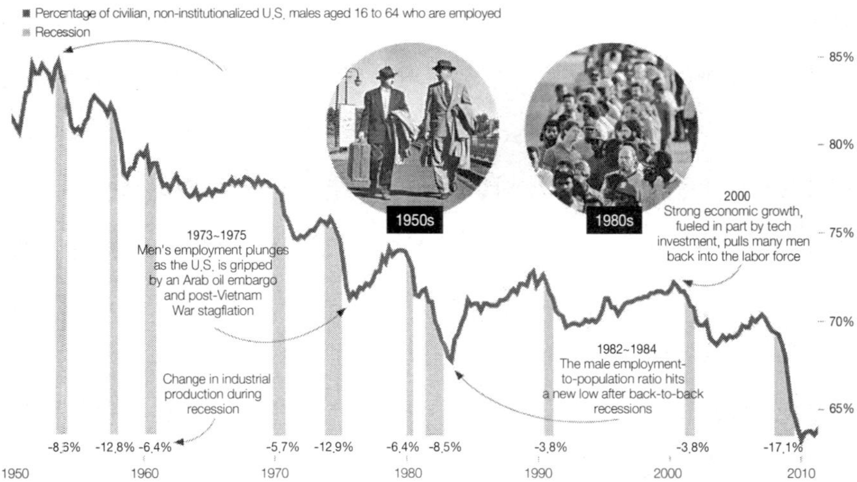

DATA: Bureau of Labor statistics. Federal Reserve.
출처: Businessweek, April 7, 2011, The Hidden Job Crisis for American Men.

미국 민간부문의 남성 고용률(16~64세)의 장기 추세, 1950~2011

이처럼 일자리 창출 역량의 쇠퇴는 미국 산업구조의 변화, 즉 탈공업화와 맞물려 있다. 산업구조의 변화에 따른 고용시스템의 약화는 핵심 남성노동력(25~54세) 고용률의 장기 추세에서도 확인된다. 1969년만 하더라도 핵심 남성노동력의 95%가 고용되었으나 금융위기 직전까지 90% 이하로 하락했다. 민간부문에 고용된 남성 고용률(16~64세 중 취업자 비중)도 1950년대 80%대에서 지속적으로 하락하여 2000년대에는 70% 이하로 하락했다.

성장 추진력의 약화와 신자유주의 대두

제조업의 공급 과잉은 자본의 수익률 하락으로 확인된다. 제조업에서 주요 선진국의 이윤율을 보면 1960년대까지 대체적으로 25% 이상을 유지했으나, 1973년 이후 1980년대까지 높아야 16%, 낮게는 10%까지 하락했다. 따라서 1970년대 이후 세계경제 환경의 주요 변화들은 수익률 하락에 대한 자본의 대응과 밀접한 관련을 맺고 있다. 1960년대 후반부터 경제 운영에서 정부 개입을 반대하고 시장원리를 만능시하는 신자유주의 확산이 그것이다. 신자유주의 사상에 기초한 경제정책들은 대내적으로는 감세, 노동시장과 산업현장에 대한 탈규제, 민영화, 긴축 등으로, 대외적으로는 시장 개방의 확대로 나타났다. 예를 들어, 미국 레이건 행정부(1981~88년)는 소득세의 최고세율을 70%에서 33%로 삭감했고, 영국의 대처 정부(1979~90년)는 83%에서 40%로 내렸다. 참고로 미국의 최고 소득세율은 대공황 당시(1931년)까지 25%에서 1932년에 63%로, 1952년까지는 92%로 인상했다. 그 이후 다시 인하했지만 1970년대까지 70%대를 유지하다가 레이건 행정부에서 38.5%까지 인하하고, 뒤를 이은 부시 시니어 행정부에서는 31%까지 추가 인하했다. 클린턴 행정부에서 39.6%까지 인상했으나, 부시 주니어 행정부에서 35.0%까지 다시 인하했다. 법인세 최고세율의 경우에도 대공황 이전 12%에서 1942년에 40%로 인상했고, 1952년에는 다시 52%로 인상하여 1963년까지 유지되었다. 그 후 다시 인하하여 70년대 후반까지 48%에 달했지만, 소득세와 마찬가지로 레이건 행정부에서 40%까지 인하하고, 뒤를 이은 부시 시니어 행정부에서 34%까지 인하했다. 그러다 클린턴 행정부에서 35%로 인상한 후 현재까지 지속되고 있다. 이처럼 대공황 이후 증세로 전환하여 미국 경제가 가장 번영했던 60년대까지 가장 높은 소득세율과 법인세율을 갖고 있었다는 사실이다.

또한, 신자유주의 경제정책들은 노동자의 몫을 억압함으로써 수익률을 개선하는 데 기여했다. 1973~87년간 주요 선진국에서 노동생산성의 연평균 증가율은 1.5%가 증가한 반면, 실질임금의 증가율은 0.9%에 불과했다. 그러나 제조업 공급 과잉의 문제는 노동자 몫의 억압으로만 해결될 수는 없었다. 노동자 몫의 억압은 수요를 억제시킴으로써 오히려 공급 과잉의 문제를 심화시키는 방향으로 작용한다. 주요 선진국들에서 중화학 공업화의 완료는 인류세계의 물질생산 능력을 비약적으로 발전시킨 반면, 제조업 공급 과잉의 문제를 발생시킨 것이다.

제조업 공급 과잉의 문제는 한편에서는 후진국에 대한 시장 개방 압력의 증대로 나타났지만, 후진국의 시장 규모의 제한으로 공급 과잉의 문제를 근본적으로 해소시키기는 어려웠다. 그 결과가 자본의 탈제조업화였다. 먼저 무역자유화의 흐름을 간단히 짚고 넘어가자. 2차 대전 이후 새로운 세계경제질서를 만들기 위해 1944년 7월, 미국 뉴햄프셔주 브레튼우즈에서 44개 연합국 대표가 모여 만든 것이 브레튼우즈 체제이다. 통화협력, 환율 안정, 국제 유동성 확대 등을 위해 IMF와 각국의 경제 부흥과 개발 촉진을 위해 세계은행(IBRD)을 1946년 출범시킨다. 그리고 무역장벽의 제거, 즉 무역활성화를 목적으로 1947년 가트(GATT)를 출범시킨다. 가트는 1973~79년에 진행된 동경라운드까지 7차의 라운드 교섭을 통해 주요 선진 공업국의 평균관세율을 GATT 출범 시의 35%에서 4.7%로 크게 인하시켰다. 특히 1964~67년 스위스 제네바에서 있었던 제6차 케네디라운드부터는 덤핑, 보조금, 상계관세, 수입허가절차, 정부조달 등 비관세장벽도 다루었다. 그 결과 70년대에 무역자유화는 크게 확대되었다. 그런데 70년대 말부터 가트 체제에 대한 근본적인 변화가 미국을 중심으로 논의된다. 미국의 무역적자가 70년대 후반부터 크게 증대되었기 때문이다. 1995년 세계무역기구(WTO)를 등장시킨 제8차 다자간 무역협상(1986~93년), 이른바 '우루과이라운드(Uruguay Round, UR)'는 이러한 배경에서 진행된 것이다. 가트 체제와

WTO 체제의 주요한 차이로 세 가지를 지적할 수 있다. 첫째, 가트 체제는 제조업(공산품) 중심의 무역자유화를 추구했지만, WTO 체제에서는 1차 및 3차 산업까지 시장개방의 대상이 확대되었다. 둘째, 가트 체제에서는 선·후진국 간 경제발전의 차이에 따른 시장개방의 정도의 차이가 인정되었으나 WTO 체제에서는 공정한 게임이 강조되면서 동등한 수준의 시장개방, 그리고 생산 활동과 관련된 노동·환경 등에 있어서 선진국들의 수준을 개도국들에게 요구했다. 셋째, WTO 체제에서 무형재인 지적재산권이 무역 대상으로 새롭게 추가되었다. 이른바 TRIPS(Trade-related Aspects of Intellectual Property)가 그것이다.

아이디어의 상품화, 자기 발등 찍은 미국!

WTO 설립 협정의 부속 협정으로 체결된 TRIPS 협정과 세계지적재산권기구(WIPO, World Intellectual Property Organization)의 저작권 조약은 미국이 주도했다. 사실 이를 통해 미국 기업들이 막대한 이익을 올리기 때문이다. 2006년 3월에 발행된 WTO 보고서에 따르면, 2004년 한 해에만 미국이 지적재산권 로열티로 얻은 수입이 513억 달러에 달했다. 지적재산권 로열티 수입이란 지적재산권 이용료를 말하는 것이므로, 지적재산권 상품 그 자체를 판매하여 얻은 수익까지 합하면, 미국이 지적재산권으로 얻는 수입은 로열티 수입의 수십 배에 달한다. 만성적인 무역수지 적자로 허덕이는 미국 입장에서 지적재산권은 그야말로 황금알을 낳는 거위인 셈이다. 미국은 지적재산권의 상품화 및 무역 대상으로 포함시키기 위해 국내 환경을 먼저 정비했다. 즉 지식이 사적 소유권을 획득하게 되는 계기가 되었던 1980년 미국 상원에서 통과된 '특허 및 상표수정법안,' 이른바 '베이-돌(Bayh-Dole) 법안'이 그것이다. '베이-돌 법안'은 "본래 상품이 아니거나 될 수 없는" 이른바 '허구적 상품'인 지식과 아이디어 등을 상품화시켰다는 의미를 갖는다. 영국의 산업화 과정에서 또 다른 '허구적 상품'들인 토지와 노동이 상품화되었고, 뒤에서 언급할 브레튼우즈 체제의 붕괴에 따른 변동환율제의 도입으로 화폐가 상품화된다. 참고로 브레튼우즈 체제는 금 1온스에 35달러로 고정시키고 달러와 각국 통화의 교환 비율을 고정시킨, 이른바 금환본위제(고정환율제)이다. 그런데 역설적인 것은 모든 '허구적 상품'들이 핵심 생산요소라는 점이다. 지식기반경제에서 지식과 아이디어가 핵심 생산요소이듯, 제조업 중심의 산업사회에서는 토지, 노동, 화폐(자본)가 핵심 생산요소였다.

지식과 정보 등 아이디어의 사유화 및 상품화는 뒤에서 다시 언급하겠지만 미국 사회의 진보에 결정적 장애로 작용하게 된다. 아이디어집약적 산업의 경우 협력과 공유, 즉 호혜성의 원리가 가치 창출의 원천이다. 그러나 **개인주의 문화에 기초하고 경쟁의 원리에 익숙한 미국 사회가 아이디어까지 상품화시킴으로써 아이디어집약적 산업의 발전을 스스로 억압하는 오류를 범한 것이다.** 예를 들어, 1990년대 말 클린턴 행정부는 소프트웨어 공급의 지체 현상을 해결하기 위해, 즉 이른바 '소프트웨어 격차(software gap, 소프트웨어에 대한 수요 불충족의 정도)'의 문제를 해결하기 위해 미국의 컴퓨터 관련업계와 학계 전문가들로 '대통령의 정보기술자문위원회'를 구성했고, 2001년 위원회는 미국이 직면하고 있는 저작권 보호 환경으로는 다양한 수요를 따라잡을 수 없기 때문에 '소프트웨어 격차'를 해결하려면 소프트웨어의 개발과 사용 체제를 소스 공개형으로 전면 전환이 필요하다는 내용을 보고했다. 대부분 기존 위원회 보고서의 제안이 실현되는 데 어려움이 없었던 반면, 이 보고서는 부시 주니어 행정부에 의해 묵살되었다. 소스 공개의 법제화는 아이디어의 상품화와 충돌하기 때문이다. 사유재산권의 과잉화 속에서 지식의 공유가 뿌리내리기 어려웠던 것이다. 실제로 시장 경쟁을 강화할 목적으로 도입된 미국식 사유재산권과 가치체계는 오늘날 역으로 경쟁을 훼손시키고 있다. 2012년 7월 애플과 구글이 인수한 모토로라 무선사업부 간의 특허 분쟁에서 사건을 기각해 주목을 받았던 미국의 연방판사 리처드 포스너(Richard Posner)는 "특허 기술을 개발하기 위해 들어간 비용을 보전하는 목적에서 만들어진 미국의 특허시스템이 특허 남발을 초래하여 특정 산업〔필자 주: 아이디어산업〕에서는 경쟁자의 시장 진입을 가로막음으로써 경쟁을 제한하고 '특허를 위한 특허'를 노리는 '특허 괴물'을 잉태하는 악영향을 미치고 있다"며 미국 특허제도의 문제점을 지적했다(Why There Are Too Many Patents in America, *The Atlantic*, July 12, 2012).

화폐의 상품화, 금융과두정 시대 열다!

한편, 제조업 이후 새로운 산업이 마련되지 않은 상황에서 자본의 탈제조업은 경제의 금융화로 이어졌다. 이는 영국이 1세기 전에 보여주었다. 산업구조 조정에 실패하면서 국민경제의 이해가 상업 및 금융의 관점에서 이루어졌던 19세기 말 영국의 경험이 그것이다. 1980년대 이후 "전체 경제 활동에서 금융 산업의 지배력과 기업 경영에 대한 금융 통제가 증가하는, 즉 경제 중력의 중심이 생산에서 금융으로 이동"하는 '금융화'가 급속하게 진행된 이유이다. 실제로 80년대 이후 30년간 진행된 금융화와 그것의 제도적 기반인 현대 금융시스템은 미국 제조업 경쟁력의 상대적 약화에서 비롯된다. 오늘날 금융 거래의 중심에 투자 수익을 위해 각종 유가증권 등에 투자하는 포트폴리오투자가 있고, 포트폴리오투자에 가장 많은 영향을 미치는 요인 중 하나가 투자대상국의 통화 가치이듯 금융화의 출발은 고정환율제의 붕괴와 변동환율제의 전환에서 본격적으로 시작된다. IMF와 국제결제은행(BIS)에 따르면 전 세계 1일 외환 평균거래액은 1973년 약 1,500억 달러에 불과했으나 1995년 1.2조 달러, 2004년 1.9조 달러, 2007년 3.3조 달러, 2010년 4.0조 달러로 급증했다. 이러한 증가의 대부분은 국제무역과 관련이 없는 것이다. 세계 수출액 대비 외환의 연간 거래액의 비중은 1979년 12배에 불과했으나 금융위기 이전인 2007년에는 약 67배로 증가했다. 그런데 외환거래액 중 3% 미만이 실물거래와 연결되어 있을 뿐 대부분은 단기 차익을 따라 움직이고 있다. 이런 상황에서 시장 환율이 실물부문의 펀더멘털에 따라 결정될 수는 없다. 오히려 투기적으로 돈이 움직여 실물거래가 영향을 받는 현상이라 할 수 있다. 이러한 사정들은 변동환율제하에서 환율을 극히 불안정하게 만들 수밖에 없다.

'허구적 상품'인 화폐를 상품으로 만든 변동환율제는 미국 경제력의 상대적 약화에서 비롯했다. 1971년 8월 15일 미국의 닉슨 대통령은 각국의 공적기관이 보유한 달러의 금에 대한 교환성을 정식으로 정지하는 이른바 '금태환 정지'를 선언했다. 1차 대전 이후 미국이 세계경제의 중심으로 떠오르면서 금 가격 표시로서의 중요성이 점차 증가되었다. 루스벨트 대통령은 온스(31.1035g)당 금 가격을 20.67달러에서 35달러로 올렸고 달러-금 교환기준을 설정해서 미국 연준(Fed)에서 달러를 금으로 교환할 수 있는 제도를 만들었다. 브레튼우즈 협정은 이러한 금-달러 기준제도를 공식화했고 일정한 비율에 의해 각국 통화가 금으로 교환할 수 있는 비율을 정해 운용하는 통화 정책을 정했다. 이에 따라 온스당 35달러라는 금 가격은 1968년 금 가격의 자유화 시기까지 각국 중앙은행의 협조하에 유지되었다. 그런데 베트남전에 쏟아 부은 돈 때문에 미국이 흔들린다는 것을 감지한 각국으로부터 미국에 '달러를 주고 금을 받는' 금태환 요구가 빗발치자, 이를 감당할 수 없었던 미국이 '브레튼우즈 협정'을 깨고 금 바꿔주기를 금지키로 한 것이 바로 '닉슨 쇼크'이다. 이는 제2차 대전 이후 계속됐던 금본위체제, 즉 달러(35달러)를 주면 금(1온스)을 준다는 보장하에 달러 기준의 고정환율제의 종료를 의미했다. 이처럼 미국의 '금태환 정지'는 기본적으로 국제수지의 적자 확대와 달러의 신뢰도 하락, 그리고 미국의 금 준비금의 감소에 따른 결과였다.

변동환율제, 다극체제 등장의 산물

사실, 브레튼우즈 체제의 붕괴는 예고된 것이었다. 기축통화제(key currency)의 본질적 모순, 즉 세계가 수용할 수 있는 기준자산으로서 자산의 가치를 보증 혹은 안정화시키면서 지불준비금 자산에 대한 수요 증대에 충분히 공급을 해야 하는 문제인 이른바 '트리핀 딜레마(Triffin dilemma)'의 문제를 갖고 있기 때문이다. 즉 개방경제에서 가계와 기업처럼 정부 역시 (국제)유동성에 대한 용이한 접근이 필요하다. 그런데 외국 통화가 필요할 때 중앙은행이 프린트할 수 없고, 보유한 전체 지불준비금과 외국 통화의 신용(차입) 규모에 의해 정부의 유동성 능력은 제약받는다. 1950년대까지는 미국의 절대적인 경제력으로 달러가 국제유동성의 역할을 수행하는 데 문제가 없었다. 게다가 세계 금 지불준비금의 대부분을 미국이 보유했다. 그러나 미국의 금 보유량은 축소되고 해외에서 보유한 달러 규모는 증가했다. 1960년 이전까지 유지되었던 전자의 우위는 1960년부터 무너졌고, 런던 금시장에서 투기가 증대했고, 그 결과가 1961년 10월 구미 8개국의 중앙은행 사이에 런던 금시장에서 금 가격을 온스 당 35달러로 유지시킨다는 '금풀(gold pool)'제의 합의였다. 게다가 1950년대와 60년대는 남아프리카공화국에서의 새로운 금광 개발과 러시아의 금 매각으로 큰 문제는 발생하지 않았다. 그러나 미국 금 보유량의 축소와 해외 달러 보유량의 증가 추세가 지속되는 상황에서 세계 금 스톡의 증가는 글로벌 전체 지불준비금을 쫓아갈 수 없었다. 여기에 1966년부터 러시아가 금 생산 및 매각을 중단했다. 1970년 세계 달러 지불준비금은 급증했고, 달러 가치를 방어하기 위해 각국 중앙은행은 대규모 달러를 구입했다. 금-달러의 교환 비율이 고정된 상황에서 금가격의 상승은 디플레이션을 의미했기 때문이다. 게다가 미국의 선택권이 존재하지 않는 상황에서 나머지 국가들은 통화 가치를 절상시킬 수밖에 없는데, 이는 수출경쟁력의 저하로 이어졌다. 1970년 말에 미국의 금 보유액은 110억 달러에 불과했던 반면, 해외 달러보유액은 530억 달러에 달해 미국이 금으로 지불할 수 없는 규모가 420억 달러에 달했다. 420억 달러는 당시 미국 GDP의 4.2% 규모였고, 당시 연방정부의 부채가 GDP의 28%에 불과했기에 재정적으로 부담되지는 않는 규모였다. 문제는 당시 세계 금 생산액이 18억 달러, 그리고 해외 금 스톡이 290억 달러로 총 308억 달러에 불과했기에 부족분 420억 달러 규모에는 112억 달러나 부족한 것이었다. 게다가 미국이 해외의 금 매입을 시도할 경우 금 가격의 폭등이 불가피한 실정이었다. 잠재적으로 재정이 지불불능 상태에 빠진 것이다. 달러를 금으로 바꾸는 투기가 증가했고, 일부 중앙은행도 가세했다. 1971년 8월 15일, 예정보다 한 달 당겨 닉슨 대통령이 금태환을 공식적으로 중단한 배경이다.

미국의 '금태환 정지' 선언과 달러에 대한 신뢰 하락은 결국 고정환율제의 붕괴와 '변동환율제'의 도입으로 이어졌다. 미국을 비롯한 서방 선진국들이 브레튼우즈 체제의 붕괴를 막기 위해 모든 힘을 쏟아 부었음에도 변동환율제로의 이행은 미국 경제력의 상대적 약화 및 경제력의 다원화 속에서 금본위제와 고정환율제는 지속될 수 없는 것이기 때문이다. 영국이 먼저 1972년 6월 변동환율제를 선언했고 프랑스, 이탈리아 등이 뒤를 이었다. 이는 시장 변화에 따른 불가피한 선택이었다. 세계 주요 6개국 통화 대비 달러화의 평균적인 가치를 나타내는 달러 인덱스(dollar index) 지표가 만들어진 시점도 1973년 3월이다. 참고로 6개국 통화는 유로(58.6%), 엔(12.6%), 파운드

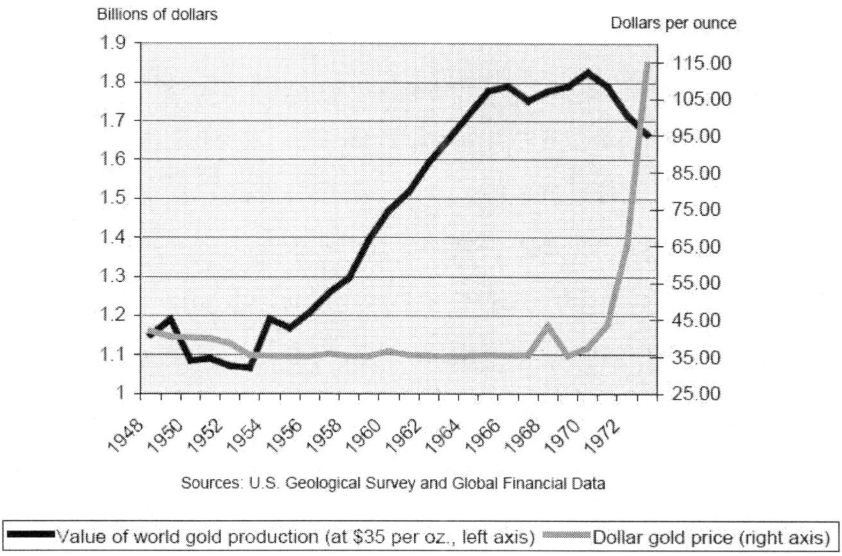

출처: Maurice Obstfeld, 2011, "The International Monetary System: Living with Asymmetry"

금 생산액과 달러-금 가격

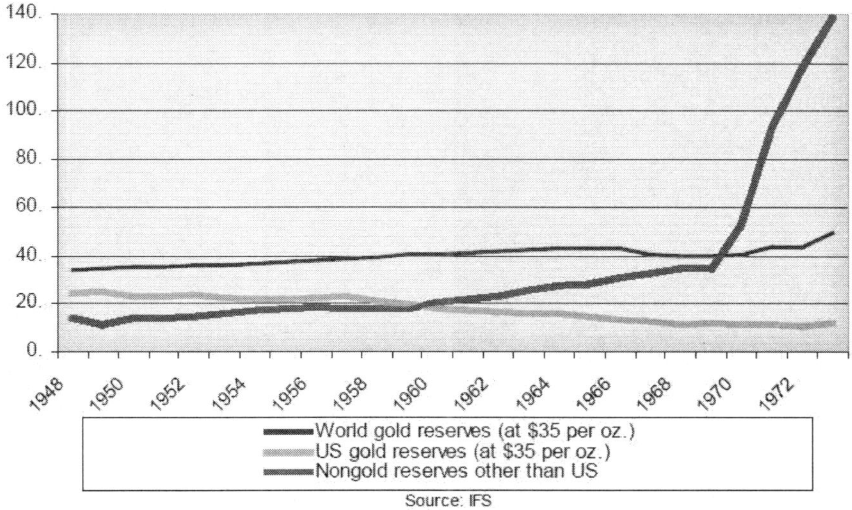

미국의 금 지불준비액과 해외 정부가 보유한 달러 보유액, 십억 달러

(11.9%), 캐나다 달러(9.1%), 스웨덴 크로네(4.2%), 스위스 프랑(3.6%)이며, 각 통화의 비중은 그 국가의 경제 규모에 따라 결정된다. 달러에 대한 신뢰 하락은 금과 일본 엔화와 독일 마르크화 등에 투기자본의 유입으로 이어져 금 가격은 72년 8월 평균 67.03달러에서 74년 12월 30일에는 195.25달러까지 급등했고, 1971년 8월 '닉슨 선언' 이후 엔화는 357.350엔에서 73년 7월 10일까지 259.40엔으로 27%가 절상되었다. 마르크화도 3.3883마르크에서 73년 7월 26일까지 2.2910마르크로 33%나 절상되었다. 이러한 상황 변화를 반영하여 1976년 1월 자메이카의 킹스턴에서 열린 IMF 제5차 잠정위원회에서 가맹국이 각국의 경제 여건에 적합한 변동환율제를 자유로이 선택할 수 있게 했다. 이를 제도화한 '킹스턴체제(Kingston System)'가 1978년 4월 정식으로 발효되었고, 여기서는 금을 폐화(廢貨)시키고 국제준비자산으로서 SDR(IMF의 특별인출권)의 기능을 강화하는 등 IMF 협정을 개정했다. 이처럼 브레튼우즈 체제는 경제력의 다원화로 글로벌 경제의 파란만장한 변화를 몰고 올 변동환율제에 자리를 내주고 역사의 뒤안길로 사라지게 된다. 변동환율제의 도입과 달러 가치 하락의 결과, 달러표시 금 가격도 폭발적으로 상승하여 1980년 1월 21일 금 가격은 850달러까지 상승했다.

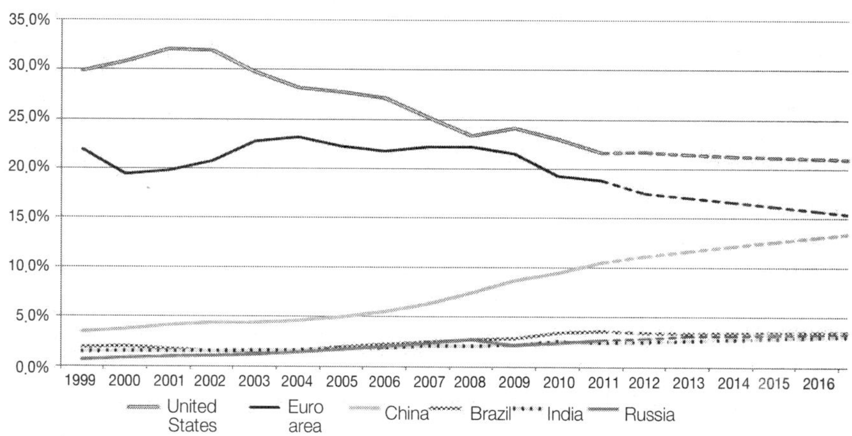

Source: IMF

세계 GDP의 비중(미국 달러 기준)

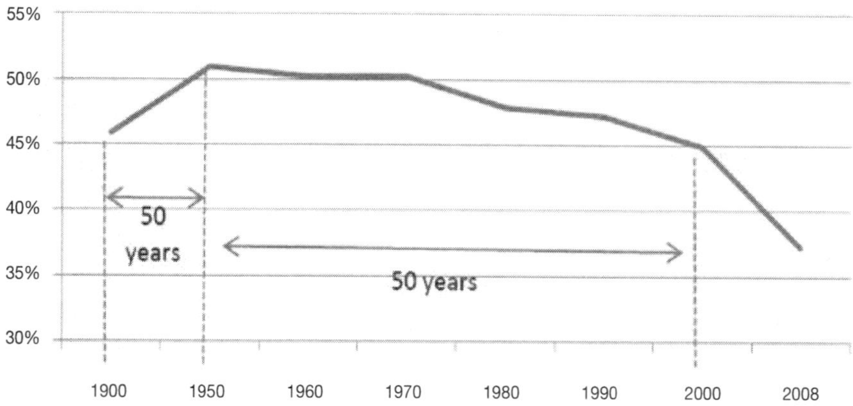

주: Maddison 추계에 기초.

글로벌 GDP에서 G7의 비중(%)

화폐의 상품화, 국민경제를 위협하다!

브레튼우즈 체제에서 달러는 '통화계(the monetary sky)'에서 태양과 같은 중심적인 존재였다. 그러나 2차 대전 이후 일본과 서유럽 경제가 빠르게 회복되면서 미국의 경제 규모가 전 세계에서 차지하는 비중은 1950년 35%에서 1969년에는 27%로 축소된다. 이러한 경제력의 다원화, 즉 미국 경제력의 상대적 약화는 금태환에 기초한 기축통화제의 지속을 불가능하게 했고, '닉슨 쇼크'는 그 산물에 불과했다. 따라서 금태환 정지가 수반한 변동환율제는 리스크와 불안정을 특성으로 하는 '새로운 세계'의 도래를 의미했다. 즉 통화 가치가 시장에서 결정될 경우 통화 가치는 점진적 조정이 이루어질 것이라는 프리드먼 등 신자유주의자들의 예상은 잘못된 것이었다. 변동환율제 도입 이후 통화 가치의 높은 변동성은 많은 국민경제들을 위협했다. **국제 자본시장의 통합으로 개별 국가별로 집행되는 통화정책이 위기를 맞게 된 것이다. 즉 자본시장의 글로벌 통합과 국가별 통화정책의 비대칭성이라는 구조적 문제를 만들어냈다.** 1980년대 초, 라틴 아메리카의 통화인출 사태나 1997년 아시아 외환위기가 그것들이다. 유럽인들이 유로화를 만든 이유 중 하나도 불확실성 속에서 살 수 없기 때문이었다. 게다가 변동환율제의 도입은 또 다른 부작용을 만들어냈다. 브레튼우즈 체제는 고정

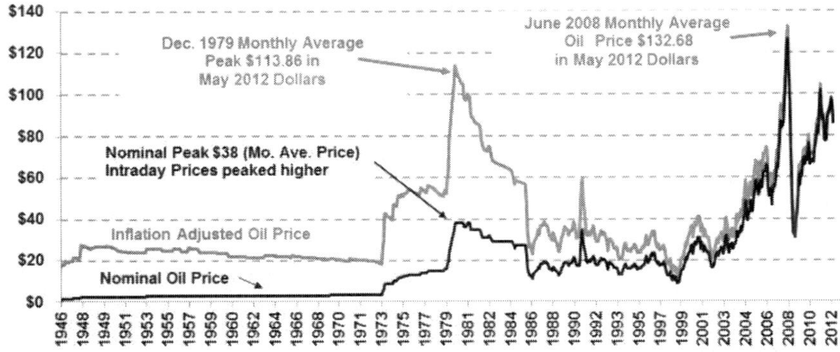

주: 검은색 선은 당대 가격이고, 회색 선은 2012년 5월 물가 기준.
출처: InflationData.com

미국 내 월평균 석유 가격

환율을 유지하기 위해 엄격한 자본통제 위에 기초했다. 그러나 변동환율제의 도입으로 자본통제는 불필요해졌고, 80년대 초에 자본흐름의 통제는 폐지되었다. 80년대 이후부터 금융전문가의 상대적 임금이 증대하기 시작했고, 자산버블이 빈번하게 발생한 것은 결코 우연이 아니었다. 참고로 지난 1세기 동안 월가가 하루 동안 기록한 최대 주가하락률 중 20번의 경우를 보면 최대의 하락률을 기록한 1987년 10월 19일을 포함해 80년대 이후가 8번이고, 나머지는 30년대 세계 대공황 혹은 그 이전 시기였다. 고정환율제 기간인 1945~71년간에는 큰 폭의 손실 기록이 없었다.

고정환율제(달러 가치)의 붕괴와 더불어 70년대의 두 차례 석유파동은 국제금융의 새로운 흐름을 가속화시켰다. 70년대 초 경기침체 상황에서 1차 석유파동(1973년)은 스태그플레이션의 세계적 확산에 주요 역할을 했다. 아라비아산 원유에 대한 오펙의 공식가격은 1차 석유파동 이전의 3.07달러에서 1974년까지 11.65달러로 4배 가까이 올랐다. 2차 석유파동(1979년)으로 다시 유가는 20달러 선을 돌파했다. 미국 국내 석유 가격 역시 월평균 1972년 3.60달러에서 1975년에는 12.21달러, 그리고 1979년과 80년에 각각 25.10달러와 37.42달러로 상승했다. 석유파동의 여파는 성장률 둔화와 인플레이션 등 세계경제에 큰 영향을 미쳤다. 그런데 석유를 포함한 원자재가격의 전반적 상승은 결제통화인 달러 가치의 하락과 관련이 있다. 달러 가치의 하락은 1차 상품 공급 국가의 수입 감소를 의미하기 때문이다.

인플레이션은 금리 인상으로 이어질 수밖에 없고, 금리 인상은 채권의 가격 및 주가의 하락으로 작용한다. 미국 연준의 금리(정책금리)는 1972년 4분기에 5% 안팎이었으나 그 다음 해에는 10%를 돌파했고 1974년 중반에는 12%까지 넘어섰다. 그 후 2차 석유파동 이전까지 안정적인 하락세를 보였으나 1978년부터 다시 상승하기 시작하여 1981년 1월 초에는 20%를 넘어섰다. 이처럼 1970년대 달러 가치의 하락에 따른 변동환율제와 인플레이션으로 이자율과 환율, 채권 가격과 주가의 변동폭이 크게 확대되는 등 국제금융시장의 불안정성은 크게 증가했다. 1980~85년간 변동금리부채권 시장이 660%의 성장을 기록한 것도 이를 반영한다. 또한, 선진국 투자자들의 해외주식 인수가 1970년과 1997년 사이 170배 증가했고, 미국에서 연기금의 해외투자도 1980년 총자산의 1% 미만에서 1997년 17%로 증가했다.

변동금리부채권 지급이자율이 대표적 시장금리에 연동되어 매 이자지급기간마다 재조정되는 중장기 채권으로서, 만기 상환일까지 금리가 고정되고 고정금리부채권에 대응되는 개념으로 채권 발행 시에 지급이자율의 결정방법을 약정하고, 매 이자지급기간 개시 전에 차기지급이자율(이자지급금액)이 결정되는 채권이다. 변동금리부 채권가격 결정의 기본을 이루는 기준금리(대표적인 단기시장의 실세금리)로 유로시장에서는 3개월 또는 6개월 만기의 LIBOR(London Interbank Offered Rate)가 주로 이용되고, 미국시장에서는 90일 만기 재무성채권(T-bill)의 유통수익률이 주로 이용되었다. 한편, 금융위기 이후 미국과 유럽의 금융당국이 신용경색 해소를 위해 낮은 조달비용을 확대했을 뿐만 아니라 상대적으로 안정성이 높은 소매예금 유치 확대에 나서면서 은행 간 시장을 통한 자금조달은 축소되었다. 그 결과 리보금리의 기준금리 위상이 약화되면서 대체 금리로 재할인금리, 환매조건부채권(RP, 금융기관이 일정기간 후에 다시 사는 조건으로 채권을 팔고 경과기간에 따라 소정의 이자를 붙여 되사는 채권) 금리, 오버나이트 인덱스 스왑(overnight index swap, OIS; 국내외 금융기관 간 빌려주고 빌려 받는 하루짜리 초단기 외화자금에 대한 금리) 등이 거론되고 있다.

자본, 꼬삐가 풀리다!

환율, 금리, 주가 등 기초 금융상품 가격의 불안정성이 심화되면서 가격 차이를 이용한 금융거래가 크게 증가했다. 그런데 금융거래의 확대는 자본시장의 개방 및 자본흐름의 자유화를 전제로 할 수밖에 없다. 제조업의 경쟁력 약화로 자본의 수익성이 악화된, 그러나 자본시장 중심의 금융시스템을 가진 미국이 자본흐름의 자유화를 주도한 이유이다. 미국은 1973년 '대통령 경제보고서'에서 자본통제에 대한 반대를 명시했고, 1974년에는 자본통제 정책들을 폐지했다. 사실, 미국도 이전까지는 자본흐름의 자유화를 통제했다. 대표적 규제가 1963~74년간 미국에서 시행된 '이자평형세(Interest Equalization Tax)'였다. 1963년 7월, 케네디 대통령이 제안하여 1964년 9월부터 발효된 이자평형세는 미국의 금리가 다른 나라에 비해 낮아서 미국의 투자가들이 고수익의 외국 증권에 투자하는 경향이 증가하고 이것이 미국의 국제수지를 악화시키는 한 요인이 되었기 때문에, 미국과 외국 사이의 금리를 평형되게 하고 미국 국내시장에서의 자금 차입을 억제하기 위해 제안되었다. 원래 1965년까지의 한시법으로 법제화되었으나 국제수지의 개선이 이루어지지 않아 그 후로 몇 차례 연장되다가 1974년 4월 1일에 철폐되었다. 또한, 1979~80년 이후에는 유로시장에 대한 규제를 포기했다. 유로시장이란 특정 통화로 표시된 자금이 해당통화 발행국 밖에서 거래되는 시장을 말한다. 1950년 소련 등 동유럽 국가들이 자신들의 달러예금을 미국 측의 달러 동결을 피해 유럽의 은행들에게 예탁한 것이 그 기원이다. 특히, 1970년대 석유파동으로 오일달러가 유로시장에 유입되면서 크게 발전했다. 당초에는 은행의 달러예금을 중심으로 한 '유로통화시장' 또는 '유로달러시장'으로서의 성격이 농후했으나 1980년대 들어 증권화가 진전되면서 '유로채권시장'의 비중이 커져 서독 마르크, 일본 엔 등으로 거래통화도 다양화되었다. 이처럼 유로시장은 국내의 규제로부터 자유로운 시장이었다. 국내시장에서 이전된 자금의 수용처로서 금융혁신의 진전에 공헌했으며 각국 시장의 폐쇄성, 비효율성을 곤란하게 함으로써 각국의 금융자유화와 글로벌화 추진에도 기여했다. 그 밖에도 미국은 1975년에 주식매매의 거래소 집중의무를 폐지했고, 이로 인해 거래소의 비회원증권회사가 상장주식을 장외에서 매매하는 시장으로 점차 확대되었다. 참고로 증권유통시장은 일반적으로 거래소시장과 장외시장으로 구별되는데, 광의의 장외시장은 거래소시장 밖에서 유가증권의 거래가 이루어지는 시장을 총칭한다. 1971년 2월에 개장한 미국의 대표적 장외시장인 나스닥(NASDAQ)이 활성화된 배경이다.

한편, 금융상품 가격의 변동성 증대는 차익거래의 동기뿐만 아니라 리스크 관리의 필요성도 증대시켰다. 이는 선물, 옵션, 스왑 등 파생금융상품의 등장 배경이다. 예를 들어, 환율 변동폭의 확대로 환위험이 커지자 이를 관리하기 위해 상품선물을 응용하여 통화선물이 처음으로 도입되었고, 이어 금리선물 및 주가지수선물 등으로 급속하게 확산되었다. 이는 선물거래가 금융자산의 가격변동 위험에 대한 효과적인 수단이 되기 때문이다. 금융선물은 상품선물을 모방하여 1972년에 들어와서 통화선물을 중심으로 거래되기 시작했다. 통화선물 거래가 성공적으로 이루어지자 선물거래방식이 점차 다른 금융자산으로 확산되었고 옵션 시장도 72년 시카고에서 설립된다. 원래 선물거래는 각 거래소에서 정한 규칙에 의해 규제되고 연방 차원의 감독기관이 존재하지 않았으나 1974년 상품선물거래위원회법이 통과된 후 1975년에 상품선물거래위원회(CFTC, Commodity Futures Trading Commission)가 구성되었다. 80년대 이후부터는 선물계약의 전체 거래대금이 현물거래를 압도하고 있는 실정이다. 파생금융상품의 가치를 계산하기 위한 금융공학과 수학이 발전하기 시작한 것도 이러한 금융환경의 변화가 배경을 이룬다. 금융공학의 효시로 알려진 '블랙-숄즈 모형(Black-Scholes Model)'이 발표된 것도 1973년(The Pricing of Options and Corporate Liabilities)이다. 블랙-숄즈 모형은 숄즈에게 노벨상의 영광을 안겨주었을 뿐 아니라, 발표 후 불과 수개월 만에 금융시장에서 이 방정식을 이용한 옵션의 가치 평가가 이루어질 정도로 파급 효과가 컸다. 금융공학 및 수학으로 제조한 파생금융상품의 위력과 한계는 서브프라임 모기지(subprime mortgage)의 질을 높여, 즉 리스크를 낮추어 판매가 가능하도록 만든 부채담보부증권(CDO, collateralized debt obligation)에서 절정을 이룬다. 일명 '복합파생금융상품' 혹은 '구조화금융상품'으로 부르기도 하는 CDO는 1990년대 중반에 첫 선을 보인 후 미국, 유럽 등지에서 발행 규모가 지속적

파생금융상품 주식이나 채권 등의 기초상품으로부터 파생된 금융상품을 말한다. 따라서 파생금융상품의 가격은 그 자체가 독립적으로 결정되는 것이 아니라 기초상품의 가격 변동에 기초하게 된다. 선물은 계약 시점에 일정한 가격으로 장래 특정일에 특정 자산 또는 상품을 인도, 결제하겠다고 약속하는 거래, 옵션은 장래 특정일에 특정 자산 혹은 상품을 일정한 가격에 매입 또는 매도할 수 있는 권리를 오늘 거래하는 방식, 스왑은 두 개의 상품 또는 자산에서 파생되는 현금 흐름, 가격지수 등을 일정 기간마다 교환하기로 약정하는 거래 방식으로 모두 미래의 불확실성과 관련이 있다.

금융공학 급격한 가격변동과 국제적 경쟁 그리고 신상품의 개발 등은 수학 및 통계학적 기법의 사용 증가와 함께 금융업을 묘사적 학문에서 분석적인 공학(금융공학)으로 변화시켰다.

서브프라임 모기지 신용등급이 가장 낮은 저소득층을 대상으로 주택자금을 빌려주는 미국의 주택담보대출상품으로 주택가격이 무한히 오르지 않는 이상 대출을 회수하기 어려운 사람들에게까지 해주는 대출이었다. 이런 약탈적 대출은 무서류 대출(Low-doc, No-doc loans) 혹은 소득도 없고 일자리도 없고 자산도 없는 사람들에게도 대출해주는 닌자대출(NINJA, No Income, No Job & No Asset) 등으로 불렸다. 특히, 피기백(piggyback)이라는 엽기적인 대출까지 등장했는데, 계약금 등 초기자금 없이도 주택가격의 100%에 수수료까지 대출해주는 상품이었다.

복합파생금융상품 다양한 종류의 채권을 일반 여신은행 등으로부터 양수받은 후 투자자들에게 판매하기 위해 이들을 함께 묶은(pool) 뒤 투자자에게 판매하기 좋게 다양한 신용등급의 투자상품으로 나눈 채권이다.

으로 증가했고, 금융위기 발발의 요인이 되었다.

리스크 관리를 위한 신용보증, 즉 금융상품의 리스크에 대한 보험 성격을 갖는 신용보증 사업과 상품도 70년대 초에 등장한다. 즉 신용보증의 첫 번째 형태는 70년대 초 최상의 신용등급을 가진 MBIA와 Ambac 같은 채권보증전문회사(monoline) 보증업체에 의해 개발되었고, 주로 지방정부가 발행한 채권의 파산을 보증했다. 파산에 대한 보험의 제공으로 지방정부는 최고 신용등급(AAA)으로 채권을 발행하는 것이 가능했고, 이에 대한 대가로 보증업체에 수수료를 지급했다. 즉 채권보증업체의 보증을 통해 지방정부는 발행 채권의 등급을 높임으로써 최초 판매 시에 저리에 의한 채권 매출이 가능해졌다. 그러나 이러한 비즈니스가 가능했던 이유는 신용보증기관이

채권보증전문회사 1973년에 설립된 금융서비스 회사인 MBIA(Municipal Bond Insurance Association)와 MGIC 투자회사의 자회사인 AMBAC(American Municipal Bond Assurance Corporation)은 주택을 담보로 지방정부 채권의 원리금 상환을 보증하는 채권보증전문회사(monolines)이다. 즉 채권을 발행한 기업이나 금융회사가 부실해져 돈을 제대로 갚지 못할 때, 이를 대신 지급해주기로 보증하는 회사이다. 채권시장이 발달한 미국에서는 모노라인의 채권 보증 규모만 2006년 말 기준 2조 2천억 달러에 달할 정도로 활성화돼 있다. 채권 등 금융시장 관련 분야만 보증하면 모노라인(monoline)이라 하고, 부동산과 재해 관련 위험까지도 보증하면 멀티라인(multilines)으로 불린다.

지방정부 파산가능성을 과대평가했기 때문이었다. 이른바 '신용등급 차익거래(rating arbitrage)'이다. 신용보증은 90년대에 CDO와 더불어 금융위기의 주요 요인 중 하나로 지적되는 신용파산스왑(CDS, credit default swap)의 등장으로 발전하게 된다. CDS는 자금조달을 하는 채무자의 경우에 부도 위험만 따로 떼어내 팔 수 있기 때문에 자금조달이 쉬워지고, 투자자는 일정 수수료(프리미엄)를 내고 스왑을 구입함으로써 부도에 따른 원금 손실을 피할 수 있게 해준다. 파산 위험 자체를 사고팔 수 있도록 만든 신용파생상품인 CDS는 2000년 이후 급증하여 금융위기가 발발했던 2007년 기준으로 미지불된 CDS 규모는 세계 GDP와 맞먹는 60조 달러에 달했다. 즉 모노라인과 AIG 등은 모기지담보증권(MBS), CDO, 기타 자산 등에 이 모델을 적용한 것이다.

또한, '리스크 재단자'라는 막강한 권한을 행사하는 3대 국제신용평가회사가 만들어진 것도 70년대 중반이었다. 세계 대공황을 겪은 1930년대 이후 금융 규제 당국은 금융회사들이 채권 투자와 관련하여 신용평가기관의 "판단에 주의를 기울일 것"을 요구했다. 즉 채권의 포트폴리오 안전성에 대한 갈망에서 시작된 이러한 규제들이 신용평가기관들을 채권 시장의 중심에 밀어 넣는 데 주요 역할을 했다. 그런데 1975년 미국 증권거래위원회(SEC, Securities and Exchange Commission)가 "판단에 대한 주의를 기울여야만 하는" 신용평가기관에 대한 범주, 즉 '국가적으로 인정된 통계적 평가등급기구("nationally recognized statistical rating organization", NRSRO)'에

자본시장에서 신용평가사의 역할 자금수요자와 자금공급자 간에는 정보의 비대칭성이 존재한다. 수요자의 경우 공급자에게 자신에게 유리한 정보만 제공할 유인이 존재하기 때문에 채무불이행의 가능성이 낮은 수요자도 자신의 신용도를 공급자에게 알리는 것은 쉬운 과정이 아니다. 따라서 적절한 정보의 전달체계가 존재하지 않는다면 사회 전체적으로 볼 때 바람직한 자금 거래가 발생하지 않는 시장실패가 일어날 수 있다. 이와 같은 시장실패가 은행이 금융거래를 매개하는 경우(간접금융시스템) 은행을 통해 완화될 수 있는 반면, 자본시장을 통해 금융거래가 이루어지는 경우(직접금융시스템) 개별 자금공급자가 개별 자금수요자에 대하여 신용정보를 수집・평가하는 과정에서 지나친 비용이 발생할 가능성이 있다. 이런 상황에서 신용평가회사는 개별 자금수요자의 신용도에 대한 평가를 담당한 후 다수의 자금공급자와 이를 공유함으로써 사회적으로 유용한 역할을 할 수 있다. 이와 같은 신용평가사의 역할 수행은 자금수요자의 정보가 얼마나 정확하게 공개되느냐에 달려 있으며 이를 보장하기 위해 금융감독기관들은 회계 및 재무 정보의 공시에 대한 강한 규제를 가해 왔다. 이러한 공시 정보의 수집 및 가공을 통해 신용정보(신용등급)를 생성하는 신용평가회사의 생존은 정보 생성을 위해 필요한 수수료 부과가 무임승차를 배제하면서 확보하는 데 달려 있다. 신용등급은 쉽게 다른 수요자에게 전달될 수 있으므로 일단 공개되면 그 가치를 빠른 시간 내에 상실할 위험이 있기 때문이다. 이에 대응하여 현재 시장에서 큰 영향력을 행사하는 국제 신용평가회사나 한국의 신용평가회사는 무임승차자의 문제를 해결하기 위해 채권의 발행자(자금수요자)인 기업에 수수료를 청구하고 있다. 그러나 발행자에게 수수료를 받는 것은 이해상충의 문제를 발생시키기에 투자자에게 정보이용료를 받는 경우도 증가하고 있다. 금융위기로 신뢰성이 훼손되었음에도 불구하고 3대 국제신용평가사는 여전히 글로벌 신용등급 사업 시장의 97% 이상을 차지하고 있다.

S&P, 무디스(Moody's), 피치(Fitch) 등 세 개의 신용평가기관만을 포함시키고 진입장벽을 설정했다. 즉 3대 신용평가기관들은 "준규제기관(quasi- regulatory status)의 지위를 부여받은 것이고, 그들의 판단은 은행과 보험과 펀드 등을 지배하는 규칙으로 하드웨어에 내장된 고정배선 같은 것"이 되었다. **3대 국제신용평가회사가 미국 및 영국 회사인 것은 미국의 이해를 반영한 것이기도 하지만 자본시장이 상대적으로 발전한 미국과 영국에서 신용평가 기법이 발전할 수밖에 없었던 이유도 있다.**

국내 자본시장의 제도 정비를 마친 미국은 선진국들과 함께 신용리스크 등 국제금융시장의 리스크를 관리하기 위해 국제금융감독기구를 마련하는 한편, 국제 금융시장의 규칙을 변경했다. 즉 세계금융시장의 불안정성이 심화되면서 국제결제은행(BIS, Bank for International Settlements) 자기자본비율 등 은행감독과 관련한 국제표준 저정, 각국 감독당국 간 협력 및 정보교환 등의 기능을 수행하는 '바젤은행감독위원회(The Basle Committee on Banking Supervision, BCBS)'가 G-10(미국, 일본, 독일, 영국, 프랑스, 이탈리아, 캐나다, 네덜란드, 벨기에, 스웨덴) 중앙은행 총재들 주도로 1974년 12월에 결성되었다. 다음 해 BCBS는 처음으로 **은행 규제에 대한 국제협력**을 담은 "은행의 지불능력과 유동성을 보호하기 위한 규칙과 실행(Rules and practices to protect the bank's solvency and liquidity)"에 관한 보고서를 회람시킨다. 또한, 1976년 킹스턴에서 열린 IMF 제5차 잠정위원회에서 미국은 자신의 입장을 다른 선진국들에게 밀어붙이며 국제통화체제를 재편하기 위해 협력적인 금융통제의 의무는 강화하지 않고, 6-3 조항과의 충돌에도 불구하고 4-1 조항에 "자본거래의 촉진"을 포함하도록 새로 수정했다. 즉 4조(Obligations Regarding Exchange Arrangements) 1항을 "회원국의 일반 의무가 국제통화시스템의 근본 목적이 국가 간에 재화와 서비스, **그리고 자본** 거래를 쉽게 하는 틀을 제공하는 것이라는 사실을 인정한다"로 스정했다.

국제결제은행 은행 규제에 대한 국제협력의 구체적 내용이 바젤 I과 바젤 II이다. 바젤 I은 1988년에 자본과 리스크 가중 자산을 정의했고, (자본/자산)의 최소 비율 등을 정했다. 그런데 **바젤 I과 II는 조약이나 국제법으로 보장된 것이 아니라 합의(consensus)에 의한 것**이었다. 자본시장의 글로벌 통합과 국민경제 틀(국가별 통화정책)의 유지가 불편하게 결합된 것이다. 자본시장 통합의 심화는 은행 규제의 복잡성 증대로 나타났다. 1988년 도입된 바젤 I은 30페이지에 불과했으나 2004년 도입된 바젤 II는 347페이지로 증가했다. 규제 내용이 10배 이상 증가했음에도 불구하고 그로부터 3년 후 글로벌 금융위기가 발발했다. 바젤은행감독위원회 회원국은 스위스, 스페인, 룩셈부르크가 추가되어 금융위기 이전까지 13개국이었으나 2008년 11월 G20 정상회의에서 금융안정포럼(FSF, Financial Stability Forum) 및 바젤위원회 등 주요 국제표준제정기구의 회원 확대가 필요하다는 지적에 따라 2009년 3월 7개 나라(한국, 호주, 브라질, 러시아, 중국, 인도, 멕시코)가 신규 회원국으로 추가됐다. 1년에 4번 정기적인 모임을 갖는다.

제2장

금융 과잉과 경제의 금융화

지금까지 보았듯이 80년대 이후의 본격적인 금융화, 즉 자본흐름의 자유화와 현대 금융의 주요 발전들이 70년대 그 기원을 두고 있음을 알 수가 있다. 즉 주요 선진국의 공업화 완료와 제조업에서의 경쟁 격화 그리고 그에 따른 미국 경제력의 상대적 약화 등에서 비롯한 것이었다. 이러한 배경 속에서 1981년 출범한 레이건 행정부는 금융 규제의 완화를 본격적으로 추진하고, 1985년 1월 두 번째 임기의 연두교서에서 레이건은 "미국을 세계의 투자수도"로 건설하겠다고 천명할 정도로 **국가 이해를 금융 관점에 맞춘다.**

미국이 주도한 금융화는 전 세계적 현상이 되었다. 1980~2007년간 전 세계 GDP가, 즉 전체 경제활동에서 금융산업의 지배력과 기업 경영에 대한 금융 통제가 증가하는 경제 중력의 중심이 생산에서 금융으로 이동하는 '금융화'가 급속하게 진행된 것이다. GDP 대비 금융산업의 비중은 1950년 2.8%에서 2007년에는 7.9%, 특히 1980~2007년 사이에 두 배로 증가했다. 금융자산의 규모 역시 20세기가 시작되던 1900년에 GDP 대비 101%에서 1980년 198%로 약 두 배 증가하는데 80년이 걸렸으나, 그로부터 30년도 채 안 된 2007년까지 442%로 약 2.5배가 증가했다. 주가의 흐름은 금융의 폭발적 성장을 잘 드러낸다. 예를 들어, 다우지수는 1960년 680에서 1980년에는 840으로 약 24% 증가했으나 2000년에는 11,500으로 1,269%가 증가했고, 금융위기 전(2007년)에는 14,000을 돌파했다. 세계경제포럼의 '2008년 금융발전 보고서'에 따르면, GDP 대비 금융자산 규모가 100% 이상인 국가가 1990년 33개국에서 2006년에는 72개국으로 2배 이상 증가했다. 1990~2006년간 유로 지

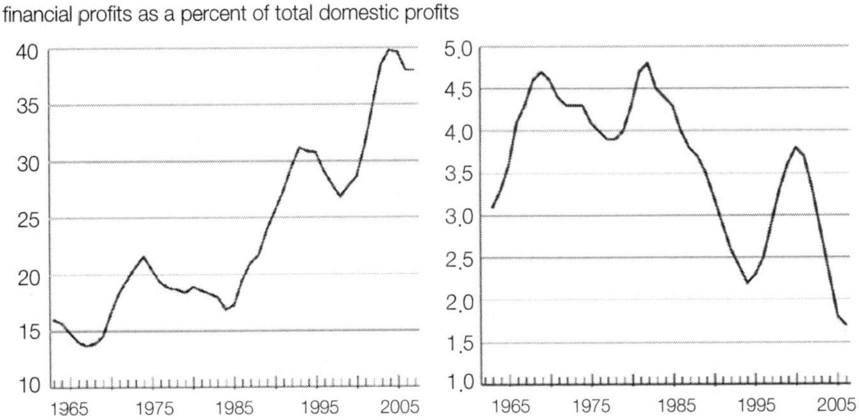

주: 5년 이동평균
출처: J. Foster, April 2008, "The Financialization of Capital and the crisis," *Monthly Review*.

미국 전체 기업 이윤 중 금융기업의 비중(좌)과 GDP 대비 민간부문의 순고정투자 비중(우)

역이 180%에서 303%, 영국이 287%에서 359%, 미국이 303%에서 405%, 그리고 한국이 83%에서 198%로 증가했다. 특히, 신흥시장국의 금융화가 크게 증가했는데, 이 지역의 금융자산 규모는 1999년 1조 2천억 달러에서 2006년에는 23조 6천억 달러로 20배 이상 급증했다. 한마디로 금융부문이 경제 규모의 확장을 주도했고, 전체 자산에서도 금융자산이 증가한 시대였다. 한마디로 **꼬리(금융)와 몸통(실물)의 관계가 역전된 것**이다(Tail is wagging dog). 해외 자본 흐름의 규모도 1980년 5천억 달러에서 위기 직전에는 10.5조 달러까지 21배가 증가했다. 그 결과 글로벌 외환시장 거래도 1995년 하루 1.2조 달러에서 2010년에는 4조 달러로 증가했고, 외환 장외거래(OTC, over the counter) 규모는 글로벌 GDP의 1995년 8.9배에서 2009년에는 17.5배로 증가했다. 외환거래 중 비금융부문은 13.4%에 불과했고, 등록된 딜러의 거래와 금융기관 사이의 거래가 각각 38.9%와 47.7%를 차지했다. 특히 상위 9개 금융회사가 전체 거래액의 75%를 차지했다.

금융부문의 빠른 성장은 높은 수익성에서 비롯한 것이다. 역사적으로 금융부문의 이윤은 전체 이윤의 약 10%를 차지했으나 1980년에 20%에 근접했고, 90년대 30%를 넘어섰고 2000년대에는 40%까지 상승했다. 그렇다 보니 금융부문 주가 역시

2000~07년간 주식시장의 연평균 6% 증가율보다 13배나 큰 78%로 성장했다. 그리고 금융산업의 높은 수익은 금융산업으로의 인재 집중과 실물부문에 대한 투자 부족으로 이어졌다. 미국 민간부문 전체의 평균 임금 대비 금융부문 종사자의 임금은 1948~82년에 99~108%에 불과했으나 2007년에는 181%로 증가했다. 마찬가지로 금융부문 종사자의 교육 수준도 같은 추이를 보였다. 2007년에는 미국 하버드대 졸업생의 47%가 금융이나 컨설팅 분야로 진출했다. 그리고 1980년대 이후 (주택건설부문을 제외한) 민간부문의 순투자는 (90년대 후반의 IT 붐 시기를 제외하면) 추세적 하락을 이어갔다.

이처럼 80년대 이후부터 2007년 금융위기 발발 이전까지 금융 주도의 성장은 실물과 금융의 균형적 발전에 기초한 것이 아니라 '과잉금융' 속에 이루어진 것이었다. 즉 '금(전)융(통)'의 의미를 갖는 금융의 고유 역할은 금융자원의 중개 기능이다. 그런데 **금융부문에 유입된 금융자원이 실물부문의 투자로 연결되지 않고 금융부문에서만 순환**된 것이다. 비금융 기업의 투자 감소와 기업 이윤의 저축 전환은 산업의 구조조정, 즉 산업구조의 업그레이드나 산업체계 다양화의 지연에서 비롯한 것이다. 실물부문의 과소투자는 기업의 기록적인 현금보유 규모에서도 확인된다. 비금융기업들의 현금이나 현금성 자산이 90년대 이후에 급증한 이유이다. 다음 그림은 미국 비금융기업의 유동성자산이 80년대 이후 10배 이상 급증한 것을 보여준다. 또한, 금융과 유틸리티 부문을 제외한 S&P500 지수에 편입된 기업들의 현금 보유 규모는 금융위기 발발 조짐이 나타나기 시작했던 2007년 3월에 6,400억 달러에 달했는데, 이는 2000년말 3,280억 달러의 두 배 가까이 되는 규모였다. 기업의 수익이 투자로 이어지지 않은 것이다. 이는 80년대 이후 저축의 주체인 가계의 저축률이 하락한 반면, 투자의 주체인 기업의 저축률은 증가하여 90년대 이후에는 양자가 역전되어 금융위기 당시에는 후자가 전자의 두 배 이상이 될 정도로 격차가 벌어졌다. 한국도 외환위기 이후 기업의 저축률이 가계 저축률을 추월한다. 경제학 교과서에서의 기업은 자금 차입자(자본수요자)인 반면, 현실 세계의 기업은 순저축자로 바뀐 것이다. 기업이 새로운 투자처를 찾지 못하고 현금 축적과 재무적 투자(재테크)에 대한 관심이 증가한 반면, 가계

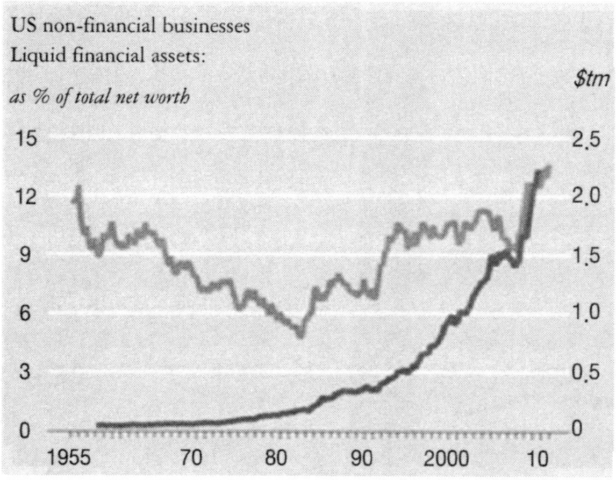

주: 검정색은 조 달러, 회색은 총자산 대비 %

미국 비금융기업의 유동성 금융자산의 추이

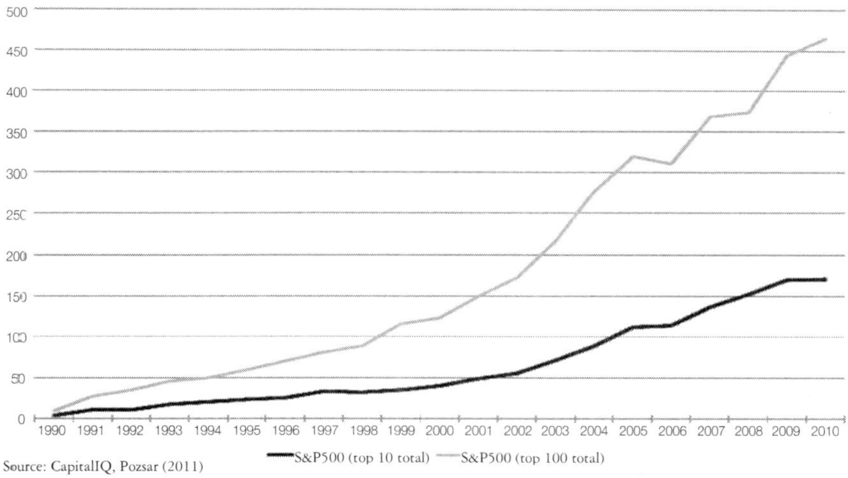

Source: CapitalIQ, Pozsar (2011)

출처: Zoltan Pozsar, August 2011, "Institutional Cash Pools and the Triffin Dilemma of the U.S. Banking System," IMF Working Paper, Figure A1에서 재인용.

S&P 상위 10대(검정색) 및 100대(회색) 비금융기업의 현금 및 현금성 자산(십억 달러)

는 고용과 소득 불안정 등으로 점점 빈곤해진 결과이다. 한편, 기업의 자금수요 감소는 인플레이션율의 장기적 하락과 더불어 저금리 기조의 형성에 주요한 요인으로 작용했다. 즉 중국 경제의 시장경제화 등 글로벌화와 가치 창출에서 소모성이 없는 무형가치 비중의 증대 등으로 인플레이션은 80년대 후반 이래 장기적 하락 추세를 보였다. 예를 들어, 미국의 소비자물가 상승률은 80년대 이래 장기 하락 추세를 보여 90년대 후반 이후에는 2% 수준을 대체적으로 유지했다. 인플레율의 하락은 금리 하락 압력으로 작용했다.

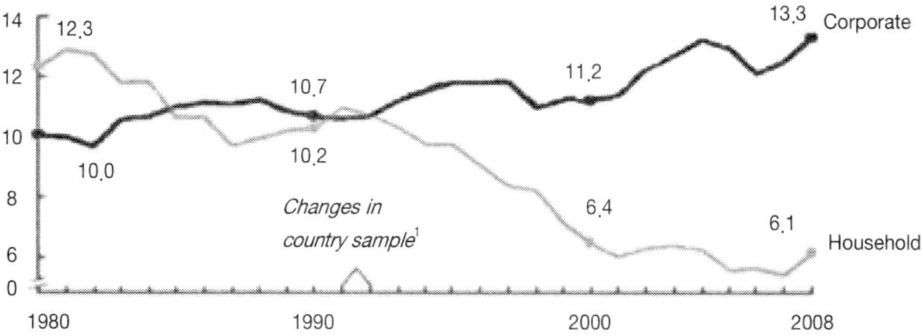

출처: 맥킨지 글로벌 경제성장 자료, UN 국민계정시스템

선진국에서 기업과 가계의 총저축률 변화 추이(GDP 대비)

주: 여기서 인플레이션은 핵심 개인소비지출에 의해 측정된 것.
출처: 블룸버그(Bloomberg)가 제공한 월간 연 자료.

미국의 소비자물가 상승률 추이, 1976~2006

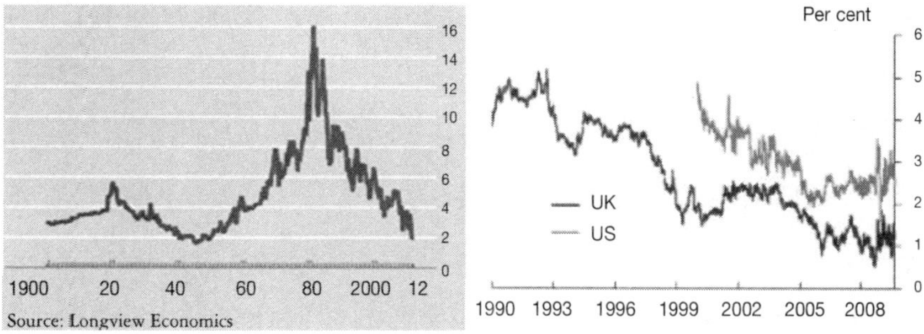

주: 선도금리는 현재시점에서 요구되는 미래 특정 기간에 대한 이자율.
출처: Charles Bean, 2009, The Great Moderation, the Great Panic and the Great Contraction, BIS.

미국 국채 10년물 수익률(월 평균)과 장기 실질금리(국채 8.5년물 선도금리)의 추이

기업의 과소투자와 은행 수익 모델의 변화

기업 저축의 증대는 은행의 대출 수요 감소로 이어져 자금조달과 수익원의 시장 의존을 증대시키는 은행의 수익 모델의 변화 요인으로도 작용했다. 전통적으로 은행은 대출에 필요한 자금을 예금에 의존했다. 그러나 시간이 지남에 따라 은행은 자금 조달을 채권, 상업어음(CP), 환매조건부채권(Repo)에 의존했다. 즉 은행의 자금조달에서 예금의 비중이 감소하고 수익원에서도 거래수수료나 중개료 등 비이자소득 수입원이 증가하는 등 은행의 시장 의존이 늘어났다. 예를 들어, 은행들은 자금조달에서 자산담보기업어음(ABCP)의 발행에 대한 의존도를 크게 증가시켰는데 2007년 1월 기준 은행의 자본 대비 ABCP 비중은 시티뱅크가 77.4%, ABN Amro가 201.1%였다. 반면, 은행들의 자금조달에서 예금이 차지하는 비중은 2002년 58%에서 2007년 52%로 축소되었다. 뒤에서 다시 소개하겠지만, '자산의 증권화'가 자금 조달과 수익원 변화의 중심에 있었던 것이다. 자산담보증권(ABS) 시장의 폭발적 성장이 그것이다. 참고로 ABS란 금융기관 및 기업 등이 보유하고 있는 특정 자산 중 일부를 담보자산으로 묶어 이를 바탕으로 증권을 발행하고, 담보자산으로부터 발생하는 현금흐름으로 발행증권의 원리금을 상환하는 증권을 의미한다. 자산담보증권은 발행기관의 신용도와 관계없이 자산의 특성과 현금흐름 그리고 신용보강 절차에 따라 높은 신용도를 지니는 증권 발행이 가능하기 때문에 금융기관의 유동성을 제고시킬 뿐만 아니라 조달비용을 낮출 수 있고, 투자자의 입장에서도 높은 수익률로 투자할 수 있다는 장점을 지니고 있다. ABS의 기초자산은 주거용 및 상업용 주택담보대출금, 자동차할부금, 신용카드대출금, 학자금대출, 공장 및 시설 등 모든 자산으로 구성할 수 있다. 금융위기 과정에서 일반인에게 친숙해진 모기지담보증권(MBS)이나 부채담보부증권(CDO) 등 모두 ABS의 일종으로 이들은 2000년대 이후 ABS 발행의 급증을 주도했다.

이처럼 '자산의 증권화(유동화)'로 유럽 및 미국의 글로벌 은행들은 '대출 후 (만기까지) 보유'하는 전통적인 방식(Lend-and-Hold, L&H)에서 자산유동화를 통해 자산의 신용 위험을 다양한 투자자들에게 배분하는 방식(Originate-to-Distribute, OTD)으로 수익 모델을 바꾼 것이다. OTD 모델의 도입 이후에도 80년대까지는 모기지, 신용카드 대출, 자동차, 학자금 대출에 제한됐다. 그러나 90년대 이후부터 인 CLO나 구조화금융상품인 CDO 등으로 확대, 적용되며 '그림자금융(shadow banks)'의 핵심 모델로 부상했다. OTD 모델의 도입으로 은행의 대출은 자금 배분의 마지막 지점이 아니라 복잡한 자금 중개 체인의 시작 지점이 되었다. OTD 모델의 확산으로 주요 은행들은 1988년까지만 하더라도 전체 대출채권의 21%를 보유했었으나 2007년에는 6.7%, 그리고 2010년에는 3.4%로 축소됐다. **은행 수익 모델 변화의 근본 원인은 수익 감소에 따른 대응의 성격을 갖는다. 70년대 말 단자회사나 파이낸스 회사처럼 신용을 중개하는 금융회사들이나 현금 관리를 하는 머니마켓뮤추얼펀드(MMMF) 등 전문적 비은행 금융회사의 대두와 성장으로 은행의 수익이 위협을 받았다.** 즉 전통적인 예대마진 중심의 영업으로는 마진 확보에 한계가 드러났다. 종래 은행 수익이 예대마진이나 중개수수료(commission)에 기초했다면, 새로운 사업 모델은 전문서비스 수수료(fee)에 기초한 것이었다. 즉 은행들은 예금에 의해 자금을 조달하여 장・단기 금리차에 기반한 신용리스크 집약적 사업에서 도매 자금을 조달하여 전문서비스 수수료 수익에 기반한 시장리스크 집약적 사업으로 전환한 것이었다. 특히 2000년대의 저금리 기조, 풍부한 유동성, 자산 간 수익률 차이 축소 등은 사업 모델의 변화를 가속화시켰다. 실제로 미국 및 유럽은행들의 경우 모두 2000년대 들어서면서 순이자수익(NIM, net interest margin)은 정체 상태가 지속되었다.

은행의 수익 모델 변화는 통화지표를 변화시키고, 통화정책의 전파 메커니즘도 약화시켰다. 20세기 반세기 동안 변화가 없던 통화지표의 내용이 지난 10년간 두 차례(2002년과 2006년)나 변경되었는데, 2006년 개편된 통화지표 기준을 보면 자산담보증권(ABS)을 중심으로 새로운 유동성 지표(L)가 추가됐다. 즉 종래 총유동성 지표였던 M3를 금융기관유동성(Lf)으로 부르고 광의유동성 L을 추가했다. 광의 유동성 L은 금융기관유동성(Lf)에 정부 및 기업 등이 발행한 유동성금융상품이 포함된 것이다. 즉 **비금융기업의 자산담보증권 활용 증가 및 기업 자금조달의 시장의존 증대에 따른 결과였다.** 그리고 위험자산에 대한 대체재로서 안전자산인 국채 등 공공채권이 포함되었다. 또한, OTD 모델로의 은행 수익 모델의 변화는 은행과 금융시장 간의 상호작용을 높임으로써 통화정책의 전파 메커니즘을 약화시켰다. 전통적으로 통화 공급과 시장금리의 결정은 중앙은행이 절대적 역할을 수행한 반면, 신용 창출 능력이 향상된 시중 은행들의 통화 공급 역할이 증대했고 자본시장의 통합으로 시장금리는 국제 채권시장에서 결정되고 있다. 예를 들어, 은행의 시장의존 증대가 호황기나 정상 시기의 경우에는 통화 긴축으로부터 보호장치 역할을 하는 반면, 역으로 금융 불안기에는 자금조달의 어려움을 가중시킨다. 또한, 자본시장의 통합으로 시장이자율이 글로벌 채권시장에서 결정되면서 정책금리와 시장이자율 간의 연결성이 약화되었다. 즉 정책금리의 인상은 해외자본의 유입과 채권수익률의 하락 요인으로 작용할 수 있기 때문이다. 2000년대 이후 빈도수가 증가한 '장단기 금리 역전' 현상은 한 예이다. 예를 들어, 2003~04년 일본의 대규모 외환시장 개입은 구입한 달러로 미국채에 투자하면서 미국채 수익률 9.3 베이시스 포인트(basis point, $\frac{1}{100}$%)를 낮추었다. 또한, 특정 중앙은행의 대규모 증권 매입(LSAP, Large Scale Asset Purchase; 이른바 양적 완화)은 채권 가격을 상승시킴으로써 시장 투자자들은 상대적으로 가격이 낮은 비슷한 등급의 국채를 구입하려는 경향이 있기에 이들 채권 가격을 상승시킨다. 즉 '양적 완화'란 중앙은행의 정책으로 금리 인하를 통한 경기부양 효과가 한계에 봉착했을 때 중앙은행이 국채 매입 등을 통해 유동성을 시중에 직접 푸는 이른바 '비상유동성 지원 프로그램'이다.

한편, 기업의 수익이 투자로 이어지지 않을 경우 기업의 장기적인 성장 동력은 약화될 수밖에 없고, 이는 다시 미래 경제와 수익 성장에 대한 비관적 전망으로 이어진다는 점에서 금융화는 지속될 수 없다. 그럼에도 불구하고 대부분의 경제학자들과 정책입안자들은 금융이 주도한 성장이 지속가능하다고 생각했다. 그 근거로 80년대 중반 이후 크게 감소한 경기사이클의 변동성을 지적한다. 즉 미국 경제는 2차 대전 이후 GDP가 연평균 3.27%로 성장했고, 성장률의 표준편차는 2.7%였다. 반면, 1984년 1분기부터 2006년 2분기까지는 성장의 지속 속에 인플레이션율과 실업률의 하락을 경험했는데, 이른바 대안정기(the great moderation)라 부르는 이 시기의 성장률 표준편차는 1.3%에 불과했다. 그런데 대안정기의 이러한 성장은 금융혁신에 의해 파산의 리스크를 분산시킴으로써 가능했다고 믿었다. 그러나 금융 중심의 성장은 지속될 수 없었다. 금융위기는 금융이 혼자 발전하는 것이 불가능하다는 것을 보여주었다. 실제로 **지난 30년 과잉금융의 시대는 은행의 성장률이 역설적으로 하락했**음을 보여준다. 미국 연방예금보험공사(FDIC) 자료에 따르면 지난 미국 은행들의 연평균(복리) 수입증가율은 70년대 12%, 80년대 10%, 90년대 8%, 2000년대 6%로 지속적으로 하락했다. 실물부문의 성장 없이 은행의 성장은 한계에 직면할 수밖에 없음을 보여주는 것이다. 금융위기는 실질 생산성의 개선 없는 금융이윤의 지속 증가가 불가능함을 보여준 것이다. 즉 지난 30년, 특히 90년대 후반 이후 실물경제는 완만한 성장이 진행된 반면, 금융자산의 가격은 과도한 인플레이션이 진행되었다. 그럼 이제부터 과잉금융이 어떻게 금융위기를 초래했는지 살펴보자.

그림자금융(shadow banking) 은행이 아니면서, 따라서 은행 규제의 대상이 아니면서, 은행의 기능을 수행하는 비통화 금융기관 혹은 수단들(vehicles)을 말한다. 전통적 은행처럼 만기(maturity), 신용(credit), 유동성(liquidity) 전환을 수행하지만, 비통화 금융기관이기에 중앙은행의 유동성에 대한 접근(예: 재할인창구)이나 공공부문의 신용 보증(예: 예금보험)에서 배제된다. 규제 대상이 아니기에 '고위험-고수익' 거래를 추구하고, 그 과정에서 스스로 새로운 유동성을 창출하기에 그림자금융시스템(shadow banking system)이라고도 한다. 그림자금융의 대상에는 MMF, MMMF, 헤지펀드, 사모펀드, 연기금, 투자은행, 보험회사, 구조화투자회사(SIVs), 비은행 모기지 대출자, 증권중개인(broker dealers), 정부보증기업(GSE), 특수목적법인, ABCP 콘듀잇, 증권대부인, 경매방식채권(ARS, Auction Rate Securities)이나 모노라인이 보증한 조건부채권(TOB, Tender Option Bonds)에 대한 주 혹은 지역 정부가 보증한 기금(pools) 등 광범위하다. 뒤에서 별도로 자세히 소개할 것이다.

대출채권담보부 증권(CLO, Collateralized Loan Obligation) 기업 대출 채권을 유통시키기 위해 대출채권을 묶어 이를 담보로 발행하는 채권이다. 은행의 기업 대출 일부를 다른 은행들에 넘겨주는 신디케이트론(syndicated loan)과 신디케이트론 참여자를 포함해 은행들이 보유하는 자신의 기업 대출채권을 2차 대출시장에서 판매하는 CLO가 크게 성장했다. 신디케이트론 시장의 규모는 1988년 3,390억 달러에서 2007년에는 2.2조 달러로 증가했고, 2차 대출시장의 규모는 1991년 80억 달러에서 2005년에는 1,760억 달러로 증가했다. CLO 방식을 통한 대출채권의 유통과 관련하여 은행들은 대개 대출을 수집해 합치는 투자매니저, 즉 그림자금융을 활용했다. 해당 연도에 이루어진 대출 중 비은행 투자자들이 수집한 비중은 1993년에 13.2%에서 2007년에는 56.3%로 증가했다.

부채담보부증권(CDO, collateralized debt obligation) CDO는 기본적으로 기존 증권을 재증권화한 증권으로 대표적인 구조화금융상품이다. 구조화금융상품의 핵심 아이디어는 <고위험-고수익>을 갖는, 즉 신용의 질이 낮은 자산을 고수익을 유지하면서 신용의 질을 높이는 것이다. 1990년 2월 파산으로 지금은 없어진 월가의 주요 투자은행 중 하나였던 드렉셀 번햄 램버트(Drexel Burnham Lambert)에 의해 1987년에 만들어졌다. 그러나 구조화증권이 광범위하게 도입된 것은 뉴욕에 있는 캐나다 제국 상업은행(Canadian Imperial Bank of Commerce)의 데이비드 리(David Li)에 의해 '가우시안 코퓰라 함수(Gaussian Copula Function)'가 개발된 1997년 이후였다. 즉 1995년에 제로에 불과했던 CDO 발행액이 2004년 1,500억 달러, 2006년에는 5천억 달러가 넘어설 정도로 급증했다. 그 결과 누적 CDO의 명목가치 규모도 2000년 2,750억 달러에 불과했으나 2002년 6천억 달러, 그리고 2006년 말까지 26조 달러로 증가했다. 연준 의장이었던 그린스펀은 금융시스템 발전에 복합금융상품이 크게 기여했다고 예찬했다. 뒤에서 별도로 자세히 소개할 것이다.

제3장

펀드(매니저) 자본주의와 금융과두정의 등장

'경제의 금융화'로 인해 실물시장을 보조하고 반영하던 금융시장은 실물시장과 관계없이 작동하기 시작했다. 미국사회의 세속적 금언은 월가(Wall Street)와 메인 스트리트(Main Street; 일반적으로 전통적 가치인 노동자계급과 소기업 소유주들의 이해를 대표하는 장소를 의미)의 관계와 관련해서 전자는 후자의 거울에 불과하다고 가르쳤다. 여기서 전자는 탐욕의 거리로 투기꾼들이 두려움과 욕망의 잔치를 벌이는 곳이고, 후자는 철강으로부터 소프트웨어까지 미국인들이 필요로 하는 생산자들의 공간으로 묘사된다. 대개의 사람들이 생산자는 '선'이고 투기꾼은 '악'이라고 생각했다. 그러나 적어도 1980년대 이후 월가와 메인 스트리트의 분리는 도덕적 우화로서 만족될 뿐이지 현실과는 거리가 먼 완전한 허구가 되었다. 즉 전자는 실물경제의 성과를 보여주는 척도일 뿐 그 자체가 경제를 주도하지 못한다는 생각은 더 이상 성립하지 않게 된 것이다. 금융은 국민경제와 국민의 삶에 절대적 영향을 미치고 있다. 금융위기 이전까지 많은 국가들은 금융산업을 21세기의 주력 산업으로 육성하겠다는 목표를 가졌다.

국가와 금융 이해의 일치화

이처럼 경제의 금융화와 과잉금융은 산업자본에서 금융자본으로 힘을 이동시켰고, 금융자본의 헤게모니를 확립시켰다. 산업자본주의 시대와는 전혀 다른 경제논리가 작동했다. 종래에는 대부분 사람들과 경제학은 설비와 장비 등의 유형투자와 노동 고용을 통해 생산물을 만들어 이윤을 추구하는 산업자본주의를 경제활동의 표준으로 이해했다. 예를 들어, 슘페터(Schumpeter)가 '창조적 혁신'을 얘기했을 때 그 혁신은 비용 절감에 의해 낡은 기업이 경쟁에 의해 도태되는 생산성 향상을 의미했다. 즉 혁신의 여파로 새로운 산업이 출현하고, 비용 절감은 가격 하락의 형태로 소비자에게 이득을 가져다주고, 그 결과로 생산은 확장되고 생산성 유지 범위 내에서 임금 수준도 향상된다. 그런데 오늘날 경제적 이익은 산업 이윤에서 부채레버리지(레버리지 효과)에 기반한 자본 이득으로 이동했다. 예를 들어, 오늘날 기업들은 그들의 현금흐름과 차입을 통해 자사주 매입이나 공공자산의 인수 그리고 자산 인수나 매각 등에 주력한다. 그리고 은행은 기업이나 소비자가 아니라 주로 은행에 대출하고, 대부분의 신용(대출) 성장은 환율과 이자율 차익의 투기에 투입되고 있다. 즉 오늘날 경제에서 대부분 신용(부채)은 부동산 및 증권과 관련 있다. 금융의 영향력 증대로 생산성 향상에도 불구하고 상품가격은 하락하지 않고 실질임금은 (적어도 미국에서 70년대 후반 이래) 증가하지 않았고, 경제적 이익은 대출·투자·차입을 통해 거액을 운용하는 금융·보험·부동산 부문(FIRE)의 고도금융(high finance, 대규모 금융거래)에 집중되었다. 즉 지가 상승의 이득과 증권에 대한 높은 수익률이 부채레버리지에 기반한 자본 이득의 주요 원천을 이루고 있다.

금융화는 금융 권력의 강화를 수반했다. 금융 권력은 조세 정책의 결정, 친금융적인 법률의 제정과 집행, 공공 규제의 무력화 등을 통해 헤게모니를 장악했다. 금융의 헤게모니 강화를 위해 금융은 정부 장악, 특히 재무부-중앙은행-법률 영역의 장악을 추구했다. 은행과 그들의 주요 고객인 부동산 및 독점자본에 대한 구제자금 지원과 세금 회피를 위해 중요하기 때문이다. 이는 지난 30년 동안, 특히 2000년 이후 '돈 만들기(Making Money)'를 찬양하는 국가가 등장한 배경이다. 이로 인해 공공성의 영역에서 세일즈 대통령과 장관, 그리고 기금 모금을 잘하는 대학총장 등이 능력자로 평가받게 되었다. '금융의 이해'와 '국가 전체의 이해'를 등식화시킨 것이다. 금융부문에서 승리자가 워싱턴의 공직자보다 미국에 유익한 존재가 되었다. 그 결과 자유로운 금융시장이 국가 전체에 이익이 된다는 주장 같은, 과거에는 비밀리에 추구할 필요가 있었던 것들을 월스트리트저널 등 대중언론의 편집자 의견란과 의회에서 자랑스럽게

다루는 것이 자연스러워졌다. (고도금융의 대리인들인) 금융 테크노크라트가 금융자본의 이해에 충실한 정책집행자 역할을 수행한 배경이다. 이들은 자본통제를 마치 '지옥의 제도("not something that come from hell", Financial Times, Nov. 2, 2009)'인 것처럼 호도했다. 이처럼 금융부문의 힘은 일련의 사람들이나 단일 행정부나 정당을 넘어 확대되었다. 금융 권력은 소수의 사적 커넥션이 아니라 대형 은행(Big Finance)의 이익과 미국인의 이익을 자연스럽게 하나로 묶은 이데올로기에 기초했다. 즉 정부는 항상 최고인 민간부문에게 무엇을 할 것인가를 절대 요구할 수 없다는 이데올로기에 기초한 것이었다. 이러한 이데올로기는 특히 자산가격의 상승으로 모두가 점점 부유해지고, 국가 경제의 건강성이 부동산과 금융의 성장에 깊이 의존함에 따라 워싱턴의 누구도 의문을 제기하기 어려웠다. 즉 월가와 워싱턴과 학계의 네트워크와 '미국(민)의 이해=금융과 사부문의 이해'라는 이데올로기가 미국을 과두정과 금융위기로 몰아넣었던 것이다.

레버리지 효과(leverage effect) 타인으로부터 빌린 차입금을 지렛대로 삼아 자기자본이익률을 높이는 것을 말한다. 예를 들어 100억 원의 자기자본으로 10억 원의 순익을 올리게 되면 자기자본이익률은 10%가 되지만, 자기자본 50억 원에 타인자본 50억 원을 도입하여 10억 원의 순익을 올리게 되면 자기자본이익률은 20%가 된다. 타인자본을 사용하는 데 드는 금리비용보다 높은 수익률이 기대되는 경우에는 타인자본을 적극적으로 활용하는 것이 유리하지만 타인자본을 과도하게 도입하면 경기가 어려울 때 금리부담으로 인한 도산 위험이 높아진다. 일반적으로 레버리지를 많이 활용하는 이유는 자본 혹은 기업의 이익창출 능력을 보여주는 자기자본수익률(return on equity, ROE; 자기자본에 대한 기간 이익의 비율)을 높일 수 있기 때문이다. 즉 자기자본수익률(ROE)=순이익/자기자본=(순이익/자산)×(자산/자기자본)=(순이익/자산)×레버리지배율

펀드 자본주의 시대의 도래

산업자본에서 금융자본으로 힘의 이동이 과잉금융에서 비롯되었다는 점에서 금융자본의 헤게모니 강화는 산업자본주의의 가치 및 일자리 창출 역량의 약화에서 비롯

한다. 예를 들어, 오늘날 개인 역시 자신의 노후를 금융에 크게 의존할 수 없는 상황에 놓였다. 자신이 평생 저축한 연금이 24시간 쉬지도 않고 전 세계를 누비며 일을 해주고 있기 때문이다. 특히, 공업화를 완료한 대부분 국가들이 고령화에 직면하면서 이른바 '돈이 일하는 경제(Money-Working Economy)'에 대한 의존이 증대하고 있다. 즉 미래의 불확실성이 증대하는 가운데 '오래 사는 위험'에 직면한 가계는 자조(自助)의 노력이 절실해졌다. 하지만 저금리로 인해 수단이 별로 없다. 저축만으로는 스스로의 노후 대비는 감당할 수 없게 된 것이다. 적절한 노후생활 수단을 찾지 못하면 사회문제가 되는 것은 물론이고 내수 부진과 소비 침체로 경제에도 나쁜 영향을 줄 수 있다. 이러한 이유로 노후를 대비해 소극적인 의미의 '저축'에서 보다 적극적이고 능동적인 '투자'에 관심을 가지게 된다. 즉 고령화 사회에 접어들면서 젊은 세대 스스로 자산을 축적해 본인이 노인세대가 됐을 때 노후생활 자금으로 이용하는 방식을 택해야 하기 때문이다. 이것이 '금융의 펀드화'의 배경이고, 오늘날 자본주의를 '펀드 자본주의(fund capitalism)' 혹은 '화폐관리자 자본주의(Money Manager Capitalism)'라 부르는 이유이다. 가장 높은 수익을 추구하는 펀드는 다수 투자가로부터 자금을 공개적으로 모집·운용하는 뮤추얼펀드(mutual fund), 소수 투자자 중심의 폐쇄적으로 운용하는 헤지펀드(hedge fund)나 사모투자펀드(private equity fund), 적정 수준 이상의 보유 외환을 따로 떼어 투자용으로 모아 운영하는 국부펀드(sovereign wealth fund) 등이 금융시장에서 주요 펀드로 활동하고 있다. 2000년 11조 8,000억 달러 규모이던 세계 펀드의 순자산액은 2006년 21조 8,000억 달러로 불어났다.

펀드의 급성장은 기업부문에 대한 금융의 영향력 확대로 이어졌다. 미국에서 펀드의 주식소유 비중은 1985년에 6%에 불과했으나 2007년에는 30%까지 증가했다. 또한, 펀드들은 기업 인수합병(M&A) 시장의 개입 등 투자 영역을 확대함으로써 기업경영권 획득과 개입을 증가시켰다. 금융부문의 영향력 확대는 1980년대 중반 이후 경기침체가 주로 신용위기에서 기인했고, 신용위기의 중심에는 펀드들이 있었다는 사실에서도 확인된다. 예를 들어, 80년대 후반 미국 저축대부업(Savings and Loan, S&L) (부도) 사태 시 부동산금융의 부실 문제가 실물경기 위축으로 전이되었고, 2001년

IT발 경기침체도 나스닥의 거품 형성과 붕괴 과정에서 발생한 것이었다. 최근의 세계 경기침체 역시 미국발 서브프라임 모기지 사태에서 비롯한 것이었다. 이처럼 1980년대 이후 금융 충격이 실물경기 침체를 가져오는 중요한 요소로 부상했는데, 주요 금융위기 때마다 헤지펀드가 관련되어 있었다. 예를 들어, 헤지펀드는 1992년 영국 중앙은행인 잉글랜드은행을 대상으로 파운드화를 투매하는 공격을 퍼부은 장본인, 1994년 멕시코 금융위기, 1997년 태국 바트화 폭락사태와 한국 외환위기를 초래한 장본인, 1998년 롱텀캐피털매니지먼트(LTCM) 파산 때의 주인공으로 지목된다. 헤지펀드들은 신용위기 과정에서 공매도 방식을 주로 활용했다. 공매도를 이용한 헤지펀드의 대표적인 거래기법이 롱쇼트 전략(long-short strategy; 매수를 의미하는 롱 포지션과 매도를 뜻하는 쇼트 포지션을 동시에 취하는 방식으로 장기적으로는 주식시장에서 저평가된 주식을 사고, 단기적으로는 고평가된 주식을 파는 기법을 조합한 장단기 기법)이다. 이는 실제 가치보다 높게 평가된, 즉 시장가격이 높은 쪽을 공매도(short)하고, 낮은 쪽을 매수(long)하는 전략으로 다른 시장요인과 무관하게 수익을 낼 수 있는 구조이다. 공매도는 주가변동성을 심화시키는, 즉 주가 하락이 예상되는 국면에서 주가 하락을 확대시키는 요인으로 지적되며 금융위기 이후 유럽을 중심으로 공매도 금지의 분위기가 확산되었다.

제4장

글래스-스티걸 체제의 붕괴: 탈규제 이데올로기의 제도화

과잉금융은 수익성 경쟁으로 이어질 수밖에 없고, 금융자본은 수익 추구에 장애가 되는 요소들을 제거했다. 즉 금융의 수익은 위험(리스크) 추구와 비례한다. 그러나 은행 등 금융회사의 과도한 위험 추구는 금융회사의 파산으로 그치지 않고 전염효과로 사회적 비용을 유발시킨다. 즉 금융회사가 파산할 경우 그 피해는 주주와 경영자 등에 대한 사적 비용을 크게 초과하여 경제시스템 전체의 문제가 된다. 그리하여 금융부문에는 규제와 감시 그리고 감독을 통하여 과도한 리스크를 추구하지 못하게 한다. 따라서 금융회사가 높은 수익을 추구하려면 규제와 감독 등을 완화시켜야 한다. 미국의 규제 및 감독 체계는 1930년대 세계 대공황을 계기로 도입된, 이른바 '뉴딜판 금융규제'인 은행법(Banking Act of 1933)에 기초한다. '1933년의 은행법'은 상원의원 카터 글래스(Carter Glass)와 하원의원 헨리 스티걸(Henry Steagall)에 의해 후원된 법이기에 '글래스-스티걸법(Glass-Steagall Act)'으로 불리기도 한다. '1933년의 은행법'은 기본적으로 은행 개혁과 투기 규제에 목적을 갖고 있었다. 미국에서는 본래 '1864년의 국가은행법(National Banking Act of 1864)'에 의해 은행업과 증권업의 분리 및 금융자본과 산업자본의 분리가 이루어졌었다. 그러나 1920년대에 은행업과 증권업의 겸영이 허용되었다. 그런데 1929년 발생한 주가 폭락과 그에 이은 대공황의 원인 중 하나가 상업은행이 고객의 자산을 이용하여 일삼은 무분별한 투기 행위였다는 판단에서 '1933년의 은행법'이 제정되었다. 이 법의 핵심 내용은 상업은행(Commercial Bank, CB)은 여·수신 업무만 하고, 투자은행(Investment Bank, IB)은 증권 업무만 하도록 업무를 분리하여 상업은행이 고객의 예금으로 주식 투자를 할 수 없도록 만든 것이다. 이 법을 통해 연방예금보험공사(Federal Deposit Insurance Corp., FDIC)를 설립하여 은행 예금을 보장하는 연방예금보험제도를 창설하고, 금융에 대한 연방준비제도의 통제를 강화했으며 저축예금에 대한 이자상한제, 이른바 '레귤레이션(Regulation) Q'를 실시하고, 연방공개시장위원회(FOMC)를 설립했다. 이때부터 미국에서는 상업은행과 투자은행의 영역이 엄격히 분리되어 골드만삭스(Goldman Sachs)나 리먼 브러더스(Lehman Brothers) 등은 투자은행으로, 뱅크오브아메리카(BoA)나 시티뱅크(Citi Bank) 등은 상업은행으로 성장했다.

그런데 1970년대 파생금융상품의 개발과 금융공학의 발전 등으로 기존의 규제가 비효율적이라는 주장이 득세했고, (노동시장이나 행정 규제 등에 대한 탈규제와 더불어) 금융부문에 대한 탈규제의 압력이 증대하면서 대공황 이래 미국 금융시스템의 기초가 되었던 '글래스-스티걸 체제'는 붕괴되기 시작했다. 즉 '관리된 화폐'인 펀드는 대개 규제를 받지 않았기 때문에 규제를 받은 은행과의 경쟁에서 유리했다. 위기의 주요 기여자로 지적되는 이른바 '그림자금융'의 출현 배경이기도 하다. 사실, 은행에 대한 규제 완화의 많은 부분이 규제를 덜 받고 자금조달 비용을 절감할 수 있으며 높은 레버리지(차입)를 사용하는 '그림자금융(Shadow Banking)'과 경쟁할 수 있도록 하는 데 초점을 맞추었다. 예를 들어, 은행들은 자본 비용을 피하거나 감독 없이 높은 리스크를 추구하기 위해 장부외거래(off-balance sheet transaction, off-B/S)가 가능한 회사인 특수목적법인(SPVs, special purpose vehicles)을 만들어 운용했다. 예를 들어, 리먼 파산 3개월 전인 2008년 6월 시티그룹의 특수목적법인을 통한 장부외거래 자산 규모는 8천억 달러에 달했다. 많은 은행들이 활용한 특수목적법인은 감독 없이 거대한 리스크 추구가 가능했던 장부외거래의 독립체였던 것이다. 실제로 레버리지에 기초한 자산의 성장을 주도한 것이 투자은행과 헤지펀드 등이었다.

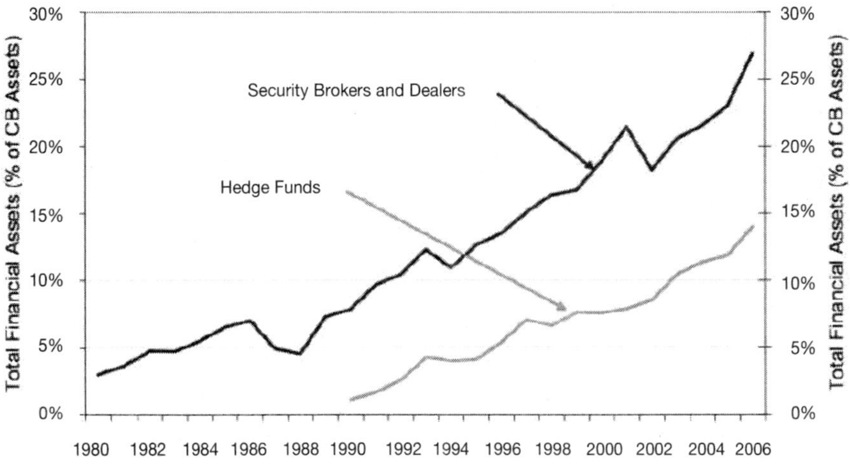

투자은행과 헤지펀드 자산의 성장(상업은행 총자산 대비, %)

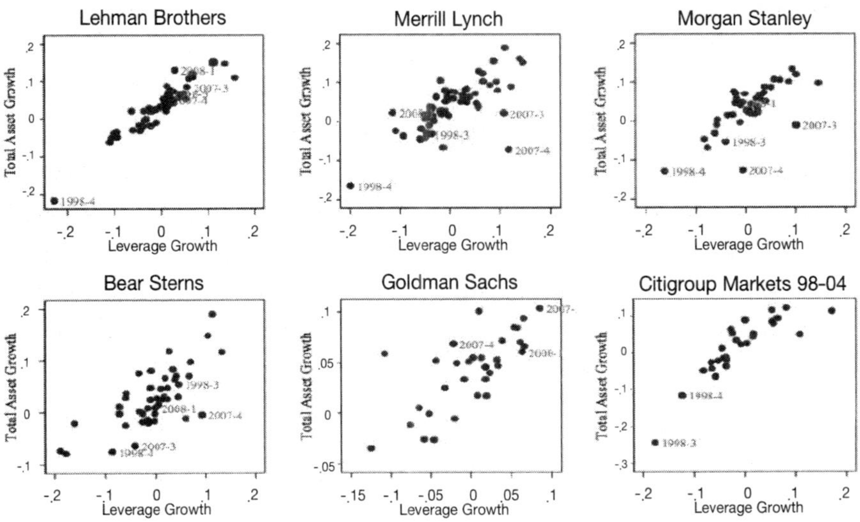

주요 투자은행의 레버리지 증가와 자산 성장 간의 상관성, 1997년 1분기~2007년 1분기

미국의 금융 규제 및 감독 기구들 연방준비시스템(FRS)의 회원은행이나 금융회사를 감독하는 FRB, 예금보험을 제공하는 동시에 연방준비시스템에 포함되지 않은 주정부 인가 은행(약 6,500개)을 규제하는 연방예금보험공사(FDIC), 1,600개에 달하는 전국 단위의 은행(national banks) 인가와 규제를 담당하는 재무부 통화감독청(The Office of the Comptroller of the Currency, OCC), 연방저축조합(Federal Savings Association)에 가입하고 있는 연방저축대부은행(Federal Savings and Loans)과 연방예금은행(Federal Savings Bank)에 대한 승인과 감독을 하는 저축은행감독국(The Office of Thrift Supervision, OTS), 회계 규칙을 규제하는 재무회계표준위원회(The Financial Standards Accounting Board, FASB), 투자은행과 신용평가기관 등 기업을 규제하는 증권거래위원회(SEC), 정부보증기업들(Government Sponsored Enterprises, GSEs)을 규제하는 연방주택금융국(Federal Housing Finance Agency, FHFA), 7,292개(2011년 3월 기준)의 연방신용조합의 인가와 감독을 담당하는 신용조합(National Credit Union Administration, NCUA), 미국상품거래소에서 거래되는 각종 선물에 대한 규제와 감독을 수행하는 상품선물거래위원회(Commodity Futures Trading Commission, CFTC) 등이 있다.

레귤레이션(Regulation) Q 글래스-스티걸법은 은행들의 이자 지급을 제한했다. 즉 요구불예금에 대해서는 이자를 지급할 수 없으며, 정기예금을 포함한 저축성예금에 대해서는 연준이 수시로 정하는 지급이자의 최고 한도를 초과할 수 없도록 했다. 그런데 1971년 미국 투자은행 중 하나인 메릴린치(Merrill Lynch)가 만기 1년 미만의 단기금융상품에 집중 투자해서 얻은 수익을 고객에게 되돌려주는 초단기 금융상품인 MMF(Money Market Funds or Money Market Mutual Funds)를 개발한 후 상업은행의 요구불예금은 타격을 입고 레귤레이션 Q는 무력화되었다. 이에 대항해 등장한 상업은행의 초단기 저축금융상품이 MMDA(Money Market Deposit Account)이다. 즉 MMDA는 MMF와 경쟁할 수 있도록 1982년 제정된 '간-세인트 저메인법(The Garn-St. Germain Act)'에 의해 예금취급기관에 승인된 금융상품이다.

월가와 워싱턴의 결탁

탈규제의 흐름은 앞에서 지적한대로 워싱턴과 월가의 유착으로 가능한 것이었다. 공화당의 레이건은 규제 철폐를 주장하는 경제학자들과 월가의 전폭적인 지지로 1981년 백악관에 입성했다. 그로부터 30년간 미국 정부의 금융 관련 요직은 월가 출신들의 몫이었다. 정권이 공화당에서 민주당으로 바뀌어도 월가 출신의 정부 장악은

변하지 않았다. 예를 들어, 80년대 이후 탈규제 정책을 주도한 리건(Regan, 메릴린치 회장 출신으로 레이건 행정부의 재무장관), 베이커(세계 1위 사모펀드 칼라일 그룹 출신으로 레이건 행정부 재무장관 및 국무장관), 브래디(Brady, M&A를 전문으로 하는 뉴욕의 투자은행인 딜런리드의 회장 출신으로 레이건과 부시 시니어 행정부의 재무장관), 그린스펀(Greenspan, 1987~2006년 연준 의장 역임; 80년대 저축대부업 파산 당시 악명 높았던 링컨 S&L의 사주인 찰스 키팅을 위한 로비), 루빈(Rubin, 시티그룹 회장 출신으로 클린턴 행정부의 재무장관), 서머스(Summers, 경제학자 출신의 클린턴 행정부 재무장관), 스노우(Snow, 퇴임 후 사모펀드인 서버러스 캐피탈 매니지먼트 회장직을 수행한 부시 주니어 행정부 재무장관), 폴슨(Paulson, 골드만삭스 CEO 출신으로 부시 주니어 행정부의 재무장관) 등이 대부분 월가 출신이었다. 그리고 이들 중 상당수가 오바마 행정부에 다시 복귀했다. 그리고 하버드대의 래리 서머스(헤지펀드 자문)를 포함해 하버드대의 마틴 펠드스타인(Martin Feldstein; 레이건 행정부 수석경제보좌관, AIG와 AIGFP의 이사), 버클리대의 로라 타이슨(Laura Tyson, 클린턴 행정부 경제자문위원회 의장과 모건스탠리 이사), 컬럼비아대의 프레드릭 미시킨(Frederic Mishkin, 2006~2008, 연준 이사), 컬럼비아대의 글렌 하버드(Glenn Hurbbard, 부시 행정부 경제자문위원회 의장) 등 신자유주의 경제학자 및 경영학자들은 탈규제와 월가 이해를 이론적으로 지원했다. 월가와 워싱턴의 유착을 상징적으로 보여주는 인물이 루빈이다. 루빈은 그린스펀과 더불어 금융위기 이전에 미국의 금융부문에서 가장 명성을 날린 인물이다. 하버드대를 졸업한 후 26년을 골드만삭스에서 보내고 1995년부터 1999년 7월까지 민주당 클린턴 행정부 2기에서 재무장관을 역임했다. 재임 시절은 이른바 '신경제'라는 용어가 나올 정도로 미국 역사상 최장기 호황기였기에 조지 워싱턴 미국 초대 대통령하에서 재무장관을 역임한 알렉산더 해밀턴(Alexander Hamilton) 재무장관 다음으로 유능한 재무장관이라는 찬사를 받기도 했다. 그러나 재임 시절 글래스-스티걸법을 역사 무대에서 퇴장시키는 데 주도적 역할도 했다. 그 결과인지는 알 수 없으나 재무장관에서 물러난 두 달 후인 1999년 9월에 루빈은 시티그룹으로 옮겨 시티그룹이 파산한 2009년까지 회장직을 역임했다. 시티그룹에서 루빈은 1억 2천 6백만 달러와 회사용 제트비행기의 무제한 사용 그리고 모든 업무 책임의 면제 등 파격적 대우를 받았다. 시티그룹 회장직을 수행하면서 그는 2001년 엔론(Enron) 스캔들에 대한 정부의 처리 방향에 개입했는데 주주 이해와 미국의 공공 이익은 일치한다며 자신의 행위를 정당화시켰다. 금융위기 발발 당시의 재무장관 폴슨은 시티그룹의 상황이 급속히 악화되었던 2008년 11월 19일 루빈이 자신에게 전화를 걸어 다급한 목소리로 "매도자들의 공격으로 시티그룹의 주가가 한 자리 수로 추락하고 매우 위험한 상황에 있으니 공공 이익의 관점에서 생각하라"고 자신의 회고록에서 기술하고 있다. 2009년 정부는 시티은행에 대해 납세자의 돈으로 조성한 부실자산구제프로그램(Troubled Asset Relief Program, TARP) 기금 중 450억 달러를 투입하고 유동성이 떨어지는 자산 3천억 달러에 대한 보증을 해주었다. 시티그룹의 파산에 대해 루빈의 책임이 자명함에도 불구하고 루빈은 자신의 책임을 일체 인정하지 않고 있다. 시티그룹의 위험 추구는 2002년 말부터 격화되었는데 루빈은 또 다른 CEO였던 척 프린스(Chuck Prince)와 더불어 이를 지지했다. 그 결과 시티그룹은 모기지담보증권(MBS)과 부채담보부증권(CDO) 그리고 LBO 대출의 리더가 되었다. 결과적으로 시티그룹은 650억 달러 이상의 손실을 보았고, 절반 이상이 모기지 관련 증권들에서 발생했다. 루빈의 책임 부인은 연봉 1,500만 달러를 받은 경영책임자의 모습과는 거리가 멀다. 문제는 이러한 부도덕성이 루빈에게만 해당되지 않는다는 점이다. 그린스펀, 래리 서머스, 펠드스타인 등 대부분이 자신들의 선택에는 문제가 없었다고 주장하기 때문이다. 금융위기 이후 드러난 은행 등 금융부문의 추악함이 결코 우연이 아니었던 것이다. 월가의 이해와 공공 이익의 결합이 가능하다는 주장이 월가의 부도덕성을 감추기 위한 논리에 불과했던 것이다.

규제받지 않는 관리통화의 부상으로 규제받는 은행의 입지가 약화되면서 시작된 본격적인 금융규제 철폐는 '레귤레이션 Q'를 철폐한 '1980년의 예금금융기관 규제완화 및 통화 관리법(the Depository Institutions Deregulation and Monetary Control Act of 1980, 일명 신금융법)'에서 시작되었다. 그 뒤를 이어 이른바 '간-세인트 저메인법(The Garn-St. Germain Act)'이라 불리는 '1982년의 예금금융기관법

(the Depository Institutions Act of 1982)'이 도입된다. 여기서는 단기예금 계정의 발행을 허용함으로써 저축대부업(Savings & Loan, S&L)에 대한 규제의 빗장이 완화된다. S&L은 상대적으로 높은 이자를 주고 주로 서민들의 예금을 받은 뒤 10~20년 만기 주택담보대출을 주업으로 하는 서민금융기관이다. 그런데 S&L은 70년대 말과 80년대 초 미국 연준이 인플레이션을 잡기 위해 고금리 정책을 펼치자 어려움에 직면했다. 금리자유화 이후 자금조달은 단기 고금리인 반면, 대출은 장기 확정 저금리 상품이어서 역마진이 발생했다. 게다가 조기 상환의 위험이 있었다. 이른바 '장단기 만기불일치'와 '자산-부채 불일치' 문제들이 발생한 것이다. 일반 상업은행과의 경쟁에 밀려 예치금이 들어오지 않자 저축대부업체들은 급한 유동성 경색을 연방주택은행으로부터 받은 융자로 해결했다. 그러나 저축대부업체들의 재무구조는 갈수록 악화됐다. 저축대부업체들로부터 정치자금을 받은 의원들의 로비 속에 1982년에 간-세인트 저메인법이 의회를 통과했고 레이건 대통령은 바로 서명했다. 레이건 행정부는 탄력성이 적은 주택융자만을 취급했기 때문이라 보고 S&L의 대출 범위를 넓히고 돈을 끌어올릴 수 있는 길을 열어주기만 하면 문제가 해결될 거라고 믿었다. 즉 '간-세인트 저메인법'은 이자 상승에 맞추어 모기지 이자율을 조정해주는 변동이자율 모기지대출을 도입했다. S&L의 자산 운용폭도 넓혀주었다. 이전까지는 주택자금 융자가 주류를 이뤘지만 이 법이 통과된 후에는 전체 자산의 30%를 일반 융자할 수 있게 되었다. 자산의 40%를 상업용 부동산에 대출할 수 있게 해주었고 대출 시에도 담보물 감정가의 100%를 융자할 수 있게 되었다. 연방정부가 들어주는 보험액도 구좌당 3만 달러에서 10만 달러로 늘렸다. 레이건 행정부는 이렇게 규제를 완화하면 저축대부업이 서민 주택자금 대출기관으로서의 기능을 수행하면서도 투자선을 다양화해서 수익을 증가시킬 수 있다고 예측했다. S&L의 자산대비 최저 자기자본 비율도 대폭 낮추었다. 80년 5%에서 4%로 낮춘 데 이어 82년에는 3%로 낮추었다. 자기자본 비율이 낮아지면서 보험을 들어줘야 하는 연방정부의 부담은 커질 수밖에 없었다.

'간-세인트 저메인법'은 80년대 말의 S&L (부도) 사태의 요인이 되었다는 비판을 받는다. S&L은 원래 서민들의 예금을 받아 10~20년 만기 주택담보대출을 주업으로 하는 서민금융기관이다. 그런데 금리자유화 이후 86년 4월부터 2년간 대체적으로 7% 이하에 머물렀던 기준금리가 88년 4월 이후 상승하기 시작하여 89년 1월에는 9%를 넘어섰고, 그해 5월까지 10% 근처까지 육박하는 등 자금조달 비용이 높아지는 상황에서 대출은 장기 확정 저금리 상품이라 역마진이 발생하면서 유동성 위기에 처하고 무더기로 도산하게 된다. 이자율 변화나 조기상환 리스크라는 구조적 문제를 갖고 있는 S&L에게 '간-세인트 저메인법'이 저축대부업체들의 수익 개선을 명목으로 고위험 자산에 투자하는 것을 허용했기 때문이다. 실제로 '간-세인트 저메인법' 도입 이후 대출 종류 및 자금조달 방법의 자유화로 인해 상업용 부동산 대출 투자가 증가했고, 대규모 손실이 발생하고 유동성 위기로 무더기 도산을 하자 납세자 및 정치권 부담으로 연결되었다. 미국 정부는 1989년 8월에서 1995년 말까지 S&L의 총체적 부실을 정리하기 위해 2,273억 달러를 투입하여 한국의 자산관리공사(KAMCO)와 유사한 정리신탁공사(Resolution Trust Corporation, RTC)를 설립하고 747개의 부실 S&L을 정리했다. 그 과정에서 875억 달러의 손실을 입었다. 참고로 이때부터 벌처펀드(vulture fund)들이 본격적으로 출범해 부실채권 시장을 형성한다. 벌처란 독수리나 콘돌처럼 남의 불행을 이용해 먹는 자란 의미로 우리나라의 외환은행 매각주였던 사모펀드 론스타(Lone Star)도 이때 등장했다. 즉 1991년 '웨스트코스트 에쿼지션 파트너스(West Coast Acquisition Partners)'라는 펀드를 설립하여 RTC로부터 자산 10억 달러를 인수해 부실자산 처리 노하우를 축적했다. S&L이 주로 모기지 대출을 담당했기에 투자 분야는 당연히 부동산과 관련된 부실채권이었다.

S&L의 구제는 은행들에게 잘못된 신호를 주었다. 리스크 높은 사업이 파산할 경우, 특히 사업의 규모가 클수록 정부가 구제할 것이라는, 이른바 '대마불사(too big to fail, TBTF)'의 인식을 형성시켰다. 결과적으로 90년대 초 이래 은행들은 리스크를 면하기 위해 통합했다. 1990~98년 사이에 은행은 27%나 감소했다. 은행의 합병을 지원하기 위해 1994년에 '리글-닐 주간(州間) 은행업무 효율화 법(Riegle-Neal Interstate Banking and Branching Efficiency Act of 1994)'이 제정되었고, 주간 은행 및 지점에 대한 금지를 제거했다. 전국 단위의 은행들이 지역경제의 타격, 특히 부동

산 경기와 관련하여 더 잘 견뎌낼 수 있을 것이라는 주장에 기초한 것이었다. 즉 지리적으로 대출을 집중시킨 주간 은행업의 제약으로 리스크가 증대했다는 주장이었다. 이들은 부동산 가격의 하락에 따른 1970년대 동남부 지역의 은행들의 타격, 석유가격의 하락과 뒤를 이은 부동산 가격의 하락에 따른 80년대 텍사스와 남서부 지역 은행들의 황폐화, 경기 후퇴에 따른 북동부 지역과 캘리포니아 은행들의 타격 등을 지적했다. 그러나 이 주장은 사실과 다르다. 전국적 영업 범위를 갖는 은행이 지역 은행들보다 금융 및 자본 문제에서 영향을 받지 않는다는 근거는 존재하지 않기 때문이다. 오히려 70년대와 80년대 지역 은행들의 파산은 해당 기관들의 투자가에게 심대한 영향을 미쳤지만, 전국적 금융위기를 야기하지는 않았다. 이유는 단순하다. 지역 은행들의 규모가 연방예금보험공사(FDIC) 등 미국 은행시스템이 감당할 수 있는 규모였기 때문이다.

1999년 제정된 '금융서비스 현대화법(Financial Modernization Act)'은 금융회사의 합병에 종지부를 찍고, 결국 '글래스-스티걸 체제'를 붕괴시킨다. 사실, '1999년법'은 월가의 불법적 행위를 정당화시킨 사후조치였다. 세기적 통합으로 불린 트래블러 보험회사(Travelers Insurance Group)와 시티그룹(Citicorp)의 합병이 1998년 4월에 발표되었다. 은행-증권-보험을 구분한 '글래스-스티걸법'을 위반하는 것이었다. 이에 1999년 11월 금융산업 경쟁력을 명분으로 내세운 클린턴 행정부의 정책과 월스트리트 상업은행들의 로비력이 맞물리면서 상업은행의 주식 투자를 허용하는 것을 주요 내용으로 하는 이른바 '그램-리치-블라일리법(Gramm-Leach-Bliley Act)'을 제정함으로써 합법화시켰다. 그 결과 '글래스-스티걸법'은 역사의 뒤안길로 사라지게 되었다. 1999년법의 주요 내용으로 은행, 증권사, 보험사 간의 제휴 및 합병 촉진을 규정하고 있는 1장에서 "증권 활동에 종사하는 법인(증권계열사)과 연방준비 회원 은행(일반 상업은행) 간의 제휴 및 합병에 대한 금지와 증권사의 간부, 이사 또는 직원이 연방준비 회원 은행의 임직원으로 동시에 봉사(겸직 임원제)하는 것에 대한 금지를 폐지하기 위해 1933년의 은행법(글래스-스티걸법)을 수정한다"고 명시했다. 즉 상업은행업과 투자은행업 간 이해가 충돌하는 것을 금지시켰던 규제는 제거되었다.

이 법은 금융시장(자본 및 외환시장)의 개방과 더불어 은행, 증권, 보험 간의 장벽을 제거하는 금융시장의 대통합을 의미하지만, 다른 한편 금융장벽의 제거는 금융업종 내 경쟁을 금융업종 간 무한경쟁, 즉 금융의 겸업화 및 대형화를 확대, 심화시켰다. 이른바 '대마불사' 문제의 뿌리가 된 것이다. 연방예금보험공사(FDIC)의 회원 은행은 1980년 1만 5천 개에서 2010년에 8천 개로 축소된 반면, 상위 10개 은행의 자산이 전체에서 차지하는 비중은 같은 기간 동안 20%에서 55%로 거의 세 배가 증가했다. 즉 1999년 법으로 상업은행(CB)과 투자은행(IB)이 지주회사 형태로 다시 결합되는 계기가 마련됨으로써 대형 은행들은 상업은행, 보험회사, 자산관리사, 헤지펀드 및 사모펀드를 모두 운영할 수 있었을 뿐 아니라 금융산업 내 리스크 높은 금융상품의 도입을 주도했다. 투자은행이 소유 혹은 만든 상업은행의 보유 예금으로 투자은행이 투기를 할 수 있도록 허용한 1999년 법은 금융위기를 심화시킨 요인으로 지적되는 이유이다. 참고로 금융업종의 장벽 철폐는 통화지표에도 영향을 미쳤다. 예를 들어, 2002년 개편된 한국의 통화지표를 보면 종래 은행과 비은행 금융기관 중심으로 구분하던 통화지표의 구분이 무의미해져 기간을 중심으로 구분한 것을 확인할 수 있다. 현금 혹은 현금성 금융상품을 M1에, 그리고 M2와 M3의 구분을 은행과 비은행에 관계없이 2년 이하의 단기 금융상품을 M2에, 2년 초과하는 금융상품을 M3으로 구분했다.

금융의 탈규제 흐름은 은행에 국한된 것은 아니었다. 투자은행과 금융 관련 전반으로 확산되었다. 클린턴 정부 시절인 2000년 장외파생상품 거래를 규제에서 제외한 것은 '금융위기 진전의 전환점'이었다. 또한, 부시 행정부에서는 증권거래위원회(SEC)의 리스크 관리 감독부서 인원을 기존의 140여 명에서 1명으로 축소시켰다. 오히려 SEC는 1993년부터 '검토 중인 사안(matters under inquiry, MUI)' 9,000여 개의 파일을 앞장 서 폐기 처분했다. 그중에는 버나드 메이도프(Bernard Madoff)의 투자 사기뿐만 아니라 골드만삭스, 리먼 브러더스, 도이치뱅크, 헤지펀드인 SAC 캐피탈 등의 증권법 위반 여부에 관한 조사 등이 포함되어 있었다. 특히 이러한 문서 파기는 2003~05년 및 2005~09년간 각각 SEC 위원장을 역임했던 윌리엄 도날드슨

80년대 이후 미국의 대표적인 금융업 탈규제 법안

대표법안	도입시기	주요 내용
금융기관 규제완화 및 통화관리법 (The Depository Institutions Deregulation and Monetary Control Act, DIDMCA)	1980	• 예금은행 이자율 상한제 폐지 (1986년까지 단계적으로 금리자유화) • 예금보험공사(FDIC)의 보증범위 확대(4만→10만$)
예금취급금융기관법 (the Garn-St Germain Depository Institutions Act, GSG)	1982	• 1983년 10월까지 예금관리규제의 완전철폐를 규정 • S&L의 상품취급업무에 대한 제약 해제(비업무용 주택담보대출→상업용부동산, 개인소비대출 허용)
연방준비제도이사회 지침	1987~89 1996~97	• 은행지주회사의 증권자회사를 통한 증권업무허용 (10%룰) • 은행의 건전성 확보와 투자자 보호를 위한 업무차단 장치 마련
주(州) 간 은행업 및 지점설치효율성법 (Riegle-Niel Interstate Banking Efficiency Act)	1994	은행들의 州 간 영업 전면허용으로 영업범위 확대
감독규제완화법	1996	은행과 증권업의 겸업을 확대 허용(10%→25%)
금융서비스현대화법 (Gramm-Leach-Bliley Act)	1999	• 글래스-스티결법(Glass-Steagal Act of 1933) 폐지 (금융업무의 확대와 겸업 허용) • 금융지주회사 근거조항 마련

(William Donaldson) 및 크리스토퍼 콕스(Christopher Cox) 시절에 이루어졌다는 사실이 SEC 소속 변호사인 다시 플린(Darcy Flynn)이 상원 사법위원회의 찰스 그래슬리(Charles Grassley) 상원의원에게 보낸 서한에서 밝혀졌다. 그런데 도날드슨 위원장은 레버리지의 극단적 추구를 용인했고, 규제에 대한 광신적 자유방임주의자였던 콕스는 모기지의 증권화 혹은 그런 증권을 판매하면서 동시에 반대거래까지 할 수 있도록 허용했다. 월가 금융회사들의 위법 행위는 금융위기 이후 SEC가 기소하여 받아낸 벌금 규모에서도 확인된다. 2009년 이후 월가 금융회사들이 납부한 금액 중 최대 규모는 2010년 골드만삭스가 5억 5천만 달러, 2011년 J.P 모간이 1억 5,360만 달러, 210년 뱅크오브어메리카(BoA)가 1억 5천만 달러, 2011년 찰스 슈왑(Charles Schwab)이 1억 1,880만 달러, 2011년 모간 키간(Morgan Keegan)이 1억 달러 등의 순이었다. 또한, 개인들이 납부한 최대 벌금 규모는 내부자 거래혐의로 피소된 헤지펀드 갤리온(Galleon) 공동창업자 라즈 라자트남(Raj Rajaratnam)이 2009년 9,280만 달러, 모기지업체 컨트리와이드(Countrywide)의 전 CEO 안젤로 모질로(Angelo

Mozilo)가 2010년 2,250만 달러, 내부자거래 혐의로 피소된 시그마의 알프레드 티오(Alfred Teo, Sr.)가 1,740만 달러, 브룩스트리트(Brookstreet)의 전 CEO 스탠리 브룩스(Stanley Brooks)가 2012년 1천만 달러, AIG의 전 CEO 모리스 그린버그(Maurice Greenberg)가 2009년 750만 달러 등의 순이었다. 참고로 금융위기 이후 규제 강화의 분위기 속에서 SEC의 2011년 예산은 약 20% 증가했고, 조직 규모도 2007년 수준보다 36%나 증가한 4,700명이 되었다. 그럼에도 불구하고 2011년 SEC의 예산 12억 달러는 뱅크오브어메리카(BoA)가 2011년 지출한 42억 달러의 1/3 수준에도 미치지 못하는 규모이다.

한편, 1999년 그램-리치-블라일리법의 제정으로 금융지주회사제도가 도입된 반면 리먼 브러더스, 베어스턴스(Bear Stearns) 등 투자은행지주회사의 규제에 대한 명시적 규정이 없어 이들에 대한 SEC의 규제는 사실상 불가능해졌다. 규제 완화를 원하는 IB들의 끈질긴 요구가 실현된 것이었다. 실질적으로 부채 규모를 증대시킬 수 있도록 순자본의 기준이 완화됨으로써 투자은행들은 서브프라임 모기지를 지원하는 모기지담보증권들(MBS)의 발행을 가속화시켰다. 2004년 공표된 바젤 II는 모기지론 유동화를 촉진시키는 요인으로 작용했다. 바젤 I과 비교할 때 바젤 II에서는 모기지론에 대한 위험가중치가 표준법을 기준으로 할 경우에는 50%에서 35%로 하락했고, (위험자산의 측정 요소를 은행이 자체 추정해 사용하는 방식인) 내부등급법을 적용할 경우에는 15~20% 수준까지 하락했다. 은행에게 요구하는 자본 규모가 축소됨에 따라 ROE는 상승하는 효과가 있고, 2004년부터 MBS 발행이 급증한 배경이다. 특히 내부등급법 사용을 가능하게 함으로써 대출자 선별과 담보자산 선택에 대한 모니터링 유인을 약화시켰다. 특히 CDO, 2차 및 3차 CDO 등 새로운 복합파생금융상품들은 기존의 주식, 채권, 옵션 등과 달리 거래 청산소가 없었기에 감독의 사각지대에 놓이게 되었고, 심지어 '2000년의 상품선물현대화법(the Commodity Futures Modernization Act of 2000)'에서는 규제에서 제외시켰다. 그 결과 파생상품의 거래액은 2001년 106조 달러(미국 GDP의 10.4배, 세계 GDP의 3.3배)에서 2008년에는 531조 달러(미국 GDP의 약 3.7배, 세계 GDP의 약 8.7배)로 급증했다.

탈규제의 기본논리는 '자율규제' 혹은 '최소규제'론이었다. 예를 들어, 과잉금융 시대에 장기간 연준 의장을 수행한 그린스펀은 파생금융상품의 개발 및 사용에 대한 어떠한 규제 및 감독에 대해서도 반대한다며 금융회사 자신에 의한 '자율규제'를 주장했다. 자기 이익 극대화를 추구하고 금융회사의 리스크는 외부의 감독기구보다 금융회사가 가장 정확히 알고 있기에 금융회사는 자신을 파산시킬 수 있는 과도한 리스크를 추구하지 않을 것이라는 논리였다. 즉 민간 차원의 자체적인 규제가 정부의 규제보다 과도한 리스크 부담을 방어하는 데 효과적이라고 주장했다. 그러나 그린스펀은 도덕적 해이의 문제를 간과했다. 파생상품을 거래하는 금융종사자들은 봉급보다는 성과에 기초해 매년 보너스로 보상받았다. 문제는 그러한 보상들이 파생상품의 투자에 따른 '꼬리 리스크(거대한 일회성 사건이 자산 가치에 엄청난 영향을 줄 수 있는 리스크)'의 발생 가능성을 배제하고 계산된 것이었다는 점이다. 이에 대해서는 뒤에서 살펴볼 CDO 같은 복합파생금융상품의 특성으로 쉽게 이해할 수 있다. 금융위기 이후 그린스펀은 미 하원 감독·정부개혁위원회의 금융위기 청문회에 출석(2008.10.23)하여 "금융기관들이 내가 기대했던 바와 같이 주주들과 투자자들을 보호하지 못했다"며 파생상품에 대한 규제를 반대했던 자신의 잘못을 부분적으로 인정하는 발언을 했다. 사실, 그린스펀은 과도한 리스크 추구를 부추겼다는 점에서 '도덕적 해이 이상의 문제'를 초래시킨 장본인이다. 시장을 지원하기 위해 통화정책을 사용할 것이라는 믿음을 줌으로써 리스크 프리미엄을 축소시키고 전체 자산시장을 끌어올렸기 때문이다. 즉 대규모 시장 혼란이 발생하면 연준이 금리를 내리고 유동성을 공급할 것이라는 신념과 확신을 시장에 주었다(일명 '그린스펀 풋'). 은행 등 금융 영역에 대한 규제 철폐는 예상대로 금융회사들의 리스크 추구 증대로 이어졌다. 이는 글래스-스티걸 체제의 평온했던 시기와 은행위기의 빈도가 폭발적으로 증대한 80년대 이후 시기와의 비교에서도 확인된다.

제5장

공식 세계가 만든 비공식 세계: 그림자금융시스템

외형상 글로벌 금융위기는 금융시스템의 붕괴였다는 점에서 미국 금융시스템을 '살해'한 그림자금융시스템을 금융위기의 주요 요인으로 지적한다. 미국 금융시스템은 미국 경쟁력의 상징 중 하나였다. 그런데 미국 경쟁력의 상징이었던 금융시스템이 역설적으로 미국 경제를 붕괴시킨 것이다. 이러한 역설이 발생한 것은 미국의 금융시스템이 이른바 '그림자금융시스템(shadow banking system)'이라는 '비공식세계'를 만들어냈기 때문이다. 공업화를 만들어낸 서구 시장시스템의 확립 과정은 재산체제의 통합 과정, 즉 하나의 통일된 지식 기반 위에 부를 통제하는 정보와 규칙을 집결시키는 과정이었다. 그런데 인류 역사 최대의 성장과 근대 물질문명을 만들어낸 서구 시장시스템이 자신의 시스템에서 벗어난 세계(체제)를 합법적으로 용인했고, 그 결과가 시스템의 해체, 즉 무질서와 혼돈 그리고 이해 불가능한 세계(그림자금융시스템)의 창출이었다. 금융위기 이후 정부나 감독기구 그리고 연준 등이 독성자산의 규모가 어느 정도인지를 파악할 수 없었던 이유이다. 즉 아무도 개별 은행들이 정확히 얼마나 위험에 노출되었는지 알지 못했다. 그 결과 신뢰는 하루 사이에 날아가 버렸고 은행들은 상호 간에 비즈니스 거래를 중단했다.

금융의 탐욕, 어둠의 자식을 만들다!

한마디로 수익률(ROE)을 높이려는 대형 은행들의 대응이 그림자금융시스템 성장의 주요 추진력이었다는 점에서 그림자금융시스템은 과잉금융의 산물이었다. 고수익을 추구하기 위한 금융의 과도한 리스크 추구는 법 개정과 규제 철폐를 통해서만 가능한 것은 아니었다. 앞에서 기술했듯이 70년대부터 규제와 감독을 회피하기 위한 금융거래 기법이 금융혁신이라는 미명하에 출현했다. 파생금융상품을 중심으로 거래소시장 밖의 거래인 장외거래(over-the-counter, OTC)와 대차대조표(balance sheet, B/S)에 수치가 나타나지 않는 장부외거래(off-balance sheet transaction)의 급증이 그것들이다. 즉 거래소의 중요한 대체시장으로 장외시장의 딜러들은 직접 만나지 않고 전화와 컴퓨터로 연결되어 있다. 거래는 전화로 이루어진다. 여기서 전화 통화는 녹음된다. 거래의 한 상대방은 일반적으로 금융기관에서 일하는 거래자이다. 거래의 다른 상대방은 금융기관에서 일하는 거래자이거나 기업의 재무담당자 또는 펀드매니저일 것이다. 장외시장의 거래 규모는 거래소의 규모를 능가한다. 예를 들어, 2010년 7월 도드-프랭크(Dodd-Frank)법이 통과되기 이전 장외(OTC)거래를 통한 파생금융상품의 명목가치만 하더라도 세계 GDP의 10배가 넘는 7백조 달러로 추정한다. 그리고 파생금융상품은 자산의 인도와 인수, 자금 결제가 계약 만기 시점에 이루어지고 계약 시점에는 자산이나 부채 가치가 변동하지 않기에 장부외거래의 속성을 갖는다. 글로벌 금융위기 이후 주요국들이 파생금융상품에 대한 중앙청산소(CCP, central counter party)를 설립한 이유이다. 중앙청산소는 본래 거래소 장내시장에서 거래된 상품에 제공되는 중앙청산결제서비스를 장외파생상품까지 확대한 시스템이나 기관으로 이해하면 된다.

규제와 감시의 대상에서 벗어나기 위한 또 다른 방식은 앞에서 소개했듯이 은행의 형식을 벗어나 은행업을 수행하는 것이다. 예를 들어, 대형 은행이나 보험회사 등은 자신을 전면에 드러내지 않고 비금융회사인 특수목적법인(SPVs 혹은 SPCs, Special Purpose Vehicles 혹은 Special Purpose Companies)을 만들어 유동성을 새롭게 만들어내고 고수익-고위험 채권을 거래했다. 특수목적법인은 한국에서도 감독의 사각지대이자 금융 비리의 온상으로 저축은행 부실 초래의 한 요인으로 지적된다. 즉 미국의 주요 투자은행들은 <고수익-고위험> 자산에 투자할 목적으로 구조화금융상품(CDO)에 대한 투자전문 자회사인 구조화투자회사(Structured Investment Vehicles, SIVs), 일명 콘듀잇(conduit)을 설립했다. 쉽게 말하면 규제와 감독을 피해 높은 리스크와 수익을 추구하기 위해 만든 페이퍼컴퍼니다. 먼저 투자은행들은 SIV에 우량자산을 출자하고, 이를 근거로 SIV는 자산담보부 기업어음(ABCP) 혹은 환매조건부채권(Ropss, RP) 등을 발행해 단기자금을 조달한다. 이 자금으로 모기지증권 등 고수익 장기 채권에 투자했다. 그런 점에서 그림자금융은 증권화 방식의 신용 중개, 즉 증권을 발행해서 배분하는 OTD 모델의 중심에 있었다. 콘듀잇은 '도관'이라는 사전적 의미에서 추론할 수 있듯 한 번 설립되면 수도관에서 물이 뿜어져 나오는 것처럼 계속 유동화 증권을 발행할 수 있다는 뜻인데 증권화 방식의 신용으로 가능한 것이었다. 미국 감독당국은 투자은행(IB), 헤지펀드 등에 비해 **상업은행(자기자본비율 규제 등)에 대한 규제가 엄격하다는 불만을 덜어주기 위하여 1980년대 중반 은행의 대차대조표상(balance sheet)의 자산이나 부채 어느 계정에도 나타나지 않는 자본조달 방법인 (장)부외금융(off-balance-sheet financing) 기구 설립을 허용**했다. 즉 SIV는 1988년 시티그룹이 처음 개발한 것으로 알려져 있다. (장)부외금융 기구는 본질상 감독당국의 시야에 드러나지 않을 수밖에 없고, 단기차입과 장기운용으로 만기불일치 및 유동성 위험에 노출되어 있다. 2007년 초에 구조화투자회사(SIVs)의 콘듀잇 규모(ABCP 발행액)가 2.2조 달러, 익일물(overnight) 환매조건부채권(RP)이 2.5조 달러, 헤지펀드가 2.5조 달러, 5대 투자은행의 자산이 4조 달러 등 그림자금융이 총자산 10조 달러의 정규 은행보다 규모와 중요성이 더 커졌음에도 방치되었다는 점에서 위기는 미국 금융시스템에 의해 만들어진 것이다. 즉 특수목적법인이 단기자금시장과 자금조달시장에서 역할이 증가하면서 전통적 은행시스템의 밖에 있는 그림자금융의 자산 비중이 급증한 것이다. 그런데 엄격한 자본 확보를 요구받았던 은행시스템과 달리 기준이 느슨했던 비은행 금융시스템의 공존 속에 대마불사에 대한 암묵적 보증이 작동했다. 게다가 그림자금융의 주요 자금조달원인 CP나 RP는 통화량에 포함되지 않기에 통화정책은 효과가 약화될 수밖에 없다.

이처럼 은행들은 구조화투자회사(SIVs)를 설립해 CDO 등 위험도가 높은 복합파생금융상품을 장부외거래로 처리함으로써 관리 비용과 위험성을 줄였다. 금융위기 당시 구조화금융상품 시장이 경색되면서 SIV의 핵심적 자금조달 수단이었던 자산담

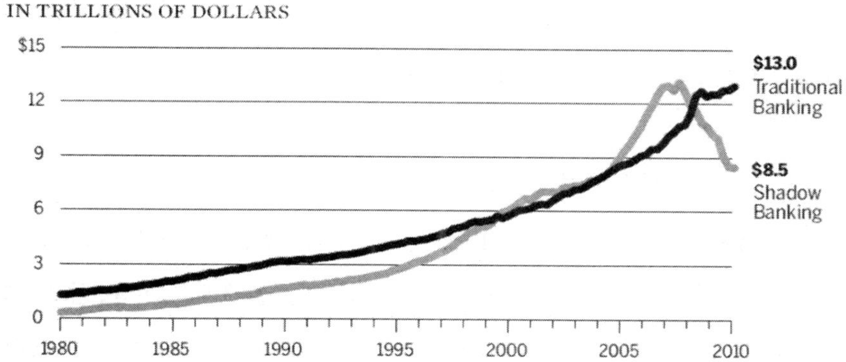

NOTE: Shadow banking funding includes commercial paper and other short-term borrowing (bankers acceptances), repo, net securities loaned, liabilities of asset-backed securities issuers, and money market mutual fund assets.

SOURCE: Federal Reserve Flow of Funds Report

전통적 은행시스템(검정색)과 그림자금융시스템(회색)의 자금조달 규모(조 달러)

보기업어음(ABCP) 시장의 유동성 위기가 나타난 이유이다. 많은 금융기관들은 모기지를 비롯한 각종 부채(기초자산)를 담보로 채권을 발행하고 매입하는 일을 반복했는데 부채를 담보로 만든 증권 시장이 경색되면서, 더 근원적으로는 주택가격과 모기지 담보증권(MBS)들의 가치가 하락했다. 이에 단기 기업어음(CP) 시장에 투자했던 투자자들이 안전자산으로 도피했고, 시시각각 도래하는 단기 부채를 제때 상환하지 못한 콘듀잇들이 심각한 자금난에 처한 것이다. 즉 그림자금융은 유동성이 높은 단기 자금조달(CP)로 유동성이 낮은 장기 자산(CDO)에 투자하는 방식에 의존했다는 점에서 본질적으로 '장단기 만기불일치'와 '자산-부채 불일치'라는 금융의 원천적 문제를 모두 갖고 있었다. 그러나 **전통적 은행시스템은 이러한 문제가 규제를 받은 반면, 그림자금융시스템은 규제에서 자유로웠다. 그림자금융의 불투명성이 문제를 너무 크게 악화시켰던 것**이다. 그 결과 각국 중앙은행의 대규모 자금 지원에도 불구하고 상황은 나아지지 않았고 CP 시장의 유동성 위기만 더 커졌다. 서브프라임 위기가 장기화될 것으로 보고 있는 투자자들이 ABCP와 같은 위험자산 매입을 극도로 꺼리면서 결국 많은 콘듀잇들이 보유 자산을 헐값에 내던질 수밖에 없었고, 투매(fire sale)는 악순환을 만들었다. 예를 들어, 금융위기가 본격화되던 2007년 8월 30일 파이낸셜 타임스는 자산 규모로 영국 2위 은행인 스코틀랜드왕립은행(RBS)의 말을 인용하면서 CP 시장에서 재고 정리를 위한 430억 달러의 투매 가능성을 보도했다.

길을 잃은 돈, 그림자금융에서 길을 찾다!

그림자금융시스템의 성장은 투자처를 찾지 못한 시중 유동성이 요구하는 〈안전성-수익성-유동성〉이 높은 상품에 대한 수요 증대와 밀접한 관계를 가지고 있다는 점에서 과잉금융의 산물이다. 자산관리사, 뮤추얼펀드, 헤지펀드, 증권대부자, 연기금, 글로벌 비금융기업 등 기관들에서 집중적으로 관리하는 대규모의 단기성 자금의 규모는 1990년 1천억 달러에서 2007년에는 2.2조 달러를 넘어설 정도로 급증했다. 금융위기 직전인 2007년 기준 글로벌 비금융기업의 경우 평균 현금기금이 150억 달러, 장기 뮤추얼펀드의 경우 대형 자산관리자당 평균 200억 달러, 증권임대 프로그램과 관련된 담보 현금의 규모가 대부자당 평균 750억 달러에 달했다. 기관들의 현금성 기금 규모의 급증 속에 대부분 자금의 투자 선호는 원금의 안전성이 보장되며 유동성 및 수익이 높은 단기 상품이었다.

한편, 은행의 예금보장 한도는 1980년 이래 변하지 않았고, 은행의 합병 및 대형화로 분산 예치의 어려움은 증가했다. 즉 은행의 대형화로 은행의 숫자가 감소했다. 원금이 보장되는 은행 예금의 대안으로 기관들의 현금성 기금이 선택할 수 있는 것은 정부가 보장한 단기 국채, 그리고 단기 상품에 운용하는 펀드(예: MMF)나 '그림자금융시스템'이 보증하는 금융상품 등 민간이 발행한 최고 신용등급의 상품이었다. 그런데 국채의 경우 수요를 충당할 만큼 공급되지 않았다. 기관들의 현금성 기금 규모보다 2005년에는 1.1조 달러, 2006년과 2007년에는 1.6조 달러가 부족했다. 게다가 2000년 이래 선진국 국채에 대한 신흥시장과 석유수출국가의 중앙은행을 비롯해 해외 공공기관의 보유가 증가하면서 수급 불일치는 악화되었다. 이 수급 공백이 <저위험-고수익>의 단기 상품(예: ABCP)을 만들어낸 그림자금융의 성장 배경이다. 즉 국채의 구조적 부족과 기관투자가나 펀드 등의 현금성 기금이 요구하는 안전성과 유동성과 수익성을 갖는 단기 상품의 수요를 '그림자금융시스템'이 해결해주었다.

이처럼 **그림자금융은 자체적인 신용 창출 능력을 갖는 시장 기반의 은행이기에 이들이 창출한 신용은 총통화량에 포함되지 않았다.** 즉 통화 공급에 대한 중앙은행의 독점적 권한을 약화시켰다. **그림자금융은 감독 및 규제의 사각지대일 뿐만 아니라 통화정책의 영향으로부터도 자유로운 지대**였던 것이다. 즉 그림자금융시스템에 의한 신용의 폭발적 증대는 유동성 증대 → 이자율 하락 → 파생금융상품 가치의 증대 → 신용 증대라는 피드백 루프(feedback loop)를 만들어냈다. '피드백 루프'란 결과가 자동적으로 재투입되는 순환회로를 의미한다. 즉 호황기(불황기)에는 레버리지 조정으로 금융기관의 대차대조표 규모를 증대(감소)시킴으로써 자산가격을 상승(하락)시키고, 이는 다시 금융기관 대차대조표의 질을 강화(약화)시킴으로써 레버리지 조정을 유도한다. 그림자금융이 레버리지와 ROE을 높이는 신용의 '터보차저(turbocharge)'가 되었던 배경이다. 여기에 연준의 초저금리 기조는 자산가치의 인위적 상승에 기여함으로써 피드백 루프를 증폭시켰다. 이것이 파생금융상품을 거래하는 금융분야 종사자들의 높은 성과와 보너스의 실체였다. 또한, 미국의 그림자금융시스템이 해외로 위기를 전파시키는 데 핵심 역할을 수행한 이유이기도 하다. 예를 들어, 위기 이전에 아이슬란드와 아일랜드 은행은 자금조달을 미국 금융시스템으로부터의 단기부채, 외국인이 소유한 은행 예금과 주식 포트폴리오 등에 의존했다. 급속한 신용 확대가 가열시킨 양국의 주택시장은 2000년에 팽창하기 시작하여 자산투자와 건축 붐을 초래했다. 붐에 의한 자산효과는 소비 증대와 높은 성장으로 이어졌다. 부동산 붐에 의해 부양된 아일랜드 은행시스템의 자산 규모는 GDP의 5배까지 팽창했고, 대외부채는 2010년 말에 GDP의 10배 이상이나 되었다. 그러나 글로벌 금융위기로 해외자본이 탈출하면서 부동산 거품이 붕괴되고 은행이 파산하고 국가부채가 급증했고, 결말은 2010년 12월 IMF와 유럽연합에 의한 구제금융 지원이었다. 금융위기 이전 세계가 칭송했던 '켈틱타이거'의 실체가 드러난 것이다. 해외자본과 거품으로 경제를 부흥시킨 이 '아일랜드 모델'을 삼성경제연구소는 우리가 본받아야 할 모델이라 주장했고, 노무현 정부는 이를 수용했다. 그것이 노무현 정부의 국정과제이자 '꿈'이었던 '동북아 금융허브' 전략이었다. '동북아 금융허브'가 되었으면 한국도 아일랜드의 운명을 피할 수 없었을 것이다. '동북아 금융허브'가 되지 않은 것을 다행으로 여겨야 할 것이다.

요약하면, 그림자금융시스템은 금융위기 이전까지 전통적인 은행시스템의 자금조달 규모를 추월할 정도였을 뿐만 아니라 증권화 사슬을 통해 금융 전체를 하나로 묶어 놓았던 '시스템 리스크'의 잠재적 제공자였음에도 불구하고 '공공기억의 시스템'에서 벗어난, 즉 정보가 부재하고 투명성이 결여된 '비공식 세계'로 방치됐고, 그 결과 미국의 금융시스템을 붕괴시켰고 세계를 지옥으로 몰아넣었던 것이다. '시스템 리스크'란 한 금융기관의 유동성 혹은 지급불능 위기가 연쇄적으로 다른 금융기관의 유동성 혹은 지급불능을 유발시켜 금융시스템 전체의 기능마비를 초래할 수 있는 위험으로 이해할 수 있다.

제6장

금융혁신과 대량살상무기의 제조

금융이론의 상식 중 하나는 수익이 높은 상품은 위험도 높다는 것이다. 그런데 그림자금융은 어떻게 <저위험-고수익> 금융상품을 공급할 수 있었는가? 이 궁금증에 대한 열쇠는 CDO라는 복합파생금융상품 혹은 구조화금융상품의 제조 방식에 있다. 어떤 면에서 CDO는 현대 금융경제학과 월가로 몰려 간 수재들의 한계를 보여준다. 누적 CDO의 명목가치 규모는 2000년 2,750억 달러에 불과했으나 2002년 6천억 달러, 그리고 2006년 말까지 26조 달러로 증가했다. 연준 의장이었던 그린스펀은 금융시스템 발전에 복합금융상품이 크게 기여했다고 예찬했다. 복합금융상품의 제조에 사용된 수학이 가우시안 코퓰라 함수였다.

가우시안 코퓰라 함수(Gaussian Copula Function) 데이비드 리는 중국에서 캐나다로 유학 와서 통계학 박사를 취득한 후 은행가로 일하던 중 생명보험회사를 위해 배우자의 사망과 남은 사람의 수명 간의 상관관계를 작업하던 친구의 도움을 받아 파산이 기업의 사망이라는 점에 착안하여 파산율 간의 상관관계를 모델화했다. 그가 이용한 모델은 상호 의존하는 사건들에서 다양한 경우의 가능성을 예측하게 해주는 코퓰라(Copulas) 함수였다. 채권의 풀에 대한 가장 좋은 코퓰라 함수는 19세기 독일 통계학자 가우스(Gauss)의 이름을 딴 '가우시안 코퓰라 함수'였다. 데이비드 리는 J.P. Morgan Chase로 옮겼고, 2000년에는 자신의 아이디어를 'the Journal of Fixed Income'에 게재했다. 데이비드 리가 대출 상품 간 상호 연관된 손실에 직면할 수 있는 확률을 계산할 수 있게 해준 '가우시안 코퓰라 함수'의 모형은 다음과 같다. 일부에서는 월가를 무너뜨린 '악마의 공식'으로 부른다(WSJ, Sept. 12, 2005).

$$\Pr[T_A < 1, T_B < 1] = \Phi_2(\Phi^{-1}(F_A(1)), \Phi^{-1}(F_B(1)), \gamma)$$

혁신인가 아니면 사기인가?

구조화금융상품의 핵심 아이디어는 <고위험-고수익>을 갖는, 즉 신용의 질이 낮은 자산을 고수익을 유지하면서 신용의 질을 높이는 것이다. 금융이론에서 리스크를 낮추는 기본적 방법은 투자의 분산이다. 이 원리에 기초해 구조화금융상품의 경우 증권자산 간에 상관성이 없거나 매우 낮은 기초자산들을 묶은 후 이 풀을 여러 개의 조각으로 자른다. 새로 구성한 증권들을 트랑세(tranches)라 부르는데 트랑세는 프랑스어로 조각(slices)을 의미한다. 대부분 각 분야의 전문가들이 고객이나 자기 분야 밖의 사람들이 이해하지 못하는 자신들만의 용어 사용을 즐기듯이 월가의 금융인들 역시 일반인이 쉽게 이해할 수 있는 어휘를 사용하는 데 인색하다. 일반인이 이해하면 전문성 가치가 없어진다고 생각하거나 상세히 이해하는 것을 원치 않는 것 같다. 여기서 한걸음 더 나아가 수입한 외국 학문에 기초해 활동하는 (필자를 포함한) 국내 전문가들의 게으름까지 더해 원어를 그대로 사용하는 경향이 높다 보니 국내 일반인들은 금융에 대한 이해 부족을 자기의 무지로 돌리곤 한다. 결론적으로 상관성이 낮은 증권들을 많이 포함할수록 신용도가 높은 등급을 갖는 트랑세를 많이 만들 수 있다. 발행된 트랑세 증권들은 각각 고유의 '위험-수익' 명세서를 갖게 되고, 기초자산(증권) 발행자의 대차대조표로부터 법적으로 분리된다. 트랑세의 기본목표는 부채담보자산 풀의 평균 신용등급보다 더 높은 등급을 갖는 증권을 만들기 위해서 혹은 신용평가를 받지 못하는 자산 풀을 신용등급을 가진 증권으로 만들기 위한 것이다.

실제로 간단한 CDO 제조를 통해 이해해보자. 예를 들어, 금융회사들은 미국 동남부 지역 애틀랜타에 거주하는 스미스에게 10만 달러를 30년간 연이자율 8%의 분할상환 조건으로 주택담보대출을, 그리고 반대편인 서남부 휴스턴에 거주하는 존슨과 서북부 시애틀의 빌에게 각각 같은 조건의 10만 달러 주택담보대출을 해주었다. 여기서 금융회사는 같은 회사이든 다른 회사이든 관계없다. 사실 대출 종류도 모두 주택담보대출일 필요도 없다. 학자금대출, 자동차할부금, 카드론 등이어도 관계없다. 그리고 대출 금액이 같을 필요도 없다. 복잡하게 할 것 같아 동일 대출액을 표현한 것뿐이다. 심지어 상환기간이나 이자율 역시 달라도 문제될 것이 없다. 중요한 것은 대출 받은 고객들의 대출금 상환 사이에 상관성이 없다는 것이 중요하다. 예를 들어, 애틀랜타의 스미스가 개인 사정으로 대출금을 상환하지 못하는 경우가 휴스턴과 시애틀의 존슨이나 빌의 대출금 상환에 아무런 영향을 미치지 않는다는 점이다. 이제 계산의 복잡성을 피하기 위해 앞의 세 사람이 대출금을 상환하지 못할 확률, 즉 파산 확률이 모두 10%라 가정하자. 그리고 세 사람에 대해 금융회사들이 갖는 채권(금융회사의 자산)을 증권으로 발행할 수 있다. 이것이 모기지담보증권(MBS)이다. 예를 들어, 만기 30년, 표면이자율 6%, 상환금액 10만 달러의 증권을 만들 수 있다. 금액이 너무 크면 1만 달러씩 10개의 증권을 만들 수도 있다. 시장이자율(예: 정기예금 금리)이 3%정도에 불과한 상황에서 이 증권들의 수익률은 매력적이다. 그렇지만 수익이 두 배나 된다고 해서 이 증권에 투자할 수는 없다. 앞의 세 고객의 파산 확률이 10%이기에 이 대출금(기초자산)으로 만든 증권 역시 투자금을 모두 날릴 확률이 10%가 된다. 이 정도 파산확률은 아마 누구도 투자할 수 없는 쓰레기 채권(junk bond) 중에서도 상위 쓰레기 채권에 해당한다. 참고로 3년 안에 파산확률이 0.88%가 넘는 증권은 3대 국제신용평가사 기준으로 투기등급으로 분류된다. 즉 앞의 증권은 수익성은 높지만 신용의 질(등급)이 매우 낮은 자산이다. 무디스는 신용등급이 Ba1, S&P는 신용등급이 BB 이하, 피치(Fitch)는 신용등급이 BB 이하인 기업이 발행한 채권을 정크본드로 분류된다.

이제 이 세 개의 증권을 하나의 포트폴리오에 섞게(pool) 되면 기초자산의 총 명목가치는 30만 달러가 된다. 이것을 잘라 세 개의 10만 달러 트랑셰 증권을 만든다. 이를 선순위(senior), 메자닌(mezzanine), 후순위(junior) 트랑셰라 부른다. 이것이 CDO 상품이다. 참고로 메자닌은 이탈리아어로 건물의 1층과 2층 사이에 있는 라운지 등의 공간, 즉 중간(middle)을 의미한다. 이제 중고등학교에서 공부한 확률 지식을 동원하자. 후순위 트랑셰는 한 명 이상이 채무를 불이행할 경우 보상을 받지 못하고, 세 사람 모두가 채무를 상환할 경우에만 투자 자산을 보장받는다. 따라서 후순위 트랑셰에 대한 투자 파산 확률은 27.1%(=1-0.9×0.9×0.9)가 된다. 메자닌 트랑셰는 두 사람 이상이 채무를 상환해야만 투자 금액이 보장된다. 따라서 메자닌 트랑셰의 파산 확률은 2.8%(=0.9×0.1×0.1×3+0.1×0.1×0.1)가 된다. 마지막으로 선순위 트랑세는 세 사람 중 한 사람 이상이 채무를 상환하면 투자 자산은 보장된다. 즉 선순위 트랑세는 후순위나 메자닌 트랑세의 자본이 고갈된 후 위험을 떠안기에 상대적으로 안전성이 높은 자산이다. 따라서 선순위 트랑세의 파산확률은 0.1%(=0.1× 0.1×0.1)가 된다. 즉 전체 파산확률 30%를 0.1%, 2.8%, 27.1%로 나눈 것이다. 이처럼 풀 안에 하나의 기초자산을 추가해 세 개의 CDO를 만듦으로써 자본의 2/3는 기초자산의 평균 리스크(10%)보다 낮은 리스크를 갖게 되었다. 이제 하나의 채권은 시장에 판매할 수 있다. 신용평가사에 신용등급 평가를 의뢰하면 A- 등급을 받을 수 있는 우량증권이 되었기 때문이다. 이처럼 구조화금융상품의 핵심 아이디어는 기초자산의 풀에 많은 증권을 포함시킬수록 기초자산의 평균 신용등급보다 높은 등급을 갖는 트랑세를 많이 만들 수 있다는 것이다. 앞에서 가정한 파산 확률 10%인 기초자산 4개로 구조화상품을 만들 경우 0.01%, 0.37%, 5.23%, 34.39%의 증권을 생성할 수 있어 2개의 증권이 판매가 가능해진다. 파산 확률이 10%인 기초자산 5개로 만들 경우에는 0.001%(=0.15), 0.046%(=0.14×0.9×5+0.15), 0.856%(=0.13× 0.92×10+ 0.14×0.9×5+0.15), 8.146%(=0.12×0.93×10+0.13×0.92×10+0.14×0.9×5+ 0.15), 40.951%(=1-0.95)의 증권을 생성해 3개 증권이 판매가 가능하다. 게다가 시장 판매가 불가능한 후순위 증권들도 같은 제조 원리를 이용하여 신용의 질을 높일 수 있다. 앞에 예를 든 3개 기초자산에서 후순위 트랑세(27.1%)도 4개를 섞으면 파산확률 0.54%(BBB-)의 투자 가능한 증권이 생성되고, 9개를 섞으면 0.00079%라는 최고 우량등급(AAA)의 증권이 생성된다. 이를 '2차 CDO(CDO-squared, CDO2)'라 한다.

신용평가사 무디스에 따르면 '2차 CDO'는 1998년에 (명목가치 기준) 모든 증권화 상품의 2.6%에 불과했으나 2006년에는 55%로 증가했다. 그리고 신용평가사 피치(Fitch)의 2007년 신용평가에 따르면 회사채의 경우 전체의 1% 미만이 최고 신용등급인 AAA를 받은 반면, 전 세계 구조화금융상품은 약 60%가 AAA를 받았다. 그런데 2007년 메릴린치가 발행한 AAA 등급의 30개 자산담보 CDO 트랑세 중 27개가

2005~07년간 서브프라임 MBS로 만든 CDO의 추정 및 실제 파산확률(%)

	Estimated 3-year default rate	Actual default rate
AAA	0.001	0.10
AA+	0.01	1.68
AA	0.04	8.16
AA-	0.05	12.03
A+	0.06	20.96
A	0.09	29.21
A-	0.12	36.65
BBB+	0.34	48.73
BBB	0.49	56.10
BBB-	0.88	66.67

Source: Donald MacKenzie, University of Edinburgh.

금융위기 이후 정크본드 수준으로 떨어졌다. 무디스도 2000~07년간 발행한 약 4만 5천 개의 모기지 관련 증권이, 특히 2006년 발행한 증권에는 하루 30개가 AAA 등급의 상품들이었는데, 이 중 83%가 금융위기 이후 등급이 강등되었다. 그 결과 금융위기 이전 10년간 10배 이상 증가했던 구조화금융상품이 2008년 첫 2분기 동안은 분기당 50억 달러로 축소되었다. 이는 신용평가사의 수입구조 변화에서도 확인된다. 2006년까지 무디스는 수입의 44%가 구조화상품에서 나왔는데 이는 전통적인 수입 기반인 회사채 신용평가의 32%를 크게 상회하는 것이었다. 그런데 2008년까지 신용평가사의 구조화금융상품 수입은 사라져버렸고, 신용평가사들의 주가는 50%까지 하락했다. 시장이 신용평가사들의 수입 하락을 일시적인 것이 아니라 지속될 것으로 보았기 때문이다.

무지와 탐욕의 산물

그렇다면 신용평가기관들의 등급 산정 실패와 신용평가(신용등급) 인플레이션의 원인은 무엇일까? 앞에서 보았듯이 신용등급을 높이기 위해서 기초자산의 파산확률 사이에 서로 관련되어 있지 않다고 가정했다. 즉 기초자산의 수익과 위험은 서로 독립적이라 가정한 것이다. CDO 수익률에 대한 과거 자료가 부재하는 상황에서 CDO

의 기초자산인 MBS의 과거 파산 확률 계산에 기초한 몬테칼로(Monte Carlo) 모의실험 방식으로 산정한 것이다. 몬테칼로 모의실험이란 불확실한 상황하에서의 의사결정을 목적으로 확률적 시스템의 모의실험에 이용되는 절차로, 핵심은 모형에서 가정한 확률분포에 따라 무작위 표본추출에 의해서 우연결과를 발생시켜 주는 데 이용한다. 구체적으로 얘기하면 다음과 같다. 파산율이 낮았고 주택가격이 상승했던 1990~2000년 시기를 기준으로 MBS의 파산확률을 계산했고, 그 결과 파산확률을 저평가한 것이다. 앞에서도 언급했듯이 이 시기는 80년대 중반 이후 경기 사이클의 변동성이 크게 감소한 대안정기에 해당하는 '예외적'인 기간이었다. 그 결과 부동산 시장의 글로벌 대폭락 가능성은 배제되었고, 특히 파산가능성 간 연관성을 배제했다. 기초자산 간 연관성을 배제하는 한 기초자산을 많이 섞을수록 <고수익-저위험>의 우량 증권 제조가 가능, 즉 소수(파산확률)는 곱할수록 수치가 작아지기 때문이다.

이처럼 단일 증권과 구조화증권의 근본적 차이는 후자의 경우 '시스템 리스크'에 노출된다는 점이다. 전통적인 회사채의 수익은 우선적으로 기업에 특수한 고려사항들에 의해 결정되는 반면, 구조화증권의 성과는 전체 경제의 성과에 강하게 영향을 받기 때문이다. 게다가 은행 간 대출을 통한 금융회사 간 상호의존성을 간과했다. 이처럼 CDO는 '시스템 리스크'와 '꼬리 리스크'의 취약성을 내재한 금융상품이었다. 이러한 속성으로 그림자금융의 안정성이 손상됐을 때 시가(mark-to-market)를 기준으로 삼는 회계방식은 투매로 자산 청산을 강제함으로써 시장 전체를 붕괴시켰다. 참고로 전통적 회계기준(GAAP, Generally Accepted Accounting Principles; 일반적으로 인정된 회계원칙)은 역사적 비용과 감가상각을 기준으로 했다. 그러나 S&L 사태 이후 1993년에 시가(Mark to Market) 기준을 도입했다. 즉 전통적 회계기준을 적용하다보니 저축대부은행들이 자본 소진 이후에도 장부상으로는 지불능력이 가능한 상태로 나타나면서 S&L 위기를 지속시켰던 것이다. 반면, 시가 기준 회계 방식은 자산의 비정규적 거래와 가격이 존재하지 않을 경우 그리고 자산가격의 급등과 급락 등 변동성이 높을 경우 문제점을 드러낸다. 즉 많은 자산들은 특유하고 시장에서 정기적으로 거래되지 않기에 가치를 평가할 시장가격을 책정하기 어렵다. 또한, 자산가격이

오버슈팅(overshooting)될 경우 자산가치가 과대평가됨으로써 대출 확대와 과도한 레버리지를 일으키는 문제도 갖는다.

게다가 신용평가사 역시 상당 부분의 거래가 장부외거래였고, 수학모델에 의존한 복잡성으로 평가를 제대로 수행하기 어려웠다. 여기에 평가수수료의 수입극대화를 추구하는, 즉 신용등급 장사의 유혹을 갖고 있는 신용평가사의 '도덕적 해이'가 신용등급의 인플레를 초래했다. 즉 CDO의 거래 규모가 폭발적으로 증가한 것은 이를 구매할 투자자가 있었기에 가능했고, 투자자들이 천문학적인 투자를 할 수 있었던 것은 무디스, S&P, 피치 등 3대 국제신용평가사들의 '보증'에 기초한 것이었다. 즉 CDO는 기초자산을 많이 섞을수록 상품의 질이 높아지도록 설계한 복합파생상품이었기에 상품의 구성은 매우 복잡할 수밖에 없었다. 따라서 투자자가 모든 기초자산의 질을 조사해 CDO의 위험을 제대로 인지하는 것은 불가능했다. 그 결과 신용평가사들이 부여한 신용등급에 의지할 수밖에 없었다. 이른바 '정보 비대칭성'의 문제를 갖고 있었다. 즉 금융상품에 대한 최종투자자들은 모기지 대부의 질과 원리금의 순조로운 상환이라는 장기적 성과 등에 관심을 갖는 반면, 모기지 대부자나 MBS, CDO 등 자산담보증권의 발행자들에 대한 신용평가를 맡은 신용평가기관 그리고 자산운용사 등의 경우 이들의 수입원이 기본적으로 증권 거래량에 비례하는 수수료이기에 모기지 및 증권의 발행량과 운용자산의 양에만 관심을 가질 뿐 감시의 비용을 절약할 유인을 가졌다. 즉 주인(최종투자자)과 대리인(모기지 발행자, 은행, 자산관리자, 신용평가회사 등) 간의 정보비대칭성에 따른 '대리인문제'가 존재한 것이다. 이런 문제로 금융위기 이후 CDO의 매입과 관련된 손해배상 소송이나 환매 요구 등이 크게 증가했다. 즉 금융상품 판매 시 투자자에게 위험성 고지, 상품 구성, 환매조건, 펀드 가입 시 위험성인지 확인, 투자자의 투자성향에 맞는 위험성 관리 및 상품 권유 등의 절차를 지켜야하는데 CDO의 기초자산이 안고 있었던 위험을 제대로 공시하지 않았다는 '불완전판매'를 이유로 패니매와 프레디맥 등 정부보증 모기지업체, 연방주택금융청(FHFA), 전국신용조합감독청(NCUA), 연방주택대출은행(FHLB), 공적 자금이 투입된 AIG, 일반 투자가 등이 대형은행들을 상대로 손해배상 소송을 제기했고, 블랙록(Black-

Rock)이나 핌코(PIMCO) 등 대형 기관투자가들이 환매를 요구했다.

지속 불가능했던 신용파산 보험

앞의 문제들 이외에도 CDO의 거래가 폭발적으로 증가할 수 있었던 것은 신용파산스왑(CDS)이라는 또 다른 파생금융상품이 존재했기에 가능했다. CDS는 증권 파산을 보증하는 보험정책 혹은 보험상품과 같은 것이다. 증권 소유자는 투자액을 보호하기 위해 증권에 대한 CDS를 구매할 수 있다. 증권이 파산할 경우 증권의 가치만큼 지급받는다. 파산 가능성이 증가함에 따라 보험 비용이 보다 증가하기 때문에 CDS의 가격은 자연스럽게 변화한다. 따라서 실제로 증권을 소유하지 않아도 CDS를 구매할 수 있다. 예를 들어, 어떤 투자자가 소유한 GM 채권 1천만 달러의 파산에 대한 보호를 원할 경우 투자자는 CDS를 구입하고 매년 50만 달러를 지불할 것이다. 그리고 이를 통해 GM 채권이 파산할 경우 채권의 액면가치에 대한 보상을 받을 것이다. 그런데 GM이 시간이 지남에 따라 파산 가능성이 증가하는 것으로 보일 경우 CDS 가격은 상승(예: 60만 달러)할 것이고 첫 번째 CDS 구입자는 10만 달러의 수익을 거둘 것이다.

금융위기의 중심에 있었던 CDS는 70년대 초 등장한 신용보증 모델을 90년대 중반에 MBIA, AMBAC, FGIC, FSA 같은 모노라인(채권보증업체)이나 보험회사 AIG 등이 은행이나 헤지펀드 등을 대상으로 MBS, CDO, 기타 자산에 적용했다. 즉 신용보증의 첫 번째 형태는 70년대 초 MBIA와 AMBAC 등 최고의 신용등급을 갖는 모노라인 보증업체가 지방정부가 발행한 채권의 파산을 보증하기 위해 개발했다. 파산에 대한 보험 제공으로 지방정부는 AAA 등급으로 채권의 발행이 가능했고, 그에 대한 대가로 보증업체에게 수수료를 지급했다. 이러한 비즈니스가 가능했던 이유는 신용보증기관이 지방정부 파산가능성을 과대평가하여 '신용차익'이 존재했기 때문이었다. 이러한 보증을 통해 채권의 신용등급을 높이고 채권 발행자는 저리로 채권 발행이 가능했다. CDS 거래 역시 거래소나 결제기구 등의 밖에서 쌍방 협정에 의한 거래로 리스크를 각자 스스로 관리하고, 당사자 이외에는 계약 조건을 알지 못한다는 점에서 장외거래(OTC)이다. 2009년 6월 기준으로 장외거래의 규모는 CDS 2조 9,870억 달러, 이자율스왑 15조 4,780억 달러 등 총 25조 3,720억 달러에 달했다. 즉 대부분 금융회사들이 거래에 참여했지만 CDO나 CDS에 대한 공공 정보가 존재하지 않았다. 계약 잔액 기준으로 CDS가 673조 달러까지 폭발적으로 성장할 수 있었던 것은 앞에서 소개했듯이 2000년 연방정부 및 주정부에서 장외파생상품거래에 대한 규제를 금지하는 입법이 이루어지면서였다. 특히 보험회사의 지나친 위험 추구를 방지하기 위해 개발했던 정교한 규칙과 규제가 2000년대 동안 CDS와 장외거래(OTC)로 인해 무력화되었다. 또한, CDS 거래의 경우 CDS 판매자에게 최소 자본이나 자산 확보의 의무도 배제되었다. 그 결과 CDS 판매자는 파산 시 지불 약속을 이행하는 데 필요한 충분한 자금을 확보하지 않았다. 요약하면, **CDO와 CDS는 탈규제와 혁신, OTC, 장부외거래(off-B/S), 그림자금융, 금융회사 간 상호연관성, 투명성 결여, 리스크 집중, 투기 등 80년대 이후 금융의 모든 특성이 응축되어 있었다.**

CDO 중에서 가장 많은 거래가 이루어진 것이 '합성 CDO(Synthetic CDO)'였다. 일반적인 자산담보부증권은 이전 대상이 되는 자산의 법적 소유권이 특수목적법인(SPV)으로 이전되는 것이 보통이다. 그런데 '합성 CDO'는 자산의 소유권이 자산 소유자의 장부에 그대로 남고 자산과 관련한 신용의 위험만이 제3자에게 이전된다는 점에서 구별된다. 즉 '합성 CDO'는 일반 CDO보다 과도한 수익과 리스크를 제공하는 것이 가능했는데 CDS로 기초자산 풀의 증권들을 뒷받침했기 때문이다. 예를 들어, 골드만삭스는 2004년 7월 1일부터 2007년 5월 31일까지 '합성 CDO' 제조에 3,400개 이상의 모기지 증권을 사용했고, 그중 610개는 두 번 이상 활용해 730억 달러 어치를 판매했다. 이러한 '합성 CDO'의 판매는 CDS가 있었기에 가능했다. 790억 달러 규모의 CDS를 판매한 세계 최대 보험사 AIG에 미국 역사상 최대의 구제금융 규모인 1,820억 달러를 투입한 이유도 AIG 파산이 글로벌 금융시스템을 통해 손실을 눈덩이처럼 확산시킬 수밖에 없었기 때문이다. 즉 AIG가 발행한 CDS에 미국의 골드만삭스, 메릴린치, 와코비아 등 미국 은행들뿐만 아니라 영국의 바클레이즈(Barclays), 프랑스의 소시에테 제네랄(Société Générale), 독일의 도이체방크(Deutsche Bank), 스위스의 UBS 등 전 세계 주요 은행들이 투자했기 때문이다. **'시스템적으로 중요한 (대형) 금융회사(SIFI, systemically important financial institutions)' 간에 맺어진 보이지 않고, 알려지지 않은 수백만 개의 파생상품 계약들을 구제하지 않으면 불확실성이 금융시장을 뒤덮고 공황을 촉발시킬 수밖에 없었다.**

이처럼 CDO와 CDS에 의해 지원을 받은 '합성 CDO'가 낮은 등급의 서브프라임 MBS에 대한 수요를 가능케 했고, 자산가치 인플레와 버블을 야기한 것이다. 즉 CDO와 CDS는 모기지 증권화를 가열시켰다. 은행들은 이렇게 모기지 채권을 유동화한 자금으로 다시 주택담보대출을 남발했다. 앞에서 언급했듯이 신용도가 낮은 사람들에게까지 미끼금리를 내걸어 집을 사도록 꼬드겼다. 당해 발행된 서브프라임 MBS 자산으로 구성된 CDO가 2005년에만 2천억 달러에 달했는데, 그중 70%인 1,400억 달러가 AAA 등급을 받지 못했고, 2007년에도 전체 CDO의 명목가치가 3조 달러에 달했는데, 그중 60% 이상이 AAA 등급을 받지 못했을 정도였다. 신용평가기관들이 평가했던 CDO의 풀에서도 서브프라임 MBS의 비중은 2003년 43.3%에서 2006년에 71.3%로 성장했다. 이는 주택담보대출의 조건이 매우 느슨해졌음을 의미한다. 소득이 부족하고 선불계약금을 지불할 능력이 없는 가구에게 담보가치(주택가격) 대비 대출 비율(LTV, Loan to Value)을 매우 높게 적용하고, 심지어 100%의 모기지를 제공하기도 했다. 그러나 이런 대출 조건은 높은 이자율과 월 상환금을 특징으로 할 수밖에 없다. 2, 3년간은 이자율과 월 상환금을 낮게 했다가 높은 이자율과 상환액으로 재조정하는 변동금리부 모기지대출(ARM)을 적용했다. 이른바 '미끼금리' 방식이다. 예를 들어, 2005년 미국 서브프라임 대출 업계 1위인 컨트리와이드(Countrywide)와 미국 최대 저축은행인 워싱턴 뮤추얼(Washington Mutual)이 발행한 ARM 옵션을 가진 모기지 중 68%가 소득이나 일자리, 자산이 없는 사람에 대한 대출, 이른바 '닌자론(no income, no job or assets)'이었다. 많은 지역에서 주택가격이 연 10~20%씩 상승하는 상황을 이용하여 차입자에게는 주택가격이 상승하기에 2, 3년 내에 대출금 상환이 가능하다고 유혹했고, 주택가격이 지속적으로 상승한다면 100% LTV는 90~80%로 하락하기 때문에 전통적인 모기지 기준(LTV 80%

이하의 프라임 등급)이나 최상급 부동산 대출인 프라임점보(prime jumbo) 모기지 기준으로 이자율 조정이 가능하다고 유혹했다. 참고로 미국의 모기지 시장은 신용등급에 따라 크게 프라임(prime), 프라임점보(prime jumbo), 알트에이(Alt-A), 서브프라임(subprime mortgage) 시장으로 구분된다. 모기지 대출의 폭발적 증가로 집값은 계속 올랐고 모두가 행복해하는 나날이 이어졌다. 가계는 집값이 오르자 더 많은 빚을 얻어 소비를 즐겼고, 월가의 대형은행과 투자은행, 헤지펀드, 보험사들도 모기지와 모기지 파생상품으로 목돈을 챙겼다. 그러나 행복은 오래 가지 않았다. 부동산 경기가 거꾸러지자 여기저기 피해자가 속출했다. 리먼 브러더스와 메릴린치 등 기라성 같은 투자은행이 문을 닫았다. 수수료를 받고 채권의 부도위험을 떠안았던 CDS 투자자들도 뒤통수를 맞았다. 호황기 때 막대한 레버리지(부채)를 일으켜 모기지 파생상품에 투자했던 금융회사들은 부도를 피하기 위해 서둘러 보유 중이던 주식과 채권 상품 선물을 팔아대기 시작했다. 거대한 디레버리지(Deleverage, 채무 축소)의 물결 앞에 전 세계 금융시장이 일제히 비명을 질러댔다. 즉 디레버리지는 자산가격 하락 → 대출의 담보가치 하락 → 자금회수 및 추가담보 요구 → 부채 상환을 위한 자산 매각 → 자산가격 하락의 악순환을 형성했다. 한국도 예외가 될 수 없었다. 우리은행도 2005~07년 CDO와 CDS에 각각 10억 7천만 달러와 4억 8천만 달러를 투자했다가 이 중 12억 5천만 달러의 손실을 봤다. 본연의 임무인 '위험 헤지'에서 벗어나 돈벌이 수단으로 전락했던 파생금융상품이 금융시장의 '대량살상무기'로 되돌아온 것이다. 리스크를 쪼개 끊임없이 분산하면 '위험 제로'의 상품을 만들 수 있으리라던 월가 금융공학자들의 자만은 비극으로 끝났다.

금융위기 이전에 CDS의 위험에 대한 지적이 없었던 것이 아니다. 2003년 상원 은행위원회(the Senate Banking Committee)에서 "파생금융상품의 계약을 규제하는 것은 실수가 될 것"이라는 그린스펀의 주장과 달리 소로스는 "우리가 파생금융상품이 어떻게 작동하는지 실제로 모르기 때문에 사용을 금지해야 한다"고 주장했다. 1970년대 뉴욕시 파산을 막는 데 주요 역할을 했던 투자은행가 펠릭스 로하튼(Felix Rohatyn)도 파생금융상품을 '잠재적 수소폭탄'으로 묘사했고, 워렌 버핏도 파생금융

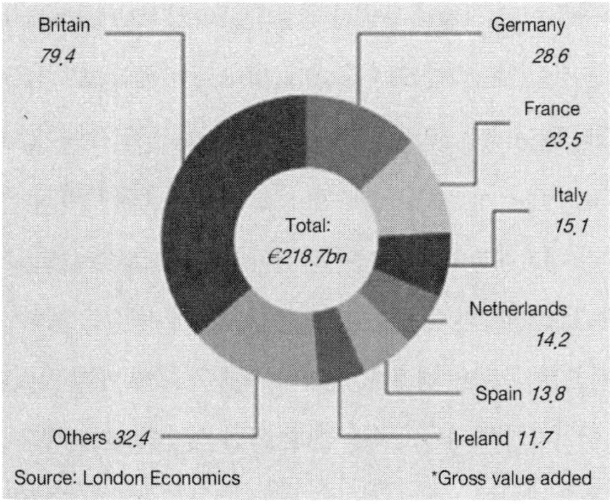

출처: Economist(Dec. 20 2009)

EU의 은행 간 거래 규모(2008년, 십억 유로)

상품은 "지금은 잠복되어 있지만 잠재적으로 치명상을 입힐 수 있는 대량살상무기"라는 경고를 보냈다. 특성상 상호의존성과 복잡성의 망을 형성한 CDO와 CDS가 리스크 증가와 리스크의 전염을 발생시킨 것도 예고된 것이었다. 은행 간 대출을 통해 전 세계의 그물망이 형성되었기 때문이다. 미국이나 영국의 경우 은행 간 대출의 비중은 40%에 달했다. 본래 유럽 은행들의 은행 간 대출 비중은 미국이나 영국에 비해 훨씬 낮았으나 단일통화 도입의 효과로 EU 내 은행 간 거래 규모도 크게 증가했다. 유로화 도입으로 통화가치 하락의 우려(환율리스크)가 제거되면서 유로 내 신용시장이 급성장한 것이다. 포르투갈, 아일랜드, 이탈리아, 그리스, 스페인 등 집스(GIIPs)의 총 대외채무(1조 7,990억 달러) 중 60.4%를 독일과 프랑스와 영국이 투자했고, 이탈리아 총 대외부채(1조 966억 달러) 중 35.5%인 3,891억 달러를 프랑스가 차지하고 있을 정도로 그물망 구조가 형성되었다. 글로벌 주택시장의 동조화 역시 글로벌 금융의 그물망 구조와 관련이 있다. 미국의 주택가격 추이를 대표하는 'S&P 케이스-쉴러(Case-Shiller)'지수를 고안한 칼 케이스(Karl Case) 미국 웰슬리대(Wellesley College) 교수는 주택가격의 글로벌 동조화 원인을 금융시장의 글로벌화에서 찾았다. 미국의 주택가격이 전 세계 주택시장에 미치는 영향이 커진 것도 글로벌 동조화의 한 요인으로 꼽힌다. 국제통화기금(IMF)도 2004년에 내놓은 '세계경제전망: 글로벌 주택가격 붐'이라는 보고서에서 미국의 주택가격이 전 세계 주택가격을 선도하고 미국 집값이 내려가면 세계적으로 강한 동조화 현상이 나타날 것이라고 예측했다.

제7장

자산의 증권화: 리스크 배분과 시스템 리스크의 창출

그림자금융시스템과 복합파생금융상품 등으로 상징되는 금융혁신은 미국의 재산권 기록시스템도 파괴시켰다. 미국의 경우 전체 모기지 대출 중 80%가 '모기지 전자등록시스템(MERS, Mortgage Electronic Registry System)'과 관련되어 있다. 그런데 이 MERS가 미국 재산권 기록을 돌이킬 수 없을 정도로 파괴시켰다. 원래 주택 대출은 집을 담보로 돈을 빌려주는 행위이다. 돈을 빌려준 금융기관은 해당 주택에 대한 법적 권리(부동산대출 채권 혹은 모기지)를 만기까지 가진다. 주택 소유자가 상환에 실패하면 그 주택을 압류하면 된다. 그런데 금융혁신을 거치며 이런 간단한 관계가 매우 복잡해져 버렸다. 미국의 대출기관들이 대출채권(주택에 대한 법적 권리)을 만기까지 가지고 있기보다 다른 대형 금융기관에 팔게 되었기 때문이다. 앞에서 소개한 자산의 증권화와 OTD 모델이 그것이다. 이는 '채무자로부터 돈(원금과 이자) 받을 권리'를 넘긴다는 것과 같은 말이다. 대형 금융기관은 이렇게 매입한 부동산 대출채권(모기지)을 수천 개씩 묶고 자르고 섞은 뒤 이를 담보로 다시 증권을 발행해서 투자자에게 팔았다. 이른바 주택담보증권(MBS)과 부채담보증권(CDO)들이다. 문제는 이런 식으로 대출채권이 거래되고 묶이고 쪼개지고 하다 보니 '채무자로부터 돈 받을 권리'의 당사자가 누구인지 모호해졌다는 점이다. 채무자에게 직접 돈을 빌려준 대출기관인지, 아니면 '돈 받을 권리(대출채권)'를 산 대형 금융기관인지, 혹은 이 대출채권들을 담보로 발행한 MBS나 CDO를 매입한 투자자들인지, 채무자는 하나인데 그에게 의지해야 하는 금융기관이 엄청나게 늘어난 것이다. 물론 금융기관들에게는 나름의 대책이 있었다. 주택대출 채권을 자신들끼리 간편하게 사고팔기 위해 이른바

'MERS'라는 회사를 공동 설립했다. BoA, JP모건체이스, AIG 등 미국 최대 금융기관들이 참여했다. 이 MERS의 구실은 단적으로 말하면 회원 금융사들의 대리인이다. 회원사들이 부동산 대출채권을 거래하는 경우 판매자와 구매자의 법적 역할을 대리한다. 어떻게 보면 채권 거래 때마다 일시적으로 소유권자 노릇을 하는 '가상 소유자'라고도 할 수 있다.

그러나 주택 압류 사태의 경우 채권 소유권자만이 압류 권리를 가지는 미국의 법체계상 MERS의 소유권이 '가상적'이라는 사실 자체가 문제가 된 것이다. 미국의 재산권 체계상 MERS는 대출채권의 소유권자도 대리인도 될 수 없기 때문이다. 게다가 은행 담당자가 서류를 제대로 검토하지 않는 등 부적절한 대출심사와 적절한 절차 없이 주택압류에 들어가는 이른바 '로보-사이닝(Robo-signing, 로봇처럼 기계적으로 주택압류 문서에 사인하는 사람)'이 문제가 되었다. 즉 은행이 주택을 압류하기 위해서는 법원의 승인을 받아야 하지만 그동안 모기지 상품을 취급한 은행은 수많은 압류서류를 처리하면서 내용을 제대로 읽어보지도 않고 서명하여 법원에 제출한 것이다. 이는 주택 압류 절차에 필요한 관련 서류들을 은행들이 분실했기 때문이기도 하다. 이 밖에도 금융기관들이 MERS를 통해 주택 대출채권의 소유권을 옮기면서 이와 관련된 수수료나 세금을 주 정부에 내지 않은 사실도 드러났다. 이에 대한 법적 책임을 묻게 되면 수수료와 벌금이 모두 수백억 달러에 달해 대형 금융기관들을 모두 파산시킬 수 있다는 우려도 제기되었다. FBI 자료에 따르면 금융기관에 의해 소송이 제기된 부동산 사기가 2003년 6,936건에서 2009년에 67,190건으로 급증했다. **이처럼 모기지의 증권화는 자본주의의 핵심인 재산권에 대한 명확성을 부식시켰다.**

이 '자산의 증권화'는 금융혁신과 그림자금융시스템의 중심에 놓여 있다. '자산의 증권화'가 크게 증가한 이유는 매출극대화 효과와 리스크 나누기 효과에 있다. 금융의 고수익 추구는 제한된 자본조달 비용으로 매출을 극대화시키면서 리스크를 분산시키는 것이다. 매출극대화와 리스크 분산을 동시에 추구할 수 있는 가장 용이한 방법이 유동성이 낮거나 없는 자산을 유동화시키는 방법이다. 즉 유동성이 없거나 낮은 자산을 증권화(securitization)시키는 것이다. 자산담보증권(ABS)이 그것이다. 금융회사의 고수익 추구 및 매출 확대 노력이 ABS 시장의 폭발적 성장으로 이어진 배경이다. 자산담보증권은 발행기관의 신용도와 관계없이 자산의 특성과 현금흐름 그리고 신용보강 절차에 따라 높은 신용도를 지니는 증권의 발행이 가능하기 때문에 금융기관의 유동성을 제고시키고 조달비용을 낮출 수 있다. 또한 투자자의 입장에서도 높은 수익률로 투자할 수 있다는 장점을 지니고 있다. ABS의 기초자산은 주거용 및 상업용 주택담보대출금, 자동차할부금, 신용카드대출금, 학자금대출, 공장 및 시설 등 모든 자산으로 구성할 수 있다.

'자산의 증권화'는 정부기관에 의해 먼저 시행되었다. 정부가 보증한 모기지 대출금을 모으기 위한 수단으로 70년대 초에 지니매(Ginnie Mae) 그리고 뒤를 이어 패니매(Fannie Mae)와 프레디맥(Freddie Mac) 등 정부보증기업들(GSEs)에 의해 도입되었다. 이른바 주택담보대출금 자산의 증권화(MBS)였다. 그리고 80년대 중반부터는 비정부기관 증권화시장으로 확대되었다. 비정부기관이 발행한 자산담보증권은 90년대 전반까지 학자금이나 자동차할부금의 증권화가 주를 이루었으나 90년대 후반부터는 주택담보증권(rMBS)과 상업용건물담보증권(cMBS) 그리고 CDO 등이 자산담보증권의 발행을 주도했다. 특히 2000년 닷컴버블이 붕괴되면서 대체 투자 대상으로 서브프라임모기지 담보증권(sMBS)과 CDO가 부상했다. 1940년에 44%에 불과했던 주택소유 비중이 66%까지 상승했던 2000년은 주택 차압률도 낮았을 뿐 아니라

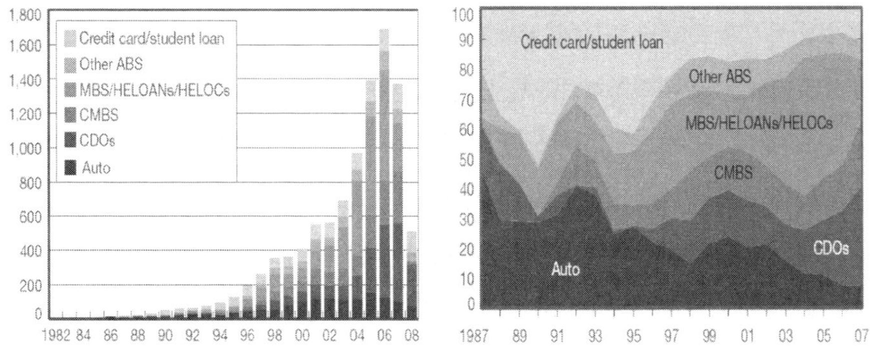

출처: N. Cetorelli and S. Peristiani, July 2012, The Role of Banks in Asset Securitization, *FRB Economic Policy Review*.

비정부기관의 담보유형별 ABS 발행액(십억 달러)과 담보유형의 상대적 비중(%)

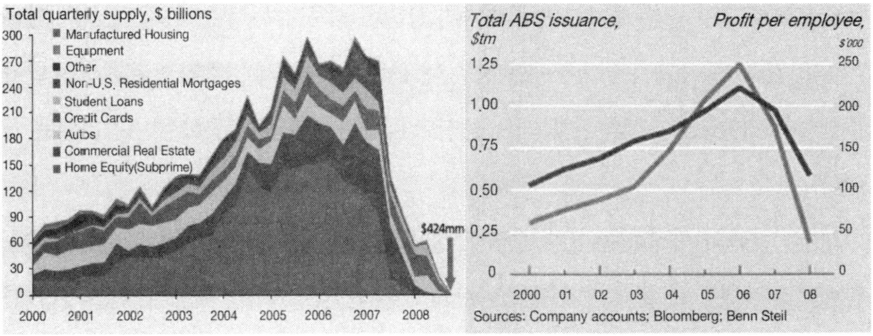

출처: J.P. Morgan Securities Inc. 자료는 2008년 10월 31일 기준.
주: 유형별은 위로부터 공장, 장비, 기타, 미국 외 주거용 모기지, 학자금 대출, 신용카드 대출, 자동차 할부금, 상업용 부동산, 서브프라임 모기지의 순.

유형 · 분기별 ABS 발행액(10억 달러)과 ABS 총발행액(조 달러), 종사자 당 이윤(천 달러)

주택가격이 상승하고 있었다. 이런 배경 속에 은행은 안전한 돈을 대출 형태로 보유하는 것보다 증권화하기 시작했던 것이다. 특히 신용등급이 낮은 사람들에게 대출된 주택자금이 MBS와 CDO 발행의 주요 기초자산으로 급증했다. ABS의 발행액이 급증하면서 신용평가사의 주 수입원도 ABS의 발행액과 비례했다. 예를 들어, 뉴욕타임스(2008년 4월 27일자)는 무디스의 수익이 2002~06년간 세 배가 증가하여 2006년에 7억 5천만 달러를 기록했는데 수익의 44%가 구조화금융상품의 수수료였다. 1983~2008년간 전체 ABS 발행액(9조 6,970억 달러)의 73.1%(7조 890억 달러)가 미국에서 발행되었고 12.7%가 조세 피난처인 케이먼제도(Cayman Islands)에서 발행되었다. 정부보증기업 지니매, 패니매, 프레디맥 등에 대해서는 뒤에서 자세히 소개할 것이다.

우리나라의 경우에도 1997년 말에 발생한 외환위기로 기업 및 금융기관의 유동성이 악화되고 부동산시장이 침체되자 이를 해결하기 위한 방안으로 1998년에 정부가 '자산유동화에 관한 법률'을 제정함으로써 ABS 제도가 도입되었다. 도입 이후 한국자산관리공사(KAMCO)의 부실채권 및 부실자산의 유동화를 비롯하여 각 기업의 구조조정을 목적으로 한 ABS 발행이 급증했다. 이러한 경향은 앞에서 소개했듯이 통화지표의 변화에서도 확인된다. 이는 현실의 변화를 반영한 것이었다. 2007년 8월 22일

한국은행의 조사 결과에 따르면 주택가격 상승이 시중 유동성 증가의 주요인이었음이 밝혀졌다. 즉 주택가격이 상승할 경우 사람들이 은행에서 경쟁적으로 대출을 받아 주택을 구입했고, 그 결과 은행 대출 중심으로 유동성이 늘어 통화량이 증가하는 것이다.

한편, '자산의 증권화'는 은행 수익 모델을 L&H에서 OTD 방식으로 변화시켰다. 앞에서 지적했듯이, 은행 수익 모델 변화의 근본 원인은 고수익 추구에 있었다. OTD 방식으로의 은행 수익 모델의 변화는 은행과 금융시장 간 상호작용을 높임으로써 금융안정성에 대한 통화정책의 효과에도 영향을 미쳤다. 즉 은행의 시장 의존이 증대함으로써 통화정책의 전파 메커니즘을 약화시켰다. 반면, 은행이 시장 상황에 민감하게 영향을 받게 되면서 OTD 모델은 금융위기의 한 요인이 되기도 했다. 즉 자산의 증권화는 리스크를 나누는 효과가 있는 동시에 '시스템 리스크'의 요인이 되었다. 예를 들어, 주택담보대출(모기지)의 증권화는 대출 발행자의 일부 리스크가 다른 금융회사로 이전되는 것을 의미한다. 즉 은행 등 중개기관이 증권화를 통해 보다 효율적으로 리스크 나누기를 허용하고 추구할수록 충격에 따른 개별 금융회사의 가산금리 등 비용은 하락하지만 '시스템 리스크'가 증폭한다. 이른바 리스크 나누기가 시스템 리스크를 만드는 역설 혹은 '구성의 오류'가 발생한 것이다. '구성의 오류'란 부분적으로 바람직한 일이 전체적으로 보면 바람직하지 않게 되는 현상을 말한다.

제8장

부채 주도의 성장과 채무 노예의 길

주택 가치의 과열과 파열(boom and bust)이 가계와 금융회사의 과도한 부채와 관련 있듯 금융위기 이전, 특히 90년대 이후 글로벌 경제성장의 상당 부분은 부채 증가(레버리지)에 기초한 것이었다. 물론, 부채 증가의 정도는 국가 혹은 지역마다 달랐다. 주로 공업화를 이룬 국가들에서 부채가 크게 증가했다. 브릭스(BRICs, 브라질・러시아・인도・중국) 등 신흥국 경제의 경우 (부채/GDP) 비율에 큰 변화가 없었지만 공업화된 국가들의 성장이 신흥국 경제의 성장에 크게 영향을 미칠 수밖에 없었다는 점에서 부채 증가(레버리지)는 글로벌 현상이었다고 할 수 있다. 레버리지의 정도는 경제 부문별로 차이가 존재했지만, 금융과 가계부문이 주도했다. 예를 들어, 1978~2007년간 금융부문이 보유한 부채는 3조 달러에서 36조 달러로 증가했고, 이는 GDP 대비 비중으로 두 배 이상의 증가였다. 그 결과 2008년 기준 미국 5대 투자은행(IB)의 차입 비율(부채/자기자본, 레버리지 배율)은 36배에 달했다. 또한, 공업화된 국가들에서 2000~08년간 총부채가 40조 달러 증가했고, 그중 금융부문에서 약 11조 달러가 증가했는데 이것이 **가계 차입 및 부동산 붐과 관련된 것**이라는 점이다. 2007년까지 주거용 모기지에 대한 은행 대출은 영국에서 GDP의 81%, 미국에서 73%나 되었다. 반면, 기업에 대한 은행 대출은 영국과 미국에서 각각 46%와 36%에 불과했다. 그 결과 금융부문에서 미국의 경우 금융위기 이전 30년간 GDP 대비 금융부문의 부채 비중이 20%에서 120%로 6배 증가했고, 영국의 경우에도 GDP 대비 금융자산의 비중이 150%에서 550%까지 증가했다. 2008년 스코틀랜드왕립은행(RBS)의 구제를 위해 영국 GDP의 4.1%에 해당하는 460억 파운드(850억 달러)가 공적 자금으로 투입되었던 이유도 영국 대형은행의 자산이 영국 GDP의 약 4.5배나 될 정도였기 때문이다. 즉 부채가 너무 많아 은행들을 파산시킬 수 없었고, 혹은 국가가 구제할 수 없을 정도로 자산(부채) 규모가 컸기 때문에 은행 청소 이후 국가들이 빚더미에 앉게 되었다.

이른바 선진경제(OECD 18개국의 평균)의 비금융부문의 총부채는 GDP 대비 1980년의 167%에서 2010년 314%까지 증가했다. 정부부문이 42%, 기업부문이 42%, 그리고 가계부문이 56% 증가했다. 인플레를 조정한 실질 부채로 보더라도 비금융부문의 총부채는 연 4.5%에 가까운 속도로 증가했다. 기업의 실질부채는 연 3.8%의 상승 속도로 증가하여 30년간 약 3배, 정부 부채는 연 5.1%의 상승 속도로 증가하여 4.5배, 특히 가계는 연 6.2%의 상승 속도로 6배가 증가했다. 1995년부터 정부 부채는 상대적으로 안정적 수준을 유지한 반면, 가계와 기업, 특히 가계부문의 실질 부채가 1995~2010년간 3배가 급증함으로써 총부채의 성장은 지속되었다. 이러한 부채의 증가는 몇 가지 요인들의 상호작용에 의한 것이었다. 첫째, 앞에서 지적했듯이 1970년대 말부터 금융시장의 활동과 신용에 대한 규제가 시스템적으로 제거된 결과 차입 기회가 증대되었다. 여기에 금융이론과 정보기술의 발전 그리고 금융자유화는 금융혁신을 심화시켰다. 예를 들어, CDO에서 보듯이 다양한 신용으로 구성한 복잡한 금융상품의 가격 책정과 판매가 가능해졌다. 둘째, 금융위기 이전까지를 '대안정기'로 부를 정도로 저실업과 저인플레이션율 등 불확실성의 감소로 거시경제 환경이 안정되며 신용 공급을 향상시켰다. 셋째, 80년대 중반 이후 실질금리의 하락 역시 자금수요를 증대시켰다. 넷째, 모기지 금리에 대한 세금 경감 등 조세정책도 차입 증가에 기여했다. 그러나 가장 근본적인 이유는 일자리와 가치 창출 역량의 약화에 따른 대다수 노동자의 실질소득 정체, 고용 불안정의 증대, 사회보장의 약화 및 자본친화적 조세체계의 개편 등 구조의 변화가 부채에 대한 의존을 증대시켰다. 1980~2010년 사이에 전 세계 노동자의 소득 비중은 7%나 하락했다. 같은 기간에 미국의 상위 1%의 소득은 9%에서 24%, 그리고 0.1%의 소득은 3%에서 12% 이상으로 증가했다. 초상류층은 대개가 금융업 종사자이다.

특히 **가계부채의 증가를 주도한 것은 중산층과 주택담보대출(모기지)**이었다. 첫째, 미국의 가계부채는 1999년 4.6조 달러에서 2008년 초에는 12.5조 달러까지 세 배 가까이 상승했다. 둘째, 1998~2007년간 가계의 부채상환비율(DSR=부채상환액/가처분소득) 증가율은 하위 20%와 상위 20%가 각각 6.4%와 18.4% 감소한 반면, 하위 20~40%와 40~60%, 60~80%의 가구는 각각 3.6%, 13.6%, 17.3% 증가했다. 그 결과 2007년 부채상환비율이 하위 40%의 가구는 17~18%였으나 중위 소득층 40~80%의 가구는 20~22%에 달했다. 셋째, 가계부채에서 모기지가 차지하는 비중이 1999년 69%에서 74%로 증가했다. 주택가격의 상승으로 가계의 자산 대비 부채 비율은 안정적으로 유지됐으나, 가처분소득 대비 부채 비율은 현저하게 증가했다. 즉 1965~84년간 미국의 가계부채는 가처분소득 대비 약 64%에서 안정적으로 유지되었으나, 1985~2000년 사이에 97%까지 상승했고, 그 후 2007년까지 133%로 상승했다. 미국 가계의 GDP 대비 부채 비중도 1984년, 약 75%에서 금융위기 직전에는 140%에 육박했고, 특히 2000년대 이후 급증했다. 주택자산 가치의 상승은 소비 증대에 영향을 미쳤다. '보유주택을 담보로 인출한 현금(MEW, mortgage equity withdrawal)'이 소비를 주도했다. 즉 주택가격의 상승으로 주택가격에서 차입액을 뺀 순자산이 증가하면서 이를 담보로 추가 차입하여 주택 개량이나 기타 생활용도에 지출했다. 90년대 대부분 가처분소득의 약 1%가 주택의 순자산을 담보로 한 대출이었다. 2006년 버블이 한참일 때 연간 8천억 달러까지 증가했다. 그리하여 MEW는 '현금기계'라 불릴 정도였다. 2001~06년간 미국에서 MEW로 인한 소비증대 효과를 연간 GDP의 2~3%로 추산하고 있다. 금융위기 이후 경기 침체를 주도한 가계소비의 감소도 MEW의 감소에서 비롯한다. 즉 버블이 붕괴하며 미국의 가계부채는 2010년에 11.5조 달러로, 가처분소득 대비 가계부채 비중도 118%로 감소하면서 MEW 역시 가처분소득의 -1%까지 붕괴됐다. 영국에서도 MEW의 규모는 1998년 7월부터 2008년 3월까지 3,280억 파운드에 달했고, 영국 경제성장의 지속에 기여했다.

금융과 부채는 샴쌍둥이

은행 등 금융회사가 차입(레버리지) 경영을 하는 이유는 매출극대화 및 수익극대화의 관점에서 이해할 수 있다. 조달 자금의 비용보다 자금 운영을 통해 수익이 크다면 레버리지 추구는 금융회사의 자연스러운 행위이다. 대표적 방식이, 앞에서 소개했듯이, 도매금융 시장(은행 간 대출)이나 단기자금 시장(머니마켓 등)에서 자금을 조달하여 장기 대출 혹은 장기 금융상품에 투자하는 것이다. 이른바 '레버리지 효과'를 추구하는 것이다. 여기서 자금 조달의 범위가 특정 국가에 제한될 필요는 없다. 자본시장의 개방에 따른 국가 간 이자율이나 수익률의 차이를 활용한 자금 조달 방식인 이른바 '캐리 트레이드(carry trade)' 활용이 그것이다. 즉 저금리로 조달된 자금으로 다른 국가의 증권 혹은 상품에 투자하는 거래를 의미한다. 물론, 캐리 트레이드의 성공은 이자율 차이뿐만 아니라 환율에도 영향을 받기 때문에 조달 통화가치의 안정 혹은 하락을 전제로 한다. 오늘날 '캐리 트레이드'가 만연된 상황에서 주요 선진국들의 제로 금리 정책은 더 큰 수익을 찾아 해외로 유출하는 자금의 규모를 증가시킬 수밖에 없다. 게다가 글로벌 인플레 압력이 증대하는 상황에서 금리가 언제 인상될지 모르기 때문에 **이런 투자는 단기성을 띠고, 레버리지가 심한 투기성을 동반**한다. 게다가 자금이 유입되는 국가의 경우 통화가치 절상 압력을 받게 되기 때문에 이른바 '통화전쟁'을 야기시킨다. 중국이나 브라질 등이 미국 등 선진국의 '양적 완화(Quantitative Easing, QE)' 정책을 비난하는 이유이다. 여기서 '양적 완화'란 중앙은행이 금리 인하를 통한 경기부양 효과가 한계에 봉착했을 때 국채 매입 등을 통해 유동성을 시중에 직접 푸는 정책을 말한다. 대규모 자산매입(LSAP)을 수반하기 때문에 통화량 증대뿐만 아니라 장기 시장금리에도 직접 영향을 미친다.

레버리지 방식은 광범위하게 도입되고 있다. 투자자가 계약을 이행하게 하기 위한 수단으로 계약시점에 예치하여야 하는 개시증거금의 성격을 갖는 파생금융상품의 '증거금 제도'도 기본적으로 '레버리지 효과'를 갖는다. 미래 거래금의 단 몇 퍼센트에 불과한 위탁증거금만으로 거래가 가능하기에 적게는 수배에서 많게는 100배 이상의 레버리지 효과를 만들어낸다. 또한, 차입을 활용해 수익률 극대화를 추구하는 사모

방식 펀드들의 경우 레버리지 투자기법은 일상화되어 있다. 예를 들어, 사모투자펀드(PEF)는 기업의 인수・합병(M&A)에 '레버리지 효과'를 활용한다. 일반 상장기업의 주식을 증권거래소에서 사들이는 헤지펀드들과 달리, 사모펀드들은 대부분 기업주 또는 기업 경영진과의 협상을 통해 투자기업을 인수한다. 이때 사모펀드들은 투자자 자금뿐 아니라 금융회사로부터 거액의 대출을 받아 기업을 인수하는 차입매수거래(LBO, Leveraged Buyout) 기법을 애용한다. 우리나라 외환은행의 대주주로 있는 론스타가 사모투자펀드이다. 또한, 외환위기 직후 한미은행을 인수한 뒤 시티은행에 되팔아 6,600억 원의 차익을 남긴 것으로 유명한 칼라일 캐피털(Carlyle Capital)도 세계 2위의 사모투자펀드이다.

레버리지 투자기법은 신용위기 과정에서 사모 방식 펀드들에게 큰 손실을 입히거나 파산을 초래시키기도 한다. 2007년 8월에 골드만삭스는 자신이 운영하던 GEO(Global Equity Opportunities) 펀드의 파산을 막기 위해 30억 달러를 긴급 수혈하는 수모를 감내해야 했고, 2008년 7월에는 미국의 투자은행 베어스턴스가 운영하던 2개의 헤지펀드가 파산을 하면서 자신의 파산뿐만 아니라 금융위기에 불을 지폈고, 2008년 9월 리먼 브러더스 파산 이후에는 헤지펀드가 최악의 손실을 기록하며 수백 개가 파산했다. 사모 방식 펀드들의 파산 이유 역시 레버리지 투자 기법에 있다. 우리나라 국민들에게 낯익은 칼라일 캐피털이 금융위기가 확산되던 2008년 3월에 217억 달러를 투자한 MBS의 손실로 파산했다. 참고로 칼라일의 보유자산 중 95% 이상은 패니매(Fannie Mae)와 프레디맥(Freddie Mac) 등 정부보증기업(GSE)들이 보증한 AAA 등급의 MBS였다는 사실이다. 그런데 칼라일의 투자금액 중 고객이 맡긴 금액은 6억 7,000만 달러에 불과했고, 나머지는 은행 등에서 차입한 금액이었다. 이른바 레버리지 배율이 32배에 달한 것이다. MBS 가격의 하락으로 칼라일 캐피털의 보유자산가치가 하락하자 시티은행과 도이치은행을 비롯한 채권단 은행들이 4억 달러에 달하는 '마진콜(margin call)'을 요구하였는데 이에 응하지 못하면서 파산한 것이었다. 여기서 마진콜이란 채무자의 담보가치가 대출의 안정성을 보장할 만큼 충분하지 않다고 채권자가 판단하거나 느낄 경우 추가적인 담보나 상환을 요구하는 것이다. 펀드 등이 보유하는 증권 가격이 하락할 경우 증권의 장부가치를 현실화시키는 이른바 '헤어컷(haircut)'도 마진콜과 같은 효과를 갖는다. '레버리지 효과'가 신용위기 과정에서 '디레버리지(deleverage) 효과'로 바뀐 것이다. 예를 들어, 2008년 금융위기 과정에서 대개 2% 미만이었던 미국 국채의 헤어컷이 20%를 초과했다. 심지어 레포(Repo)의 갱신이 거부되기도 했다. 이처럼 펀드들이 마진콜 혹은 헤어컷의 압박을 받을 경우 자금 확보가 필요하기 때문에 다른 시장, 특히 현금화가 용이한 시장에 투자한 자금을 회수하게 되기에 펀드들의 투자 범위가 넓을수록 신용위기의 전염효과는 크게 나타난다. 이것이 미국과 유로존의 증시 폭락이 글로벌 증시 폭락으로 이어지는 이유이다. 우리나라가 다른 주식시장보다 폭락 규모가 큰 이유도 현금화가 상대적으로 용이하기 때문이다.

가계의 레버리지는 (주택)자산에 대한 수요 증가가 (주택)자산 가격을 상승시키고, 자산가치의 상승으로 자산 담보 가치가 증대하기에 추가 대출을 조장한다. 그 결과 주택자산의 수요 증대와 가격 증대라는 '긍정적 피드백 루프'를 만들어낸다. 이러한 피드백 루프가 가계 레버리지 증가, 대출 기준의 완화, 더 높은 레버리지의 사이클을 수반한 것이다. 부의 증가가 가속화되는 가운데 많은 사람들이 이번은 다르다(This

증권 유형별 마진 요구 수준

	마진(헤어컷)	레버리지 배율
미국 국채	0.1~3%	33~100
투자등급 회사채	5~10%	10~20
고수익채권	10~15%	6.6~10
전환사채	15~20%	5~6.6
보통주	5~50%	2~20
상품선물	10%	10
금융선물	3%	33
외환선물	2%	50
주식옵션	75%	1.3
이자율스왑	1%	100
외환스왑	1%	100
토털 리턴 스왑(TRS)*	10%	10

주: * 토털 리턴 스왑(total return swap, TRS)은 금융자산에서 획득한 불확실한 현금흐름을 확실한 현금으로 교환하는 계약 특정 금융자산으로부터 획득한 전체적으로 불확실한 현금흐름을 보다 확실한 현금흐름으로 교환하는 계약

출처: A. Ang, S. Gorovyy, and G. van Inwegen, Jan. 25, 2011, Hedge Fund Leverage.

time, it is different!)며 환호했고, 이것이 금융위기 이전 15년간 진행된 판타지였다. 그러나 주택 가격이 하락하면 레버리지는 디레버리지로 바뀌게 되고 '부정적 피드백 루프'가 작동한다. 우리나라의 경우에도 부동산가격 하락이 주택대출 담보인정비율(LTV)의 상승으로 이어지며 마진콜 압력이 증대할 수밖에 없다. 즉 LTV 한도까지 대출받은 가계일수록 보유 부동산가격의 하락은 LTV 한도를 초과하고 초과한 만큼 상환 압력을 받게 된다. 차입을 이용한 주식투자의 경우도 마찬가지다. 주가가 오를 경우에는 레버리지를 증대시키고 긍정적 피드백 루프를 만들어내지만, 역으로 하락할 경우에는 디레버리지의 악순환과 '부정적 피드백 루프'가 형성된다. 투매의 강요와 '손실의 악순환'이 증폭 효과를 만들어내는 것이다. 담보가치 하락이 마진콜 상승으로 이어져 만들어내는 담보물 가치의 연쇄 하락과 담보물의 대량 처분을 의미하는 '담보 파산(collateral runs)'이 그것이다.

이처럼 레버리지와 디레버리지는 '증폭 효과'를 통해 버블과 붐의 심각성을 만들어낸다. 앞에서 소개한 캐리 트레이드의 경우에도 마찬가지다. 캐리 트레이드를 하려면 빌린 통화를 매각하여 운영하려는 통화를 매입해야 하는데, 이는 빌린 통화의 평가절상을 억제하고 운영하려는 통화의 평가절하를 막아주는 효과가 있다는 점에서 캐리 트레이드가 캐리 트레이드의 조건을 재생산해내게 된다. 반대로 캐리 트레이드의 청산이 시작될 때는 반대 방향의 '부정적 피드백 루프'가 형성되어 자금 이탈과 통화가치의 폭락이 가속될 수밖에 없다. 캐리 트레이드 자금이 전형적인 핫머니의 속성을 드러내는 이유이기도 하다. 마진콜의 증폭 효과 역시 마찬가지다. 예를 들어 채권자가 6달러의 가치를 지닌 대출채권에 대해 요구 담보비율 50%로 11달러를 대출했다고 가정해보자. 현재 담보비율은 약 55%로 충분하지만 시장 상황이 악화되어 채권가치가 1달러만 하락해도 0.5달러의 담보가 부족한 상황이 발생하게 된다. 만약 채권자가 추가 증거금(마진)을 요구하면서 담보로 가지고 있는 채권 1달러를 매각하면 대출은 10달러로 줄어들게 된다. 그러나 담보가치는 4달러로 줄어들어 오히려 담보비율은 40%로 하락하게 되고 이는 또다시 마진콜을 요구하는 악순환이 형성된다. 한마디로 눈덩이처럼 마진콜 요구가 불어나는 상황이 발생하게 된다. 일종의 '마진의 악순환'인 것이다.

부채 성장의 끝은 파국

많은 경제학자들은 80년대 이후 금융 및 부채에 의한 성장이 지속 가능하다고 생각했다. 즉 실물부문의 성장 없이 금융산업이 주도하는 성장이 지속 가능하다고 생각한 것이다. 산업사회의 상식은 "금융은 실물경제의 거울에 불과한 것이다"라는 실물경제 중심의 사고가 지배적이었지만, 금융과 실물경제 간의 분리는 상상할 수 없었다. 그런데 80년대 이후 과잉금융과 금융화 속에 많은 국가들은 금융(산업?)을 21세기의 주력 산업으로 육성하겠다는 목표를 갖고 금융에 대한 실물경제의 예속화를 방치 혹은 조장했다. 그러나 금융위기는 실물부문의 성장 없는 금융의 성장, 즉 금융의 레버리지 증가는 버블일 수밖에 없고 결국에는 버블 붕괴로 이어졌음을 보여주었다. 즉 에너지 소비 없이 영구히 움직이는 '영구적인 운동기계'가 존재할 수 없듯, '영구적인 화폐기계' 역시 불가능한 것이었다. 영구적인 화폐기계는 연 2~3%의 실물경제 성장률로 연 10~15%의 수익 제공을 전제하는 것이기 때문이다. 즉 부채는 추가적인 화폐소득이 창출되지 않는 한 상환이 불가능하다. 예를 들어, 신용 100이 창출되고 연 10% 이자로 대출된다고 가정할 경우 연말에 대출을 상환하고 부채를 청산하려면 신용은 110이 필요하다. 그러나 추가 10의 소득이 만들어지지 않을 경우, 즉 (주택구입과 소비를 위해 제공된) 신용이 이자를 상환할 만큼 일자리와 소득의 추가 창출로 이어지지 않으면 신용의 추가 공급(대출)에 의존해야만 한다. 주택가격이 상승하는 한 기존의 신용은 새로운 신용으로 대체될 수 있다. 즉 '부채가 주도하는 경제'는 실물경제의 가치 창조가 수반되지 않으면 (채무자가 끊임없이 빚을 굴려 원금과 이자를 갚아나가는) '폰지 게임(Ponzi game)' 혹은 (특별한 이윤 창출의 수단 없이 계속해서 신규 회원을 모집하는 방식으로만 이윤을 창출하는) '피라미드 사기'의 함정에 빠진다. 그리고 부는 은행가의 수중에 집중될 뿐이다. 글로벌 자산의 가치 상승이 글로벌 GDP 성장과 같아야 한다는 사실은 단순한 수학적 항등식이다. 그러나 이 항등식은 금융 영역의 과도한 확장에 의해 파괴되었다. 즉 금융위기 이전 30년간 성장의 상당 부분은 부채에 의한 것이었던 반면, 부채에 의한 성장은 약화되어 왔다. 예를 들어, 1980년대 초 1달러의 부채로 약 0.6달러의 GDP를 만들어냈던 반면, 90년대 후반에는 0.4달러 이하로 하락했고, 금융위기 발발 당시에는 80년 수준의 절반에도 미치지 못하는 0.3달러 이하까지 하락했다. 즉 실물부문의 성장이 수반되지 않는 '금융의 독주'였고, 부채가 주도하는 경제가 지속 불가능하다는 사실을 재차 보여준 것이다. 즉 지난 30년은 과잉금융의 심화 속에 은행 성장률이 둔화된 시기였듯이 은행 성장은 지속 불가능했다.

이와 관련하여 1980년대 이후 소비의 원천에 변화가 발생했음을 주목할 필요가 있다. **1981년까지 소비는 임금소득에 의해 충당되었다. 그런데 1984년 이후 소비 증가율이 임금 상승률을 크게 앞질렀다. 이는 소비가 임금 이외의 다른 소득원으로 충당되었음을 의미한다. 그 다른 소득원은 바로 자산 투자 수익의 증가**였다. 미국, EU, 일본 등 선진국의 가계들은 GDP의 약 64%에서 72%까지 소비의 전반적 수준이 증대했는데 이는 금융자산 수익에 의한 것이었다. 여기서 발생하는 큰 의문은 금융 수익이 실질 생산성 증가로 이전되지 않는 상황에서 지속 가능할 수 있었냐는 것이다. 금융위기 이후 사람들은 실물경제의 생산성 증가로 연결되지 않는 금융 수익은 장기 소득원이 될 수 없다는 것을 알았다. 이론적으로 생각해도 실물부문의 생산성 향상 없는 금융 이윤의 지속 증가는 불가능하다. 금융자산은 기본적으로 '생산된 잉여가치 중 일부 몫에 대한 권리'로 권리 행사 전까지는 '가상 자산'에 불과하고, 권리를 행사하는 순간 (생산된 실현가치 이상 배분이 불가능하다는 점에서) '가치법칙'에 종속될 수밖에 없다. 예를 들어, 전체적으로 주택가격이 10% 상승한 반면, 실물경제로부터의 소득 증대는 2%에 불과할 경우 주택소유자 일부는 주택 처분으로 주택가격 상승의 이득을 실현할 수 있다. 그렇지만, 주택소유자 모두가 동시에 주택 처분으로 주택가격 상승의 이득을 추구할 경우에는 실물경제 소득 증가분에 의해 제한될 수밖에 없다. 이처럼 '영구적인 화폐기계'는 작동하지 않는다. 이는 **생산된 가치보다 많은 부를 배분할 수 없다**는 것을 의미한다. 주택시장의 거품이 꺼진 후 미국 사회는 뒤늦게 금융이 만든 번영이 환상에 불과했음을 알았다. 거품이 형성된 주택 자산이 미국인에게 경제성장 및 생계수준의 향상에 대한 잘못된 기대를 제공했던 것이다. 실제로 금융위기 이전 10년간의 경제성과가 거품 등에 의해 과대평가되었다는 분석이 제기되었다. 1998~2007년간 실질 GDP 증가율은 연평균 2.7%로 알려져 있는데 금융과 부동산의 과도한 성장에 의해 만들어진 버블이 GDP를 끌어올린 부분을 조정하면 실질 GDP는 2.3%로 하락한다는 것이다. 즉 이 기간에 금융과 보험과 부동산 부문은 연평균 3.4%로 상승하였는데 이는 다른 부문들의 성장률 2.7%에 비해 과도한 성장률이기에 이를 조정하면 경제 전체 성장률은 하향 조정된다는 것이다. **금융위기는 금융이 산업(실물)의 발전 없이 성장할 수 없는 업종이라는 기존의 상식을 확인해주었다.** 성장 가능성이 있는 산업이나 기업이 있어야 금융업도 이런 업종에 자금을 공급함으로써 지속 가능한 성장을 이룰 수 있다. 즉 **실질 가치 창출 없는 금융의 성장은 심각한 버블을 일으킬 수밖에 없다.**

이처럼 실물경제의 성장 이상으로 증가한 금융자산의 성장은 비즈니스 혹은 금융사이클 하강 국면에서 금융자산 가치의 손실을 발생시킬 수밖에 없다. 자산가치의 손

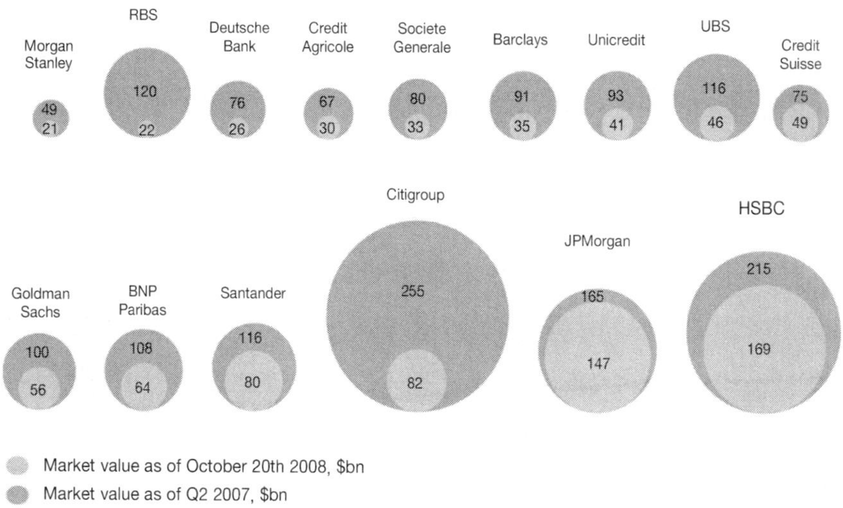

출처: J.P. Morgan, Bloomberg, Oct. 20 2008.

금융위기 전후 글로벌 주요 은행들의 시장가치

실을 입은 사람들이 손실을 수용하는 것은 너무 고통스러운 일이다. 예전의 소득이 실제가 아니라 인공적으로 인플레된 가치라는 사실을 수용해야만 하는 고통이기 때문이다. 옆의 그림은 글로벌 주요 은행들의 자산가치가 금융위기 전후 얼마나 축소되었는가를 잘 보여준다. 예를 들어, 2007년 2분기부터 리먼이 파산한 지 한 달가량 지난 2008년 10월 20일까지 시티그룹의 시장가치는 32% 수준으로, 영국의 스코틀랜드왕립은행(RBS)은 18%, 프랑스의 소시에테제네랄(Societe Generale)은 41%, 독일의 도이체방크(Deutsche Bank)는 34% 수준으로, 스위스의 UBS는 40% 이하로 폭락했다.

〈은행위기-국가부채 위기-글로벌 경기침체〉의 되먹임회로(피드백루프)

글로벌 금융위기는 리스크 관리에 대한 기존 사고방식을 붕괴시켰다. 그린스펀이 금융위기 이후 하원 청문회에 나가 리스크 관리에 대한 전체 지적 체계가 붕괴되었다고 시인했듯이, 기존의 규제와 감독 그리고 그것들을 정당화시켜주었던 이론이 쓸모없거나 최소한 잘못됐음을 보여주었기 때문이었다. 모든 사회는 금융시스템이 경제 내 자원배분 기능을 원활히 수행하고 대내외 충격으로 인한 금융불균형을 해결할 수 있기 위해 적절한 규제와 감독이 요구된다. 금융위기 이전의 금융 규제는 기본적으로 개별 금융기관을 중심으로 한 '미시건전성 규제'였다. 미시건전성 규제의 경제논리는 '도덕적 해이'의 문제에 기초한다. 레버리지를 이용하는 금융기관의 주주들은 수익률을 높이기 위해 높은 리스크를 추구할 인센티브를 갖는다. 이러한 리스크 이전의 문제는 공공안전망 덕택으로 악화된다. 예를 들어, 은행 파산과 패닉을 예방하기 위한 예금보호제는 파산 시 정부 구제에 대한 기대로 예금자들로 하여금 은행의 리스크 추구를 모니터할 인센티브를 줄여 과도한 리스크 추구의 비용을 증가시킨다. 이를 방지하기 위한 것이 개별 금융기관의 과도한 리스크 추구를 억제하는 미시건전성 규제이다. 국제적 기준으로는 바젤 I과 II가 여기에 해당한다.

그런데 금융위기를 겪으면서 개별 경제주체들 입장에서 합리적으로 보이는 행위가 시스템 전체의 관점에서는 바람직하지 못한 결과를 초래할 수 있다는 점이 문제로

자기자본비율, 바젤II와 바젤III

	바젤III					바젤II
	최소	자본보전 완충자본	경기조정 완충자본	대형은행 추가자본	합계	최소
보통주	4.5	2.5	0~2.5	1~2.5	7~12	2
기초자본	6				8.5~13.5	4
(기초+보완)자본	8				10.5~15.5	6

주: 대형은행은 시스템적으로 중요한 금융기관(SIFI)

부각되었고, 미시건전성 감독만으로는 경제 전반에 걸친 '시스템 리스크'에 효과적으로 대응하기 어렵다는 인식이 부상했다. 예를 들어, 은행 간 대출 등 도매자금 조달시장의 규모가 크게 증가한 상황에서 정부 보증의 효과는 제한적일 수밖에 없다. 예를 들어, 서브프라임 모기지는 1.5조 달러 규모에 불과했고, 감가율을 30% 적용해도 4천5백억 달러에 불과했다. 그런데 금융위기 이후 은행을 구제하기 위해 동원된 규모가 수조 달러였다. 금융기관 사이에 연관성의 증대는 투매와 전염효과 그리고 증폭효과 등으로 '부정적 피드백 루프(악순환 고리)'를 만들기 때문이다. 금융위기 이후 전체 금융시스템의 안정을 위협하고, 그 결과 경제 전체를 위협하는 시스템 리스크를 예방하기 위한 '거시건전성 규제'의 필요성이 부상한 이유이다. 거시건전성 규제란 전체 경제에 중대한 손실이 초래되지 않도록 금융시스템 전반의 장애를 예방하거나 또는 조기 해소하는 것을 목적으로 하는 금융 규제를 일컫는다. 즉 미시건전성 규제가 개별 금융기관의 건전성 및 영업행위 규제 그리고 소비자 보호 등을 다루는 것이라면, 거시건전성정책은 시스템 리스크의 발생과 확산을 감시하고 경제에 미치는 부정적 영향을 통제하기 위한 것이다. 이처럼 거시건전성은 금융시스템의 각각의 구성 요인들을 지키는 것이 시스템의 보호에 충분조건이 아니라는, 즉 금융시스템의 리스크가 개별 리스크의 단순한 집합이 아니라는, 이른바 '구성의 오류'를 전제로 한 것이다. 한국의 경우에도 금융위기 이전에는 금융위원회/금융감독원 등 감독기구가 미시건전성 감독을 수행하다가 금융위기 이후 시스템 리스크의 중요성을 인식하면서 한국은행에 금융안정 기능을 명시적 목적(mandate)으로 추가했다.

시스템 리스크는 일부 대형 금융기관 혹은 '시스템적으로 중요한 금융기관(SIFI)'의 파산으로 촉발될 수도 있지만, 거시경제적 충격에 의해 다수의 금융기관이 공통된 위험요인에 노출됨으로써 발생하기도 한다. 물론, 금융시스템에 대한 부정적 충격이 항상 시스템 위기를 초래하는 것은 아니다. 문제는 과잉금융이 초래한 금융화로 금융이 네트워크화 됨으로써 시스템 위기의 발생 가능성이 구조적으로 증가했다는 사실이다. 그 결과 어떤 충격이 금융의 상호연관성 채널을 통해 추가적으로 금융시스템 전반의 심각한 혼란을 초래할 정도의 부정적 외부효과를 만들어내고 있다. 즉 특정 금융기관의 문제로 그치지 않고 여타 금융기관 및 금융시장 전반으로 확산되는 파급효과가 하나의 특징이 되었다. 예를 들어, 금융위기에서 종종 볼 수 있었듯이 몇몇 금융기관이 유동성 부족으로 인해 보유한 자산을 금융시장에서 대규모로 급히 매각하게 되면 자산 가격이 폭락하면서 그와 유사한 자산을 보유한 금융기관의 건전성에 영향을 미치게 된다. 또한 심리적으로도 특정 금융기관에 대한 신뢰의 상실은 건실한 금융기관에 대해서도 불안감을 초래하여 연쇄예금인출, 이른바 은행파산(bank run)이라는 부정적 외부효과를 초래한다. 그리고 이러한 불안감은 증폭과정을 거쳐 금융시스템 전반을 마비시킬 수 있게 된다. 특히 대형 금융기관의 부실이 글로벌 금융시스템 전반으로 파급될 가능성은 더욱 높다. 게다가 은행위기는 은행 청소 역할을 담당하고 있는 국가부채를 증대시켜 국가부채 위기로 발전되기도 하고, 반대로 국가부채 위기는 국채를 보유하고 있는 은행위기로 전이되기도 한다. 특히 자금조달의 약 75%를 상업은행에 의존하고 있고, 유로 도입에 따른 통화가치 변동리스크 제거로 은행 네트워크가 어느 지역보다 강하게 형성되어 있는 유럽 은행들의 경우 은행위기와 국가부채 위기 그리고 유로존 시스템 위기가 동전의 앞뒷면을 구성한다. 즉 유럽 은행의 경우 유동성 자산으로 일정 비율을 국채로 보유하고 있고, 게다가 은행 간 대출로 연결되어 있기에 은행위기는 국가부채 위기로, 그리고 국가부채 위기는 은행위기와 유로존 시스템 위기로 발전된다. 그리고 유럽 은행과 미국 은행 간 연결 메커니즘, 그리고 유럽 은행의 나머지 세계에 대한 투자 등으로 최악의 경우에는 글로벌 전체의 시스템 위기로 발전한다. 예를 들어, 2009~11년 사이에 유럽 기업의 차입 비용이

1% 증가할 때 미국 기업의 차입 비용을 0.68% 증가시켰듯이 유럽 부채의 증가는 미국 금융시스템을 전염시킨다. 유럽 은행위기나 유럽 특정 국가의 위기가 글로벌 쇼크로 작용하는 이유이다.

또한, 시스템 리스크는 증폭과정을 거치면서 실물경제 전반에 대해 심각한 영향을 미치며 시스템 위기로 발전할 수 있다. 시스템 위기를 초래하는 원인이 실물경제에서 촉발되었든, 또는 금융부문에서 촉발되었든 간에 일반적으로 모든 부실 문제는 결국 금융기관을 통한 지급결제 리스크로 표면화된다. 이때 특정 금융기관에서 지급불능 사건이 발생하게 되면 약속한 자금을 결제하지 못하게 되고, 이는 거래상대방의 유동성에 영향을 미치게 된다. 이러한 거래상대방 위험은 금융기관 간 상호연관성이 높은 경우 매우 빠른 속도로 연쇄적으로 파급된다. 이에 따라 거래상대방에 대한 불안감이 금융시장 전반에 걸쳐 확산되고 금융기관 간 자금거래가 심각하게 위축될 수 있다. 이러한 은행 간 유동성 시장의 불안은 기업에 대한 신용시장의 위축으로 이어지게 된다. 그 결과 기업에 대한 정상적인 자금 대출이 저해되고 신용경색이 발생하여 실물경제에 대한 투자자금 공급이 크게 축소되면서 실물경제의 침체가 발생한다. 특히 이 과정에서 정보의 비대칭성 문제가 심각하게 대두되는 것이 일반적이다. 즉 금융 불안이 발생하게 되면 우량한 기업과 부실한 기업, 더 나아가 우량 금융기관과 부실 금융기관의 구분이 어려워지는 정보의 비대칭성 문제가 심화된다. 왜냐하면 건실한 금융기관이라 할지라도 일시적으로 유동성이 부족하게 되면 지급불능의 위험이 높아지기 때문이다. 더욱이 실물경제의 침체가 발생하고 그 불안감이 크게 확산되는 경우에는 기존에 건실하다고 믿었던 기업들도 경제 위축에 따라 향후 부도 위험성이 더 높아질 수 있다. 즉 기업에 대한 대출을 위축시키고, 다시 금융시장에 부정적인 영향을 미치게 되면서, 심각한 경우에는 연쇄예금인출이나 유동성 위축에 따른 신용경색과 통화량의 급격한 감소로 이어진다. 이 경우 긴급히 유동성을 확보하려는 과정에서 보유자산에 대한 투매 현상이 나타나고 자산 가격이 급속히 하락할 수 있다. 이는 금융기관의 대차대조표를 악화시킴으로써 금융기관의 부실을 더욱 확대시키고 신용시장의 추가적인 위축을 초래하면서 경제 내 불확실성을 확산시킨다. 결국 유동성 시장은 물론 신용시장과 자산시장이 동시에 붕괴하면서 실물 경제활동이 심각하게 위축되는 결과가 발생할 수 있다. 역사상 많은 국가에서 발생했던 대부분의 시스템 위기들은 적어도 이러한 경로의 일부를 거치면서 발생했다.

금융네트워크와 은행의 따라하기 그리고 시스템 리스크

글로벌 금융위기의 원천인 선진국의 시스템 리스크는 금융기관의 네트워크화에서 비롯한다. 무엇보다, 은행들은 은행 간 시장에서 획득한 상호 위험노출을 통해 직접적으로 연결되어 있다. 앞에서 지적한 은행 간 대출 시장이 그것이다. '자산의 증권화'에 기초한 OTD 모델 역시 금융기관과 행위자들 간에 네트워크화를 심화시켰다. 이러한 금융기관의 네트워크화가 외부성과 전염효과 그리고 투매를 매개로 한 증폭효과 등을 만들어냄으로써 금융시스템 취약성의 원인으로 작용한 것이다. 마찬가지로 은행들은 유사한 포트폴리오를 보유하거나 동일한 예금자들을 공유함으로써 간접적으로 연관되어 있다. 투자 위험을 줄이는 가장 좋은 방법은 분산 투자인데 분산 투자는 했지만 모든 투자기관이 동일한 대상에 분산 투자하다 보니 투자 대상의 관점에서는 오히려 자금이 집중되었다. 즉 '자산의 공통성(asset commonality)'을 가졌다. 금융위기 전 골드만삭스는 헤지펀드를 모방했고, 리먼 브러더스와 베어스턴스는 골드만삭스, 상업은행은 투자은행을 모방했다. 모든 금융회사의 비즈니스모델이 유사했다는 것이다. 본래 금융시장에서 투자의 다양성은 수익 추구와 리스크 관리라는 두 가지 이유로 출현했다. 그런데 금융회사의 수익 추구가 경쟁적이 되어 집단적인 고수익 추구 활동의 결과, 전체 금융부문에 비즈니스 전략으로 모방이 확산되었다. 이러한 전략은 리스크 관리도 '자산 공통성'을 강화시켜 금융부문의 대차대조표(B/S)를 동질화시켰다. 금융회사의 성과가 대개 경쟁 회사나 성공한 기업의 벤치마킹과 비교해 판단된 결과 은행들은 리스크 추구에서 서로를 모방하도록 부추겨졌던 것이다. "음악이 연주되는 한 우리 모두 일어나 춤을 추어야만 했다(As long as the music is playing, you've got to get up and dance)"는 2007년 시티그룹의 전 CEO였던 척 프린스(Chuck Prince)의 고백은 금융시장의 모방을 잘 표현해주고 있다. 금융회사들의

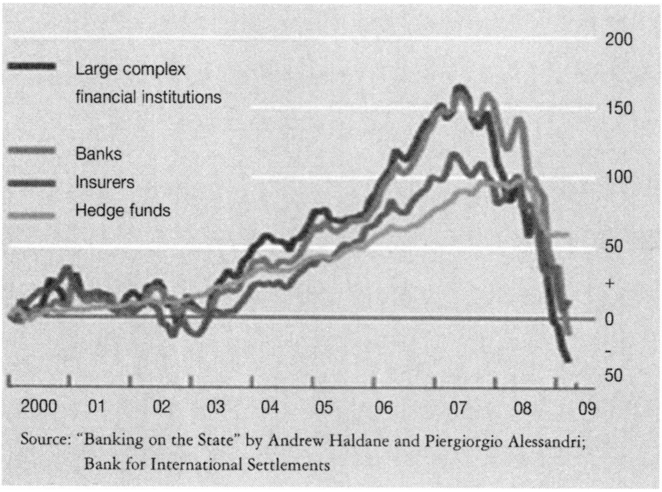

출처: Economist(Feb 11th 2010)에서 재인용.

금융회사의 총수익(가중평균 누적 기준, %)

유사한 비즈니스 모델의 도입은 레버리지 기법에 기초한 금융회사 간 차입과 결합되어 금융시스템 취약성의 원인으로 작용했다. 이처럼 금융 네트워크는 생태계나 인터넷의 세계 등과 달리 복잡성과 더불어 다양성의 빈곤을 특징으로 한다.

어찌 보면 금융의 동질성은 당연하다. 동일한 목표를 추구하고, 같은 이론에 기초하여 투자를 결정한다는 점에서 포트폴리오가 중첩될 수밖에 없기 때문이다. 즉 금융시장의 동질성은 시장이론의 산물이라는 점에서 동일한 목표를 가진 금융회사의 포트폴리오가 겹치는 것은 당연하다. 예를 들어, 기존의 대표적인 투자이론들인 마코위츠(Markowit)의 포트폴리오 선택이론이나 자본자산 가격모델(CAPM, Capital Asset Pricing Model)에 따르면 모든 투자자는 자본자산의 기대수익률, 분산 등에 대해 동일한 기대를 하기에, 즉 모든 투자자가 동시에 동일한 내용의 정보를 입수할 수 있다고 가정하면 정확히 동일한 포트폴리오를 보유할 가능성이 높다. 실제 금융기관의 포트폴리와의 상관성은 90%를 넘어설 정도였다. 이처럼 모노컬처식 금융이 질병에 대한 내성을 약화시키고 '바이러스 감염'에 취약하게 만들었다. 즉 금융생태계의 동질성은 금융환경들이 악화될 경우 시스템의 붕괴 확률을 실질적으로 증가시킬 수밖에 없다. 금융회사 개별적으로는 합리적 선택이었지만 금융의 복잡성과 동질성 증가는 '강하면서도 동시에 취약한' 금융 네트워크를 창출한 것이다. 네트워크의 강고성은 네트워크에서 링크의 두 가지 고유한 역할에서 비롯된다. 첫째, 링크는 이전의 수도관처럼 보험을 제공한다. 둘째, 정보의 수도관처럼 모니터링을 가능하게 한다. 즉 보험을 버리는 개인들을 제외시킴으로써 처벌을 받게 한다. 실제로 은행들 사이의 연결이 증가할수록 전염의 리스크가 줄어들 수 있다. 한 은행의 포트폴리오 손실 비중이 은행 간 협정을 통해 많은 은행으로 이전되기 때문이다. 그러나 네트워크가 위기에 강고하면서도 리스크 분산과 수익 증대를 추구하려면 네트워크를 연결하는 마디(node)의 다양성이 전제되어야 함을 의미한다. 금융시스템 내 과도한 동질성이 개별 은행에게는 리스크를 최소화시킬 수 있는 합리적 선택이나 전체 시스템의 붕괴 가능성을 극대화시킬 수 있다는 사실은 다음의 예로 이해할 수 있다. N개의 은행이 N개의 서로 관련이 없는 자산을 각각 가졌다고 가정하자. 이 경우 각 은행의 파산 확률은 매우 작은 ε이다. 이처럼 극단적 비동질성의 경우에는 개별 은행의 파산 확률(ε)이 시스템 붕괴 확률(εN)보다 월등히 크다. 반면, 이제 N개의 은행이 각각 N개 자산군 중 하나씩 나누어 가지는, 즉 모든 은행이 N개 자산군 모두를 하나씩 균일하게, 즉 1/N을 보유하는 경우 개별 은행의 파산 확률은 $\{(N^N \times e^N)/N!\}$이 된다. 자산군 N개 중 한 개의 자산이 파산할 확률은 $\{(N \times e)/N\}$, (N-1)개 중 또 한 개 자산이 파산할 확률은 $\{(N \times e)/(N-1)\}$, …, 마지막 자산이 파산할 확률은 $\{(N \times e)/1\}$이 되고, 이것이 동시에 일어날 확률, 즉 한 개 은행이 파산할 확률은 $\{(N^N \times e^N)/N!\}$이 되기 때문이다. 그리고 이것은 모든 은행 N이 파산할 확률이기도 하다. 앞에서 지적했듯이 자산공통성을 갖는 군집행동은 개별 은행을 확실히 안전하게 만들지만 시스템 리스크는 매우 커진다.

시스템 위기의 발생을 구조적으로 증가시킨 금융의 네트워크화도 과잉금융의 결과물이다. 앞에서 보았듯이 과잉금융에 따른 수익성 경쟁의 심화는 IT 기술의 발달과 자본흐름의 자유화 그리고 이른바 금융혁신 등을 초래했다. 먼저 금융화는 IT 혁명 없이 불가능한 것이었다. 정보기술혁명이 자본흐름의 자유화와 더불어 글로벌 자본

시장의 통합을 가능케 했기 때문이다. 정보통신기술의 혁신은 경쟁의 자연 장애물들을 제거하고, 통신과 자료송신의 속도 증대 및 비용의 하락은 지리적 거리를 소멸시키고 경쟁의 장애를 제거했다. 또한, 금융부문의 규제 완화와 경쟁의 증가 그리고 금융공학과 위험관리기법의 발전 등 역시 IT 혁명 없이는 상상할 수 없다. 그 결과 자본이 역사상 처음으로 실시간으로 움직이는, 지구적으로 통합된 금융시장에서 24시간 관리되며 수십억 달러 어치의 거래가 지구 구석구석까지 전자회로에 의해 초단위로 이루어진 것이다. 지구적 규모로 상호의존적이 된 오늘날 자본시장의 모습을 IT 혁명 없이는 상상할 수 없다. 자본은 은행으로부터 연금기금, 증권시장, 외환시장에 이르기까지 전 세계적으로 상호 연결되어 있으며 지구적 금융흐름이 그 규모와 속도, 복잡성, 연결성에서 극적인 증가를 보여 왔다. 예를 들어, 금융의 네트워크화는 금융기관 대차대조표의 자산과 부채에 나타나는 금융기간 사이의 의존성에서 확인된다. 1999년에서 2008년 사이에 해외투자의 규모는 108조 달러에서 182조 달러로 증가했다. 다음 그림은 1985년과 1995년 그리고 2005년에 대해 18개 국가 간 대외자산과 대외부채의 연결망을 통한 금융네트워크를 만든 것이고, 연결의 심화를 파악하기 위해 대외자산과 대외부채의 합을 GDP로 나눈 값을 파악한 것이다. 1985년 이후 20년간 금융네트워크를 보면 연결고리(노드)가 증가하고 노드를 연결하는 링크도 굵어졌음을 알 수 있다. 즉 네트워크는 복잡해지고 심화되었음을 의미한다. 금융의 네트워크화는 자본시장과 통화 간의 상호의존성을 증대시킴으로써 통화정책과 이자율도 상호의존적이고 경제정책도 상호의존적으로 만들었다. 개별 국가 통화정책의 효과가 약화된 이유이다.

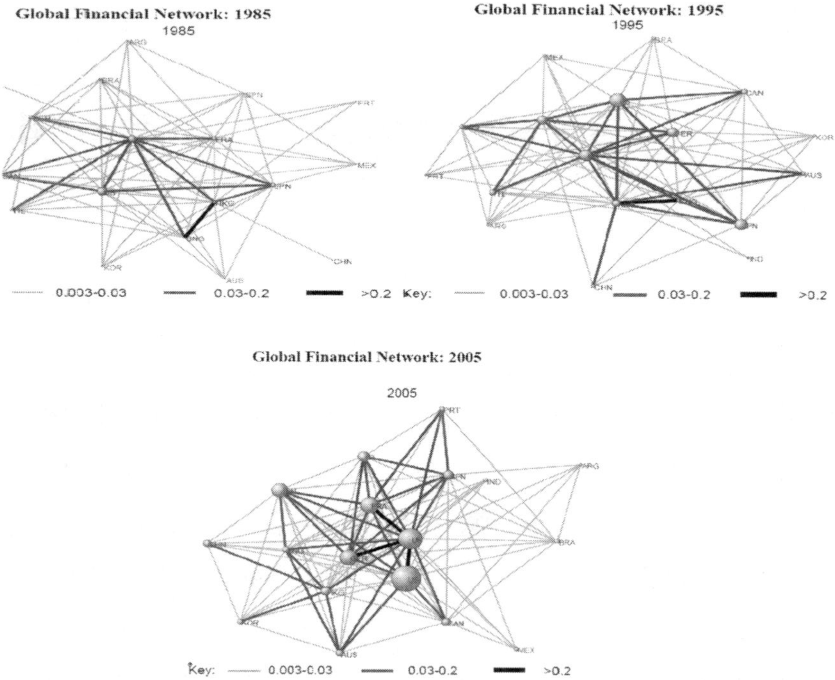

워크는 노드와 링크의 집합으로 각 노드들을 연결하는 링크의 굵기는 연결된 국가들의 대외자산과 대외부채의 합을
P의 합으로 나눈 값.

글로벌 금융네트워크의 진화: 1985년, 1995년, 2005년

제9장

금융화와 소득불평등 그리고 채무 노예화

과잉금융은 소득분배에도 영향을 미쳤다. 2007년까지 세계 인구의 상위 20%가 글로벌 전체 소득의 70%를 차지한 반면, 하위 20%는 단지 2%를 차지했다. 선진국 중에서는 미국이 소득불평등을 주도했다. 1920년대 불평등이 빠르게 심화되면서 대공황으로 귀결됐고, 대공황 이후 자산가치의 폭락 및 경제개혁 등에 힘입어 불평등이 빠르게 완화되기 시작했다. 2차 대전이 끝난 1946년에 상위 1%와 10%가 전체 소득의 13%와 37%를 차지했다. 70년대 중반까지 상위 10%가 차지한 소득 비중은 33%까지 하락했다. 그러나 앞에서 보았듯이 70년대 중반부터 미국의 소득분배가 지속적으로 악화되었고, 특히 자산 불평등이 심화되었다. 1에 가까울수록 불평등을 의미하는 지니계수는 1970년 0.39에서 2008년에는 0.47로 증가했다. 2007년까지 상위 1%와 10%는 전체 소득의 24%를 차지함으로써 1970년보다 2.5배나 증가했다. 그 결과 사회의 양극화는 심화되고 사회의 동맥이 경화되고 있다. 부자와 빈자의 삶의 스타일은 기회의 차이가 얼마나 큰지를 보여주고 있고, 모두가 삶과 자유와 행복을 위한 기회를 갖는다는 미국인의 기대는 더 이상 유효하지 않다. 미국은 2차 대전 이후 30년간은 전 계층에서 임금의 성장을 경험했다.

그러나 금융위기 이전 30년(1976~2007년)간 실질소득 증가의 58%를 최상위 1%가 가져갔다. 미국 의회에 제출된 의회예산국(CBO)의 '1979~2007년간 계층별 가계소득 변동 추이' 보고서(2011년 10월 26일)에 따르면 최상위 1% 소득계층의 소득 급증이 미국 전 가계소득 불평등과 부의 편중을 야기한 주요인으로 작용했음이 밝혀졌다.

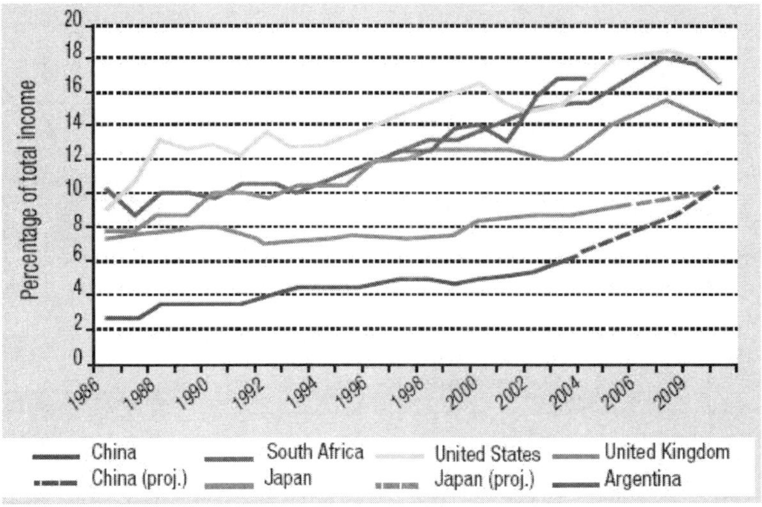

출처: UNCTAD secretariat, based on the The World Top Incomes Database.

미국과 비교 국가의 상위 1%의 소득 비중, 1986~2009년

즉 이 기간 동안 최상위 1% 계층은 세후 실질소득이 275%가 증가한 반면, 하위 20%는 18% 증가에 불과했다. 즉 2차 대전 이후 30년이 '함께하는 성장'이었다면 그 이후 30년은 '소수가 독점하는 성장'이었던 것이다. 그 결과 1968년에 11%에 불과했던 최상위 1%의 소득 비중은 1988년에 15%, 2007년에는 23.5%까지 증가했다. 이는 2000년 이후 중산층 실질소득의 절대적 하락에서도 확인된다. 1999년 미국 중간가구의 실질소득은 54,932달러였으나 2011년 50,054달러로 9% 하락했다. 미국의 자산불평등은 소득불평등보다 더 심각했다. 1976년에 최상위 1%는 전체 개인 자산의 19%를 차지했으나 2001년까지 33%로 증가했고, 2009년에는 40%까지 증가했다. 특히 금융자산만의 경우 42.1%를 차지했다. 오늘날 상위 20%의 소득계층은 전체 주식 자산의 80%, 부동산 자산의 절반을 차지하고 있다. 충격적인 것은 연준의 '소비자금융조사(Federal Reserve Survey of Consumer Finances)'를 바탕으로 한 블룸버그의 계산에 따르면 중간소득 가구의 2010년 순자산은 1989년보다 낮았다. 부의 과도한 집중은 2011년 가을 미국 자본주의 시스템에 대한 불만을 표출한 월가시위("Occupy Wall Street")로 나타났다.

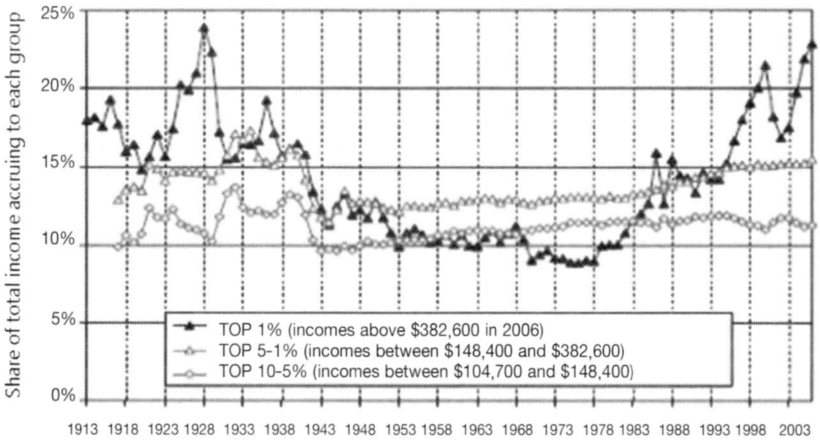

자료: E. Saez, 2008, "Striking it Richer: The Evolution of Top Incomes in the United States."

미국 상위 10% 내 계층별 소득점유 비중의 추이

금융위기 이전 30년간 소득불평등이 심화된 이유로 기술변화와 무역자유화 그리고 금융화 등 여러 요인들이 지적된다. 첫째, 기술의 급격한 변화는 한편으로 고숙련 노동자의 부족을 만들어낸 반면, 다른 한편으로 중간소득의 화이트칼라를 축소시킴으로써 '일자리 양극화'를 초래시켰다. 미국 기업들은 새로운 가치 창출 능력을 보유한 대학졸업자를 확보하는 것이 어렵다고 불평한다. 제조업조차 제조업의 고부가가치화에 필요한 창의적 인재 혹은 기술 업그레이드로 스마트한 기계를 다룰 수 있는 수준 높은 노동력을 요구하게 되었다. 이러한 변화에 부합하는 노동력 공급이 부족하다는 것이다. 소득불평등은 다시 저소득층으로 하여금 인적자본(교육)에 대한 투자를 어렵게 한다. 실제로 학력 간 임금 격차의 확대가 소득불평등을 심화시켰던 것이 확인된다. 사실, 무형가치의 비중이 절대적인 아이디어집약적 산업 혹은 사업의 성장은 제조업처럼 고용을 유발하지 않는다. 생산량이 증가할수록 고용이 증대하는 후자와 달리 전자의 경우 상품의 개발과정에서만 노동력이 요구될 뿐이다. 따라서 아이디어 산업 혹은 사업의 경우 새로운 아이디어와 이를 상품화시킬 수 있는 창의적 문제해결 능력을 가진 노동력이 필요하다. 그런데 대량생산시스템과 맞물려 있는 기존 교육방식으로는 아이디어집약적 산업 혹은 사업에 요구되는 인재 공급이 어렵다. 90년대부

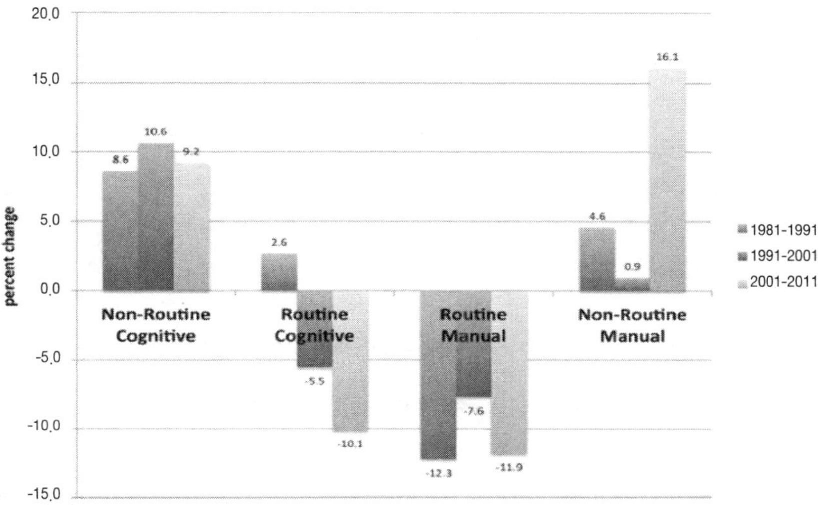

출처: Jaimov.ch and Siu, 2012, "The Trend is the Cycle: Job Polarization and Jobless Recoveries," NBER Working Paper No. 18334

1981~2011년간 미국 노동시장에서 직업집단별 고용 비중의 변화(%)와 양극화

터 OECD 국가들에서 청년실업이나 '고용 없는 성장'의 문제가 대두된 배경이다.

둘째, 무역 개방은 산업화 국가들에서 저숙련 노동력의 가치를 축소시켰다. 즉 시장 개방으로 고숙련 노동력에 대한 수요는 증대했지만 저숙련 노동력에 대한 수요는 감소했다. 그 결과 고임금부문은 소득 증대의 혜택을 입는 반면, 저임금부문은 일자리 상실이나 소득 정체에 직면했다. 이에 소득불평등과 양극화는 심화됐다. 또한, 시장 개방에 따른 유동성 증대의 이득은 저소득국가나 신흥 경제가 부족한 고학력자나 전문가 등 차별적 재능을 가진 엘리트와 자본 등에 집중됐다. 연구들은 해외와의 경쟁과 해외로의 아웃소싱이 소득불평등을 증가시킨 것으로 확인시켜주었다. 예를 들어, 런던 증권거래소에 상장되어 있는 시가총액 100개 기업의 주가 지수인 FTSE100에 소속된 100개 기업의 평균 CEO 연봉은 1998~2010년 사이에 약 4.3배 증가한 반면, 일반 직원은 약 1.6배 증가에 그쳤다.

그러나 무엇보다 소득불평의 지배적 요인은 금융화, 즉 금융 주도의 글로벌화였다. 최상위층 1%, 아니 0.1%로의 소득 집중이 주로 금융부문에서 발생했기 때문이다.

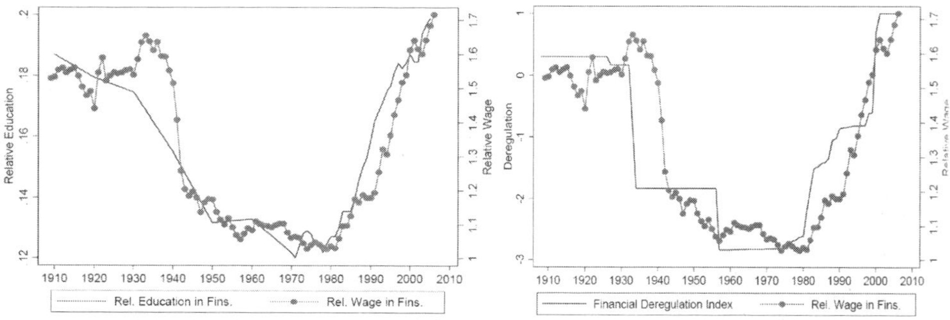

출처: T. Phillippon and A. Reshef, Dec. 2008, "Wages and Human Capital in the U.S. Financial Industry: 1909-2006," NBER Workin Paper 4644.

금융부문의 임금과 교육 수준 그리고 탈규제의 정도

1980년대 이후 탈규제, 기업공개(IPO) 관련 활동과 신용리스크의 중요성, 투자 세계의 복잡성 등으로 금융부문 일자리의 특징은 숙련집약적 산업으로 변화했고, 그 결과 높은 교육수준의 노동력을 요구했다. 이미 앞에서 소개했듯이 금융부문으로의 소득 집중은 높은 교육수준을 가진 인재의 집중으로 이어졌다. 다음 그림은1980~2006년까지 금융부문의 임금 수준과 교육 수준, 그리고 임금 수준과 탈규제의 정도 사이에는 정확한 상관관계가 존재했음을 보여준다. 즉 금융부문의 고소득이 소득불평등의 확대를 주도했음을 보여준다.

그런데 금융부문으로의 소득 집중은 근본적으로 경제와 사회 등에 대한 금융의 지배력과 기업 경영에 대한 금융 통제의 증가 등에서 비롯되었다. 앞에서 지적한 월가와 워싱턴의 유착이 탈규제의 흐름을 만들어냈듯이, 금융으로의 소득 집중은 금융의 고수익을 보장해주는 사회구조 메커니즘이 작동한 결과이기 때문이다. 즉 금융으로의 힘의 이동은 경제를 지배하는 금융 이익이 증가하는 방향으로 규칙을 변화시켰다. 즉 임금소득자와 지역사회와 소비자 등이 권력을 상실하고, 권력이 대기업과 투자가들에게 이동하면서 1980년대 이후 규제, 조세, 무역, 정부지출의 우선순위, 통화정책 등에서 임금소득자의 희생 속에 자산가와 기업에게 유리하게 규칙들이 변화했다. 첫째, 금융의 헤게모니는 노동시장의 경쟁 격화, 고용보호법의 약화, 노조의 약화 등으로 나타났다. 예를 들어, 노동시장의 탈규제는 노동자의 교섭력 감소를 제도화시킴으로써 노동조합의 힘을 크게 약화시켰다. 1950년대 미국의 노조 가입률은 35%에 달했지만 1983년까지 20.1%로 축소되었고 1998년에는 13.9%, 2007년에는 12.1%로 하락했다. 민간부문의 노조 가입률만 보면 2007년 기준 7.5%에 불과한 실정이다. 노동조합의 약화로 고소득 블루칼라 일자리의 임금이 하락했다. 한 연구에 따르면 노조 가입률의 하락은 미국 남성임금 편차 증가의 약 14%를 설명한다. 민영화도 노동자의 몫을 약화시켰다. 새로 민영화된 기업의 경영진이 이윤극대화로 전환함에 따라 노동자의 해고가 증대했기 때문이다. 마찬가지로 기업 경영에 대한 금융자본의 영향력 증대로 기업의 구조조정이 상시화되고 노동자의 복지가 악화되었다. 물론, 기술진보도 노조의 약화에 한 몫을 했다. 대량생산을 위한 일관 작업(assembly line) 체계는 노조 조직화에 도움이 된 반면, 디지털 시대의 인지적 능력을 요구하는 일자리의 많은 경우는 노조 조직화를 어렵게 한다. 그 결과 80년대 이래 자본의 수익은 증가한 반면, 국민소득에서 임금 비중은 선진국 대부분에서 하락했다. 전 세계 노동자 소득의 비중은 1980년과 2010년 사이에 7%가 하락했다. 즉 임금은 세계 대부분의 지역에서 생산성 증가에 뒤쳐졌다. 예를 들어, 미국에서 1973~2007년간 생산성 증가율은 83%였던 반면, 남성을 기준으로 한 실질임금의 상승률은 5%에 불과했다. 노동소득의 억압은 국내 수요의 확장을 어렵게 함으로써 다시 시장 개방 확대의 명분으로 작용했다.

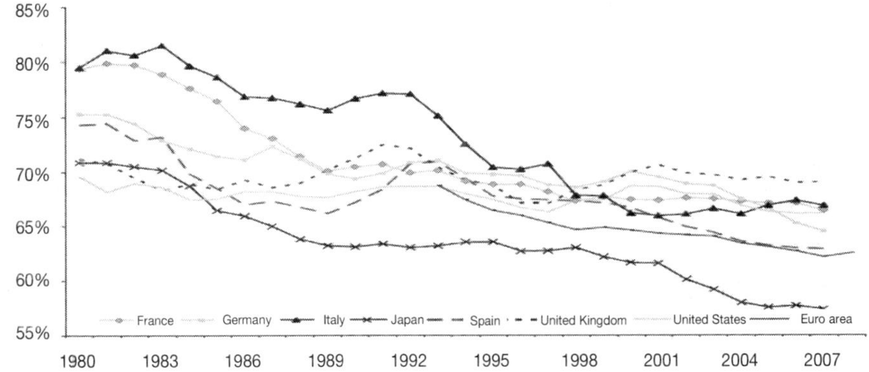

출처: OECD. F. Saraceno, 2010, The Euro after the crisis: lessons from the past and challenges for the future.

서구 주요국에서 노동소득의 비중

둘째, 저소득층에 대한 사회안전망이 약화되었다. 경제적 불평등을 좁히기 위해 만들었던 주 정부와 연방 정부의 사회보장프로그램이 (특히 공화당 정부에서) 축소되며 사회보장지출이 축소되었다. 예를 들어, 80년대 이후 미국의 일자리 지원 정책이 크게 후퇴했다. 즉 70년대까지 미국은 일자리 회복을 위한 정책의 선두 국가였다. 70년대 후반 민주당의 카터 행정부는 임금보조금이나 공공고용 프로그램 등을 도입했고, 최대 70만 명 이상에게 혜택이 돌아갔다. 그러나 이러한 정책을 '큰 정부'로 비난한 레이건 행정부(1981~88년)는 이들 정책을 폐기하고 기금을 대폭 삭감하고 훈련을 민간부문에게 이전했다. 그 결과 일자리 지원 지출은 금융위기 직전까지 1980년에 비해 인플레 조정 후 기준으로 60% 미만으로 축소되었고, GDP 대비 기준으로 다른 선진국에 비교해 훨씬 낮은 지출을 하고 있다. 일자리 지원 정책의 후퇴와 더불어 고용과 연계된 의료보험 및 최대 6개월에 불과한 실업급여 등으로 노동자는 적극적으로 일자리 확보를 시도할 수밖에 없게 되었다. 이것이 미국 노동시장의 특성으로 유연성이 자리를 잡게 된 배경이다. 그런데 90년대 초부터 나타나기 시작한 '고용 없는 성장' 현상 앞에 미국 고용시스템은 위기를 맞게 된다. 장기 실업 상태와 취약한 사회안전망은 노동자와 그 가족의 의료서비스 혜택을 포함해 삶의 기본조건을 위협했다. 즉 '고용 없는 성장'은 단순한 경제 문제가 아닌 사회 및 정치 문제가 되었다. 이밖에도 연방 정부의 대학 보조가 삭제되면서 경제적 기회의 사다리가 없어졌다. 노동자의 대학 진학을 지원하기 위해 1972년에 창설된 연방 정부의 저소득층 장학금 '펠 그란트(Pell Grants)'는 1975~76년에 4년제 대학 기준으로 최대 84%까지 지원되었으나 2000년대 초까지 39%로 축소시켰다. 또한, 부시 행정부는 수백만 명의 빈곤층, 노인층, 장애인 등을 위한 주택 바우처(voucher) 예산을 2005년 예산에서 프로그램 총예산의 5.5%에 해당하는 10억 달러나 축소했다.

셋째, 금융 주도의 글로벌화는 정부의 정책 입지, 특히 조세와 분배에 관련된 조치들을 축소시켰다. 예를 들어, 많은 정부들이 고소득자와 자본 이득에 대한 세금을 축소시킨 반면, 그 자리를 소비세로 메우는 역진적 조치들을 취했다. 특히, 부시 주니어 행정부에서 2001년과 2003년 감세를 통해 부유층에게 2001~10년간 8,241억 달러의 혜택을 주었다. 소득세 및 자본이득세율, 배당소득세율, 상속세 등을 인하하고, 최저한도세의 축소, 부부합산과세 경감, 세액공제의 확대 등이 추진되었다. 참고로 대부분의 감세는 공화당 정부에서 이루어졌지만, 월가와 유착되었던 클린턴의 민주당 행정부에서도 자본이득세의 감세가 이루어졌다. 그 결과 오늘날 미국은 1930년대 초 이후 정상적인 소득, 배당, 부동산, 증여 등에 대한 최고세율이 역사적으로 가장 낮은 시대이다. 미국 국세청(IRS)에 따르면 최상위 소득자 400명의 실효소득세율은 1995년 30%에서 2007년에는 17% 밑으로 하락했다. 반면, 최상위 1%(140만 명)의 실효소득세율은 29%에서 23%로 하락했다. 즉 초상류층 400명의 소득세율이 최상위 1%에서 이들을 제외한 나머지 139만 9,600명의 소득세율보다 낮다. 1980년대 이후 공화당 정부에서 국가부채가 크게 증가한 이유가 감세를 추진하면서 국방비는 크게 늘리는 모순적인 정책을 전개했기 때문이다. 레이건 집권 중에는 미소 냉전과 이란혁명 여파 등으로 국방비 지출이 급증했고, 이후 부시 시니어 집권 중에는 걸프전으로, 부시 주니어 집권 중에는 테러와의 전쟁(아프가니스탄 및 이라크 전쟁)으로 국방비가 급증했다. 원래 전쟁 중에는 전비를 충당하기 위해 한시적으로 세율을 인상했었다. 예를 들어, 베트남 전쟁 중인 1968년 '수입과 지출 통제법(Revenue and Expenditure Control Act of 1968)'에 따라 소득세율을 10% 인상하고 자동차세 인하는 연기했으며, 한국전쟁이나 2차 세계대전 중에도 한시적 세율인상 조치를 단행한 바가 있다. 그러나 부시 주니어 행정부의 경우 2개의 전선(아프가니스탄 및 이라크 전쟁)을 운영하는 가운데서도 대폭적인 감세를 실시한 결과 국가부채를 크게 증가시켰다. 뉴욕타임스(2011년 9월 11일)에 따르면 미국이 수행한 테러와의 전쟁비용은 지난 10년간 3조 3천억 달러나 됐다. 이 비용은 당시 기준으로 미국 국가부채의 5분의 1을 넘는 수준이다. 미국은 이라크·아프가니스탄 파키스탄 등에서 전쟁비용으로 2조 6천억 달러를 투입했다. 미국 정부는 직접적인 전쟁비용 외에도 국토안보부와 연방 정보기관들의 안보 관련 비용에 6천억 달러 규모 재정을 투입했다. 모두 3조 2,280억 달러에 달하는 직·간접적인 비용을 들였다. 베트남 전쟁의 4배가 넘는 수준이다. 한 추정에 의하면 이자비용을 포함할 경우 대테러 비용이 2020년에는 5조

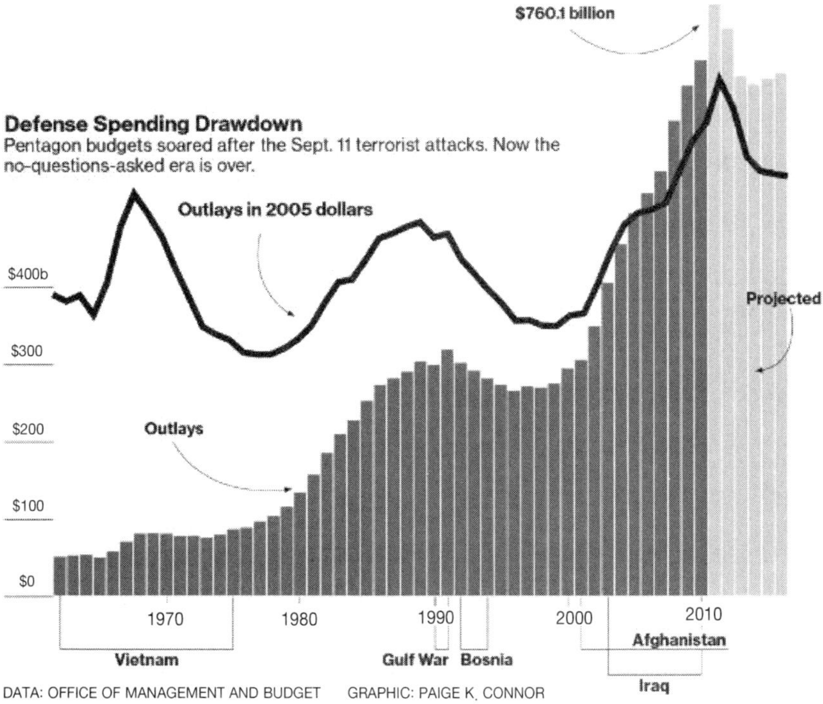

출처: Businessweek, Sep. 5～11, 2011, "The Mother of All Drawdowns," p.B6.

미국의 국방비 지출

달러에 육박할 것으로 전망했다. 막대한 전쟁비용을 지출한 결과 대규모 재정적자를 초래했다. 여기에 덧붙여 부유층에 대한 감세정책의 결과 세입 손실이 약 1조 2천억 달러에 달하면서 부시 행정부가 집권한 8년 동안 국가부채는 6조 4천억 달러나 늘었다. 더욱이 부시 주니어 행정부 집권 말기에 발생한 금융위기를 해결하기 위해 소요된 재정지출만 2조 달러나 된다. 오바마 행정부가 재정적자를 완화하기 위해 철군을 추진하는 주요 이유 중 하나이다.

마지막으로 통화정책에 있어서도 중앙은행은 25년간 이자율을 지속적으로 인하함으로써 은행의 이윤과 자산가격을 부양했고, 이 보조금의 덕택으로 금융부문의 소득이 비금융부문의 숙련노동자의 임금 상승을 앞질렀다. 무엇보다 주택금융 정책을 통해 월가의 비즈니스를 지속적으로 지원했다. 80년대 후반의 S&L 사태나 2007년 서

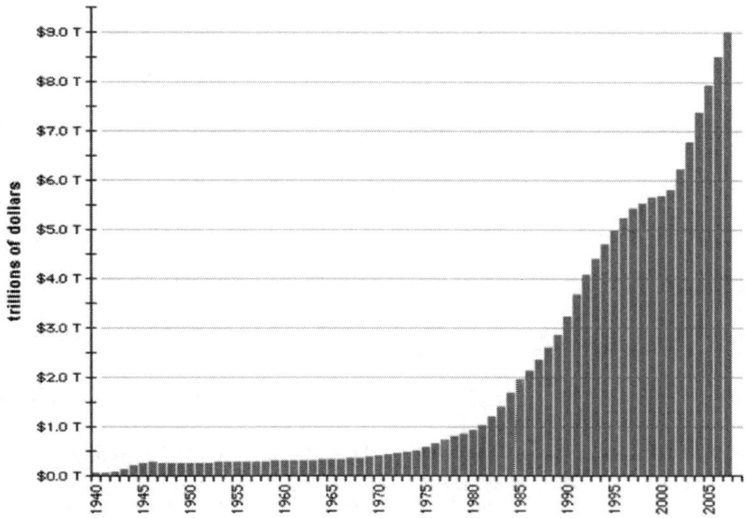

National Debt from 1940 to Present

Source: U.S. National Debt Clock
http://www.brillig.com/debt_clock/

미국 연방정부의 총부채의 추이(조 달러)

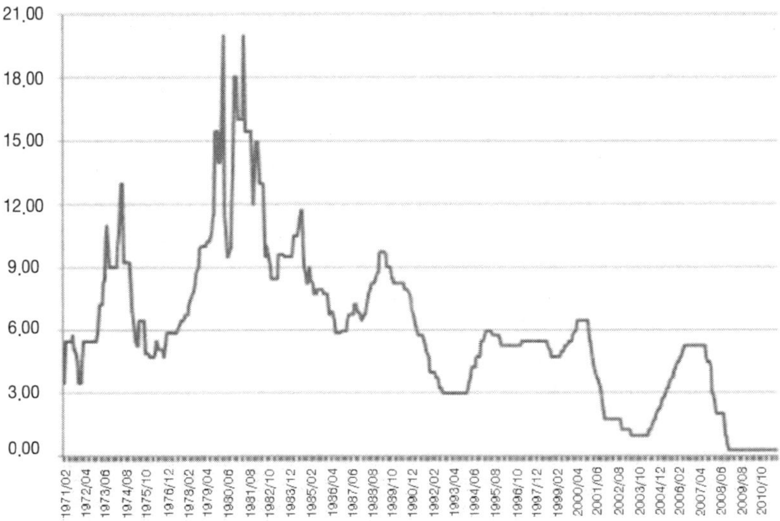

연준 금리의 추이, 1971~2011

브프라임 모기지 사태 등이 그것이다. 주택금융 정책의 기저에는 소득불평등이 수단으로 활용되었다. 더 좋은 주택 마련 및 삶의 수준 개선이라는 유혹을 매개로 '손쉬운 신용' 정책을 전개했다. 예를 들어, 채무자의 상환 능력은 부족하지만 못 갚을 때 빼앗을 자산(담보, 급여 압류)을 전제로 소득 수준 이상의 돈을 빌려주는, 이른바 '약탈적 대출'이 그것이다. 그리고 이는 앞에서 지적한 부채에 의한 성장과 신용버블을 초래했다. 즉 소득불평등이 과잉금융 및 금융화와 결합되어 금융위기를 만들어냈다. 즉 실질소득의 정체 속에서 과잉금융과 금융화 그리고 저금리 기조 등은 자산버블을 초래했고, 이는 은행시스템의 높은 레버리지, 즉 신용 확대를 야기했다. 앞에서 보았듯이, 노동소득 비중의 저하는 사회 전체의 소비성향을 하락시키고 투자에 부정적으로 영향을 미쳐 사회 전체적으로 과잉저축을 초래한다. 즉 저소득계층일수록 소비성향이 높기에 국민소득에서 노동소득 비중의 저하는 사회 전체적으로 소비는 감소시키고 투자를 감소시킨다. 반면, 중・저소득층 가계의 실질소득 정체는 차입을 증가시킨다. 소득 대비 가계부채 비율이 급증한 배경이다. 그런데 하위소득 가구의 차입 소비가 상위소득의 저축 증대에 따른 소비 감소를 충분히 상쇄시키지 못했다. 즉 **소비불평등의 증대가 소득불평등의 증대에 미치지 못했다.** 저축 증대와 차입에 의한 소비 증가

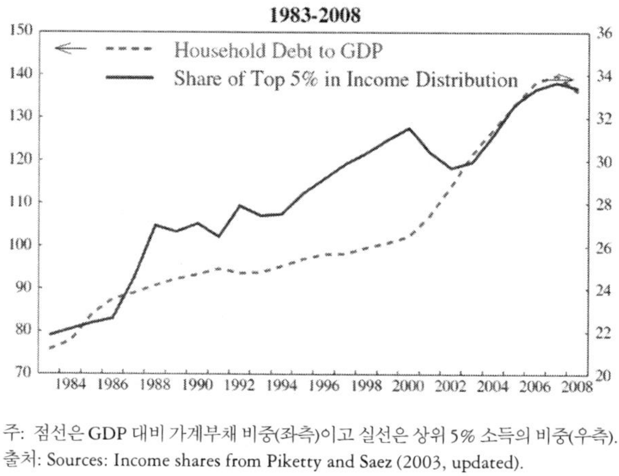

주: 점선은 GDP 대비 가계부채 비중(좌측)이고 실선은 상위 5% 소득의 비중(우측).
출처: Sources: Income shares from Piketty and Saez (2003, updated).
Debt-to-income ratios from Flows of Funds database, Federal Reserve Board.
Income excludes capital gains.

가계부채와 소득불평등의 공진화

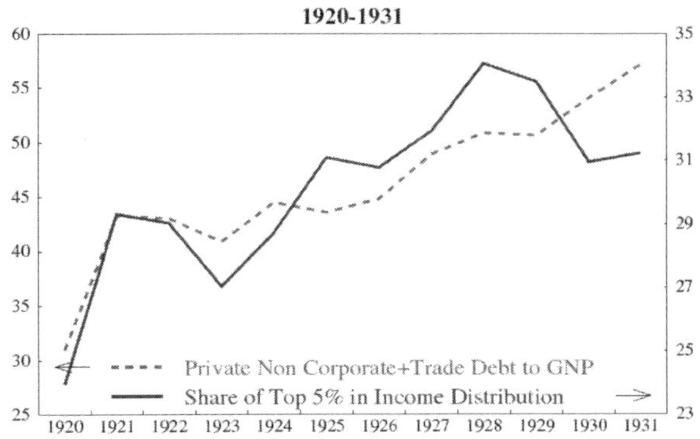

출처: Statistical Abstract of the United States, U.S. Department of Commerce.

대공황 이전 가계부채와 소득불평등의 공진화

는 금융서비스와 금융중개의 수요를 증대시키고, 과도한 금융자유화와 더불어 금융부문의 과잉 성장을 초래했다. GDP 대비 금융부문의 자산 및 부채의 규모나 가계의 '소득 대비 부채(DTI, Debt-to-Income)' 비율의 급증에서 확인된다.

그리고 지속 불가능한 저소득 가구의 차입 증가는 자산시장의 붕괴와 은행위기를 초래했다. 1980~2006년간 62개국을 대상으로 한 실증분석은 은행위기 이전에 소득불평등이 증가했음을 보여준다. 그리고 많은 외화표시 자산을 가졌던 국가에서 은행위기는 통화위기(외환위기)와 국가채무 불이행 위기(sovereign crisis)로 진화했다. **소득불평등이 은행위기로 발전하는 메커니즘은 대공황이나 대침체 등에서 항상 발견된 현상**이다. 즉 과잉금융이 소득불평등을 심화시키고 위기를 초래하는 것은 GDP에서 금융부문의 비중의 추이에서도 확인된다. 문제는 금융위기가 다시 불평등을 심화시킨다는 점이다. 즉 **금융위기와 소득불평등 심화 그리고 다시 금융위기의 악순환 고리가 형성된다.** 즉 금융위기는 경기를 침체시켜 대규모 실업을 만들어내며 소득불평등을 악화시키기 때문이다. **소득불평등의 악화는 사회계약과 미래를 근본부터 위협한다는 점에서 금융불안정과 소득불평등 사이에 위기의 악순환 고리를 끊어야 하고, 소득불평등을 극적으로 완화시킬 소득재분배 혹은 부채 탕감 같은 더 근본적인 처방이 필요하다.** 미국 사회가 사회계약조차 붕괴된 것은 신 불로소득추구형 경제 혹은 신 지대추구형 경제로 전락했기 때문이다. 지난 30년간 급증했던 금융부문의 비중이 다름 아닌 불로소득이 차지하는 비중을 의미한다. **따라서 미래를 새롭게 구축하는 일은 생산자계급을 채무 노예로부터 해방시키는 것으로부터 출발해야 한다.** 생산자계급이 채무 상환의 굴레에서 벗어나지 못하는 한 새로운 미래는 만들어질 수 없기 때문이다. 이러한 경험은 1세기 전에도 경험했다. 고도금융(high finance)의 폐해를 척결하고, 경제 권력과 경제적 이익을 불로소득자로부터 생산자계급에게 돌려주려는 시도가 19세기 말과 20세기 초 이른바 '진보시대(Progressive Era)'의 기본적 운동 목표였다.

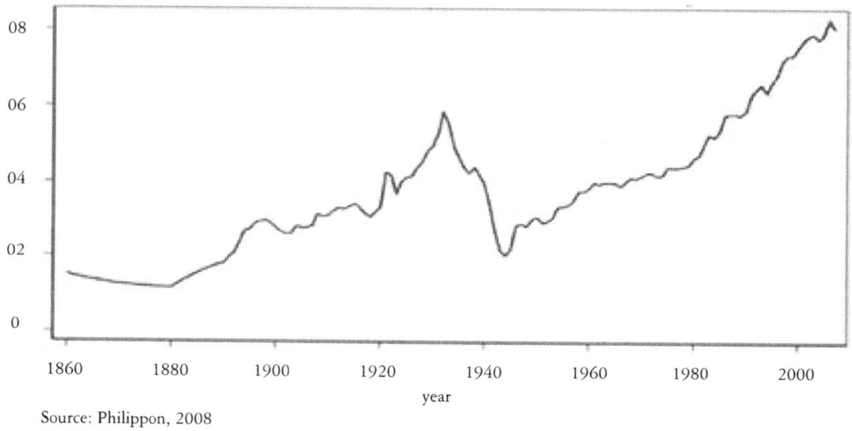

미국 금융부문의 비중(GDP 대비)

제10장

월가와 워싱턴의 유착 그리고 신자유주의 포퓰리즘

2007~09년의 글로벌 금융위기는 처음에 서브프라임 모기지 사태라고 불렸듯이 외형상으로는 주택가격의 하락 전환과 그에 따른 MBS, CDO, CDS 등의 가치 하락 그리고 이를 보유한 대형 금융회사의 부실화와 연쇄적 파산에서 비롯된 것이었다. 그렇지만 앞에서 보았듯이 근원적으로는 공업화가 완료된 70년대 이후 좋은 일자리와 새로운 가치 창출 역량의 약화에 따른 자본의 탈제조업화와 금융화에 그 뿌리가 있다. 또한 금융의 수익성 경쟁의 격화는 금융에 대한 탈규제뿐만 아니라 금융의 이해에 국가 정책 및 실물경제가 종속되는 결과를 초래시켰다. 그 결과 은행위기가 증대했고 소득불평등은 심화되었다.

소득불평등과 신자유주의 포퓰리즘 그리고 금융위기

금융화는 1990년대 들어 분기점을 맞게 된다. 사실, 미국은 금융위기를 20년 전에 치렀다. 이른바 '저축대부업(S&L) 사태'이다. 앞에서 지적했듯이 1980년 은행법 개정과 금융 자율화 조치의 결과 S&L의 예금보험 대상액은 4만 달러에서 10만 달러로 대폭 확대되었고, 예금금리 상한 규제도 철폐되었다. 금리 규제가 풀리고 정부가 지급보증을 해주는 예금보험 대상액이 큰 폭으로 늘어나자 조합들은 예금을 유치해 몸집을 불리기 위해 본격적인 고금리 수신 경쟁에 뛰어들기 시작했다. 높은 수신금리를 물어주려면 서민금융 대출만으로는 역부족이다. 결국 조합들은 정크본드나 부동산 대출 등 고위험 투자에 나섰다. 이른바 도덕적 해이와 방만한 경영이 뿌리를 내리기 시작한 것이다. 하지만 잠재된 리스크를 갖고 호황을 누리던 S&L은 1980년대 후반

부동산경기의 침체와 함께 추락했다. 부동산 가격이 폭락하자 수많은 S&L이 부실화되고 지급불능 사태가 이어졌다. 1989년 이미 곪을 대로 곪은 'S&L 사태'를 떠안고 출범한 당시 부시 시니어 행정부는 결국 출범 직후 금융 구조조정의 칼을 들었다. 1989년 '금융기관 개혁·구제 및 규제강화법(Financial Institutions Reform, Recovery and Enforcement Act, FIRREA)'과 1991년 '연방예금보험공사개선법(FDIC Improvement Act)' 제정을 토대로 S&L 정리에 들어간 부시 시니어 정부는 S&L을 정리하는 한시적 파산처리전문기구로 '정리신탁공사(RTC)'를 신설하고 금융감독기관인 연방예금보험공사(FDIC)를 통해 본격적인 구조조정 작업에 뛰어들었다. 정리비용과 금융시스템에 미치는 영향, 정책 일관성 등을 두루 감안해 부실한 S&L은 폐쇄시키고 악성 여신은 다른 금융기관에 떠넘기는 대신 정부가 사주는 방식을 택했다.

'S&L 사태'는 90년대 초의 경기 침체로 이어졌다. 1990년 4분기 실질 GDP가 0% 증가한 데 이어 91년에는 연속 마이너스(-) 성장률을 기록했다. 실업률은 5%대에서 벗어나 8% 근처까지 치솟았다. 문제는 91년 하반기부터 경기가 회복되기 시작했음

금융기관 개혁·구제 및 규제강화법 1980년대 말 S&L의 부도 급증에 따른 기금 부족 및 연방주택대부은행이사회(Federal Home Loan Bank Board, FHLBB)의 감독기능 약화 등으로 연방저축대부보험공사(Federal Savings and Loan Insurance Corporation, FSLIC)의 효과적인 기능 수행이 어렵게 되었다. 이에 따라 1989년 제정된 '금융기관 개혁·구제 및 규제강화법'에 의거, 기존의 연방저축대부보험공사(Federal Savings and Loan Insurance Corporation, FSLIC)가 해산되면서 저축기관 보험기금(Savings Association Insurance Fund, SAIF)이 설립되었는데, FHLBB의 감독하에 운용되었던 FSLIC와는 달리 연방예금보험공사(FDIC) 산하에 소속되어 있다.

연방예금보험공사개선법 정부가 부실화된 S&L을 구제하기 위해 공적자금을 투입하고, 1991년 FDIC는 적자 상태가 되어 재무부에서 금전대차를 하게 된다. FDIC 가입은행에 적용되는 보험료율은 기금의 수지 상황에 따라 신축적으로 결정되는데 1991년 말 제정된 '연방예금보험공사개선법'에 따라 1993년 1월부터는 가입금융기관의 경영 건전성 등에 따라 국내예금 100달러당 23~31센트 범위에서 보험료율을 차등 부과할 수 있게 되었다.

에도 불구하고 높은 실업률이 지속되는, 이른바 '고용 없는 성장'이 출현한 것이다. 미국의 고용시스템이 도전을 맞게 된 것이다. 당시까지 미국은 유럽의 높은 실업률을 '유럽병'이라 비난하며 미국 노동시장의 유연성을 자랑했다. 즉 유럽 노동시장에 비교해 유연성과 효율성은 미국 노동시장의 특성으로 자리매김하고 있었다. 그러나 이는 저숙련 노동력 희생의 대가였다. 글로벌화와 기술발전에 따른 생산성 증대는 저숙련 노동력의 고용 축소와 임금 정체로 연결되었다. 그런데 '고용 없는 성장' 현상 앞에 미국 고용시스템은 위기를 맞게 된 것이다. 장기 실업과 취약한 사회안전망은 노동자와 그 가족의 기본적인 삶을 위협했다. 즉 '고용 없는 성장'은 경제 문제가 아니라 사회 및 정치 문제가 된 것이다.

이에 대해 미국 정치권이 선택한 핵심 해법은 무주택자 및 저소득자에 대한 주택신용의 지원이었다. 월가와 시민 그리고 정치권 모두가 환영했다. 월가는 새로운 수익원에 환호했고, 시민은 주택가격의 상승과 주택 소유 가능성으로 지지했고, 월가 및 시민의 지지와 더불어 주택경기의 활성화 및 주택자산 가치의 증가에 기초한 경기 부

고용 없는 성장 일반적으로 '고용 없는 성장'은 좁은 의미로는 경기 순환상의 경기회복 국면에 8분기(24개월) 혹은 그 이상의 기간 동안 지속되는 '일자리 없는 경기회복(jobless recovery)' 현상을 지칭한다. 그러나 넓은 의미로는 경제의 성장 속도에 비해 상대적으로 지체되고 있는 지체된 일자리 성장(sluggish job growth) 현상, 그리고 이 두 현상의 상호작용으로 인해 확대 강화되고 있는 고용 불안정성(job insecurity) 현상을 포괄한다. '고용 없는 성장'은 1990년대 이후 미국 경기순환에서 나타나고 있는 '일자리 없는 경기회복' 현상에서 기원한다. 즉 1991년 3월 저점 이후 경기회복기 18개월 동안 저점 대비 고용 성장률이 (-)값을 보였고, 24개월이 지난 1993년 3월에도 저점 대비 0.8% 성장에 그치고 있어 예전 평균 대비 10분의 1 수준에 머물렀다. 2001년 11월 저점을 지난 경기회복기에 접어든 경기순환의 경우 30개월이 지나서야 '일자리 없는 경기회복' 현상이 해소될 정도로 그 정도가 심해졌다. 경기회복기에 들어간 후 30개월 이상 고용이 저점 대비로 계속해서 (-)를 보인 것은 전례 없는 일이었다. 또한, 1991년 이후 동일한 현상이 반복되었기 때문에 이 문제는 또한 일회적인 경기순환상의 특수현상으로 간주하기도 어렵게 되었다. 글로벌 금융위기 이후 '고용 없는 성장'은 2007년 6월 4.4%를 기록한 이래 현재까지 5년 넘게 지속되고 있다.

양과 고용 증대 기대로 정치권 역시 여야 모두 찬성했다. 1992년 '연방주택기업안전 및 건전성법(the Federal Housing Enterprise Safety and Soundness Act of 1992)'을 제정하여 저소득층 및 소수자 집단을 위한 서민주택건설 목표를 할당했다. 경기침체로 정권 교체에 성공한 클린턴 행정부에서 주택경기 부양은 더욱 강화되었다. 무엇보다 의회의 협력 속에 주택금융 증대를 추진했다. 예를 들어, 클린턴 행정부의 '국민주택 보유 증대 전략(National Home Ownership Strategy)' 보고서(1995년)의 서문은 "주택보유율이 늘어나게 되면 미국 가정과 공동체의 힘이 증대될 것이고, 미국 경제의 힘도 강화될 것이며, 미국의 중산층도 따라서 증가할 것이다. [중략] 따라서 주택 보유의 걸림돌이 되는 모든 금융 장벽을 제거해야만 할 것이다"라고 주택 소유 확대의 추진을 밝혔다. 클린턴 정부의 주택정책은 미국민의 주택소유 욕구를 자극했다. 1996년 패니매의 조사에 따르면 미국민의 90%가 임대보다 주택소유 선호를 드러냈다. 금융위기 이후 CNBC의 조사에서 주택소유 욕구가 65%로 감소한 것과 대조를 이룬다.

첫째, 미국 주택도시개발부(HUD, Department of Housing and Urban Development)는 정부보증기업들이 개발할 중·저소득층을 위한 주택 목표를 세울 것을 요청받았고 목표의 진전 상황을 모니터하게 했다. 90년대 중반에 HUD는 생애 첫 구매자에게 이전에는 가능하지 않았던 대출을 받을 수 있도록 모기지 제한을 완화했다. 1995년에 프레디맥과 패니매는 저소득 차입자에 대한 대출이 포함된 MBS 구입을 위해 중·저소득층을 위한 주택 신용을 획득하기 시작했다. 1996년에 HUD는 지역의 중간소득 미만 소득자의 차입자에게 프레디맥과 패니매의 모기지 파이낸싱 중 42% 이상을, 2000년에는 50%까지 그리고 2005년에는 52%를 제공하도록 지시했다. 게다가 두 기관 자산 구성의 12%를 지역 중간소득자의 60% 미만 소득자에게 특별 대출하도록 지시했다. 둘째, 소수 계층이 밀집된 저소득계층 주민을 위한 대출을 늘릴 것을 은행에 요구하는 내용을 담고 있는 1977년의 '지역재투자법(CRA, Community Reinvestment Act)'에 클린턴 행정부는 목표치를 부과하고, 이 법을 위반하는 은행에 대해 벌금 부과를 지시했다. 이러한 변화를 주도한 것은 금융부문의 로비였다. 해외 투자가들이 모기지담보증권들을 미국채와 사실상 같은 증권으로 취급한 것도 이러한 정부의 정책으로 가능한 것이었다. 미국 금융기관들이 발행한 증권의 40~50%가 외국인에 의해 매수되었다.

금융계는 주택 붐의 시기가 도래하자 저소득층 대상의 고금리대출(상품)을 수익성 사업으로 인식했다. 저소득층 대출 비중은 1995년에 42%에서 2000년에 50%까지 상승했다. 또한, 클린턴 행정부의 서브프라임모기지 시장 지원이 발표되자 모기지 대출업체가 경쟁적으로 설립되었다. 2007년 4월 파산 신청을 하여 이른바 '서브프라임 모기지 사태'의 출발점이 된 뉴 센트리 파이낸셜(New Century Financial) 역시 1995년 벤처자본 300만 달러로 설립되어 1997년에 상장된 후 영업의 상당 부분을 브로커에게 외주하는 경영방식으로 고속성장을 한 서브프라임 모기지 대부업체로, 2006년 모기지 대출 규모가 600억 달러를 기록함으로써 미국 제2위의 서브프라임 모기지 대출업체로 등극했다. 이처럼 중·저소득층에 대한 '약탈적' 대출 사업은 부시 주니어 행

브로커와 모기지 비즈니스 그리고 미국 금융시스템 모기지 브로커는 모기지 대출 금융회사의 외주 판매업자의 역할을 수행했다. 따라서 모기지 대출을 발행하고 자본시장에서 대출자금을 조달했던 모기지은행이나 비예금금융회사에게 브로커는 중요했다. 1988년 브로커는 모기지은행 대출의 약 10%를 개입했으나 1991년까지 약 35%로 증가했는데 이는 부분적으로 저축대부조합들의 급여 삭감에서 비롯된 것이었다. 즉 저축대부조합에서 나간 영업직원들이 독립계약자로 전환하여 브로커 기능을 수행한 것이다. 1999년까지 브로커 중개 대출 비중은 60% 이상을 차지했다. 브로커는 대리인 문제라는 태생적 문제를 갖고 있었다. 즉 모기지 대출 계약을 성사시킨 브로커에 대한 보상은 커미션이었기에 브로커는 담보의 질과 상환 가능성에 무관심했다. 이론적으로 자신의 이익극대화를 추구한 브로커는 대출자가 아니기 때문이다. 이른바 '대리인 문제(an agency problem)'인 것이다. 여기에 미국의 주요 금융혁신으로 평가받은 모기지 증권화 및 재증권화는 '대리인 문제'를 악화시켰다. 은퇴자를 포함해 일반 투자자가 펀드를 통해 투자한 증권의 질에 대해서는 재증권화 메커니즘으로 모기지를 대출한 은행과 금융회사 그리고 심지어 증권화시킨 투자은행 등도 관심을 가질 필요가 없었다. 그러나 유일하게 증권의 질에 관심을 가질 수밖에 없었던, 사실상의 최종 대출자인 일반 투자자는 자신의 돈이 어디에 투자되었는지 이해할 수 없었다.

정부에서 진행되었다는 일부의 주장과 달리 클린턴 정부에서부터 시작되었다.

저소득층에 대한 주택신용 지원 정책은 부시 주니어 행정부에서 더욱 강화되었을 뿐이다. 이른바 부시의 '소유자사회(Ownership Society)'론이다. 예를 들어, 2002년 부시는 "미국 국민의 주택 보유가 더 증대하면, 미국의 활기도 더 증대될 것이고, 더 많은 국민이 우리나라 미래의 중요한 부분을 함께 공유할 수 있게 될 것입니다. [중략] 국민 누군가 내 집을 마련한다면 그들의 아메리칸 드림은 현실이 되는 것이라고 나는 믿고 있습니다." 또한, 2004년 10월 재선을 향한 선거운동에서 "미국의 가족이 내 집 마련의 꿈을 이룰 때마다 미국은 더 강한 나라가 됩니다"라며 '소유자사회'를 계속해서 추진할 것을 밝힌다. 실제로 2004년에 프레디맥과 패니매 자산의 56%까지 저소득층에 대한 대출을 의무화시켰다. 그런데 버블이 성장하면서 패니매(Fannie Mae)와 프레디맥(Freddie Mac)이 보증한 서브프라임 모기지의 비중은 2003년 44%에서 2005년 22%, 2006년에는 16%로 하락했다. 이는 양 기관의 대출 감소가 아니라 고수익성과 정부의 암묵적 구제금융에 대한 기대(일명 '그린스펀 풋')로 민간대출 기업의 대출이 급증한 결과였다. 2006년에 5천 5백만 모기지 중 2천 5백만이 서브프라임 모기지였다. 그 결과 미국의 자가 소유 비율은 1995년 64%에서 2004년에 69%까지 상승한다. 여기에 부시 주니어 행정부가 출범한 2001년 초 6.5%였던 정책금리를 2003년 6월 말까지 1.0%로 인하시킨 결과 유동성은 과잉 공급되고, 그 결과 30년 모기지 고정 금리가 2001년 7%에서 2003년 4.6%까지 하락했다. 이에 편승한 모기지 대부업체들 간의 과당 경쟁 등이 미국 주택담보대출 시장에서 서브프라임 등급이 차지하는 비중을 2002년 말 3.4%에서 2006년 말 13.7%까지 급증시켰다. 주택신용 지원 정책으로 주택가격의 상승률은 1995년부터 높아지기 시작했고, 특히 주택시장의 붐이 시작된 1998년부터 99년까지는 7~8%로 상승했다. 서브프라임 모기지가 증가하기 시작했던 2000년대에는 상승률이 더욱 빨라졌다. 2000~03년에는 9~11%, 2004~05년에는 15~17%로 주택가격의 연 상승률이 두 자리 대를 기록할 정도로 급등했다. 2011년 대통령 보고서에 따르면 2000~05년 사이에 미국의 주택가치(토지+건물)는 14조에서 24조 달러로 증가했다. 그러나 2002년까지 주

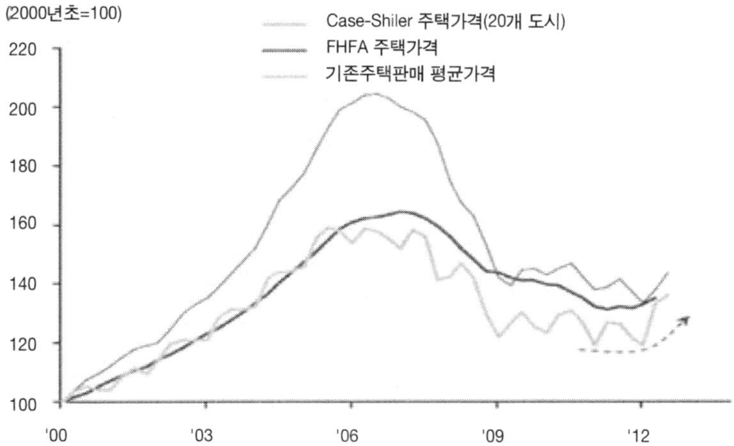

자료: Federal Housing Finance Agency(FHFA), Datastream

미국 전체 주택가격 변화율, 2000~2012

택가격 상승은 소득 증가에 따라 진행된 반면, 2002년부터는 대부분의 대도시에서 소득 증가를 크게 앞질렀다. 그 결과 미국 가계의 순자산도 빠르게 증가했다. 2002년 51조 달러에서 2006년에는 70.7조 달러로 급증했고 금융위기 이후 2008년에 53.1조 달러로 급감했다. 2009년부터 회복되기 시작했으나 2011년까지 2004년 수준을 회복하지 못하고 있다. 주택가격 역시 2012년부터 회복을 보이고 있으나 여전히 2003~04년 수준이고, 2007년 수준의 70%를 넘어섰을 뿐이다.

주택시장의 과열을 우려한 연준(Fed)이 2004년 7월부터 2년간 정책금리를 17차례에 걸쳐 1.0%에서 5.25%로 대폭 올렸다. 그럼에도 불구하고 앞에서 지적했듯이 시장금리는 상승하지 않았다. 해외에서 유입된 자금이 국채 및 모기지담보증권(MBS) 등 장기금융상품에 유입됨으로써 정책금리의 인상에도 불구하고 장기금리가 2005년 말까지 안정적으로 유지되었던 것이다. 2006년부터 시장금리는 상승하기 시작했고 이자 부담이 커진 저소득층의 경우 원리금을 제때 갚지 못하게 되며 연체율이 급상승하고, 그 결과 급등하던 집값이 하락세로 돌아섰다. 또한 MBS와 CDO의 가치는 급락하고 이들에 투자한 금융회사들이 파산하게 된다. 이처럼 2003년 하반기부터 미국

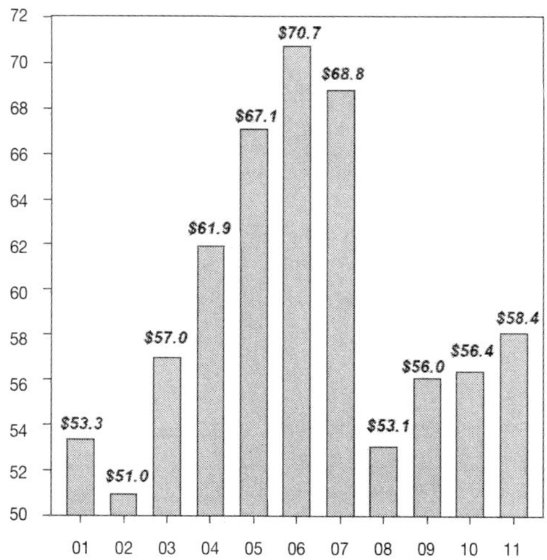

출처: R. Pollin, June 2012, The Great U.S. Liquidity Trap of 2009~11: Are we stuck pushing on strings?

미국 가계의 순자산 추이
(조 달러, 물가상승률 조정된 2011년 달러 기준)

인에게 경제성장과 생계수준의 향상에 대한 잘못된 기대를 제공한, 이른바 '**환상에 불과했던 번영**'**은 사회안전망의 약화 속에 미국식 고용시스템이 파산하면서 생존 위기에 직면한 저소득층에게 빚을 내어 주택 구입을 부추기고 집값을 상승시킨** '**신자유주의 포퓰리즘**'**의 산물이었다.** 이는 부채의 급증이 저소득계층 가구에 집중되었고, 저소득층의 주택가격이 더 상승했기에 하락할 때에도 더 크게 하락하여 주택가격 폭락의 충격이 저소득층에게 더 크게 작용했던 데서도 확인된다.

제11장

고용 시스템의 약화와 모기지 시스템의 붕괴

장기고용 시스템과 미국 모기지 시스템

미국의 금융위기 중심에는 정부가 보증한 모기지업체인 패니매와 프레디맥 등이 존재한다. 공공업무 수행을 위해 연방정부의 암묵적 보증과 보조금 속에 모기지 사업을 한 이들 기업이 모기지 위험에 노출된 규모는 5조 달러에 달했다. 그리고 이들을 구제하기 위해서 금융위기 발발 이후 2010년 3분기까지 1,510억 달러가 투입되었다. 이들이 금융위기의 중심에 있게 된 이유를 이해하기 위해서는 미국 모기지 시스템을 살펴볼 필요가 있다. 미국의 모기지 제도는 1930년대 대공황을 계기로 크게 변화하는 계기를 맞는다. 당시 일반적인 모기지는 최대 5년간 이자만 지불하고 5년 이후 원금을 일시 상환하는 거치식 단기 제공 자금의 성격을 가졌고, 대부분 변동금리였다. 그리고 집값의 50% 미만 범위에서 대출되었다. 즉 현재 한국의 주택담보대출 구조와 유사했다. 그런데 은행의 차압 비율이 10% 수준에 이르자 집값 하락을 막기 위해 정부는 주택보유자대출공사(Home Owner's Loan Corporation, HOLC)와 연방주택청(Federal Housing Administration, FHA), 연방주택대출은행(Federal Home Loan Bank, FHLB) 등을 설립하여 주택시장에 개입했다. HOLC의 역할은 일반은행과 저축은행으로부터 부도 난 모기지를 매입해 20년 만기의 고정모기지 상환방식으로 전환해 재공급했다. FHLB는 주택 분야의 금융을 지원할 목적으로 연방주택은행법에 의해 설립된 미정부산하 금융기관으로 12개 지방은행과 그들의 가맹은행으로 구성되어 있고, 채권을 발행해 가맹저축 금융기관에 대한 주택용 모기지 대출자금을 지원하는 역할을 했다. 장기 모기지 상환 방식으로의 전환이 가능했던 것은 중화학공업에 기초한 미국 산업구조 그리고 그 연장선에 있는 장기 고용시스템과 관련을 맺고 있다. 즉 현재와 같은 일자리의 단기화 추세 속에서는 선택하기 어려운 방식이다. **한국 가계부채의 연착륙 유도를 위한 방책 중 하나로 변동금리대출을 고정금리대출과 분할상환 방식으로 유도하겠다고 하고 있다. 그러나 장기 고용시스템이 붕괴되고, 심각한 청년 실업에서 보듯이 좋은 일자리 창출 역량이 크게 약화된 한국 사회에서 대공황 이후 도입한 미국 모기지시스템을 도입하는 것은 근본 처방이 될 수 없다.** 고용 창출 역량이 쇠퇴한 **미국 사회가 '새로운 모기지 시스템'에 대해 고민하는 배경**이다(Businessweek, 2011년 11월 10일). 물론, 미국 모기지 시스템의 문제는 증권화에 기반한 그림자금융시스템의 파산과도 관련이 있다.

한편, 대공황 당시 미국 정부는 주택보유자의 부담을 완화시킨 후 철수 계획이었다. 그러나 민간대출업자가 장기대출상품의 제공을 기피하자 FHA로 하여금 민간대출업체의 모기지를 보증하는 역할을 맡겼다. 그러나 정부의 위험 감수를 제한하기 위해 보증보험비용을 대출자 부담으로 전환하고 최대 대출한도도 집값의 80% 이내로 제한했다. 그 결과 민간 금융회사는 단기변동식 금리로 예금을 받아 장기고정식 대출에 따른 리스크, 즉 금리 리스크(비용)만 부담하면 되었다. 1936년 HOLC를 폐쇄하고 대안으로 연방저당금융공사(Federal National Mortgage Association, FNMA)를 설립했고, 1938년에 패니매(Fannie Mae)로 개명한다. 패니매는 FHA가 보증 선 모기지를 매입한 후 장기 채권으로 전환해 보험회사나 연금펀드에 판매했다. 이처럼 채권과 증권을 발행해 국민에게 필요한 모기지 자금을 조달하는 역할을 수행했다. 패니매는 1968년 상장, 민영화의 길을 가게 된다. 그런데 민영화의 배경은 린든 존슨(Lyndon Johnson) 대통령이 베트남전 수행에 따른 전쟁비용 증가로 패니매가 소유한 부채가 국가부채로 포함되는 부담을 축소하기 위한 것이었다. 오늘날 미국 국가부채에서 '그림자부채(shadow debt)'의 문제로 지적되는 이유 중 하나이다. 그런데 60년대 말 단기금리가 폭등하며 일반은행과 저축은행에서 자금이 이탈하고 대출자금의 고갈이 발생하자 정부가 직접 자금을 조달해 시장에 공급했다. 즉 1968년에 패니매를 분할하여 정부저당금고(Government National Mortgage Association, GNMA),

일명 지니매(Ginni Mae)를 설립하여 모기지 대출의 보증, 포장(packaging), 증권화 업무를 맡겼다.

전통적으로 서민에 대한 주택자금 공급은 S&L이 수행했다. 즉 S&L은 서민들의 예금을 받아 10~20년 만기의 주택담보대출을 주 업으로 하는 서민금융기관이었다. 따라서 S&L의 사업 지원이 필요했고, 이를 위해 1970년 연방주택대출저당공사(Federal Home Loan Mortgage Corporation, 1989년 민영화), 이른바 프레디맥을 출범시켜 저축은행이 발행한 모기지 대출의 증권화를 지원한다. 즉 S&L 사태 이후 저축은행의 공백을 메우기 위해 원래 보증 책임만 다루었던 패니매와 프레디맥에 모기지 관련 사업을 전가하며 이들 기관의 모기지 사업 비중이 크게 증가한 것이다. 기존에는 자산 중 일정 범위 내에서 채권 판매를 통해 모기지 구매 자금을 확보했으나 모기지의 증권화로 대출의 판매가 가능해진 것이다. MBS는 1983년 6월 프레디맥이 처음 발행했다. 그 결과 2000년까지 전체 MBS의 78%를 발행했다. 그러나 다른 기관의 MBS 발행 증대로 2006년에는 이들 업체가 발행한 비중이 44%로 감소했다. 게다가 패니매나 프레디맥은 자기 채권이나 MBS 발행에서 그치지 않고 자기자산의 증대를 위해 리먼 브러더스, 베어스턴스, 컨트리와이드, 워싱턴 뮤추얼, 메릴린치 등 타 금융회사가 발행하는 MBS도 구매했다. 2008년까지 모기지 자산의 규모가 5.4조 달러에 달할 정도였다. 이처럼 정부보증기업들(GSEs)은 은행의 자금 조달과 대출 수행 방식을 극적으로 변화시켰다는 점에서 그림자금융시스템의 싹을 뿌린 것이다. 연방주택대출은행은 첫 번째 대출 제공자였고, 패니매와 프레디맥은 증권화 방식의 신용 중개, 즉 OTD 모델의 발상지였다. 즉 연방주택대출은행은 오늘날 기간물 모기지 융자 패키징(the term warehousing loan)의 첫 번째 제공자였다. 모기지 융자 패키징이란 모기지 금융기관이 2차 모기지 시장에서 판매하기 위해 여러 개의 모기기 융자를 묶는 것을 말한다. 패니매와 프레디맥 등 정부보증기업들은 예금으로 자금을 조달한 은행들과 달리 자본시장을 통해 자금을 조달했고, 기본적으로 준정부 특수목적법인들(SIVs)로서 운영된 것이다. 정부보증기업들은 은행들처럼 면허를 받지도 못하고, 최종대부자에 대한 접근도 하지 못했으나, 부채는 연방정부에 의해 명백한 보증을 받았다.

패니매와 프레디맥은 수익금을 챙기는 민간주주가 존재한다는 점에서 명목상으로는 사기업이다. 그런데 국영기업체도 아니면서 소득세 면제, 이사회에 정부 임명 이사의 포함, 재무부로부터의 대출한도 혜택 등 정부로부터 각종 혜택을 받는 대신 반대급부로 정부가 요구하는 각종 의무를 수행한다는 점에서 내용상 국영기업의 성격을 갖고 있다. 즉 민영화된 뒤에도 주택담보 시장을 활성화하는 국책사업을 한다는 이유로 두 업체는 정부의 암묵적인 보장을 받았다. 이른바 '정부보증기업들(GSEs)'이었다. 예를 들어, 1992년 미국 의회는 '연방주택기업안전 및 건전성법(Federal Enterprise Safety and Soundness Act)'을 통과시켜 패니매 및 프레디맥과 관련된 규제 사항을 개정하고, 저소득 계층과 사회 소수 계층의 내 집 마련 활성화를 목적으로 주택도시개발부(HUD)에 서민용 주택개발의 구체적 목표 설정과 패니매 및 프레디맥에 목표의 전달과 감시를 요구했다. 즉 각종 주택 저당 채권에 대한 보증 업무를 수행함으로써 주택금융 시장의 유동화를 촉진하고 궁극적으로 주택가격 안정을 유도할 목적으로 미국 주택도시개발부(Department of Housing and Urban Development, HUD) 산하의 정부기관으로 1968년 설립된 정부주택저당공사인 지니매가 발행한 채권이 미국 정부가 100% 보증한 채권이라면 패니매와 프레디맥 등 의회에 의해서 설립되었지만, 사적 소유기관인 정부보증기업이 발행한 채권은 정부에 의해서 원리금 지급이 형식상 100% 보증되지는 않는다. 그러나 사실상 암묵적으로 보증되는 채권이다.

미국판 정실자본주의

주택 붐이 일자 패니매와 프레디맥은 저소득층을 대상으로 한 고금리 대출상품으로 높은 수익성 확보가 가능하다는 인식하에 사업에 적극 진출했다. <고위험-고수익> 모기지의 구매와 보증을 강화하기 위해 이들 기업들은 수십 년간 정치력을 사용했다. 금융위기조사위원회 보고서(Financial Crisis Inquiry Commission Report, 2011)에 따르면 1999~2008년간 로비에 지출한 비용이 1억 6,400만 달러에 달했다. 그 결과 1995년 패니매와 프레디맥의 전체 자본에서 저소득계층 대출이 42%,

2000년에는 50%까지 상승했다. 특히 부시 주니어 행정부는 주택구입자들에게 지속적인 신용공급을 위해 패니매와 프레디맥 그리고 지니매 등에게 일정한 자금 범위에서, 최소로 요구되는 신용 수준을 충족하는 한 모기지를 구입할 수 있게 해주었다. 즉 이들은 모기지를 담보로 한 MBS를 만들어 암묵적인 정부 보증하에 시장에 팔아 모기지 자금을 조달했던 것이다. 1997~2007년간 패니매와 프레디맥 그리고 연방주택청(FHA)이 제공한 모기지 대출은 전체 모기지 대출시장의 평균 54%를 차지했고 2007년만 보면 70%를 차지했다. 특히 패니매와 프레디맥은 정부가 요구하는 할당량을 만족시키기 위해 엄청난 양의 서브프라임 MBS를 구입했고, 연방주택청(FHA) 같은 정부기관도 모기지 증권 구입에 뛰어들면서 서브프라임 쪽의 수요를 폭증시켰다. 정부가 패니매와 프레디맥의 경영권을 회수했을 때 장부상 서브프라임과 Alt-A 론은 무려 1,000만 개에 달했다. 1977년에 입법된 지역재투자법(CRA)에 의거해 지역사회로부터 예금을 수취함으로써 안전성과 건전성을 확보할 수 있는 상업은행과 S&L에게 지역사회에 대출과 투자와 서비스 제공을 요구했고, 그 결과 은행들이 구입한 서브프라임과 Alt-A 모기지 대출(Alternative-A mortgage loan)도 270만 개에 달했다. 즉 정부가 밀어붙여 제공한 서브프라임 모기지 대출이 전체 정크모기지의 무려 2/3를 차지했고, 이런 정크 모기지의 부도율은 우량대출인 프라임 모기지보다 9~15배까지 높았다. 참고로 미국 모기지론 시장은 차입자의 신용도에 따라 프라임(prime) 모기지, Alt-A 모기지, 서브프라임 모기지로 나뉜다. Alt-A 모기지는 신용점수가 서브프라임 등급보다는 넘지만 소득증명이 불완전하거나 두 번째 주택을 구입하는 경우에 해당된다

이처럼 패니매와 프레디맥이 정부 사업에 적극 참여한 대신 이들은 재무부 차입비용을 약간 웃도는 수준의 저금리 자금의 조달이 가능했다. 즉 연방주택감독청(OFHEO)이 두 기업의 재무안전성과 건전성을 보증하는 방식으로 정부 보증을 받는 이들 업체가 발행하는 채권은 신용 등급에서 미국 국채와 맞먹는 안정성을 누리면서 높은 수익률을 보장받고 자금시장을 싹쓸이했다. 즉 1차 모기지 금융기관이 발행한 모기지 채권을 매입하고, 은행들은 이 자금으로 추가 모기지 대출을 제공했다. 또한, 이들은 매

입한 모기지 대출을 패키지로 묶어 MBS로 발행해 부도난 모기지 보증에 필요한 자금을 확보했다. 이를 월가의 금융기관들이 매입(투자)했다. 이처럼 두 기업은 자신이 발행한 모기지 채권에 대해 정부 보증을 받은 반면, 기업 주식의 가격은 시장에서 결정되는 복합 성격의 기업이다. 즉 정부의 암묵적 보증으로 사업의 안전성과 높은 수익성 확보가 가능한 것이었다.

이러한 정부보증기업의 모호성이 금융위기가 발생하면서 미국 정부에 치명적 결과를 초래한 것이다. 금융위기에 따라 2008년 전반에만 패니매와 프레디맥의 경우 55억 달러의 손실을 보자 2008년 9월 국유화를 결정하고 미국 정부는 부실화된 미국의 양대 국책 모기지 보증업체로 불리는 패니매와 프레디맥의 문제를 해결하기 위해 약 1,400억 달러에 달하는 공적 자금을 투입했다. 이처럼 미국에서도 유례를 찾기 힘든 '역사적 규모'의 공적자금 투입에 대해 언론과 많은 사람들이 '이익은 주주와 경영진에게, (예상) 손실은 납세자에게'라는 이른바 '정실자본주의'의 전형적인 사례라고 비난했다. 즉 미국 정부가 비록 경영진 전원 교체와 함께 사실상 주식을 휴지조각으로 만드는 조치를 포함시켰지만, 채권자들에게는 비용을 부담시키지 않음으로써 채권자들이 앞으로 보다 책임 있게 행동할 것을 기대하기 힘들어졌다는 이유로 납세자들에게 엄청난 부담을 강요하는 공적 자금 투입 결정을 비난했다. 정실자본주의는 한국 외환위기 때 미국이 한국 경제의 문제를 비판하며 사용한 용어이기도 하다.

한편, 정부보증기업들의 주요 채권자는 기관투자가와 중국 인민은행 같은 외국투자가 등이었다. 즉 정부보증기업들이 발행한 채권은 한국 기준으로는 공사채 정도의 신용을 가진 채권으로 국채보다는 금리가 조금 더 높으면서도 웬만하면 망할 가능성이 거의 없다는 점에서 주로 중국, 일본 등이 외환보유고의 투자처로 많이 활용했다. 이와 관련된 에피소드 하나를 소개한다. 2011년 2월 17일 로이터통신이 위키리크스로부터 입수해 공개한 베이징 및 홍콩의 미 대사관의 외교전문에 따르면 중국이 글로벌 금융위기 폭발 이후 미국의 최대 채권국이라는 점을 적극 활용, 자국의 이익을 지키기 위해 미국 금융당국에 적지 않은 압력을 행사한 것으로 확인되었다. 전문에 따르면 2008년 9월 미 정부가 재정난에 빠진 국책 모기지기관인 패니매와 프레디맥을 사실상 국유화했을 때 중국 외환 당국은 몹시 불안해했으며 패니매와 프레디맥 채권을 집중적으로 투매했다. 참고로 당시 중국의 언론들은 800억 달러의 손실을 입었다며 중국투자공사(CIC)에 대해 대대적인 비난을 퍼붓고 있었으며 '패니매'와 '프레디맥'이라는 단어가 신문의 헤드라인을 장식하고 있었다. 이 때문에 미국은 데이비드 맥코믹(David McCormick) 당시 재무차관을 베이징으로 급파해 상황을 진정시켜야 했다. 위키리크스의 폭로에 따르면 맥코믹 차관은 중국 관리들을 만나 정부가 명시적으로 양대 모기지에 대해 보증을 하지 않지만 지급 불이행을 막기 위해 1,000억 달러를 투입했으며 기관이 존속하는 한 이 같은 정부의 지원은 계속될 것임을 강조했다. 뒤이어 부시 주니어 행정부는 그동안 두 기관에 대한 암묵적 보증을 명시적 보증으로 전환한다고 발표한 바 있다. 즉 채권 부도가 난다면 100% 정부가 책임을 지겠다는 것이다. 실제로 헨리 폴슨 당시 재무장관은 "더 이상의 구제금융이 없다"는 선언을 뒤집고 7,000억 달러의 구제금융 프로그램을 마련했다.

FRB와 재무부가 2009년 매입한 패니매와 프레디맥 발행 MBS 규모는 1조 3천억 달러에 달했고, 이는 전체 발행액의 76%에 해당하는 것으로 모기지 대출 금리를 0.75% 하락시키는 효과가 있었다. 이처럼 모기지 대출이 급증한 것은 저소득계층에게 내 집 마련 기회를 제공한다는 정책의 산물로 모기지 대출 기준의 완화 및 부식에 따른 결과였다. 예를 들어, 소득이 부족하고 계약금에 해당하는 선지불금(down payment) 지불 능력이 없는 가구에게 매우 높은 '주택담보비율(LTV)'을 적용했고, 심지어 주택 가치의 100%까지 모기지를 제공했다. 또한, 첫 2~3년간은 월 상환금을 낮게 했다가 높은 월 상환액과 이자율로 재조정하는 '변동금리부 모기지 대출(ARMs)'이 확산되었다. 예를 들어, 2003년과 2004년 중 모기지 신청의 약 1/3이 변동금리부 모기지였다. 저소득자나 신용등급이 낮은 계층에게 모기지를 대출받게 하기 위해 이른바 '미끼금리'로 유혹한 것이다. 즉 차입자에게는 주택가격이 상승하기에 2,3년 내에 대출금 상환이 가능하다고 유혹했고, 실제로 많은 지역에서 실제 주택가격이 연 10~20%씩 상승했다. 주택가격이 지속적으로 상승한다면 100% LTV는 90~80%로 하락하고 모기지를 차입한 가구는 '전통적' 모기지 조건, 즉 LTV 80% 이하의 대출이나 프라임점보 모기지의 조건으로 조정이 가능하다고 유혹했다. 참고로 프라임점보 모기지는 GSEs가 허용한 최대 대출액 이상을 허용하는 반면, 대출조건은 Alt-A 대출처럼 차입자에게 모기지업체의 자체 기준과 Alt-A 가이드라인을 혼합하여 적용한다. 예를 들어, 패니매가 규정한 점보 모기지 융자 상한선은 2004년 기준 33만 3,500달러, 2008년 기준 41만 7천 달러로 이 상한액을 넘어 융자되는 경우 일반 모기지 융자보다 약간 높은 이자율을 적용했다. 그 결과 서브프라임 대출의 경우 하나의 주택에 관련된 모든 대출금으로 산정한 LTV 비율인 '결합 LTV' 비율이 1999~2006년간 79%에서 86%로 상승했다. 또한, 서브프라임 모기지 대출 중 변동금리부 모기지 대출(ARMs)도 같은 기간에 51%에서 81%로, Alt-A 대출에서는 6%에서 70%로 폭등했다. 반면, '은행이 요구하는 모든 서류를 갖춘 대출(full documentation loan)', 즉 최근 2년간 정규직 경력, 충분한 수입, 세금 내역 등을 증명하는 서류를 갖춘 대출 비중은 서브프라임 모기지의 경우 69%에서 58%로, Alt-A 대출의 경우 38%에서 16%로 하락했다. 즉 대출의 질이 악화된 것이다.

다음의 표는 변동금리 모기지가 주택가격 버블 형성에 주요 요인으로 작용한 것을 잘 드러내고 있다. 이자만 납부하거나 만기를 40년으로 연장하거나 최초 납입액이 이자 비용에도 미치지 않게 설계하거나 초기 단계에서 월 상환액의 규모를 차입자가 결정하게 하는 비전통적인 변동금리 모기지에서 핵심은 대출자나 차입자 모두 주택가격이 계속 상승할 것이라는 확신하에 최초 지불액을 최소화하는 것이었다. 즉 차입자는 장기적으로 모기지 상환이 지속되지 않을 것이라는 전제에서 차입했고, 대출자는 주택자산 가치의 상승이 보다 많은 모기지로 리파이낸싱을 가능하게 할 것이라는 예상 속에 대출을 제공했다. 주택가격의 상승을 전제로 하는 이른바 '자기충족적 예언(self-fulfilling prophecy)'이 작용했던 것이다. 이러한 비전통적인 변동금리부 모기지가 2000년대 초부터 2005~06년까지 급증하면서 주택가격의 버블을 만들어낸 것이다. 그러나 주택가격의 지속적 상승은 불가능한 것인 반면, 규제와 감독의 부재가 비정상적인 모기지의 폭증을 가능케 했다.

서브프라임 모기지 대출 규모의 급증에는 모기지 시장의 유인체계도 일정한 역할

모기지 상품 유형별 초기 월 지불액과 고정금리 모기지 상품 비중

모기지 상품	초기 월 지불액	모기지에서 고정금리 적용 비중
고정금리부 모기지(FRM)	$1,079.19	100.0
변동금리부 모기지(ARM)	903.50	83.7
이자만 지급하는 ARM	663.00	61.4
40년 분할상환(ARM)	799.98	74.1
역상각 ARM	150.00	13.9
페이옵션 모기지 ARM	150.00 미만	13.9 미만

주: 역상각(Negative Amortization) ARM은 모기지 납부액이 매월 발생하는 이자에도 미치지 못할 경우 부족한 이자분이 원금으로 추가되는 대출상환 방식으로 변동금리를 적용; 페이옵션(pay-option) 모기지는 말 그대로 대출금 상환방식을 30~40년 분할상환, 이자만 납부하는 방식 등에서 선택 가능한 모기지.

출처: B. Bernanke, 2010, Monetary Policy and the Housing Bubble, Speech at the Annual Meeting of the American Economic Association,

을 했다. 첫째, 가계보호 장치로 중도해지 수수료 없이 모기지 조기상환이 가능함으로써 단기 모기지 대출을 부추겼다. 즉 투기를 부채질한 것이다. 게다가 미국은 주택담보대출금의 차입자에 대한 소구권(遡求權, non-recourse loan), 즉 대출금에 대한 상환청구권이 없다. 소구권이란 은행이 담보로 하여 융자한 경우 담보물을 회수한 이후에 추가로 상환청구를 하지 못하는 융자금을 말한다. 융자금에 대한 상환청구 불가능이 금융위기 이후 미국이 유럽 국가들에 비해 가계부채가 축소될 수 있었던 이유이기도 하다. 즉 본인이 대출 원금과 집값을 비교했을 때 손해라고 생각하면 열쇠를 봉투에 넣어 은행에 보낼 수 있다. 담보 대출금 상환이 어려워서 주택을 포기하고 집 열쇠는 모기지 업체에 우편으로 보내는 이른바 '징글 메일(jingle mail)', 즉 '전략적 파산'이 그것이다. 그 경우 은행은 집을 처리하면 된다. 즉 법적 비용을 수반하지 않기에 과잉 차입의 남용이 발생한다. 둘째, 모기지의 초기 창출자는 대출을 다른 금융회사에 판매하는 것이 가능하다. 즉 증권화는 대출상품의 상태에 대한 무관심을 부채질한다. 이는 증권화 비중이 높은 지역의 높은 주택가격 상승률에서도 확인된다. 이처럼 모기지의 발행자와 배분자 사이에는 '역선택'의 유인체계가 존재한다. '자산의 증권화'에서 지적했듯이 모기지의 증권화 과정에서 주인(최종투자자)과 대리인(모기지 발행자, 은행, 자산관리자, 신용평가회사 등) 간의 정보비대칭성에 따른 '대리인 문제'가 발생하기 때문이다. 게다가 복잡한 증권화 과정은 대출 발행자와 궁극적으로 기초

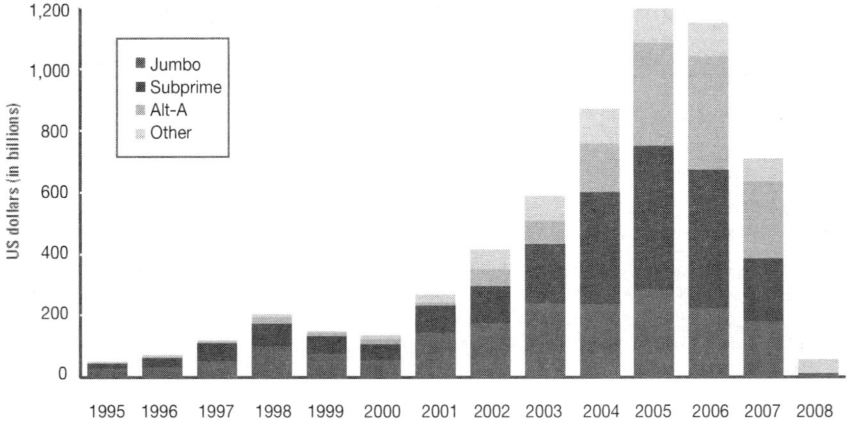

주: 모기지 유형은 밑으로부터 기타, 알트-A, 서브프라임, 점보의 순.
출처: Source: *Inside Mortgage Finance*, available at http://www.insidemortgagefinance.com/.

민간부문 모기지 발행 구성, 1995~2008(10억 달러)

자산의 리스크를 보유하는 투자자 사이에 커다란 갭을 만들어냄으로써 건전한 리스크 분석을 매우 어렵게 만들었다.

그 결과 2004년까지 대출 패턴에는 중요한 변화가 발생했다. 예를 들어, 2001년 모기지 발행 규모는 2.2조 달러에 달했고, 이 중 65%가 전통적 기준에 합치되는 이른바 '적격대출(conforming loans)'과 연방주택청(FHA) 및 재향군인청(Department of Veterans Affairs, VA)의 대출이었다. 참고로 신용 상태가 좋지 못한 대출자들은 제1금융권의 큰 은행들보다는 제2금융기관을 이용할 수밖에 없는데 이들 금융기관을 '비적격대출자(non-conforming lender)'라 하고 여기서 받는 융자를 '비적격대출(non-conforming loans)'이라 한다. 나머지 중 20%는 신용등급이 높지만 구입주택이 너무 비싸 대출 기준에 합치되지 못하는 프라임점보 모기지였다. 즉 2001년 전체 모기지 대출의 85%가 프라임 등급이었다. 2003년에는 거의 4조 달러의 모기지가 대출되었는데 대출 기준을 충족하는 모기지의 급등으로 프라임 모기지의 비중은 85%선에서 안정적으로 유지되었다. 그런데 2003년 이후 전체 모기지 규모는 하락하여 2004~06년간 연평균 약 3조 달러로 축소되었다. 반면, 서브프라임과 홈에퀴티론(HEL)은 크게 확대되었다. HEL은 주택가격에서 기존 모기지 대출 잔액을 뺀 나

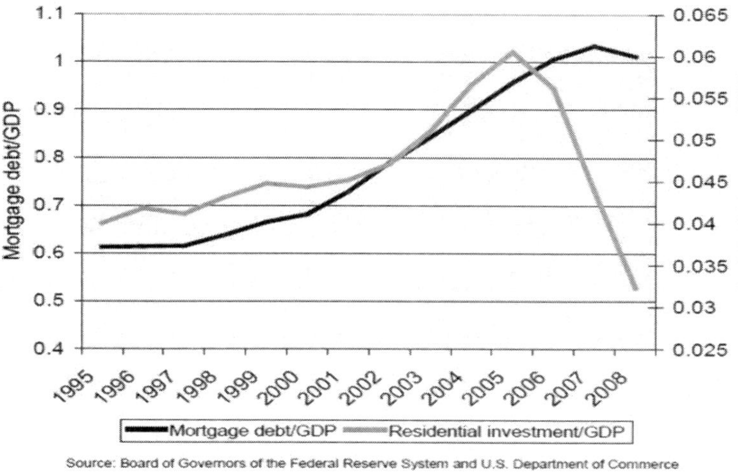

GDP 대비 모기지 부채(좌측)와 주택건설투자(우측)의 비중

머지 잔여 재산(home equity)을 담보로 해 이루어지는 이른바 '2차 대출'이다. 프라임 모기지는 2004년 64%, 2005년 56%, 2006년 52%로 하락했다. 즉 2006년 모기지 대출의 거의 절반은 서브프라임이나 Alt-A 혹은 HEL이었음을 의미한다. 예를 들어, 서브프라임 모기지의 판매액은 1996년 968억 달러에 불과했으나 2006년에는 6천억 달러로 6배 이상이나 증가했다.

이는 2002~05년간 (소득수준과 신용이 모두 낮아) 서브프라임 대출을 받을 가능성이 큰 저소득층 주민 비율이 높은 지역의 대출 증가 속도가 잘 사는 지역의 대출 증가 속도보다 두 배나 높았던 데서도 확인된다. 그 결과 모기지 대출이 특히 증가한 지역의 집값 상승률이 그렇지 않은 지역보다 더 높게 나타났다. 즉 실질소득이 감소한 지역의 주택가격 상승률이 오히려 더 높았던 것이다. 당시 저소득층의 소득은 제자리 걸음을 하거나 오히려 감소하는 추세였기에 주택 구입 계획이 없었는데 갑자기 돈을 대출해주겠다는 공급이 밀려든 것이다. 그러나 대출 증가로 주택 가격이 폭등하면서 저소득층 가구는 대출받아야 할 액수가 점점 더 많아짐에 따라 모기지 상환이 점점 더 어려워졌다. 게다가 주택자산 가치의 증가로 추가 차입이 가능하며 대출 수요가 공급을 초과하자 저소득층은 모기지 대출이 아닌 다른 종류의 대출을 사용했다. 신용카드 연체율이 큰 폭으로 상승한 배경이다. 2006년 이후 상환부도율은 서브프라임 대출이 집중된 지역이 세 배나 높았다. 즉 대출 규모의 증가 속에 2004년 10%선이었던 연체율이 2006년 4분기에는 13.3%로 증가했고, 여기에 금리가 크게 오르고 주택 가격마저 하락세로 돌아서면서 2007년부터는 일부 서브프라임 모기지 대출 업체가 영업정지를 당하거나 파산하기 시작했다. 주택 시장의 침체는 주택건설투자의 하락으로 이어지며 경기침체의 한 요인으로 작용했다. 미국의 경우 금융위기 이전 30년간 GDP 대비 주택건설투자의 비중은 5.5%였으나 2005년에는 6%가 넘어섰다가 금융위기 이후 3% 밑으로 하락했다.

제12장

일극체제의 붕괴와 글로벌 불균형 그리고 초국가 협력의 빈곤

G20의 등장에서 보았듯이 글로벌 금융위기는 글로벌 거버넌스의 구조를 변화시켰다. 이는 오늘날 문제가 초국가 협력 없이 해결하기 어려워졌음을 의미한다. 국제결제은행의 표현에 따르면 글로벌 금융위기 이후 글로벌 경제는 '상호작용하는 취약성(interacting weakness)'을 특성으로 하고 있다. 개별 국가 혹은 지역의 문제를 독립적으로 해결하기 어렵다는 것을 시사한다. 글로벌 경제의 상호의존성은 1971년 브레튼우즈 체제의 붕괴로 시작된 것이었다. 달러 중심의 고정환율제에서 변동환율제로의 이행 자체가 미국 중심의 세계경제 질서의 균열을 의미한 것이었다. 사실, 글로벌 금융위기 이전에도 세계경제의 상호의존성은 지속적으로 증가해왔다. 그러나 지적 체계는 일극체제의 붕괴를 인식하지 못했고, 국제제도는 변화를 반영하지 못했다. 그런데 글로벌 금융위기 이후 우리 눈앞에 전혀 다른 세상이 모습을 드러내자 사람들은 '다극체제의 일상화'를 '상수'로 받아들이고 있다. 예를 들어, 2011년 8월 미국의 신용등급 강등 사태는 월가의 투자 모델에 영향을 미쳤다. 미국채가 더 이상 초국가 안전자산이 아니기 때문이다. 투자 모형에서 미국채는 지금까지 '무위험 초국가 기준자산'의 역할을 수행했다.

실제로 미국은 더 이상 최고의 경제지배력을 가진 국가가 아니다. "자신이 원하는 것을 다른 국가가 하도록 혹은 자신이 원치 않는 것을 하지 않도록 막기 위해 경제적 수단을 사용하는 국가의 능력"으로 이해할 수 있는 경제지배력은 흔히 한 국가의 GDP와 무역액 그리고 나머지 세계에 대한 순채권의 규모 등을 기준으로 보는 경향이 있다. 이 기준에 따르면 2010년까지 미국은 중국보다 1% 포인트 우위를 점했다. GDP에서 미국이 앞서 있고 무역액은 비슷한 반면, 중국은 순채권국이고 미국은 매우 취약한 채무국이었기 때문이다. 그런데 2012년부터 확실히 역전되었다. 2012년 중국의 무역액은 미국을 추월하였고, GDP의 경우에도 미국보다 빠르게 증가하고 있다. 현재 중국은 세계에서 두 번째 규모의 경제이자 무역액이 가장 큰 국가이고, 해외 국가 중 미국의 국채를 가장 많이 보유한 국가이다. 즉 글로벌 금융위기 이전까지 '주식회사 글로벌 경제'에서 대주주 역할을 수행해왔던 미국은 글로벌 금융위기 이후 더 이상 대주주의 역할이 불가능해졌고 '최다 소액주주'로 전락했다. 초국가 협력은 선택이 아니라 필수사항이 된 것이다. 그럼에도 불구하고 IMF에서 미국은 16.75%의 의사결정 지분을 갖고 있고 유럽연합이 29%의 지분을 갖고 있다. 참고로 IMF의 주요 사항을 결정하기 위해서는 85% 이상을 획득해야 한다. 세계은행의 경우에도 15.85%의 투표 지분을 가진 미국이 거부권을 행사할 수 있다. 글로벌 경제의 주요 이슈들에 대해서 초국가 협력이 이루어지지 않는 이유이다. 그러나 유로존은 물론이고, 심지어 미국 경제조차 국제지원 없이 자체의 문제를 해결하기 어렵다는 점에서 국제제도를 다극체제에 부합하는 방향으로 개혁하는 것은 불가피하다. 글로벌 금융위기 이후 G20 정상회의로 대표되는 글로벌 거버넌스의 구조 변화가 철저하게 미국의 문제를 해결하기 위한 차원에서 등장했다는 점은 국제제도 개혁의 불가피성을 시사한다.

남의 탓 하는 미국: 경제력 쇠퇴와 정책자율성의 약화

리먼 브러더스 파산 이후 세계 금융시스템이 정지된 상황에서 미국의 부시 주니어 대통령은 G20 정상들을 워싱턴으로 초청하여 정상회담을 가졌다. 2008년 11월 15일 G20 정상회담 개최를 3일 앞두고 부시 행정부의 재무장관이었던 폴슨(Paulson)은 기자회견을 통해 G20 정상회담의 개최 배경과 G20 정상회담을 통해 미국이 추구하는 목표를 다음과 같이 명확히 밝혔다. "우리가 최근의 과잉을 부채질했던 **글로벌 불균형을 해결하지 않고** 현재 중요하게 부상한 금융 규제 문제만을 해결하려 한다면 우리는 향후 글로벌 시장과 경제 활력의 기반을 극적으로 개선시킬 기회를 상실하게 될 것이다. 글로벌 불균형으로부터의 압력은 또 다른 출구를 찾을 때까지 다시 누적될 것이다.' 즉 미국은 금융위기의 원인 중 하나를 글로벌 불균형으로 파악하고 있는 것이다. 실제로 1,2차 G20 정상회의에서는 금융위기에 따른 급격한 경기후퇴를 막는 것이 시급했지만, 국제공조로 경기부양의 효과가 나타나기 시작한 2009년 9월 피츠버그에서 열렸던 G20 3차 정상회의에서 "**지속가능한 균형성장**을 위한 협력체계의 마련"에 대한 합의를 끌어냄으로써 미국은 글로벌 불균형의 해결을 G20 정상회의의 주요 과제로 관철시켰다.

글로벌 불균형의 근본 원인은 미국 중심의 경제질서에서 경제력의 다원화, 즉 다극체제로의 전환에서 비롯한다. GDP 비중 기준으로 미국의 경제력은 2차 대전 이후 지속적으로 하락하기 시작했다. 또한, IMF는 80년대 중반 세계경제의 70%를 차지하던 G7의 비중이 2012년까지 절반 이하로 축소될 것으로 전망한다. 구매력평가지수(PPP) 기준 GDP로는 신흥국의 경제력이 이미 세계 경제의 절반을 넘어섰다. 앞에서 보았듯이 경제질서의 다극화는 미국 중심의 경제질서의 산물인 브레튼우즈 체제, 즉 금환본위제(고정환율제)의 필연적 붕괴로 이어질 수밖에 없었다. 게다가 무역수지 적자를 초래시킨 미국 제조업의 경쟁력 약화는 고정환율제로 심화될 수밖에 없다. 즉 세계경제의 성장을 위해 기축통화인 달러는 과잉 공급되고 달러 가치는 저하될 수밖에 없음에도 불구하고 고정환율제로 달러 가치는 과대평가되었다. 그 결과 미국 제조업의 가격경쟁력이 하락할 수밖에 없기 때문이다. 게다가 금융화가 진행된 80년대, 특히 90년대 이후에는 월가 이해에 부합하는 강달러 정책이 지속되면서 제조업의 경쟁력 약화는 심화되었다. 즉 글로벌 불균형 문제는 기본적으로 경제력의 다원화와 미국 중심의 금융질서 간의 비대칭성에서 비롯된 것이다. 고정환율제에서 변동환율제로의 전환도 글로벌 불균형을 해소시킬 수는 없었다. 변동환율제 역시 달러본위제에 기초하고 있다는 점에서 미국 중심의 금융질서에는 변화가 없기 때문이다. 즉 경제력의 다원화와 미국 중심 금융질서의 비대칭성은 고정환율제에서 변동환율제로 전환시킨다고 해결될 문제가 아니었다. 오히려 변동환율제와 자본 흐름의 자유화 속에서 미

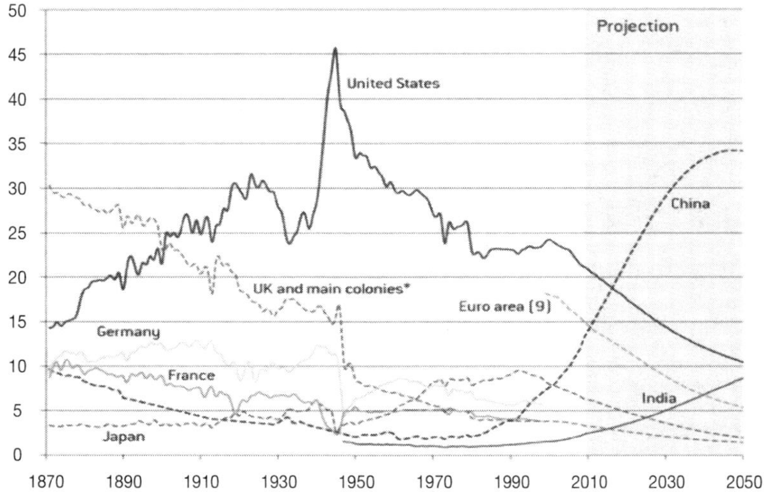

출처: I. Angeloni, 2011 "Policy perspectives on financial integration after the crisis," in Postcrisis growth and financial integration in Europe, edited by E. Nowotny, P. Mooslechner and D. Ritzberger-Grunwald, Edward Elgar.

세계 GDP에서 차지하는 비중, 1870~2050(2005년 환율 기준)

국을 제외한 나머지 국가들은 자본의 급격한 유출입에 따른 외환위기를 방지하기 위해 달러를 안정적으로 확보해야 하는 과제를 갖게 되었고, 이를 위한 가장 바람직한 방법은 경상수지 흑자를 통한 것이다. 이는 미국의 경상수지 적자의 심화를 의미한다.

한편, 경상수지 흑자국의 경우 달러의 유입과 중앙은행의 달러 매입이 통화량 증대와 외환보유액의 증대를 초래한다. 그런데 외환보유액을 쌓으려면 비용이 수반된다. 외환보유액이 많다고 무조건 좋은 것은 아니라는 얘기다. 즉 외환보유액을 쌓으려면 중앙은행이 통화안정증권의 발행이나 정부가 외국환평형기금채권의 발행 등을 통해 해외에서 유입된 유동성을 흡수하는 이른바 '불태화정책'을 사용할 수밖에 없다. 중앙은행이 달러를 매입하면 시중에 통화가 그만큼 풀려 인플레이션이 발생할 수 있기 때문이다. 그리고 채권 발행에 따른 비용을 축소시키기 위해 흑자국은 외환보유고의 상당 부분을 무위험 수익자산인 미국채 매입에 투자하는데, 그 결과 미국채 가격의 상승 및 수익률(이자율) 하락 요인으로 작용하여 신용을 팽창시킨다. 즉 글로벌 불균형이 미국 통화정책의 자율성을 약화시킨다. 예를 들어, 주택가격의 과열을 진정시키

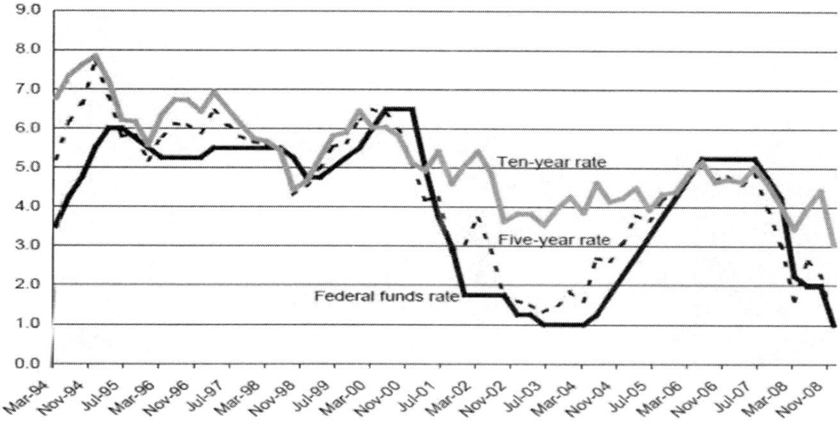

주: 흑색 굵은 선은 연준 기준금리, 회색선은 10년물 국채금리, 점선은 5년물 국채금리
출처: FRB

미국의 정책금리와 장기금리의 추이, 2000년 1월~2011년 7월

기 위해 연준(FRB)이 2004년 7월부터 기준금리를 17차례나 지속적으로 인상했다. 그럼에도 불구하고 시장의 장기금리는 상승하지 않고, 심지어 장기금리가 기준금리(정책금리)보다, 무담보 단기 사업자금 대출금리(프라임레이트)가 최장기 모기지금리보다 낮아지는 '장단기 금리 역전현상'이 발생했다. 해외로 유출된 글로벌 유동성(달러)이 미국 내 재유입된 결과였다. 2000~07년 사이 외국인의 미국투자 자금 형태를 보면 해외직접투자(FDI)와 주식 투자는 68%에서 39%로 감소한 반면, 채권 투자는 32%에서 62%로 증가했다. 즉 채권 수요와 채권 가격의 증가 그리고 채권 수익률의 하락은 시장이자율 하락 압력으로 작용하여 미국 소비의 증가와 저축의 감소 그리고 주택 수요 및 투자 증가의 요인으로 작용했다. 소비와 투자 증가 그리고 주택가격 상승 등은 다시 미국의 수입 증대와 경상수지 적자 확대로 이어지고, 경상수지 흑자국의 달러가 미국에 재유입되는 자본흐름을 초래하여 글로벌 불균형을 고착화시키는 경로를 구축했던 것이다.

미국 통화정책의 자율성 약화의 문제는 2008년 미국 대통령 선거에서 주요 이슈로 부각되기도 했다. 정권교체가 유력한 상황에서 당내 대통령 후보 경선을 진행하고 있었던 2007년 초까지 힐러리 클린턴(Hillary Clinton) 상원의원은 민주당의 유력한

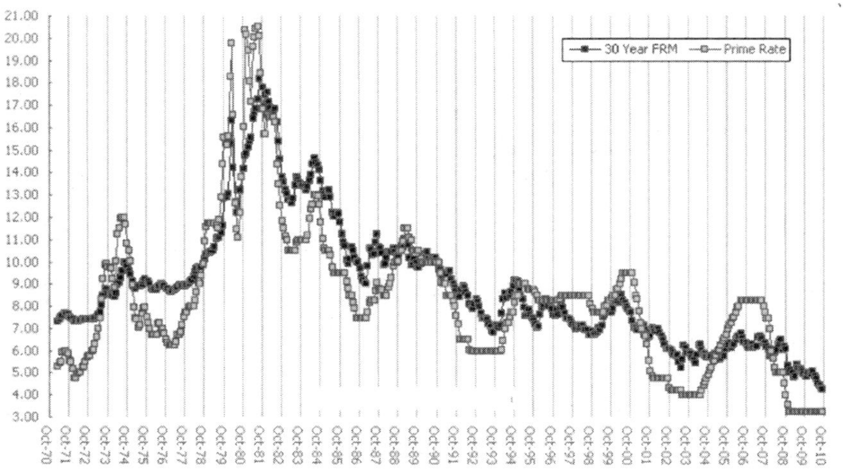

주: 대공황 직후인 1934년에 채택된 프라임레이트는 신용도가 가장 높은 기업에 대한 무담보의 단기사업자금 대부에 적용하는 최우대 대출금리로 정책금리와 동일방향·동일수준으로 움직이고, 다른 모든 은행 대출금리의 표준이 된다.
출처: FRB.

미국 우대금리(프라임레이트, 회색)와 30년 모기지고정금리(검정색)의 추이

대통령 후보였다. 2007년 3월 초 그녀는 외국인이 주식이나 채권 등의 형태로 소유한 미국의 부채가 GDP의 25%에 도달하면 정부가 경보음을 내보내고 달러의 미국 내 재유입에 대한 규제나 부채 해결을 위한 조치를 취해야 한다며 해외자본에 의한 미국 주권의 침식 문제를 제기했다. 그러나 이는 월가의 이익과 충돌하는 것일 뿐만 아니라 미국이 처한 현실을 제대로 인식하지 못한 것이었다. 금융 중심으로 재편한 미국 경제에서 해외자본에 대한 통제는 월가 및 미국 경제의 활력을 약화시킬 뿐만 아니라 낮은 비용으로 미국의 공공부채 관리가 어려워지기 때문이다. 매년 4월 말에 발표되는 미국 재무부의 해외투자자 투자포트폴리오 연례 보고서에 따르면, 2011년 6월 말 기준으로 미국 내 주식과 채권 등 유가증권에 대한 외국인의 투자 규모는 12조 4,400억 달러로 2010년의 10조 6,910억 달러에 비해 16% 이상 증가한 규모이고, 금융위기 이전인 2006년(7조 7,780억 달러)과 비교해서는 약 60%가 늘어난 규모에 해당한다. 이는 2011년 미국의 명목 GDP(14조 9,913억 달러)의 약 83%에 해당하는 규모로 2010년의 74%에 비해 9% 가량 증가한 것이고, 금융위기 이전인 2006년의 57%에 비해서는 17%나 증가한 규모이다. 즉 글로벌 경제에 자본시장의 개방을

외국의 미국 증권 보유 형태와 규모, 2011년 6월 30일 기준(10억 달러)

Country	Total	Equity	Treas. LT debt	Agency LT debt		Corp. LT debt		ST debt
				ABS[1]	Other	ABS[1]	Other	
China[2]	1,727	159	1,302	218	27	2	14	5
Japan	1,585	302	818	152	106	13	127	67
United Kingdom	982	441	118	6	6	47	347	16
Cayman Islands	889	393	47	29	8	102	229	80
Luxembourg	817	291	88	11	8	40	311	69
Canada	559	415	36	1	4	9	82	13
Switzerland	488	226	106	6	8	18	108	16
Belgium	443	25	85	*	6	35	285	6
Middle East oil-exporters[3]	419	188	117	8	4	5	16	81
Ireland	405	105	31	15	11	33	96	114
Hong Kong	292	43	53	99	17	2	12	66
Country unknown	138	2	*	*	*	*	136	1
Rest of world	3,696	1,240	1,248	169	112	120	462	344
Total	**12,440**	**3,830**	**4,049**	**714**	**317**	**426**	**2,225**	**878**
Of which: Holdings of foreign official institutions	4,847	567	3,103	405	230	16	88	438

* Greater than zero but less than $500 million.

1. Asset-backed securities. Agency ABS are backed primarily by home mortgages; corporate ABS are backed by a wide variety of assets, such as car loans, credit card receivables, home and commercial mortgages, and student loans.

2. Excludes Hong Kong and Macau, which are reported separately.

3. Bahrain, Iran, Kuwait, Oman, Qatar, Saudi Arabia, and the United Arab Emirates.

출처: Department of the Treasury, April 2011, Report on Foreign Portfolio Holdings of U.S. Securities, Table 5.

강요한 미국이 자본흐름 자유화의 부메랑을 맞고 있는 것이다. 게다가 미국 통화정책의 자율성이 약화되자 이에 대한 해결책을 국제사회에 요구하는 모순적인 행동을 보이고 있다.

G7에서 G20으로의 전환 배경

미국의 경상수지 적자가 항상 통화정책의 자율성 약화로 연결된 것은 아니다. 1980년 이후 글로벌 금융위기 이전까지 글로벌 불균형은 대략 1982~87년 기간과 1997~2008년 기간 두 차례에 걸쳐 확대 추이를 보였다. 그런데 앞의 기간 중 미국의 경상수지 적자는 대부분 일본과 독일 등 선진국과의 무역에서 발생한 것이었다. 대선진국 무역적자가 전체의 80%였는데 그중 일본과 독일의 비중이 50%에 육박했다. 즉 글로벌 불균형 문제가 소수의 선진국 간에서 발생했기 때문에 G5 등 선진국 합의체를 통해 비교적 쉽게 해결이 가능했다. 1985년 9월 22일 플라자합의에 따른 환율 조정과 1987년 2월 22일 루브르합의를 통해 일본·독일의 내수 진작 등을 추진함으로써 미국의 재정적자 축소와 무역불균형이 빠르게 해소되었다. 즉 플라자합의 이후 각국 중앙은행들의 개입으로 1년간 엔화 57.1%, 마르크화 43.0%, 프랑화 36.2%, 파운드화 7.2%를 절상한 결과 1987년 이후 미국의 경상수지 적자는 급격히 축소되었고 1991년에는 소폭 흑자로 전환되었다. 즉 전 세계 GDP 대비 무역불균형(경상수지 적자) 규모는 1986년 1.6%에서 1990년 1.3%로 축소되었다.

이처럼 글로벌 불균형은 1990년대 전반까지 소폭에 머물렀으나 미국이 강달러 입장으로 전환한 90년대 후반 이후 다시 확대되었다. 월가의 입장이 반영된 것이었다. 게다가 아시아가 외환위기를 겪은 1998년 이후 아시아 신흥국 및 산유국의 경상수지 흑자 규모가 급증했다. 또한, 이 시기는 미국 경제가 IT 부문을 중심으로 높은 성장세를 보이면서 직접투자와 주식투자를 중심으로, 미국으로 자본의 재유입이 증가했고 이는 달러화 강세와 경상수지 적자를 부채질했다. 2001년 닷컴버블(dot-com bubble) 붕괴와 미국의 경기 둔화로 대미 투자자금 유입이 감소하고 경상수지 불균형이 일시적으로 축소되었지만 그 이후 불균형은 확대 추세가 계속되었다. 1980년대와 달리 2000년대의 글로벌 불균형은 미국과 G7 선진국뿐만 아니라 상당수의 유럽 국가와 중국 등 아시아 신흥국, 산유국이 포함된 글로벌 차원의 현상으로 변모했다. 만성적 경상수지 적자국인 미국의 적자 규모가 커졌을 뿐만 아니라 스페인과 영국 등 일부 유럽선진국과 동유럽의 경상수지 적자 규모도 지속적으로 증가했다. 경상수지 흑자국의 경우에도 일본과 독일 등 선진국의 불균형 규모가 커진 데다 중국을 비롯해 아시아 신흥국과 산유국 등의 흑자 규모가 급증했다. 국가별로 GDP 대비 경상수지 비율을 살펴보면 2001~07년 중 미국이 -3.9%에서 -5.2%, 유럽의 선진 적자국이 -2.0%에서 -5.0%, 중·동 유럽국이 -2.0%에서 -7.9%로 적자가 크게 확대되었다. 반면, 흑자국의 경우 중국이 1.3%에서 11.0%로 가장 크게 확대되었고, 선진국 중 일본이 2.1%에서 4.8%, 독일이 0.0%에서 7.6%로 증가했다. 말레이시아, 홍콩, 싱가포

닷컴 버블 1994년에 시작된 인터넷의 경제적 중요성으로 1995~2000년 사이 인터넷 관련 분야가 성장하면서 주식시장의 가격이 급속한 상승을 본 거품경제 현상이다. 1994년 1월 31일 800.47에서 2000년 3월 10일 장중 5132.52(마감 5,048.62)까지 올랐던 미국의 나스닥(NASDAQ)은 2002년 10월 9일 1114.11까지 거의 80%가 하락했다. 시장가치 기준으로 손실은 7조 달러 이상이었다.

르 등 신흥아시아 국가와 산유국도 각각 4.7%에서 6.6% 그리고 10.6%에서 14.0%로 흑자폭이 확대되었다.

이처럼 2000년 이후 미국의 경상수지 적자 문제는 규모와 해결 가능성에서 1980년대와 달리 새로운 국면을 맞이했다. 미국을 포함한 G7 선진국뿐만 아니라 상당수의 유럽국가, 중국 등 아시아 신흥국, 그리고 산유국 등이 포함된 글로벌 차원의 현상으로 변모한 것이다. 미국이 G20을 만든 배경이다. 그 결과 이해관계의 조정 또한 매우 어려워졌다. 예를 들어, 글로벌 금융위기 이전부터 미 의회와 행정부는 글로벌 불균형의 주요 요인으로 중국 위안화의 저평가를 지목하고 환율제도 변경 등을 지속적으로 요구했다. 그러나 2007년 IMF가 도출한 다자간합의안에는 경상수지 흑자국인 중국과 일본 등의 통화 절상과 내수 조정뿐만 아니라 적자국인 미국에 대해서도 저축률 제고와 재정적자 축소 등의 요구를 함께 포함했다. 이론적으로 경상수지 흑자국은 과잉저축과 과소소비 상황이기에 소비를 늘려야 하고, 적자국은 반대의 경우로 (가계와 정부의) 소비를 줄여야 하기 때문이다. 이처럼 다자간 합의를 통해 효과를 거둘 수 없자 미국은 양자 협상 방식에 의존했다. 저축률 제고나 재정적자 축소 등 자신의 문제를 쉽게 해결하기 어려운 상황에서 압력 행사를 통해 교역상대국에게 책임을 떠넘기는 방식을 선택한 것이다. 당연히 양자협상 전략의 중심에는 중국의 위안화 절상이 놓여 있었다. 중국을 제외한 나머지 국가들의 협조를 얻어내는 것은 문제가 없다고 생각하는 반면, 미국이 최대 적자를 보이는 중국의 양보를 얻어내지 못하는 한 미국의 경상수지 적자는 해결할 수 없었기 때문이다. 미국의 요구로 중국은 2005년 7월 22일부터 2008년 9월 리먼 브러더스 파산 이전까지 관리변동환율제, 이른바 '복수

통화바스켓' 방식을 도입했다. 그 결과 이 기간 동안 달러당 8.28위안에서 6.83위안까지 중국 위안화는 20% 이상이 절상되었다. 그러나 GDP 대비 미국의 경상수지 적자 규모가 2005년 5.3%에서 2006년 5.9%, 2007년 6%로 증가하다가 2008년 5.1%로 하락했듯, 중국 위안화 절상이 미국의 경상수지 축소에도 효과적이지 못했다. 2008년 이후 하락은 경기침체에 따른 수입 감소의 효과가 크게 작용했다. 중국의 경우에도 GDP 대비 흑자 비중이 2005년 3.6%에서 2006년 7.1%, 2007년 9.3%, 2008년 10.6%로 증가했다.

초국가 협력의 구축과 좀비경제의 갈림길

그러나 금융위기 이후 미국이 크게 타격을 입음으로써 미중 관계는 새로운 국면으로 진입했다. 즉 금융위기 이후 글로벌 금융시장이 불안해지면서 다시 미 달러화에 고정시키는 달러 페그제(US Dollar peg system)로 전환했다가 미국의 압력이 증가되고 금융위기도 진정되면서 2010년 6월 22일부터 다시 관리변동환율제로 복귀했다. 그러나 이는 미국의 압력에 의한 것이 아니었다. 중국은 급속하고, 외부 압력에 의한 평가 절상을 일관성 있고 단호하게 거부했다. 예를 들어, 후샤오롄(胡曉煉) 인민은행 부총재는 2010년 9월 1일자 미 월스트리트저널과의 인터뷰에서 "위안화 환율이 중미 무역 불균형을 시정하는 데 결정적인 역할을 하지 않는다"며 "(위안화 환율에 대한) 과다한 주장과 비판이 문제 해결에 도움이 되지 않는다"고 했다. 이에 미국의 위안화 절상 요구를 거부했다. 중국이 미국의 요구대로 움직이지 않자 미국 내에서 위안화 절상 압박 수단으로 보복관세의 부과 주장이 대두했다. 예를 들어, 크루그만(Krugman)은 중국이 위안화 절상을 거부할 경우 중국에서 수입하는 제품에 대해 임시관세 25%를 부과하라고 주장했다. 1971년 닉슨독트린 충격(금태환 정지 선언) 이후 미국은 독일을 비롯한 주요 서유럽 국가와 일본의 통화 가치를 절상시키기 위해 수입품에 대해 10% 관세를 부과하여 성공을 거둔 경험이 있다. 당시 미국과 관련 국가들은 미국 달러 가치를 하락시키기로 합의했고, 미국의 달러 가치는 그해 12월까지 관련 국가들의 통화에 대해 6.5%가 하락했다. 그리고 미국은 수입관세 조치를 제거했다.

그러나 중국에 대한 보복관세가 성공을 거둘지는 미지수이다. 맞대응의 보복관세부터 WTO 제소 가능성까지 단호한 입장을 취하고 있기 때문이다. 사실, 미국의 경상수지 적자 해소나 중국 수출의 감소에 대한 위안화 절상 효과는 미국 내에서도 설득력을 얻지 못하고 있다. 이와 관련해 국내에 많은 팬(?)들을 가진 크루그만은 철저하게 미국의 이익을 대변하고 있을 뿐이다. 문제는 미국 이익을 대변하는 그의 주장이 효과적이지도 못하다는 점이다. 첫째, 위안화 절상은 석유나 철광석 등 원자재 수입비용을 하락시키는 효과가 있기 때문에 중국 수출제품의 가격 상승을 상쇄시킨다. 둘째, 설사 위안화 절상으로 중국 제품에 대한 미국 수입이 감소하더라도 여타 아시아 국가들의 제품으로 대체될 가능성이 높아 미국의 무역적자 규모는 축소되지 않고 적자 구성의 비중만 변화시킬 것이기 때문이다. 셋째, 중국의 위안화 절상과 더불어 여타 아시아 국가의 통화가치의 동반 절상을 하더라도 이들 국가들이 수출하던 노동집약적 제품이 미국 내에서 생산될 가능성도 높지 않다. 오히려 미국의 물가 상승이라는 역효과도 배제할 수 없다. 이처럼 "위안화 환율이 중·미 사이의 불균형을 시정하는 데 결정적인 역할을 하지 않는다"는 중국의 주장은 설득력이 있다. 미국의 무역적자가 교역상대국보다 자신의 문제에서 비롯되고 있음에도 불구하고 G20을 만들어 적자(불균형)를 해결하려는 이유는 미국의 문제가 구조적인 것이기 때문이다. 미국은 1차와 2차 G20 정상회의에서는 (글로벌 금융위기라는 발등의 불을 먼저 끄는 것이 우선 과제였기에) 불균형 문제를 반영하지 못하다가 글로벌 경제가 회복세를 보였던 제3차 피츠버그 G20 정상회의에서 불균형 문제를 끝내 반영시켰다. 그러나 원론적인 수준의 합의였다. 균형을 위한 협력 방안으로 미국에게는 민간저축 증대와 재정건전성 확대를, 중국에게는 국내 소비와 투자 진작을 요구했을 뿐 환율 문제를 포함시키지 못했기 때문이다.

미국의 경상수지 적자는 크게 미국 자체의 문제와 국제통화시스템의 개혁 등과 관련이 있다. 미국 자체의 문제는 앞에서 소개했듯이 미국 제조업의 경쟁력 약화와 부채 구조에서 비롯한다. 첫째, 미국은 경상수지 적자와 더불어 재정적자, 이른바 '쌍둥이 적자'로 몸살을 겪고 있다. 앞의 박스에 소개한 '경상수지와 국민소득'의 관계에서 보듯이 재정적자가 클수록 경상수지 적자가 확대될 가능성이 높다. 둘째, 미국의 경상수지 적자는 투자에 비교한 저축의 부족, 즉 과잉 소비로 해석할 수 있다. 앞에서도 말했듯 미국경제의 70% 이상을 차지하는 가계는 장기간 저금리 기조, 은행 대출 기준의 완화, 모기지 상품의 확대, 대출의 증권화 등의 환경 속에서 차입과 소비를 크게 증가시켰다. 실제로 가계의 가처분소득 대비 부채의 비율로 정의한 가계의 레버리지 비율이 1% 증가할 경우 경상수지가 0.25% 감소하는 것으로 추정된다. 특히 2006~08년의 경상수지에 가계 레버리지가 가장 강한 영향을 미친 것으로 나타났다.

다음으로는 국제통화시스템의 문제이다. 미국의 경상수지 적자는 교역상대국의 경상수지 흑자를 반영한다. 경상수지 흑자는 투자에 비교해 과잉저축(과소소비)이 이루어지고 있음을 의미한다. 연준(Fed) 의장 버냉키가 주장하는 이른바 '글로벌 과잉 저축' 가설이다. 이 가설에 따르면 중국 등 아시아 신흥국의 대미 수출 증가와 산유국의 오일머니로 이들 국가의 소득이 크게 늘었는데 늘어난 소득을 소비나 투자하기보다는 저축하는 데 썼기 때문에 경상수지 흑자가 큰 폭으로 지속되었다. 그리고 이들 경상수지 흑자국들은 대부분 사회안전망이나 복지 등에서 미흡하기 때문에 개인의 저축성향이 선진국에 비해 높은 편이다. 아시아의 이런 저축 증대가 '글로벌 과잉 저축'을 형성했고, 이러한 과잉 저축이 미국에 투자로 유입되어 금리의 왜곡 그리고 소비와 투자 증대 등 글로벌 불균형에 영향을 미쳤다는 것이다. 그러나 이 가설은 앞에서 소개한 그림자금융의 비중 증대와 금융혁신 요인을 간과한다. 즉 일본과 중국의 해외자산은 1998~2006년간 1.2조 달러 증가한 반면, 경상수지 적자국의 해외부채는 2.6조 달러였다. 반면, 같은 기간 동안 그림자금융의 전체 신용 증가는 11.2조 달러, 전통적인 은행 신용 증가는 4.4조 달러 증가, 총 15.6조 달러가 증가했다. 이는 금리 왜곡의 이유, 즉 정책금리 인상이 시장금리를 상승시키는 데 실패한 이유가 글로벌 불균형(외부요인)보다 금융시스템(내부요인)에 있음을 보여주는 것이다. 즉 앞에서 지적했듯이 그림자금융 신용에 의한 유동성 증가가 이자율 하락과 파생상품 가치의 상승 그리고 다시 유동성 증가로 이어지는 피드백 루프가 정책실패의 주요인으로 작용했다. 실증연구 역시 경상수지 불균형과 관련된 과잉 저축과 글로벌 이자율 간의 관계는 미약한 것으로 나타났다. 실제로 미국(달러 자산의) 장기 이자율이 증가 추세를 보였던 2005~07년 사이에 미국의 경상수지 적자는 감소하기보다 증가했다. 게다가 미국 경상수지 적자와 글로벌 저축 간의 연관성도 약한 것으로 나타났다. 즉 미국의 경상수지 적자는 90년대 초부터 증가가 시작된 반면, 글로벌 저축률은 2003년 말까지 하락 추세를 보였기 때문이다. 또한, 글로벌 저축률과 실질 이자율 그리고 '글로벌 과잉 저축'과 주택 버블 사이에도 명백한 관계가 확인되지 않는다. 게다가 '글로벌 과잉 저축'이 있었다면 대규모 투자가 발생했어야 하는데 미국 투자율은 1995~2005년간 상승하지 않았다.

무엇보다, 글로벌 불균형의 근본적 해결은 달러본위제에 기초한 국제통화체제의 개혁을 전제로 한다. 즉 국제결제통화를 갖지 못한 국가들에 대한 글로벌 금융안전망 제공 등이 뒷받침되지 않는 한 금융 및 외환위기를 방지하기 위한 신흥시장국의 경상수지 흑자와 대규모 외환보유액의 축적 노력을 막을 수가 없기 때문이다. 개별 신흥시장국의 입장에서는 합리적 선택이기 때문이다. 중국을 포함한 신흥시장의 외환보유액은 2001~11년간 7배 이상으로 증가했다. 따라서 개별 국가의 경상수지 흑자와 외환보유액 축적이 글로벌 자본시장의 구조적 왜곡—예를 들어, 자본시장(이자율)의 왜곡—을 낳는 이른바 '구성의 오류'를 피하기 위해서 달러 중심체제의 개혁은 불가피하다. 이처럼 글로벌 균형의 회복은 급격한 제도 변화가 실행되지 않는 한 쉽지 않을 것으로 보인다. 즉 글로벌 금융위기 이후 국제사회는 세계경제가 지속성장을 유지하려면 글로벌 불균형의 조정이 필요하다는 데 동의했다. 문제는 이를 위해서는 초국가 협력이 절대적으로 필요한데 관련 주요국들이 자기 역할을 수행할 수 있는가이다. 자기 책임은 방기한 채 상대방에게 책임을 떠넘기면서 자국의 이해만을 추구하고 있기 때문이다. 특히 불균형 문제의 주요 당사자인 미국이 자신의 책임을 수행할 수 있을지가 문제이다. 미국의 경상수지 적자 문제는 기본적으로 달러본위제와 산업경쟁력 약화가 결합된 산물이다. 21세기 들어와 미국의 혁신이 정체된 상황에서 불균형을 축소하려면 미국인의 삶의 수준과 재정지출을 크게 축소시켜야 하기 때문이다.

이처럼 '다극체제의 일상화'로 글로벌 차원에서 '집단행동의 딜레마' 해결을 위한 초국가 협력 리더십과 시스템이 필요해졌다. 문제는 인류 사회가 무임승차, 공동지비극, 용의자의 딜레마 등에 대해 국민국가 단위에서의 해결책은 축적했으나 초국가 차원에서의 해결책이 부재한 상황이라는 점이다. 실질적 다극체제, 글로벌 경제의 네트워크화, 선진국 경제의 체질 약화 등이 '상호작용하는 취약성' 구조를 만들어냈는데 초국가 협력은 매우 빈곤하다. 충격에 매우 취약해지면서 시장은 극도의 불확실성에 내몰리고 있다. '불확실성의 일상화'가 글로벌 경제를 몽유병환자 혹은 좀비경제로 만들고 있는 것이다.

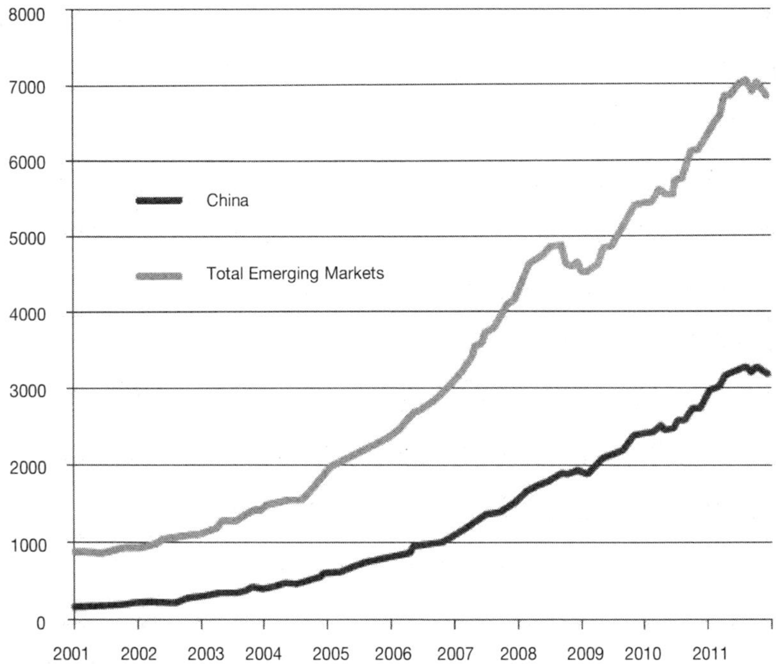

Source: International Financial Statistics

신흥시장국 전체(회색)와 중국(검정색)의 외환보유액(십억 달러)

제13장

선진국 통화정책은 글로벌 경제의 새로운 리스크

선진국 경제의 일본화

글로벌 금융위기가 발발한 지 5년이 넘었다. 리먼 브러더스가 파산한 후 선진국들은 은행들의 구제를 위해 공적자금 투입, 경기 부양을 위해 공격적인 금리 인하와 양적 완화, 재정투입, 국제공조 등 동원 가능한 모든 수단을 투입했다. 그 덕택으로 2009년 상반기에 기술적인 침체(마이너스 성장)는 멈추었다. 이론적으로 침체는 연속 2분기 GDP 증가율의 후퇴(마이너스 성장)를 의미한다. 그러나 경기의 자유낙하를 막았을 뿐 경제 체질이 회복된 것은 아니었다. 예를 들어, 미국은 2009년 6월 경기침체 종료를 선언했다. 2010년에는 5.3%의 성장률을 기록하자 금융위기가 종식되었다는 섣부른 전망까지 대두했다. 그러나 2011년 하반기에 접어들면서 자신감은 수그러들기 시작했다. 2011년 상반기 성장률에 대한 실망과 더불어 미국 정부부채를 둘러싼 미국 의회의 갈등, 8월 초 S&P의 미국 신용등급 강등(AAA에서 AA+), 유럽의 주변국(아일랜드, 그리스, 포르투갈)에서 중심국(이탈리아, 스페인, 프랑스)으로 유로존 위기의 확산 등은 '이중침체'에 대한 가능성을 고조시켰다. 경기가 둔화될 때마다 선진국은 중앙은행의 통화 공급에 의존했다.

그러나 통화 공급은 경제 체질을 정상화시키는 데 실패했다. 실업률은 여전히 고공행진인데 선진국 정부가 동원 가능한 수단들은 소진된 상태이다. 돈 찍어내기의 효과는 기껏해야 주가와 채권가격 등 자산가치의 부양, 장기 금리의 인하, 금융 불안의 저지 등에 머물러 있을 뿐이다. 찍어낸 돈이 대부분 중앙은행으로 환류될 정도로 금융 중개기능은 여전히 복원되지 않고 있다. 문제는 돈 찍어내기의 자산가격 부양 효과조

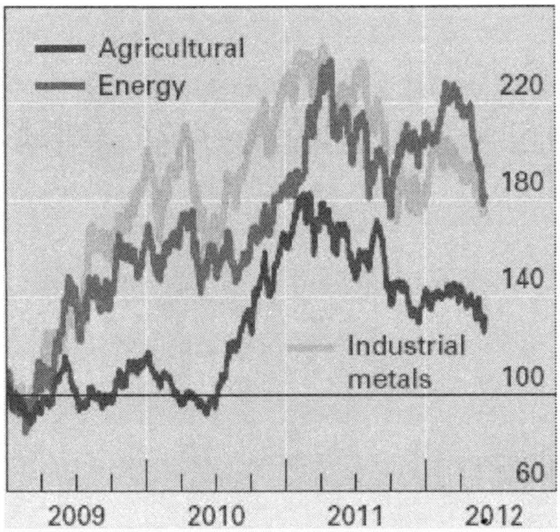

출처: BIS, June 2012, 82nd Annual Report.

상품가격(2009년 1월 1일=100)의 추이

차 갈수록 약화되고 있고, 부작용을 만들어내고 있다는 점이다. 예를 들어, 상품가격이 높은 수준에 머물러 있듯이 인플레 압력이 잠복되어 있다. 또한, 달러, 유로, 파운드, 엔 등 국제결제통화들의 천문학적 인쇄는 신흥국 통화가치를 인위적으로 절상시키며 환율전쟁을 야기하고 있다. 무엇보다 국가부채와 중앙은행 부채의 급증은 국제통화시스템이 갑작스러운 붕괴나 미래 세대에 대한 부담 증가 등 '의도하지 않은 결과'를 만들어낼 가능성을 고조시키고 있다.

이처럼 **글로벌 금융위기 이후 수년간의 대응과 결과를 통해 확인한 것은 선진국 경제가 스스로 지속가능한 회복을 만들어내기 어려울 정도로 경제 체질이 매우 취약해졌다는 사실**이다. 일본 경제는 '좀비경제' 상태가 20년 넘게 지속되고 있고, 유로존은 기술적 침체 속에 붕괴와 재탄생의 갈림길에 놓여 있다. 무엇보다 세계 경제의 중심 역할을 했던 미국 경제의 미래가 매우 불확실하다. 가계부문의 취약성은 기업의 투자지출을 억누르고, 매우 허약해진 공공부문은 더 이상 재정 부양의 여력을 갖고 있지 못한 상태이다. 현재 대다수 선진국의 재정 전망은 최악이다. 2007년 이후 선진국 국가부채는 GDP의 약 75%에서 110% 이상으로 증가했다. 재정적자는 GDP의 1.5%에서 6.5%까지 증가했다. 세수를 감소시키고 사회안전망 비용을 증가시킨 금융위기가 국가부채와 재정적자의 폭발을 초래한 것이다. 금융과 정부부문 사이의 되먹임회로(feedback loop)가 재정 붕괴를 가속화시키는 데 핵심적 기여를 했다. 그 결과 은행 스트레스와 정부 신용도 사이의 연관성이 강화되었다. 다른 한편, 안전자산 공급의 축소는 금융시장의 기능을 저해하고 민간부문의 자금조달 비용을 증대시키고 있다. 이는 다시 은행들로 하여금 재증권화 같은 위험성이 높은 자금조달 방식의 사용을 부추긴다.

유로존 국가부채 위기로 조명을 덜 받을 뿐 미국과 일본의 신용등급 강등과 영국 신용등급에 대한 부정적 경고는 근본적이고 장기적인 재정 불균형이 유로존을 넘어 선진국 전체의 문제임을 보여준다. 재정에 더 이상 의존할 수 없는 상황에서 중앙은행만 쳐다본다. 유럽중앙은행(ECB)은 기준금리를 유로화 도입 이후 최저 수준인 0.75%로 인하했고, 덴마크도 기준금리를 0.45%에서 사상 최저인 0.2%로 인하했다. 이는 미국, 일본, 스위스, 영국 등에 이어 유로존 17개 국가의 기준금리가 0%대에 진입한 것을 의미한다. **'글로벌 제로금리' 시대가 도래**한 것이다. 주요 선진 5개국(G5)만 보면 단기 시장금리가 평균 0.50%에 불과하니 인플레율을 감안하면 실질적으로 마이너스(-) 금리인 것이다. 게다가 미국, 유로존, 일본, 영국 등은 대규모 자산매입(LSAP), 이른바 양적 완화(돈 찍어내기)를 경쟁하듯이 확대하고 있다.

현재 선진국 경제의 악순환은 민간, 은행, 정부 각 부문별 취약성과 상호작용에서 비롯하고 있다. 고부채 상태가 지속되는 가계와 건설이나 금융 부문의 과잉에서 보듯

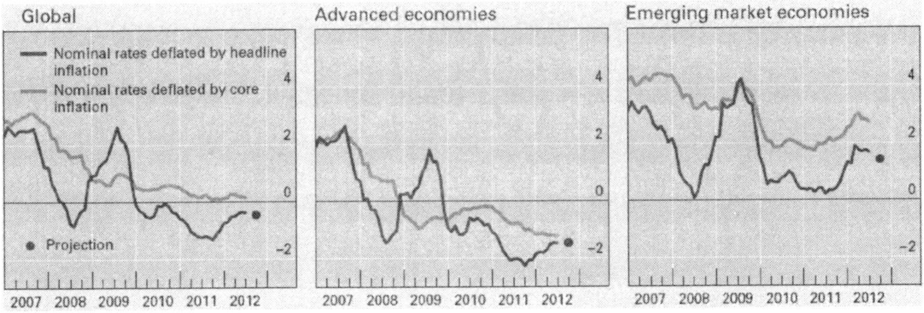

BIS, 2012, 82nd Annual Report, p. 39.

글로벌 경제, 선진국 경제, 신흥시장 경제의 실질 정책금리 추이

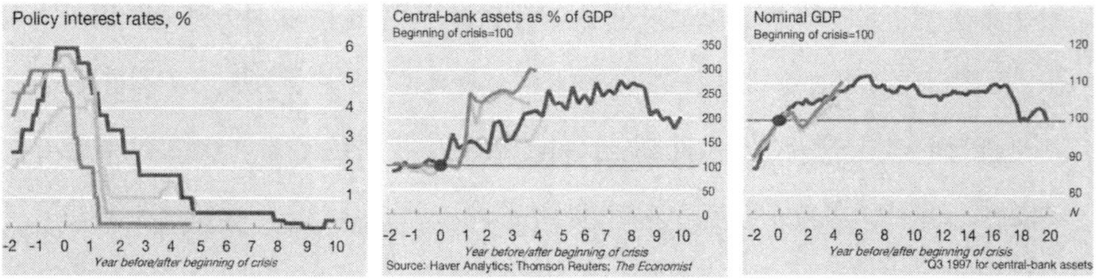

주: 일본=1991년 1분기 기준, 영국 · 유로 · 미국=2007년 3분기 기준.
출처: Economist, August 4th 2012, The global crash: Japanese lessons.

선진국 경제의 일본화: 정책금리, GDP 대비 중앙은행 자산, 명목GDP

이 불균형 상태에 있는 기업은 여전히 파산 위협을 받고 있다. 불충분한 자본과 공적 지원에 의존하는 은행의 경우 자본 확충을 위해 재정 부담을 지속적으로 증대시키고, 지속 불가능한 재정 궤도 위에 진입한 정부는 신뢰성 추락과 재정건전화 부담으로 성장을 약화시키고 있다. 즉 가계 및 기업의 디레버리지(부채 축소)가 성장을 약화시키고, 신용등급 하락에 따른 정부의 무위험 지위 상실은 유동성 자산으로서 국채를 보유하고 있고 동시에 공적 지원에 의존해야 하는 은행을 취약하게 만들고, 은행의 신용 축소는 성장을 약화시키고 있다. 이러한 악순환 속에서 중앙은행은 선택의 여지없이 돈 찍어내기를 통해 가계와 기업에게는 통화 (공급에 의한) 부양을, 그리고 은행과 정부에게는 자금조달 부담(비용)을 완화시켜주고 있는 것이다. 즉 선진국 경제는 '모르핀'에 의지하며 한마디로 진흙탕 수렁 속에서 벗어나지 못하고 있다. 반면, 중앙은행과 국가의 부담과 리스크가 크게 증가하고 있다. 무엇보다 **공공부채와 중앙은행 부채의 급증에 따라 정부와 중앙은행의 신뢰성이 크게 손상되고 있다.** 여기에 2013년부터 정부지출의 대규모 감축과 증세 등에 직면해 있는 미국 경제와 언제 해결될지 모르는 유럽의 부채위기로 **글로벌 경제는 불확실성이 구조화되고 있다. 선진국 경제의 일본화는 단순한 우려가 아니라 현실화되고 있는 것**이다. 지금부터 지난 5년간 선진국의 주요 대응들과 그것의 의미를 간단히 정리할 것이다.

은행청소부, 연준의 탈선들

리먼 파산 이후 글로벌 금융시장은 마치 산사태가 나듯이 '(자산가치) 폭락의 악순환'을 보였다. 주요 선진국은 동원 가능한 모든 수단을 동원해 대응했다. 이에 대한 중앙은행의 기본적인 대응은 **특수목적기구(페이퍼컴퍼니)를 만들어 은행의 독성자산(부실자산)을 청소해주는 것**이었다. 특수목적기구는 그림자금융시스템에서 소개한 일종의 특수목적회사(SPC)로 이해하면 된다. 그리고 이를 위해 **중앙은행은 거침없이 '탈선의 길'을 선택**했다. 중앙은행이 최종대부자(the lender of last resort)로서 지불능력에 문제가 생긴 은행에 긴급자금으로서 유동성 공급을 해줄 수 있지만 기준이 있다. 그 기준이 이른바 "은행이 지급불능 상태에 있을 때 '괜찮은' 담보물에 대해 '높은 금리'로 무제한 유동성을 공급하라(lend without limit, to solvent firms, against good collateral, at high rate)"는 '배젓의 규칙(Bagehot's rule)'이다. 즉 지불 능력을 상실해 파산 위기에 직면한 은행에 유동성을 지원하되 '페널티'에 해당하는 높은 금리를 부과하고, 돈을 빌려주는 대신 은행에게 받는 담보물은 '질 높고 위험성이 낮은' 담보물이어야 한다. **'도덕적 해이'를 줄이고 중앙은행의 손실 위험을 최소화시켜야 하기 때문**이다. **그러나 이러한 기준은 지켜지지 않았다.** 연준은 "예외적이고 위급한 상황에서는 대출을 허용한다"는 연방준비제도법 13조 3항을 근거로 내세웠지만 연준의 많은 조치들은 기본적으로 **은행 등 금융회사에 대한 특혜**였다. 중앙은행이 은행의 유동성 조절을 위해 개입할 수 있는 교과서적 수단은 금리 조정, 재할인창구 사용, 공개시장조작 등이다. 이를 염두에 두면서 글로벌 금융위기 이후 선진국 중앙은행들이 이러한 수단들을 어떻게 적용했는지를 미국 연준(Fed)을 중심으로 살펴보자.

먼저, 연준(Fed)은 2007년 8월 10일 환매조건부채권(RP) 입찰을 통해 380억 달러의 유동성을 공급하고, 8월 17일에는 재할인율 0.5% 인하와 재할인창구를 통한 대출을 익일 기준에서 30일 기준으로 변경했다. 자금 대출을 위해 은행들은 당시 기준금리보다 0.25~0.50%포인트의 금리를 더 주어야 했고, 담보물로 국채부터 투자등급의 회사채 등을 제공했다. 재할인 창구를 통해 2,100여 개 금융회사가 혜택을 보았다. 하지만 재할인창구를 이용하는 은행이 유동성 위기에 처해 있는 은행으로 비쳐지면서 은행들은 유동성 부족에도 불구하고 재할인창구 이용을 꺼렸고, 그 결과 은행 간 대출 시장이 얼어붙었다.

이에 연준은 2007년 12월 12일 유럽중앙은행(ECB)과 공동으로 새로운 유동성 공급을 위해 특수목적기구인 '기관입찰대출창구(Term Auction Facility, TAF)'를 만들었다. TAF는 만기가 30일 안팎인 일종의 담보대출로 환매조건부채권(RP)보다 대출 기간이 길고 담보 대상과 대상 금융기관이 광범위했다. TAF를 통한 대출 금리는 경매를 통해 확정됐다. TAF를 통한 대출 규모는 2009년 2월 26일 기준 4,930억 달러로 늘어난다. 재할인창구를 통한 대출 규모가 사상 최고를 기록했을 때보다 4배 이상 많았다. 400여 개 금융회사가 혜택을 입었다. 그러나 TAF는 유동성 공급에 충분치 않았다. 서브프라임 모기지 사태가 걷잡을 수 없이 번졌기 때문이다. 이에 연준은 2008년 1월 21일 기습적으로 정책금리를 0.75% 인하했다.

그럼에도 신용경색이 진정되지 않자 연준은 베어스턴스 붕괴 5일 전인 2008년 3월 11일, **모기지 증권 등 부실 자산을 미국채로 바꿔주는 것을 허용하기 위해 특수목적기구 '기간부국채임대대출(Term Securities Lending Facility, TSLF)'을 설립했다. '배젓의 규칙'에서 이탈한 것이다.** 은행들이 연준으로부터 교환한 국채를 담보로 맡기고 자금을 빌릴 수 있게 되었다. 대출 수수료는 매주 경매를 통해 결정했으며 낙찰을 받은 은행들은 28일짜리 미국채를 받았다. TSLF를 통해 연준은 2천억 달러를 공급했다.

2008년 3월 16일에는 JP모건이 연준(Fed)의 290억 달러 지원으로 미국 5위의 투자은행인 베어스턴스를 인수했다. **상업은행에만 자금을 지원할 수 있는 연준이 대공황 이후 처음으로 투자은행인 베어스턴스에 구제금융을 투입한 것**이다. 다음날인 2008년 3월 17일에 연준은 서브프라임 모기지 부실에 따른 어려움을 가장 직접적으로 겪고 있던 투자은행과 증권사들을 구제하기 위해 또 하나의 특수목적기구로 '프라이머리 딜러대출(Primary Dealer Credit Facitlity, PDCF)' 도입을 발표했다. PDCF는 뉴욕 연방준비은행과의 거래가 인정되는 딜러인 **프라이머리 딜러의 자격 기준과 담보 조건을 완화**했다. **PDCF 덕분에 골드만삭스, 모건스탠리 등 투자은행도 연준으로부터 유동성을 지원받을 수 있게 된 것**이다. 금융위기 이전까지는 연준이 은행 규제법에 따라 골드만삭스와 모건스탠리 등 투자은행들에 대한 긴급 대출을 제한했다는 점에서 **이것은 투자은행들에 대한 특혜**였다. 또한, **PDCF를 통해 정크 등급의 주식과 채권도 담보로 인정받게 된 것**이다. 그 결과 PDCF를 통한 자금 대출은 폭발적으로 증가했고, 2008년 9월 29일에는 1,560억 달러로 역대 최고를 기록했다.

TSLF나 PDCF 역시 '재할인 제도의 사촌'으로 보일 수 있지만 기존의 재할인창구 역할과는 내용이 분명히 다른 것이었다. **중앙은행이 일반 증권 인수업자(bank-loss underwriter of last resort)와 다를 바가 없었기 때문**이다. 인수업자(underwriter)란 공모증권 발행 시 매입 보증을 제공하며 발행회사에 대해 소요자금의 조달을 보증하는 기관을 의미하는 것으로 미국의 투자은행, 영국의 머천트뱅크, 일본의 증권업자, 유럽의 시중은행 등이 인수업자의 역할을 수행한다. 즉 **중앙은행이 기존의 최종대부자 역할에서 한걸음 더 나아가 독성자산을 인수하는, 즉 중앙은행의 대차대조표에 금융회사의 부실자산을 포함시킴으로써 위험자산에 투자를 하는 증권업자로 역할을 확대한 것**이다. 즉 아무리 높은 이자율로도 새로운 신용 창출이 어려워지면서 은행시스템이 지급 불능 상태에 빠지는 신용경색 국면으로 발전하자 **중앙은행은 가치가 하락한 부실자산을 현금으로 교환해준 것**이다.

3월 18일과 7월 11일에는 모기지 대출업체 손버그모기지(Thonburg Mortgage)와 인디맥 방코프(IndyMac Bancorp)가 파산하자 연방예금보험공사(FDIC)가 인수했고, 9월 7일에는 연방주택금융청(Federal Housing Finance Agency, FHFA)이 패니매와 프레디맥을 국유화했다. 9월 15일에는 뱅크오브아메리카(BoA)가 메릴린치를 500억 달러에 인수하기로 합의한 반면, 리먼 브러더스는 잠재적 인수자들과의 협상이 결렬되자 파산보호를 신청한다. 그런데 리먼의 파산은 새로운 충격을 던졌다. 그때까지 은행이 심각한 문제에 봉착하면 정부가 구제 조치를 취하는 것으로 가정해왔기 때문이다. 앞에서 기술했듯이, 미국 정부는 베어스턴스에 대해 새로운 인수자를 찾아주었고, 영국 정부도 노던록이 뱅크런(bankrun)에 처하자 공적 자금을 투입하여 국유화했다. 그런데 리먼 브러더스가 파산했을 때 대마불사는 더 이상 성립하지 않고, 모든 은행이 위험해질 수 있다는 분위기가 확산되며 금융시스템은 작동을 멈추었다. 이에 미국 정부는 방향을 선회하여 금융회사들을 한꺼번에 구제할 포괄적인 프로그램을 구상했고, 2008년 9월 28일에 부실자산구제프로그램(Troubled Asset Relief Program, TARP)을 발표했다. 동 계획의 골자는 MBS, CDO 등 모기지 대출과 관련한 **부실자산을 정부가 금융회사로부터 매수**하는 것이며 이를 뒷받침하기 위해 미국 의회는 7천억 달러 규모의 구제금융법안을 2008년 10월 3일에 통과시켰다. 이를 토대로 파산 직전의 상황에 내몰렸던 AIG에 단일 금융업체로는 최대 규모인 1,825억 달러의 구제금융 자금(전체 지분의 92%)을 지원했고, 시티그룹에는 250억 달러 자금을 투입(전체 지분의 36%)하여 '사실상' 국유화하기도 했다. 미국 정부는 국유화라는 표현을 기피했다. 그리고 2009년 6월에는 미국 최대 자동차업체인 GM이 파산보호를 신청했고, 미국 정부는 총 500억 달러의 구제금융(전체 지분의 60%)을 투입했다. 참고로 GM이 파산보호로 신청한 '챕터 11'은 즉시 자산매각 후 청산에 들어가는 '챕터 7'과 달리 법원 감독 아래 일시적으로 채무 상환을 연기하고 구조조정을 통해 기업 회생을 유도하는 절차이다. 이처럼 **위기 과정에서 미국 정부의 태도는 비일관성을 드러냈다.**

리먼 파산 이후에도 중앙은행의 탈선은 멈추지 않았다. 2008년 9월 리먼 브러더스 파산으로 세계에서 가장 오래된 머니마켓 뮤추얼 펀드인 '리저브 프라이머리 펀드'가 손실을 입었다. 이에 투자자들이 다른 머니마켓펀드(MMF)에서 자금을 뺀다면 금융시장 전체에 혼란을 불러올 위험이 있었다. 이에 연준은 2008년 9월 19일 MMF들로부터 자산담보기업어음(ABCP)을 매입해 환매 요구에 직면한 MMF에 유동성을 공급하기 위해 특수목적기구 '자산담보상업어음화폐시장뮤추얼펀드유동성기금(AMLF, Asset-Backed Commercial Paper Money Market Fund Liquidity Facility)'을 만들어낸다. 이를 통해 연준은 은행들이 MMF로부터 ABCP를 살 수 있도록 은행들에 유동성을 공급한다. 심지어 연준은 은행들이 인수한 적격 ABCP에서 발생하는 어떠한 손실도 보상해주겠다고 약속했다. **은행들의 투자 수익을 보장해준 것이다.** 이에 은행들은 앞 다투어 ABCP 매입에 나섰고, JP모건 체이스는 AMLF에 가장 적극적으로 참여해 1,110억 달러어치의 ABCP를 사들였다. 2008년 10월 1일 AMLF의 대출 규모는 1,521억 달러로 역대 최대를 기록했다.

또한, 리먼 파산 3주 후 기업들은 기업어음(CP)을 통해 자금을 조달하는 것이 불가능해졌다. 이에 연준은 2008년 10월 일반 기업들이 단기 운전자금을 조달하고자 발행하는 CP를 매입해 이들의 자금줄을 터주고자 또 다른 특수목적기구인 'CP 매입용 자금지원기구(CPFF, Commercial Paper Funding Facility)'를 설립했다. 10월 말 CPFF가 열리자 시티그룹, 뱅크오브아메리카(BoA), UBS 등 금융회사와 캐터필라 및 제너럴 일렉트릭(GE) 등 비금융권 기업을 포함해 120여 개의 미국 기업이 CPFF를 통해 자금을 조달했다. **원래 비금융권 기업은 연준으로부터 자금을 대출받을 수 없다. 하지만 연준은 "예외적이고 위급한 상황"을 내세워 GE와 캐터필라에 자금을 대출해 줬다.** 2009년 1월까지 연준은 3,480억 달러의 CP를 매입했다.

금융권과 기업들의 단기자금 경색을 완화하기 위해 11월 24일에는 10개 금융기관이 발행한 만기 90일 이내의 CD와 CP를 매입할 목적으로 연준은 '머니마켓투자펀드기금(MMIFF, Money Market Investor Funding Facility)'이라는 특수목적기구를 설립했다. **연준이 시장에 직접 자금을 투입해 시장(가격)을 조정했던 것이다.** 또한, 11월 25일에는 소비자신용을 지원하기 위해 연준은 '기간물자산담보증권대출(Term Asset-Backed Securities Loan Facility, TALF)'을 설립했다. TALF는 학자금 및 신용카드 대출 등을 기초자산으로 발행한 ABS 시장 활성화 및 시중 유동성 개선을 목적으로 ABS를 매입하는 기관투자가들에게 저금리 자금을 대출하기 위한 것이었다. 2009년 3월부터는 **ABS의 기초자산 적용 범위를 농기계 리스, 자동차 대출까지 확대했고, 자금 지원 대상도 은행에서 헤지펀드 등의 기관투자가들까지 확대**했다. 즉 TALF는 약 3백만 개 이상의 자동차 대출, 1백만 개 이상의 학자금 대출, 90여만 개의 중소기업 대출, 15만 개의 기타 사업대출, 수백만 개의 신용카드 대출 등을 지원했다.

이처럼 중앙은행은 최종대부자의 역할에서 금융상품의 가치를 결정하는 최종시장(가격)결정자(market maker of last resort)의 역할까지 확대했다. 시장이 작동하지 않는 상황에서 불가피한 개입이었지만 **시장 왜곡의 부작용을 수반할 수밖에 없었다.** 연준의 지원과 더불어 연방예금보험공사(FDIC)도 금융회사의 1순위 무보증 채권과 기업 거래

계좌를 위해 '임시유동성보장프로그램(TLGP, Temporary Liquidity Guarantee Program)'을 2008년 10월 14일부터 작동했고, 미국 재무부도 MMF에 대한 임시보장프로그램을 운영했다. 모두 **'금융위기판 예금보장제'였다.**

부메랑이 된 제로금리 정책

2007년 9월 17일까지 5.25%에 있던 연준 기준금리는 10차례의 공격적 인하로 2008년 12월 16일에는 제로금리까지 인하되었다. 미국의 금리 인하는 전 세계로 파급되었다. 미국발 금융위기에서 상대적으로 피해를 적게 입은 신흥시장들은 2008년 상반기 약달러가 초래한 글로벌 인플레이션에 대응해 금리를 인상했지만 리먼 파산 이후 세계경제가 급격히 가라앉으면서 금리 인하에 동참했다. 즉 선진국 시장에 의존하던 수출이 타격을 입으면서 금리를 인하하지 않을 수 없었던 것이다. 참고로 제로금리정책(ZIRP, zero or near interest rate policy)은 국제결제통화를 갖는 선진국 중앙은행의 선택수단이지 신흥국의 선택카드가 될 수는 없다. 선진국과 신흥국의 금리가 동일할 경우 외화 유출을 피할 수 없기 때문이다. 즉 국제결제통화를 갖지 못한 국가의 경우 제로금리정책을 선택할 경우 통화가치의 급락, 이른바 '환율위기'의 문제에 직면한다. 특히 환율위기가 해외부채와 결합될 경우 국가 파산에 직면할 수도 있다. 그러나 국제결제통화 국가의 경우에는 대부분 해외부채를 자신의 통화로 보유하기에 환율위기가 발생할 위험은 거의 없다.

문제는 제로금리정책이 대형 은행의 유동성 부족을 해소하는 데는 도움을 주었지만, 금융중개기능의 복원에 실패했다는 점이다. 중앙은행이 경기를 살리기 위해 통화를 공급해도 은행은 자금조달 능력이 취약한 소기업이나 가계에 대한 대출을 포기했기 때문이다. 미국에서 3백만 일자리를 공급하는 대기업에 비해 약 5천만 명을 고용하는 소기업은 90년대 이후 새로운 일자리의 60% 이상을 만들었다. 즉 20인 미만과 250인 미만을 고용하는 소기업은 전체 일자리의 각각 20%와 48%를 차지하고 있기에 소기업의 신용 제약은 고실업의 주요 원인이 되고 있다. **그렇다면 제로금리에도 불구하고 소기업의 자금조달이 개선되지 않은 이유는 무엇인가? 역설적으로 '제로금리 정**

책'의 산물이다. 교과서에서는 이자율이 낮아질수록 신용 확장의 기회가 증가된다고 얘기한다. 그러나 이러한 주장은 이자율이 제로 이상에 있을 경우에만 해당된다. 즉 **소규모 소매은행이 도매 금융시장인 은행 간 시장에 쉽게 접근할 수 있다면 소기업에 대한 유동성 공급은 개선될 것이다. 그러나 은행 간 대출 이자율이 제로에 접근할수록 여유자금을 가진 대규모 은행들은 거의 수익을 내지 못하는 은행 간 대출을 위하여 여유 자금을 내놓을 가능성이 없다.** 은행 간 대출은 2008년 10월 4천 5백억 달러에서 2009년 10월 2천 8백억 달러, 2010년 10월 1천 9백억 달러, 2011년 10월 1천 2백억 달러로 계속 하락했다. 사실, 소규모 은행들은 2011년에 100여 개가 파산할 정도로 거래 상대방들인 중소기업에 대한 소규모 은행들의 리스크는 상당했다. 게다가 제로금리는 소기업과 고용에 역기능을 수행하고 있을 뿐만 아니라 주택시장 부양에도 도움이 되지 못했다. 제로금리는 MBS 수익률을 하락시킴으로써 MBS를 보유한 개인투자자와 소규모 은행의 수익성을 악화시켰다. 이는 MBS에 대한 투자 유인과 MBS 시장의 위축으로 작용했다. 연준(Fed)이 2012년 9월 매달 400억 달러 규모의 MBS를 무제한 사들이겠다는 3차 양적 완화를 선택한 배경이다. 실제로 2012년 MBS 발행 규모는 1.72조 달러로 지난 3년래 최대를 기록했지만 대부분 증가는 연준(Fed)과 정부의 주택구매 촉진 정책에 따른 리파이낸싱 규모가 34% 증가한 데 기인했다.

기업 대출이 축소되다 보니 은행에 현금이 쌓일 수밖에 없었다. 미국 상업은행의 현금자산은 2008년 9월 리먼 파산 이전에는 대출이 예금보다 많은 마이너스(-)에서 2008년 10월에 6천억 달러, 2011년 10월에는 1.68조 달러, 2012년 7월에는 1.7조 달러로 계속 증가했다. 금융중개기능의 약화는 은행 간 대출의 축소에서도 확인된다. 상업은행의 경우 2009년 초에 비해 예금은 16% 증가한 반면, 대출은 6.4% 감소했다. 즉 상업은행의 상업자금 및 산업자금 대출은 2008년 10월 1.62조 달러에서 2011년 10월 1.31조 달러로 감소했고, 부동산대출도 같은 기간에 3.83조 달러에서 3.49조 달러로 감소했다. 은행이 예금의 대부분을 안전자산이나 단기 증권에 투자했기 때문이다. 미국 상업은행의 국채와 정부보증기업 발행 증권 보유 규모는 2008년 10월 1.21조 달러에서 1.69조 달러로 증가했다. 이처럼 **미국 고용 회복의 실패는 근본**

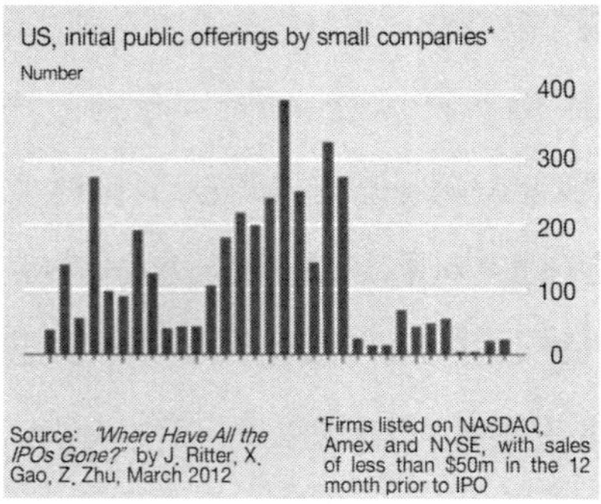

미국 소기업의 기업공개 수

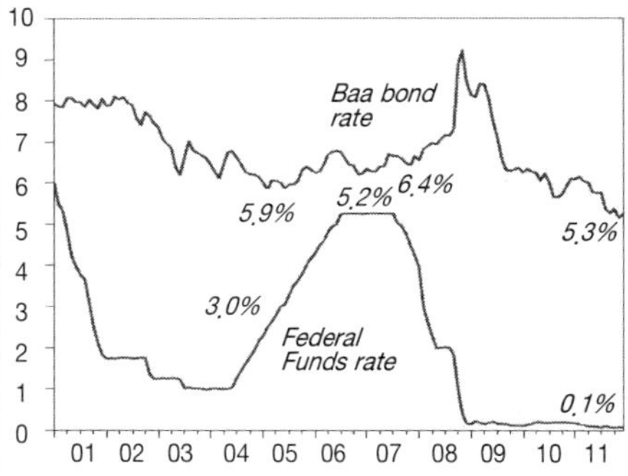

투자등급 회사채의 수익률과 연준 기준금리

적으로 미국 금융중개시스템의 파산에서 비롯한다.

사실 4년간 지속되고 있는 **제로금리는 금리가 0%라는 사실 이상의 의미를 갖는다. 제로 중력이나 절대온도 제로 등과 같은 '새로운 세계'를 의미한다.** 그럼에도 여전히 정상 금리 상태, 즉 경제법칙이 작동하는 상황에서 적용하는 정책적 처방에서 벗어나지 못하고 있다. 장기간 제로금리의 지속은 부작용을 증대시키고 있다. 버냉키는 미국 경제가 매우 취약한 회복을 보이고 있기 때문에 저금리 지속이 필요하다고 말한다. 저금리는 고용과 성장을 정상적인 수준으로 회복시키기 위한 것이라고 주장한다. 그러나 **장기간 초저금리가 지속되면서 미국 가계에 상처를 입히고 있다.** 흔히 저금리가 소비자에게 도움이 된다는 주장의 근거가 가계의 채무상환비율(debt-service ratio, 원리금/소득)이다. 이 비율은 금융위기 이후 하락하여 90년대 수준으로 돌아갔다. 그런데 이 하락의 일부는 모기지 금리의 하락처럼 이자율 하락에서 비롯된 것이지만, 더 중요한 이유는 신용카드 잔고 축소 등 부채 축소(디레버리지)에 의한 것이다. 기본적으로 가계부채의 축소는 기존 부채의 축소(6천억 달러)보다 신규 차입의 감소(2.1조 달러)에 의한 것이고, 신규 차입을 감소시킨 중요한 요인이 '고용 쇼크'의 주요 희생자인 생애 첫 번째 주택구입자의 차입 감소에 따른 것이었다. 즉 이러한 부채 축소는 저금리와 무관한 것이다. 오히려 저금리로 가처분소득 대비 이자소득이 빠르게 하락했고, 하락이 채무상환비율보다 빠르게 진행되었다. 저축으로 이득이 없기 때문에 이자 부담 경감이 가계에 도움이 안 되는 것이다. 가계의 순이자소득은 역사적 최저 수준으로 하락했다. 그 결과 가계는 은퇴를 연기하고 있다. 청년의 경제활동참가율은 계속 하락하고 있는 가운데 65세 이상 고령인구의 경제활동참가율은 계속 증가하고 있다. 금리 정책이 작동하지 않는데도 제로금리를 3년 후인 2015년 상반기까지 지속하겠다는 것은 미국 경제의 체질이 얼마나 취약한지를 보여주는 것이다. **'새로운 세계'는 '혁명적 상상력'을 요구하고 있다.**

모르핀 중독의 미국 경제

이처럼 중앙은행에 의한 은행의 독성자산 인수와 직접 자금 지원 그리고 제로금리, FDIC와 재무부의 보장 및 지원 등에도 불구하고 자금중개기능의 정상화는 물론이고 신용경색조차 해소되지 않았다. 이에 디플레이션을 우려한 연준은 2009년 3월 16일 6개월간 3천억 달러에 달하는 대규모자산매입(LSAP), 즉 1차 '양적 완화' 카드를 꺼내들었다. 그 결과 연준의 자산 규모는 2008년 리먼 사태 이후 폭발적으로 증가한다. 2006년 말에 8,590억 달러에 불과했던 연준의 자산 규모가 2008년 연말에 2조 3천억 달러에 육박했다. 1조 2,500억 달러 규모의 (정부보증)기관담보유가증권 매입과 약 2,000억 달러 규모 주택기관채권의 매입 등에 따른 결과였다. 여기에 '양적 완화'가 추가되면서 금융회사, 특히 거대 금융회사의 유동성 부족과 신용경색은 상당히 해결되었다. 이러한 천문학적 자금 투입은 통화량 감소가 대공황을 불러온 직접 원인이었다는 프리드먼의 주장에 기초한 것이었다. 그러나 연준의 통화 공급은 금융회사를 구제하는 데는 일시적 효과를 거두었지만 금융의 중개기능을 회복시키는 데는 실패했다. 이는 연준의 대차대조표에서 확인된다. 금융위기 이전 연준의 대부분 부채는 7,850억 달러에 달하는 화폐였던 반면, 금융위기 이후(2012년 5월 말 기준)에는 은행의 예치금이 1조 5,260억 달러로 화폐 1조 680억 달러를 크게 앞섰다. 즉 연준이 공급한 대부분 자금이 연준으로 다시 돌아온 것이다.

연준의 부채를 보면 리먼 파산 이후 크게 증가했는데, 그중에서도 연준에 예치한 시중은행의 지급준비금이 크게 증가했다. 연준이 시중은행들의 유동성 위기를 구제

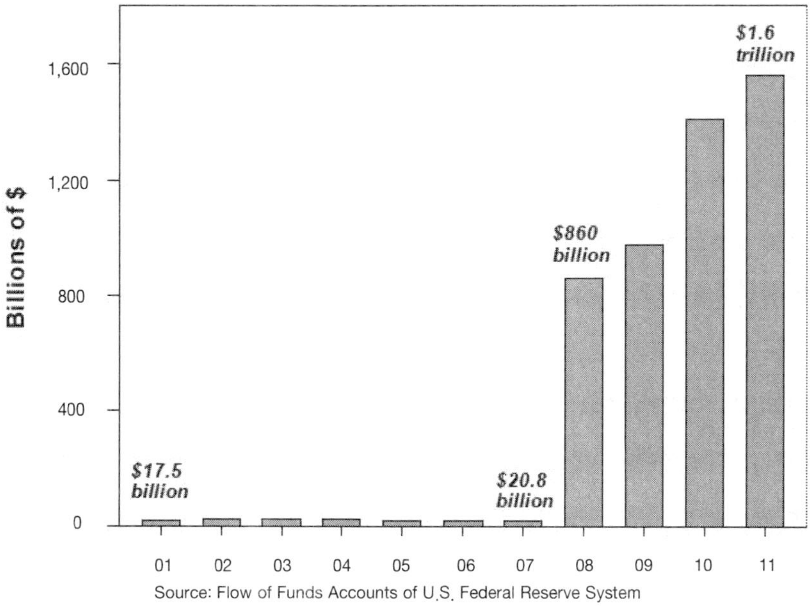

출처: R. Pollin, June 2012, The Great U.S. Liquidity Trap of 2009~11: Are we stuck pushing on strings?

상업은행의 연준 예치금, 2001~2011(십억 달러)

하기 위해 공급한 돈의 대부분이 다시 연준으로 되돌아왔고, 연준은 은행의 예금에 대해 연 0.25%의 이자를 지급했음을 알 수 있다. 즉 상업은행의 연준 예치금은 2007년 208억 달러에서 2008년 말까지 8,600억 달러로 증가했고, 다시 2011년 중반에는 1.6조 달러에 달했다. 상업은행의 부채 대비 예치금이나 GDP 대비 상업은행의 연준 예치금 비중은 각각 15.3%와 10.5%에 달했고, 이는 금융위기 이전 비교기간인 2004년의 0.4%와 0.2%에 비해 약 38배와 53배에 달하는 것이었다. 이는 은행의 유동성 위기가 가라앉은 상태에서도 자금중개기능이 전혀 복원되지 않았음을 의미한다. 새로운 분야에 대한 투자를 평가할 은행의 수행 능력 부족은 비수익여신(NPL)의 증가와 은행의 인적자본에 대한 과소 투자를 초래하고 은행의 수행 능력을 손상시킨다. 이는 다시 새로운 분야에 대한 투자의 감소와 기업의 자금조달을 어렵게 함으로써 새로운 분야에 대한 은행의 수행 평가 기회의 상실로 이어진다. 악순환 고리가 형성된 것이다. 통화정책이 케인즈가 오래 전에 "전혀 이루질 수 없는 일을 이루려고 하

침체 종료 2년 후 부채와 GDP 대비 상업은행의 연준 예치금(십억 달러, %)

침체	예치금	부채 대비 예치금	GDP 대비 예치금
1973년(70년 11월 시작)	27.1	3.6%	1.9%
1977년(75년 3월 시작)	26.9	2.9%	1.3%
1985년(82년 11월 시작)	28.6	1.4%	0.7%
1993년(91년 3월 시작)	35.0	1.2%	0.5%
2004년(01년 11월 시작)	24.0	0.4%	0.2%
2011년(09년 6월 시작)	1,595.9	15.3%	10.5%

출처: Flow of Funds Accounts of Federal Reserve System

는 행위(Pushing on a string; 끈이 매달려 있는 물체를 움직이려면 그 끈을 당겨야지 그 끈을 밀면 물체를 움직일 수 없는 상황에서 끈을 미는 행위)"로 비유한 '유동성 함정'에 빠진 것이다.

천문학적 자금 투입 및 제로금리 등과 더불어, 특히 뒤에서 소개할 재정 투입의 효과 등으로 미국 경제의 침체는 멈추었다. 미국의 컨퍼런스 보드(Conference Board)나 전미경제조사국(NBER, National Bureau of Economic Research)은 2009년 6월로 침체가 종료되었다고 선언했다. 경기침체는 기술적으로 2분기 연속 GDP의 후퇴를 말하기에 침체의 종료는 GDP 변화율이 플러스(+)로 전환한 것을 기준으로 한 것이다. 마찬가지로 OECD도 유럽권의 경기침체 국면 종료를 선언했다. **그러나 '고용 없는 경기회복'이었다.** 미국의 경우 2009년 6월 9.5%였던 실업률은 10월에는 10.1%까지 상승했고, 2010년에도 11월까지 9.5~9.8% 수준에 머물렀다. 유로경제 역시 2009년 6월 9.4%에서 2010년 4월 10%로 상승했고, 그 후에도 상승세는 멈추지 않고 있다.

고용이 예상외로 더디게 회복되고, 재정부양 효과까지 2010년 3분기부터는 소멸되며 디플레이션 우려까지 고조되자 연준은 2010년 8월 10일 부채와 MBS에 대해 정부보증기업이 상환한 원금(2,500~3,000억 달러 규모)을 장기 국채 매입에 재투자하겠다고 선언하고, 8월 27일 미국 캔자스시티 연방준비은행이 주최하는 연례 경제정책 심포지엄 잭슨홀(Jackson Hole) 미팅에서는 2차 '양적 완화'를 언급했다. 그 해 11월 4일 연방공개시장위원회(FOMC)에서 2차 '양적 완화'를 승인함으로써 연준은 2011년 6월까지 장기국채 6천억 달러의 매입을 결정했다. 단기금리는 최저 수준

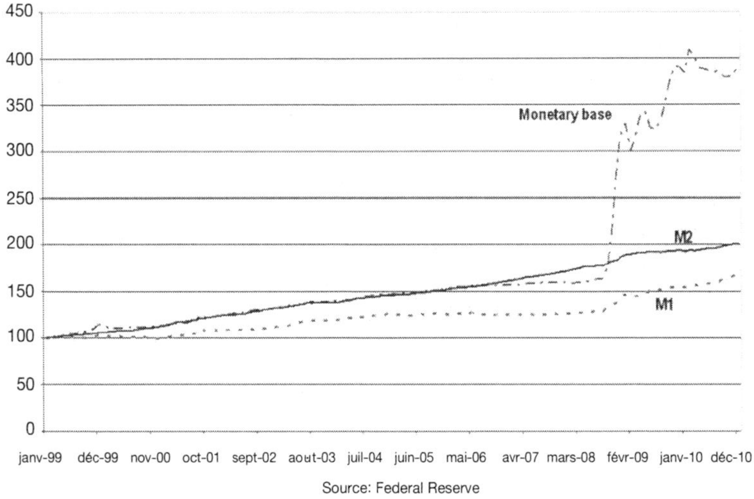

미국의 M2, M1, 본원통화 (1999년 1월=100)

에 있지만 장기금리(10년물 기준)는 2%대 후반에 있었기에 장기국채 매입을 통해 장기금리를 하락시키려 했던 것이다.

그런데 '양적 완화'는 결코 해결책이 될 수 없었다. 월스트리트저널(WSJ)은 2차 '양적 완화'가 끝난 2011년 6월 30일 '2차 양적 완화의 승자와 패자(QE2's Winners and Losers)'를 나열했다. 승자로 월가의 주가, 금융비용 감소 혜택을 입은 기업, 상품가격, 은행 등을 거론한 반면, 패자로 달러, 개선되지 않은 고용, 주택가격 하락의 지속, 신흥국 주가 상승, 미국 정부 부채의 증가, 연준의 신뢰성 타격 등을 거론했다. 예를 들어, 다우지수는 버냉키의 2차 '양적 완화'에 대한 잭슨홀 언급 이후 24%가 상승했고, 상품가격의 경우 석유가 30%, 금 가격은 21% 상승했다. 반면, 달러지수는 82.83에서 74.65로 10% 하락, 주택가격은 6.5% 하락, 미국채 10년물 수익률은 2.48%에서 3.15%로 상승했다. 특히 석유가격 30% 상승 등 상품가격 상승에 따른 글로벌 인플레 및 환율전쟁을 야기했다. 즉 1차 '양적 완화'와 달리 2차 '양적 완화'는 장기금리 인하의 효과를 보지 못했다.

양적 완화 정책의 실패는 본원통화량과 통화량(M1) 그리고 총통화량(M2) 사이의

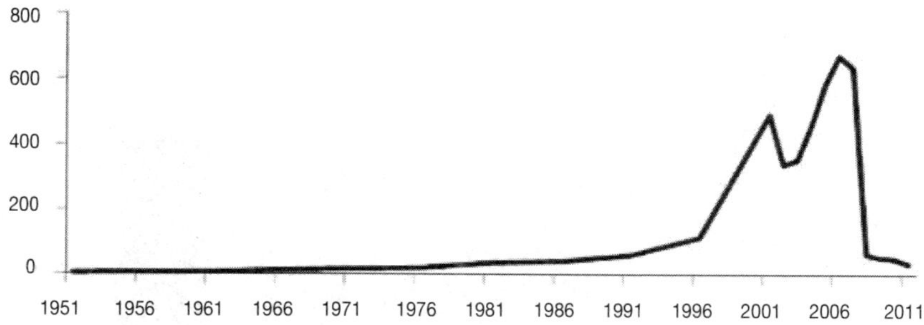

주: 통화승수는 (은행 부채/은행의 핵심 유동성)으로 산출한 것이고, 핵심 유동성은 은행 지급준비금에 은행이 보유하는 국채 등 높은 유동성 담보물을 합한 것으로 구성.

통화승수의 추이

관계에서 명확히 드러난다. 참고로 양적 완화는 본원통화량을 증가시킨다. 그런데 금융위기 이후, 특히 리먼 파산 이후 본원통화량의 팽창은 통화량(M1)이나 총통화량(M2)에 영향을 미치는 데 거의 실패했다. 이는 2006년 말 673에서 2011년 말 33으로 크게 하락한 통화승수에서도 확인된다. 금융위기 발발 이전에 은행, 헤지펀드, 연금, 보험사 등의 보유 자산을 담보로 금융회사 간 자금 차입은 일반적 방식이었고 그 규모는 10조 달러에 달했다. 즉 보증 담보물들은 중앙은행이 공급하는 현금과 같은 역할을 한 것이다. 그러나 금융위기 이후 보증 담보 시장의 규모는 5~6조 달러로 크게 축소되었다. 시중 유동성이 크게 축소된 것이다. 연준의 양적 완화가 유동성 개선에 크게 도움이 되지 않은 이유는 연준이 공급한 통화와 교환된 담보물들이 금융회사의 괜찮은 담보물, 즉 질 높은 자산들이었기에 금융회사가 활용할 수 있는 담보를 축소시키는 효과로 작용했다. 즉 **연준의 유동성 공급이 금융회사의 담보 손실을 대체하는 데 실패함으로써 시중 유동성이 근본적으로 개선될 수 없었던 것이다.**

사실 연준의 버냉키 의장은 '양적 완화'에 상당한 기대를 걸었을 것이다. 2006년 연준 의장으로 취임한 후 금융위기와 경기침체를 맞이해 버냉키는 "경기 부양을 위해서라면 헬리콥터에서 돈을 뿌릴 수도 있다"고 말해 '헬리콥터 벤'이라는 별명이 붙을 정도로 '양적 완화'의 효과에 확신을 가지고 있었다. 실제로 버냉키는 양적 완화 시행

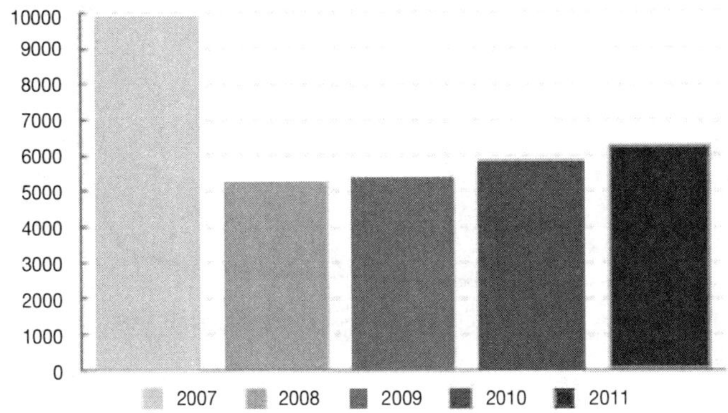

출처: M. Singh, July 2012, The (Other) Deleveraging, IMF Working Paper.

전체 보증 담보의 규모(십억 달러)

내내 양적 완화가 효과가 있었다고 강변했다. 예를 들어, 1,2차 양적 완화를 통해 GDP를 약 3% 끌어올렸고, 2백만 개 이상의 일자리를 증가시켰다고 주장한다. 그러나 결론부터 말하면 제로금리와 두 차례의 양적 완화 정책은 일자리 회복에 성공적이지 못했다. 리먼 파산 이후 한때 10%를 상회했던 미국의 실업률이 8%대 초까지 하락했지만 금융위기 이전인 2006년의 평균 실업률 4.6%에 비교할 때 여전히 약 두 배나 높은 수준이다. 게다가 그 내용을 들여다보면 고용은 여전히 매우 취약한 모습을 보이고 있다. 예를 들어, 2011년 6월부터 2012년 6월까지 실업률이 9.1%에서 8.2%로 하락했지만, 경제활동을 포기한 비경제활동인구가 191만 2천 명이 증가했다. 구직활동을 포기한 결과 실업률이 하락한 것이다. 2007년 의회예산국(CBO)은 2012년 노동력을 1억 6천만 명으로 추산했으나 2012년 4월 기준 실제 노동력은 1억 5천 4백만 명에 불과했다. 구직포기자가 증가하고, 청년들이 졸업을 연기하고, 조기퇴직이나 장애급여자 등이 증가했기 때문이다. 무엇보다 16세 이상 인구 중 취업자 비중은 올해 5월 63.6%로 1981년 침체 이후 최저 수준을 나타냈다. 금융위기 이전 장기실업자 비중이 가장 높았던 80년대 초 침체 때에도 25%를 넘지 않았던 '27주 이상 실직 상태'에 있는 장기실업자의 실업률도 약 40%가 지속되고 있다. 장기실업자는 구직 활동을 포기할 가능성이 높은 실업자로 비경제활동인구 증가의 주요 요인이다. 실제로 금융위기 이후 장기실업자의 약 90%가 구직활동을 포기하며 비경제활동 인구로 전락했다. 특히 전체 실업자 중 6개월 이상 실직 상태인 장기실업률이 여전히 40%에 달하고 있다. 미국은 실업 급여가 최대 6개월까지 지원된다. 게다가 새로운 일자리도 임시직이 대부분이다. 2007년 8월 706만 7천 명이었던 실업자는 2009년 10월 1,538만 2천 명까지 치솟은 후 2013년 2월에는 1,203만 2천 명까지 하락했다. 그러나 이 기간 중 340만개의 파트타임 일자리가 증가하였다. 전체 일자리의 약 1/5에 달하는 파트타임 일자리를 포함해 오늘날 미국 전체 일자리의 1/3에서 40%가 비정규직이다. 기업 역시 경기회복에 대한 확신이 들지 않는 데다 임시직 채용이 비용 절감에 효과적이라는 인식 등이 확산되어 있기 때문이다.

일자리 창출로 연결되지 않는 한 '돈 찍어내기'는 '폰지사기(Ponzi scheme)'일 수밖에 없다. 게다가 '돈 찍어내기'는 수확체감에 직면할 수밖에 없다. 이는 주식과 채권 시장의 랠리(rally)가 점점 단축되고 있는 데서도 확인된다. 예를 들어, S&P 500 지수는 1차 양적 완화 기간에 36.8%로 상승했다가 1차와 2차 양적 완화 사이에 10.5% 하락했고, 다시 2차 양적 완화 기간 동안 19.1%가 증가했다. 2차 양적 완화 이후 오퍼레이션 트위스트(operation twist)가 시행되는 동안 11.4% 상승했다. **양적 완화가 '수확체감의 함정(the trap of diminishing returns of QE)'에 빠지고 있는 것이다.**

오퍼레이션 트위스트(operation twist) 중앙은행이 시행하는 공개시장조작의 한 가지 방법으로 미국에서 1961년에 처음으로 실시했다. 한편에서 장기증권을 매입하고 다른 한편에서 단기증권을 매도하는 조작을 동시에 행함으로써 통화공급량을 변화시키지 않고도 장기이자율을 인상하고 단기이자율을 인하하거나 또는 그와 반대 경우의 효과를 거둘 수 있다. 장단기금리를 반대방향으로 움직이게 하기 때문에 이 이름이 붙었다. 장기 금리의 인하를 목적으로 한다는 점에서 '만기연장프로그램(MEW)'이라고도 부른다. 기본적으로 오퍼레이션 트위스트는 중앙은행의 기본적 역할을 벗어난 것이다. 중앙은행은 단기 금리 조정을 통해 목표를 추진했다. **시장경제에서 장기 금리의 결정은 미래에 대한 시장의 기대에 맡기는 반면, 연준은 시장(가격) 결정자 역할까지 수행한 것이다.** 즉 제로금리와 더불어 연준이 장기 채권을 상당 기간 보유하겠다는 것은 시장금리를 장기간 인위적으로 낮게 유지하겠다는 것으로 시장을 왜곡시킬 수밖에 없다. 미국 연준은 금융위기 이후 두 차례 시행했다. 2011년 8월 초 미국의 국가신용등급 강등 이후 글로벌 금융시장이 극도로 불안정해지자 연준은 2011년 9월부터 2012년 6월까지 6천억 달러 규모에 달하는 1차 오퍼레이션 트위스트를 시행했다. 그 결과 미국 10년물 국채가 3%에서 1.5~2%로 하락했다. 1차 오퍼레이션 트위스트가 종료되기도 전에 미국 경제가 2012년 2분기부터 다시 둔화되기 시작했다. 즉 **장기금리의 인하에도 불구하고 은행이 대출을 만들어내지 못했기 때문이다.** 이른바 '**저금리의 함정**'에 빠진 것이다. 그럼에도 연준은 다시 2012년 6월에 2,670억 달러 규모의 2차 오퍼레이션 트위스트를 2012년 말까지 연장하기로 발표했다. 오퍼레이션 트위스트마저 중단될 경우 정부 재정 부담(비용)의 증가와 경기 하강의 가속화를 우려했기 때문이다. 미국의 오퍼레이션 트위스트와 유사한 유럽중앙은행(ECB)의 정책이 '장기저리대출 프로그램(longer-term refinancing operations, LTRO)'이다. ECB는 2011년 12월과 2012년 2월에 두 차례에 걸쳐서 연 1%대 저금리로 3년간 1조 유로 규모의 자금을 빌려주었다. 대출에 대한 담보 증권으로 국채 뿐 아니라 지방채, 은행 선순위채 및 커버드 본드(covered bond, 은행이 신용으로 발행한 일반 채권이지만 담보자산에서 우선적으로 변제받을 수 있는 권리가 부여된 채권), 기타 무보증 금융채, 회사채, 자산담보증권 등으로 확대했다. 오퍼레이션 트위스트나 장기저리대출 프로그램은 기본적으로 부채의 만기를 연장시키는 프로그램이다. 즉 중앙은행의 대차대조표에 단기자산을 축소하고 장기 자산을 증가시키는 포트폴리오의 재구성에 불과하다. 즉 **연준의 오퍼레이션 트위스트나 ECB의 LTRO 모두 정부와 은행에 대해 '시간 벌어주기(Extend and Pretend Approach)'에 불과하다. 국가부채 관리가 구조적으로 해결되지 않는 한 미봉책에 불과하기 때문이다.**

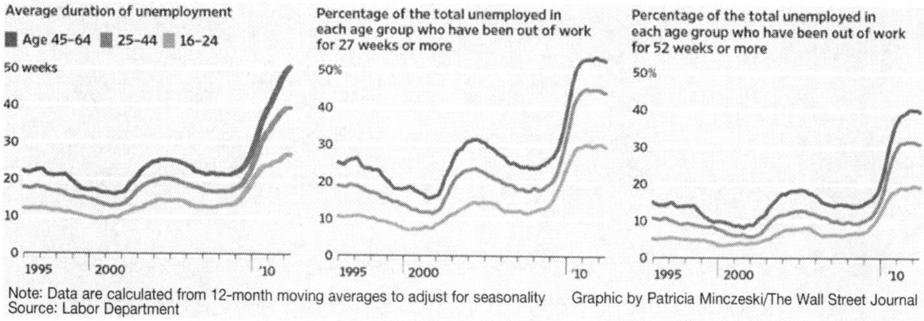

미국의 연령별 실업기간(주), 장기실업률(27주 이상과 52주 이상)

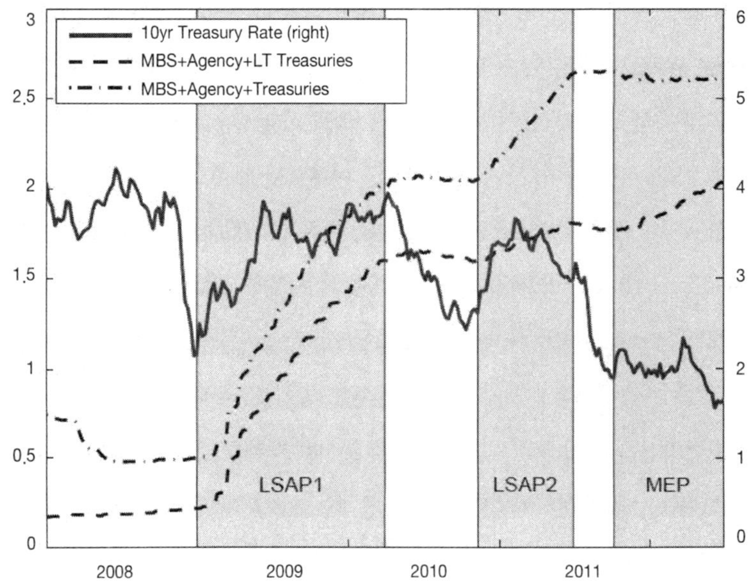

주: Michael Woodford, Aug. 31-Sep. 1, 2012, Methods of Policy Accommodation at the Interest-Rate Lower Bound, presented at the Jackson Hole Symposium.

장기금리에 대한 두 차례 양적 완화 및 오퍼레이션 트위스트의 효과

사실, 양적 완화의 실패는 이미 일본의 '잃어버린 20년'에서 입증되었다. 버냉키는 대공황 전문가이다. 대공황으로 박사학위(Nonmonetary Effects of the Financial Crisis in the Propagation of the Great Depression, 1983)를 받았다. 즉 그는 통화정책에 정통한 세계에서 손꼽히는 거시경제학자이다. 프린스턴대 교수로 재직하던 2000년에는 "일본의 잃어버린 10년은 일본은행(BOJ)이 초래한 자발적인 마비증세"라며 "BOJ가 경기부양을 위해 제로금리 이상의 수요 촉진책을 써야 했다"며 일본은행을 신랄하게 비난하기도 했다. 즉 미국의 양적 완화 조치처럼 BOJ가 직접 국채를 매입해 시장에 유동성을 공급했어야 한다는 주장이다. 사실, BOJ는 1999년부터 제로금리 정책을 폈고, 2001~06년간 '양적 완화'를 시행했고, 다시 2010년 10월부터 국채와 회사채를 시장에서 직접 사들이는 '양적 완화'를 시행했다. 그 결과 일본은행의 자산은 1999년 3월 말 79조 엔에서 2011년 8월 141조 엔으로 80%가 증가했다. 그러나 일자리 회복과 경기회복은 달성되지 않았다.

그럼에도 불구하고 미국의 **주식시장은 3차 '양적 완화'를 기대했다. 경제 체질을 약화시키더라도 유동성 공급으로 수익을 만들려는 시장의 추악함을 보여주는 것이다.** 양적 완화의 최대 수혜자는 자산보유자이다. 연준의 통화정책은 부의 재분배에 영향을 미칠 수밖에 없다. 예를 들어, 장기금리 인하를 명분으로 한 연준이 국채를 포함한 증권을 매입함으로써 증권 가격을 상승시키고, 시중 유동성 증대로 주가를 상승시키기 때문이다. 소득이 10만 달러 이상인 가계의 90%가 주식에 투자하고 있지만 3만 달러 미만 가계는 21%에 불과하다. 반면, (생명)보험회사나 연금과 더불어 가계 저축자 등은 큰 손실을 입었다. 앞에서 지적했듯이, 은행 위기를 구제한다는 명분으로 은행이 보유한 위험자산을 매입해주고 담보물 조건을 완화시켜줌으로써 은행의 리스크를 재분배하고, 유동성을 개선시켜주었는데 증권 매입으로 은행(월가)은 최대 수혜를 입었다. 그 결과 침체가 종료된 2009년 하반기 이후 모든 소득의 90% 이상이 상위 1%에 돌아갔다.

한편, 시장의 기대를 실망시키지 않고 버냉키는 2012년 9월 13일 세 번째 양적 완화 시행을 발표했다. 미국 경제가 회복되고 고용지표가 지속적으로 개선될 때까지 매월 400억 달러 규모의 **모기지담보부증권(MBS)을 무제한 매입**하겠다는 것이다. 게다가 연준은 2차 오퍼레이션 트위스트가 지난해 12월 종료되자 새로운 돈을 찍어 장기국채를 매달 450억 달러씩 사들이겠다는 4차 양적 완화를 발표했다. 즉 매달 850억 달러를 무제한 공급하겠다는 것이다. 여기에 제로금리도 2015년 상반기까지 연장하기로 발표했다. 구조조정의 지연으로 선진국 금융기관의 부실이 지속되고 있음을 의미한다. 그 결과 금융위기 이전 9천억 달러에 미치지 않았던 연준의 자산 규모는 2013년 1월 3조 133억 달러로 증가했고, 양적 완화가 지속되는 한 올해 말까지 4조 달러에 육박할 것으로 전망된다. 그러나 3차와 4차 양적 완화는 '탈선한 폭주기관차'의 마지막 모습이 될 가능성이 높다. 더 이상 양적 완화를 해야 할 이유가 없기 때문이다. 양적 완화 정책의 목표들인 금융스트레스의 완화, 장기 시장금리의 인하, 은행 대출 촉진, 위험자산 가격의 회복(상승) 등이 두 차례의 양적 완화를 통해 달성되었다. 즉 현재 금융스트레스는 존재하지 않는 상황이고, 인플레를 조정한 10년물 국채 수

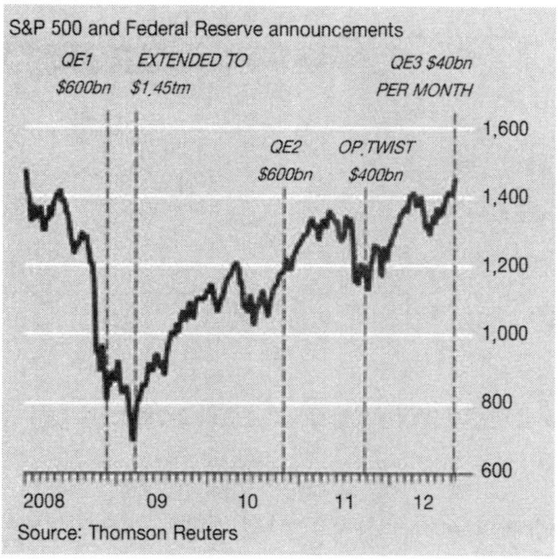

Economist, Sep. 22nd, 2012.

연준의 통화부양과 S&P500 지수

익률은 마이너스(-)이고, 2012년 7월 10일~9월 11일간 모기지 금리(30년 모기지 금리는 3.59%)와 고위험 회사채 수익률(예: 미국 하이일드 채권 수익률은 6.89%)은 역사상 최저 수준이고, 대다수 상업은행의 대출 집행은 정상화되었고, 주식과 상품 가격은 이미 2010년 수준 이상으로 회복되었다. 예를 들어, 1,2차 양적 완화는 주식시장이 급격히 후퇴할 때 시행되었다. 그러나 3차 양적 완화가 시행되기 시작한 2012년 9월은 6월 이래 S&P500 지수가 14%나 상승했을 정도로 이미 주식시장에 통화부양의 기대가 이미 반영되었기에 효과를 보기도 어렵다. 그런데도 2012년 8월 말 잭슨홀 미팅에서 버냉키는 이러한 목표들이 달성될 경우 일자리 창출 문제도 개선될 수 있다고 주장하고 있다. 좋은 일자리(decent jobs)가 만들어지지 않고, 소비자심리가 더 이상 자극되지 않는 상황에서 '돈 찍어내기'에만 매달리는 버냉키의 모습이 초라하게만 보인다.

사실, 양적 완화는 실패한 정책이다. 경기가 회복된다는 것은 돈이 돈다는 걸 의미한다. 그런데 아무리 돈을 공급해도 돈이 돌지 않는다. 그 이유는 차입자가 없기 때문이다. 첫째, 양적 완화로 풀린 돈은 곧바로 일반 가계나 기업으로 가지 않고, 대부분은

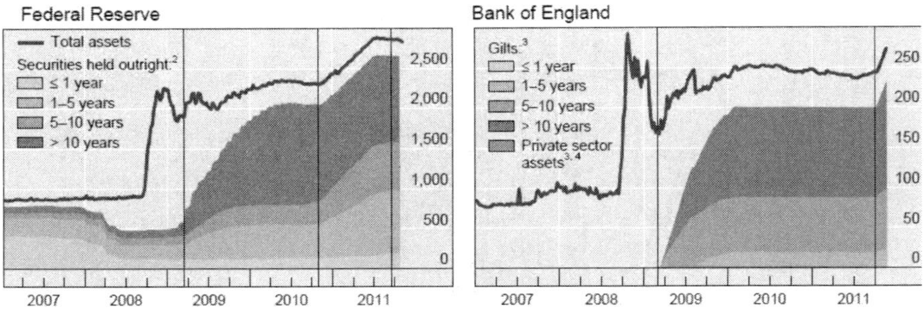

출처: FRB, Bank of England.

미국 연준과 영국은행의 대차대조표와 만기별 보유 자산

은행으로 간다. 실물경제의 주체는 은행이 아닌 가계와 기업인 반면, 이들은 이미 과도한 부채로 신음하고 있는 상태이다. 기존 빚을 갚기에도 벅차다. 현실이 이러니 아무리 초저금리 상황이라 해도 추가로 돈을 빌릴 여력이 없는 것이다. 둘째, 설사 여력이 있다 해도 빌릴 이유가 없기 때문이다. 돈을 빌리는 이유는 결국 투자 수익을 거두기 위함인데 경기침체로 그것이 어려워졌다. 셋째, 은행 입장에서도 돈 빌려줄 곳이 마땅치 않기 때문이다. 은행은 자산을 중앙은행에 팔아 천문학적인 현금을 보유하고 있지만 돈이 많다고 아무에게나 빌려줄 수는 없다. 은행은 돈을 빌려줄 때 리스크를 고려한다. 민간이 허약해 있는 현실에서 대출적격자를 찾는 건 어렵다. 버냉키는 인플레이션 기대심리 자극을 기대한다. 그러나 문제는 (주택이나 주식 등) 자산가치 인플레이션이 소비와 고용 증대 등으로 이어지는 선순환이 만들어지지 않는다는 점이다. 결국 풀린 돈의 대부분 혜택은 자산소유자에게만 돌아간다. 공짜 점심은 없다고 했듯이 자산소유자의 자본이득 실현은 나머지 미국민의 손실로 전가될 수밖에 없다. 연준이 제로금리와 국채매입 등 부양정책을 철회할 것으로 예상하는 2015년 이후 시중은행들의 초과지불준비금에 대한 이자 지출과 MBS 및 국채 가격의 하락에 따른 막대한 손실이 불가피하다. 연준의 적자는 결국 미국민들의 세금으로 전가될 수밖에 없다. 이러한 정책의 부도덕성과 더불어 연준의 통화 공급 증대에 따른 미래의 인플레 위협은 기본적으로 미국민의 몫이다.

문제는 미국이 통화정책이라는 미명하에 계속 찍어내는 달러가 단순한 미국 통화가 아닌 글로벌 (기축)통화로 전 세계로 유출되고, 그 결과 달러 가치의 하락과 해외로 자본 유출은 통화전쟁과 금융불안정을 야기할 뿐만 아니라 막대한 달러를 보유하는 신흥국에 자산 손실을 초래할 수밖에 없다는 점이다. 선진국은 양적 완화로 인한 통화팽창을 자국 내에서만 순환시키지 않는다. 이 돈 중 상당액은 해외로 빠져나간다. 자국 내에서는 투자 효과를 기대할 수 없으니 싸게 빌린 돈을 이용해 다른 국가의 자산시장에 투자하는 것이다. 이른바 캐리 트레이드를 통한 '자본이득의 실현'이다. 선진국의 금융기관들은 제로금리로 빌린 돈을 신흥국의 자산시장에 융단폭격을 하듯 퍼붓고 있다. 생산적 활동에 쓰여야 할 돈이 어느덧 투기의 목적으로 세계를 유린하고 있다. 물론, 신흥국 은행들 스스로도 자금조달 비용을 낮추기 위해 선진국 은행들로부터 차입을 늘린다. 그 결과 신흥국 통화가치는 하락하여 거시경제 안정성을 위협하고, 신흥국에서의 리스크 추구의 증가는 자산시장 안정성을 훼손시킨다.

국가부채의 화폐화와 중앙은행의 재정기관화

두 차례 '양적 완화'는 금융위기 이후 악화되던 미국 사회의 균열을 더욱 심화시켰다. 즉 연준이 정치화되고 통화정책이 이데올로기 문제로 비화되었기 때문이다. 예를 들어, 2010년 11월 선거에서 다수당이 된 공화당은 2차 '양적 완화'가 자산버블과 인플레이션의 원인이 된다며 연준을 공격했다. 심지어 공화당 일부 의원들은 연준의 목표에서 물가안정만 남기고 완전고용 달성은 제거해야 한다고 주장했다. 역설적인 것은 연준 의장 버냉키를 부시 주니어가 임명했을 뿐만 아니라, 개인적으로는 공화당원이라는 사실이다. 특히, 공화당 지도자들은 버냉키의 양적 완화가 국가부채를 화폐화시킴으로써 재정적자를 더욱 심화시키고 있다고 비난했다. 중앙은행의 '양적 완화'는 국채 매입, 즉 국가부채의 증대로 이어지고, 국가부채는 정부의 조세권에 기초하고 있기 때문이다. 미국의 '양적 완화'는 '오퍼레이션 트위스트(operation twist)' 혹은 만기연장 프로그램(MEP)과 마찬가지로 대부분 국채 매입과 관련이 있다는 점에서 **중앙은행이 사실상 재정정책을 수행하는 것을 의미**한다. 즉 **국가부채의 화폐화는 금융안정을 명분으로 중앙은행이 '비선출' 재정기관의 역할을 수행하는 것**이다. 그런데 **이는 "대표 없이 조**

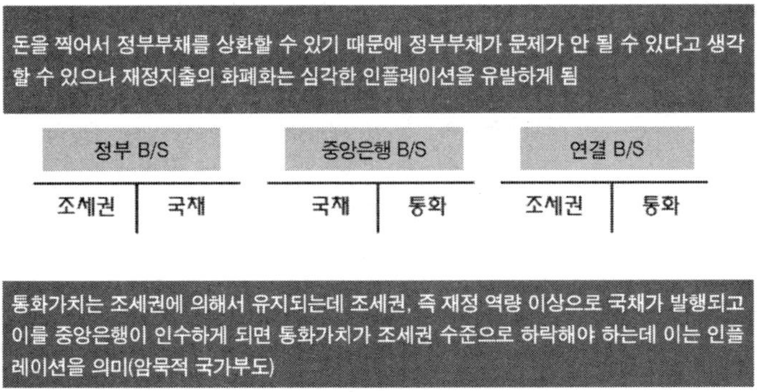

국가부채의 화폐화

세 없다"는 조세법정주의(과세의 요건과 조세 행정절차를 엄격하게 법률로 규정하도록 하는 원칙, 한국의 경우 헌법 59조)**를 위반하는 것**이다. **연준이 정치화된 이유**이다.

연준의 '양적 완화'에 대한 정치적 압력의 증대는 연준 내부의 분열로 발전했다. 예를 들어, 캔사스시티 연방준비은행의 톰 호니그(Tom Hoenig) 총재는 2차 '양적 완화'를 '악마와의 협상'이라며 비난했다. 연준 이사 중 또 다른 한 명이자 그동안 버냉키의 충성스러운 협력자였던 케빈 워시(Kevin Warsh)도 '양적 완화'의 효과에 의문을 제기하는 칼럼을 2차 '양적 완화'를 발표한 5일 후인 2011년 11월 8일에 <월스트리트 저널>에 실었다. 전임 의장인 그린스펀조차 2차 '양적 완화' 종료 하루 전 CNBC와의 인터뷰에서 "지난 2년 가까이 '양적 완화' 조치로 투입한 2조 달러의 유동성이 신용경색을 완화하거나 경기를 부양하는 데 별로 효과를 발휘하지 못했다"고 혹평하며 3차 '양적 완화'는 달러화 가치만 계속 떨어질 것이라며 반대 입장을 표명했다.

사실, '양적 완화'는 현재 상황에 쫓겨 미래 재원의 무차별적 투입에 따른 대가(비용)의 장기지속성을 고려하고 있지 않다. 예를 들어, 국채 및 통화 가치의 위기, 그리고 언젠가 유발 가능성이 있는 하이퍼인플레이션을 고려하지 않는 것이다. 즉 금리 인상의 시점에 회복에 대한 자신감을 약화시키지 않고 금융시장이 다시 불안정으로 발전하지 않으면서, 동시에 인플레 기대심리가 상승하지 않도록 신속하게 수행해야 하는 출구(exit) 문제는 정책 실수로 귀결될 가능성이 높다. 더구나 국가부채가 증가하는 상황에서는 금리 인상의 어려움으로 출구 시점을 놓치기 쉽다. 무엇보다 해외로 유출된 달러 규모를 고려할 때 통화량 및 금리 결정에 대한 연준의 독점력은 보장되기 어렵다. 또한, 국가부채의 화폐화가 재정적자를 심화시킬 경우 인플레이션을 통해 국가부채를 해결하려는 유혹에 빠질 수 있다. 인플레이션은 기존 화폐의 가치 하락을 의미한다. 2011년 중간선거에서 공화당의 승리에 크게 기여한 '풀뿌리 보수운동'인 '티파티 운동(Tea Party Movement)'의 주도자들이 '양적 완화'를 납세자의 돈을 빼앗아 가려는 연준과 골드만삭스 간의 음모라고 주장하며 연준을 폐지하고 금본위제로의 복귀를 주장했을 정도이다.

그런데 인플레이션을 통한 국가부채 해결도 쉽게 달성되기 어렵다. 무엇보다 인플레이션을 통해 효과를 보려면 장기부채가 많아야 한다. 2차 오퍼레이션 트위스트가 종료하자 연준이 4차 양적 완화를 통해 장기국채 매입을 지속하는 이유 중 하나이다. 그런데 향후 투자자들이 인플레율 상승을 예상하면 장기부채에 대해서는 보다 높은 수익을 요구할 것이고 채무 조달 비용은 증가되기 때문에 효과를 보기 어렵다. 또한, 자산가치 하락에 대한 해외채권자의 우려 증대는 달러표시 자산과 달러 처분 압력 증대로 이어질 수 있고, 그로 인한 달러 가치 하락과 이자율 상승은 부채 해소를 어렵게 한다. 오히려 달러가치 하락은 수입 비용을 상승시킴으로써 인플레이션과 임금 상승 압력으로 이어져 스태그플레이션을 초래할 가능성도 배제하기 어렵다.

중앙은행의 양적 완화는 미국에 국한된 것은 아니었다. 중앙은행들의 자산은 18조 달러에서 계속 증가하여 글로벌 GDP의 약 30% 수준에 달하고, 이는 10년 전에 비해 두 배 증가한 규모이다. 특히, 2011년 말 기준 세계 주요 4대국 중앙은행의 대차대조표(부채) 규모를 보면 금융위기 전부터 2011년 말까지 3배나 증가했다. 그 결과 대차대조표 규모가 미국 연준의 경우 GDP 대비 19%, 영란은행이 24%, 일본은행이 30%, 유럽중앙은행이 33%에 달하고 있다. 예를 들어 유럽중앙은행의 경우 글로벌 금융위기 직후와 2010년부터 유로존 위기가 부상하면서 '회원국 국채매입 프로그램(SMP, Securities Markets Programmes)' 및 '커버드본드 매입 프로그램(Covered Bond Purchase Program, CBPP)'을 운용한 결과 ECB의 부채가 크게 증가했다.

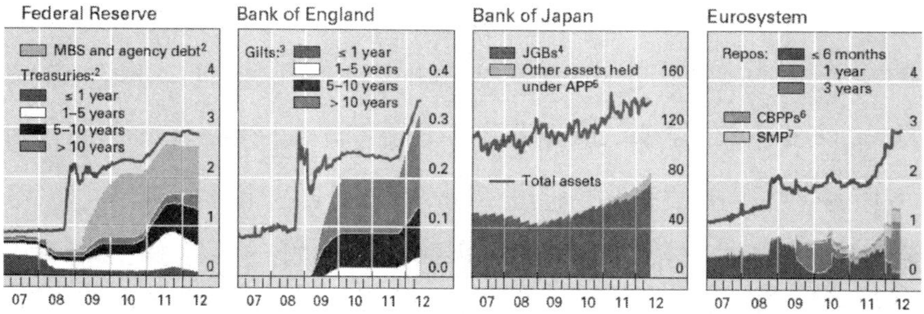

주: 단위는 각국 통화단위; Gilts는 자산구매기구(Asset Purchase Facility) 보유의 우량 채권;; JGB는 일본 국채, APP(Asset Purchase Program)는 CP, 회사채 등의 자산구매프로그램.

출처: BIS, 2012, 82nd Annual Report, p. 37.

금융위기 이후 주요 4개국 중앙은행의 대차대조표 규모의 증가(단위: 조)

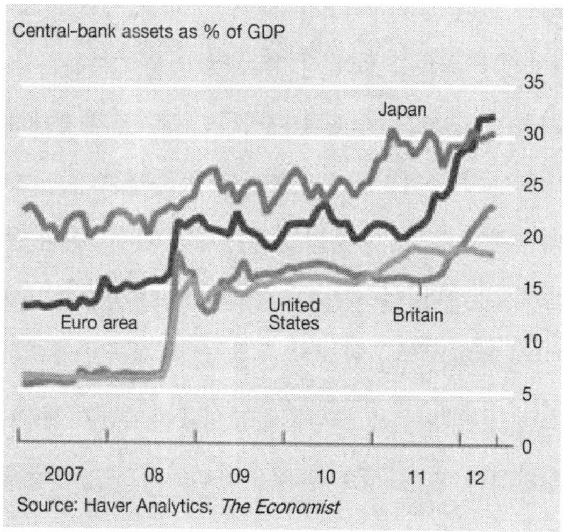

출처: Economist, June 23rd, 2012.
http://www.economist.com/node/21557333

주요 4개국 중앙은행의 자산 규모의 변화(GDP 대비, %)

다음 위기는 선진국 중앙은행발 리스크

오늘날 중앙은행이 대차대조표의 자산 규모를 증가시키거나(통화프린트), 대차대조표의 포트폴리오를 재구성(오퍼레이션 트위스트 혹은 장기저리대출프로그램에 의한 단기와 장기 자산의 교환)해서 경제 및 금융 문제들을 모두 해결할 수 있다고 믿는 사람은 거의 없다. 대차대조표의 자산 규모 증가나 자산 구성의 변화로 디레버리지를 유도할 수 없고, 건설 및 금융 과잉 등 부문별 불균형을 시정할 수 없고, 경제주체들의 지불능력을 개선할 수 없기 때문이다. 물론, 풍부하고 조건 없는 유동성 지원과 제로금리 정책 등 중앙은행의 통화완화 정책이 민간 및 정부 부문으로 하여금 단기적으로 대차대조표를 복구하고, 은행과 정부의 지불능력 문제를 해결할 시간을 벌어주고, 무질서한 디레버리지와 파산을 막은 것은 사실이다. 그러나 중앙은행의 제로금리와 대차대조표 정책이 과잉 부채를 해결해주는 것은 아니고, 자금중개기능을 가로막고 있는 금융시스템의 손상을 복구시켜주는 것은 아니다. 즉 **민간 및 정부의 부채 부담과 금융기관의 대차대조표 손상을 해결하고 스스로의 힘으로 지속가능한 활력을 복구시키는 직접적 해결책이 될 수가 없기 때문이다.**

오히려 통화완화 정책의 지속은 많은 부작용을 잉태하고 있다. 첫째, **경제주체들의 대차대조표 문제, 즉 부채 구조조정을 정면으로 해결할 인센티브를 축소시킨다.** 특히, 재정의 지속가능성을 복구하기 위해 필요한 재정건전화와 구조개혁을 지연시킬 수 있다. 그리고 중앙은행의 자금 공급에 의존하고 있는 은행의 생존 및 부채 상환 능력이 과대평가된다. 둘째, **저금리의 장기 지속은 은행의 순이자마진(NIM, 자산을 운용해 낸 수익에서 조달비용을 차감해 운용자산 총액으로 나눈 수치)을 부식시킨다.** 비이자소득원의 증가에도 불구하고 2011년 미국 전체 은행 수입의 64%는 순이자소득(net interest income=이자 수입-조달자금 이자비용)이었다. 2007년에서 10년간 순이자소득은 7% 증가했다. 그런데 2011년의 순이자마진은 3.6%로 지난 20년간 가장 낮은 기록을 했던 2006년 4분기의 3.2%보다 11% 높은 수준에 불과했다. '오퍼레이션 트위스트'에 따른 장기금리가 하락함에 따라 장단기 금리 차이가 좁혀져 순이자마진이 하락한 것이다. 고정소득 자산의 수익 하락은 특히 생명보험회사와 연금에 타격을 입힐 수밖에 없다. 실제로 미국 주 정부는 연금 운용 수익의 감소로 연금 고갈의 위기를 맞고 있다. 예를 들어, 캘리포니아 교원연금의 경우 연금 수지 균형을 위해서 운용수익은 7.5%를 유지해야 하는데 현재의 금리 수준에서는 불가능하다. 과거 90년대 말과 2000년대 초 일본 생명보험회사의 파산이 그것이다. 생명보험회사와 연금의 자기 방어는 궁극적으로 가계와 기타 금융기관으로 리스크를 이전시킨다. 셋째, **장단기 초저금리는 또 다시 과도한 리스크 추구를 만들어낸다.** 미국 투자은행 JP 모건체이스의 파생상품 투자 손실 등 최근 일부 금융기관들의 대규모 거래 손실이 그것이다. 인위적인 자산가격의 인플레이션은 금융불안정 리스크를 키워 다음 위기로 급속히 이어질 수 있는 조건을 만들고 있는 것이다. 넷째, 중앙은행이 시장결정자 역할을 하는 공격적이고 지속적인 통화완화는 **금융시장을 왜곡시키고 후에 통화완화로부터 출구를 어렵게 할 것이다.** 마지막으로 **통화정책과 재정정책의 경계가 없어짐으로써 중앙은행의 독립성을 훼손시켜 정책의 신뢰성을 약화시킨다.** 요약하면 **선진국 중앙은행들은 기본적으로 후세대의 돈이나 미래의 하이퍼인플레이션을 갖고 도박 중**이다. 즉 **선진국 중앙은행이 만들어낼 리스크는 다음 위기의 주요인 중 하나**가 될 수밖에 없다.

통화전쟁과 달러의 폭력 그리고 기축통화의 위기

'양적 완화'는 2차부터 해외로부터도 강한 비난을 받았다. 선진국의 '돈 찍어내기'는 글로벌 과잉유동성을 만들어냄으로써 상품가격과 자산가격의 상승 등의 원인으로 작용했기 때문이다. 예를 들어, 시중은행들에게 공급된 풍부한 유동성은 수익이 낮은 준비금으로 중앙은행에 예치하기보다는 수익이 높은 자산으로 바꿀 동기를 갖게 되고, 이는 민간 포트폴리오 투자 수요의 차입 비용을 낮춤으로써 자산가치를 상승시킨다. 특히, 선진국과 신흥시장국 간의 이자율 격차는 신흥시장으로 자본 유입을 초래하여 통화가치를 절상시킨다. 신흥시장국 중앙은행들은 수출과 성장 둔화 등 거시경제안정의 훼손을 방지하기 위해 통화완화를 추구할 수밖에 없고, 이는 신용 팽창과 자산가격 상승을 초래한다. 게다가 상품가격 상승은 신흥시장국의 물가안정을 훼손시킨다. 2000년대 초까지 안정을 보였던 국제 상품가격은 미국 연준이 기준금리를 1%까지 인하했던 2003년 하반기부터 급등하기 시작했고, 미국에서 서브프라임 모기지 사태가 확산되며 달러 가치가 하락세를 보였던 2008년 상반기에 다시 한 번 폭등한 바가 있다. 리먼 파산 이후 안전자산(달러)에 대한 수요가 증가하며 상품가격은 폭락을 했다가 2차 양적 완화 이후 또 다시 폭등했다. 유로존 사태 재발에 따른 안전

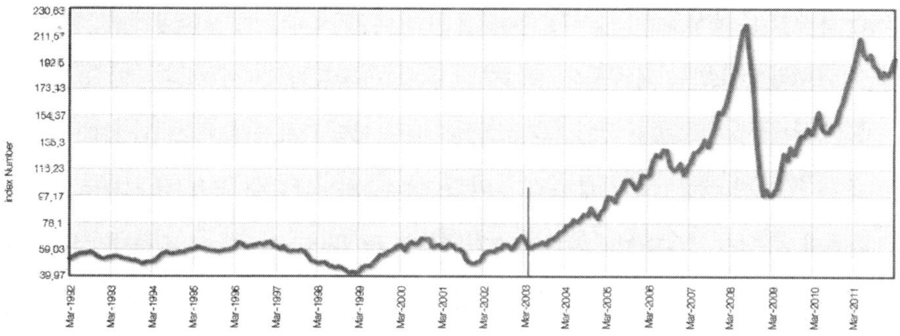

주: 상품가격에는 에너지 및 비에너지 모든 상품을 포함.

국제 상품가격지수의 추이(2005년=100)

자산(달러)의 수요 증대와 경기 후퇴로 하락세로 반전했으나 여전히 높은 수준에 있다.

2010년 8월 버냉키가 2차 '양적 완화'를 언급한 후 브라질의 헤알화가 강세를 보이자 브라질 재무장관 기두 만테가(Guido Mantega)가 2010년 9월 27일 '국제 통화전쟁'을 거론하며 미국의 양적 완화를 거세게 비난한 배경이다. 달러화 약세를 방치하는 미국의 통화완화 정책이 브라질로의 자본유입 급증으로 이어져 자산가격 인플레, 통화가치의 절상과 수출 감소 등 경제 불안정을 증대시켰기 때문이다. 금융위기 이후에도 국제결제통화를 공급하는 선진국들은 국제결제통화 공급자로서 글로벌 경제에 대한 책임보다는 자국의 이해를 중심으로 통화완화 정책을 수행함으로써 '통화전쟁'을 야기했다. 이처럼 선진국의 제로금리 정책과 양적 완화는 '캐리 트레이드'와 결합되어 정작 필요한 국내 부문으로의 자금은 분배되지 않고 국제 갈등만 심화시키고 있다. 즉 계속적인 '캐리 트레이드'의 진행 속에서 신흥국 중앙은행은 통화의 평가절상을 차단할 필요가 있다. 이와 같은 환율 압력은 변동환율제가 중앙은행의 통화 독립성을 보장한다는 경제학의 명제를 부정하는 것이다. 2001~11년간 신흥국 외환보유고가 1조 달러 이하에서 7조 달러로 급증했듯이 중앙은행의 개입은 막대했다. 천문학적 외환보유고를 통화 발행으로 모두 상쇄시킬 수 없고, 그 결과 상품가격에서의 전 세계 버블과 선진국보다 높은 인플레이션을 야기한다. 통화전쟁의 배경이다. 이런 점에서 **통화전쟁은 선진국의 금융위기가 국가부채 위기로 그리고 다시 통화위기로 진화**

한 결과이다. 화폐(달러) 가치의 하락은 달러화의 재앙, 즉 미국의 재앙에서 그치는 것이 아니라 글로벌 경제의 독이 될 수밖에 없다. 기축통화로서 달러 위상의 추락과 더불어 국제통화시스템과 국제금융시스템에 대한 개혁 필요성의 목소리가 증대하는 이유이다. 즉 미국 경제의 침체를 막기 위한 **연준의 달러 살포는 강달러를 전제로 한 변동환율제, 즉 달러 본위제(브레튼우즈 체제 II)의 근간을 무너뜨릴 가능성**이 높다. **최근의 강달러는 유로존 위기로 대체 안전자산인 유로가치의 하락에 따른 반사이득에 불과**하다. **달러 가치의 변동성을 증대시킨다는 점에서 3차 '양적 완화'는 달러 리스크를 증대시킬 뿐**이다.

이처럼 환율전쟁의 재점화와 보호주의 확산의 원인으로 작용하는 '양적 완화'는 글로벌 경제의 회복에 찬물을 끼얹는 행위이다. 즉 주요국의 양적 완화는 해당국의 장기금리를 하락시킬 뿐만 아니라 글로벌 유동성 증가 → 위험 자산 선호 → 신흥시장 자본시장에 해외자금 유입 → 신흥국 통화 강세 → 수출 경쟁력 약화 → 경기 둔화는 신흥국으로 하여금 환율 방어를 위해 외환시장에 개입하게 하고 매입한 달러 등은 다시 미국 등 선진국의 채권 매입에 투입되고 장기금리를 추가 하락시킨다. 즉 단기와 장기금리 모두 사실상 제로금리의 함정에 빠지고, 자산가치 인플레와 1차 상품가격 인플레 등을 야기하여 **'글로벌 경제의 좀비경제'화가 진행**되고 있다. 연준이 3차 양적 완화를 발표한 후(9월 20일) 기도 만테가 브라질 재무장관이 미국에 거듭 '환율전쟁'을 경고했다. 중국의 비난 역시 고조되고 있다. 리우 밍캉 중국 은행감독위원회 전 위원장이 연준의 3차 '양적 완화' 조치에 대해 즉각 "무책임하다"고 비난했고, 추이톈카이(崔天凱) 중국 외교부 부부장은 한 달 후인 10월 16일 연준의 QE3가 신흥국의 금융불안을 가중시키고 인플레이션 압박도 더해질 것이라고 비판했다.

2012년 말부터 일본 아베정부가 무제한 양적 완화에 가세하면서 통화전쟁이 파국으로 치닫고 있다. "세계적인 생산, 고용 및 무역 회복 노력과 일치한다"며 자신의 무제한 양적 완화는 정당하다고 강변하는 미국은 일본의 조치에 대해서도 디플레이션을 탈피하려는 정당한 통화정책이라며 지지했다. 그러면서 "신흥국의 의도적인 환율개입은 보호주의 우려를 확대시킬 수 있다"며 이중 잣대를 들이대고 있다. '미국 리더십'의 위기이다.

제14장

삽질 프로젝트와 재정위기

2007~09년간 위기는 금융위기였던 반면, 그 이후 현 단계 글로벌 위기는 재정위기에서 비롯한다. 경기 부양과 은행 구제의 결과였다. 즉 금융위기가 실물위기로 전이・확산되면서 세계 각국은 대규모 재정을 투입했다. 미국의 전미경제조사국(NBER)은 2007년 12월부터 미국의 경기 침체가 시작됐다고 선언했다. 경기침체에 대한 주류경제학의 가장 강력한 대응 수단은 금리 조절이다. 80년대 이후 재정투입에 의한 경기부양은 학계에서 사실상 퇴장 당했다. 신자유주의 득세 속에서 당연한 귀결이었다. 그러나 2007년 8월부터 금융위기가 본격적으로 그 모습을 드러냈음에도 불구하고 주류경제학은 한마디로 여유만만이었다. 유동성 위기가 시작된 2~3주 후 연준의 이사이자 화폐금융 분야의 최고 전문가 중 한 명으로 평가받던 미시킨(Mishkin)은 연준의 잭슨홀 연례 심포지엄에서 확신에 가득찬 연설을 했다. 연준의 모델에 기초해 시뮬레이션을 해본 결과 미국의 주택가격이 향후 2년 내 20%까지 하락하더라도 GDP 0.25% 감소와 실업률 0.1% 증가에 불과할 것이고, 이 정도 슬럼프는 연준이 기준금리 1% 인하로 관리할 수 있다고 주장했다. 그런데 앞에서 보았듯이 당시 5.25%에 있던 금리는 제로금리 수준으로 인하하고, 두 차례의 양적 완화 및 오퍼레이션 트위스트 등을 시행했지만 미국 경제는 깊은 늪에 빠져 헤어나지 못하고 있다. 이런 점에서 **글로벌 금융위기는 주류 통화이론의 사망**이기도 하다.

글로벌 경기침체에 놀란 세계 주요 20개국 정상들은 2009년 4월 영국 런던 2차 G20 정상회의에서 경기부양을 위해 2010년 말까지 5조 달러를 투입하기로 합의했다. 경기부양 공조와 보호무역주의 배격 등 각국의 정책 공조를 통해 세계 경제성장률을 4%로 끌어올리고 1,900만 개의 일자리를 창출하기 위해 노력하기로 합의한 것이다. G20 정상회의 합의에 앞서 미국 의회는 2009년 2월 17일 GDP의 약 5% 수준인 7,870억 달러 규모의 2년간 재정부양 프로그램인 '미국 회복 및 재투자 법(American Recovery and Reinvestment Act, AARA)'을 통과시켰다. 동 법안에는 감세와 가계 및 실직자에 대한 지원으로 2,500억 달러, 주 정부와 지역 정부에 대한 지원 1,500억 달러, 기업에 대한 감세 1천억 달러, 사회간접자본 프로젝트 지출에 2,000억 달러 등이 포함되어 있었다. 재정투입은 경기부양 효과를 발휘했다. 다음 그림에서 보듯이 재정투입이 없었더라면 미국 경기침체는 악화일로를 걸었을 것이다. 재정투입의 덕택으로 미국경제는 2009년 6월 저점을 찍고 그해 하반기부터 성장률이 반등하면서 출구전략까지 논의하기 시작했다.

그러나 '고용 없는 경기회복' 현상은 이번에도 예외가 아니었다. 저점을 찍은 2009년 6월 실업률은 9.5%였으나 그해 10월에는 10.1%를 기록했고, 2010년에도 대부분 기간 동안 9.5% 이상을 기록했다. 실제로 경기에 대한 낙관적 전망은 1년간 지속되었을 뿐이다. 재정투입의 효과는 2010년 하반기부터 소멸되었다. 이는 가처분소득과 임금 그리고 소비의 추이에서도 확인된다. 재정부양의 효과는 닷컴버블 붕괴 이후의 2001~02년 침체와 금융위기 이후의 침체 시기 모두에서 확인된다. 즉 실질 가처분 소득이 실질 임금보다 빠르게 증가했는데, 이는 공공부문의 순이전에 의해 유지된 것이었다. 쉽게 말해 정부가 지출한 돈의 일부가 가계소득으로 이전된 결과였다. 그런데 부양 효과는 2011년 1분기를 계기로 소멸되었다.

이에 오바마 정부는 대규모 추가 부양책은 더 이상 없을 것이라는 기존 입장을

출구전략 경기침체기에 경기를 부양하기 위하여 취했던 각종 완화정책을 경제에 부작용을 남기지 않게 하면서 서서히 거두어들이는 전략을 의미한다. 예를 들어, 제로 수준까지 인하했던 기준금리와 양적 완화, 그리고 재정지출의 확대 등으로 과도하게 공급된 유동성이 경기가 회복되면서 인플레이션을 만들 우려가 있기에 통화 환수를 해야 하는데 적절한 시기를 결정하는 것이 중요하다.

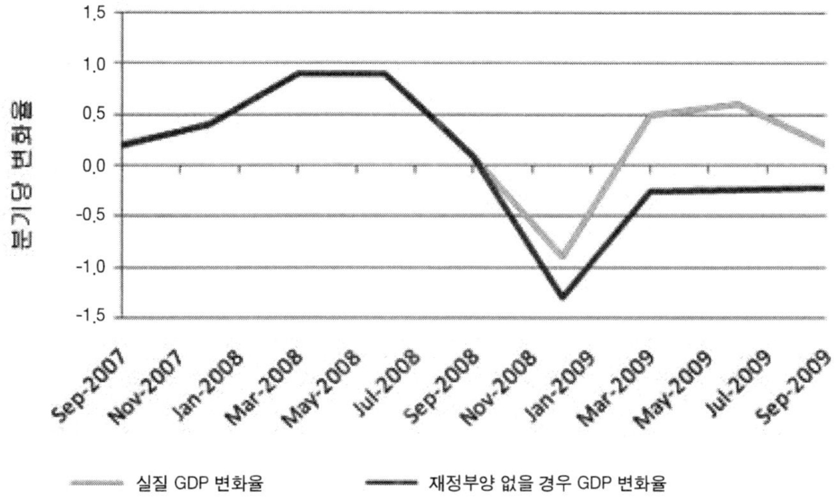

재정부양 유무 시 실질GDP 변화율

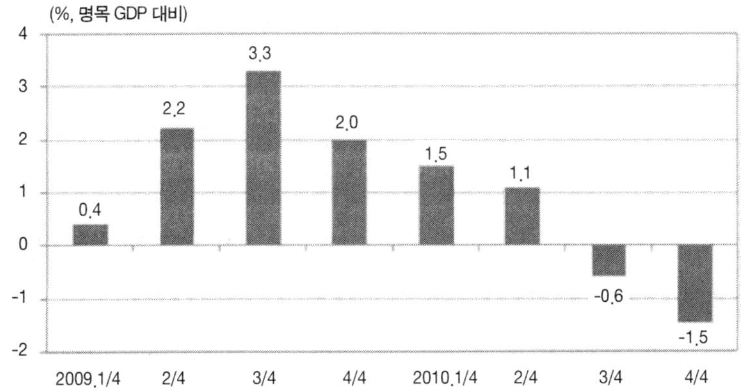

출처: Goldman Sachs; Mark Zandi, June 22, 2009, U.S. Fiscal Stimulus Revisited, Moody's Analytics.

경기부양의 실질 GDP에 대한 기여도(%포인트)

바꾸어 2010년 9월 6일 향후 6년간 도로 재건과 철도 그리고 공항 활주로 건설 등 500억 달러의 인프라 건설투자를 핵심내용으로 하는 추가 경기부양책을 발표했다. 또한, 향후 2년간 기업들이 컴퓨터나 각종 설비를 새로 구입하기 위해 지출한 비용 전액(총 2천억 달러 규모)에 대해 세액공제 혜택을 제공하고, 기업의 연구개발(R&D)

투자에 대한 영구적 세액공제(향후 10년간 1천억 달러의 세수 감소 효과) 방안 등을 발표했다. 그러나 고용 효과에 대한 의구심과 재정적자에 대한 부담 등으로 공화당은 물론이고 민주당 내에서도 반대 목소리가 높았다. '삽질 인프라 프로젝트(shovel-ready infrastructure projects)'로 좋은 일자리 창출이 불가능했기 때문이다. 재정투입에 의한 경기부양은 민간지출이 죽어 있는 상황에서 민간부문의 활력을 살려내고, 그 결과 성장의 추진력이 확보되고 세수가 증가하여 국가부채 규모도 정상화시키는 '마중물' 같은 역할을 수행할 때 의미가 있다. 즉 민간부문의 회복과 지속가능한 성장은 가계소득을 실질적으로 개선시킬 수 있는 일자리 증대를 전제로 한다는 점에서 재정부양의 성공 여부는 좋은 일자리의 창출로 이어지느냐에 달려 있다. 2010년 미국의 일인당 GDP는 47,249달러였다. 그런데 오바마 정부의 재정 투입으로 만든 대부분 일자리는 앞에서 지적했듯이 미국민이 원하는 일자리가 아니었고, 상당 부분은 임시직이었다. 특히 사회간접자본 분야에 지출은 기업의 수익 증대에는 기여할 수 있으나 일자리의 질은 물론 양도 그 효과가 작을 수밖에 없었다.

각국 정부들은 과거 경험의 연장선에서 재정부양 수단으로 사회간접자본 프로젝트를 선택하는 경향이 있다. 그런데 사회간접자본 시설이 부족한 후진국에서는 이러한 재정 프로젝트가 효과를 거둘 수 있는 반면, 이미 충분한 시설을 갖춘 선진국에서는 좋은 일자리와 연결되기 어렵고, 기계와 장비 등의 의존도가 높아지면서 만들어지는 일자리 수도 크지 않다. 즉 선진국에서의 삽질 토목사업은 경기부양의 효과가 제한적이면서 국가부채만 증대시킬 가능성이 높다. 일본의 '잃어버린 10년'은 반면교사이다. 실제로 미국의 경기부양책은 고용을 기준으로 볼 때 실패했다. 경기부양책으로 2012년 하반기에는 실업률이 5%대 중반으로 떨어질 것으로 기대했지만 실제 실업률은 여전히 8% 가까운 높은 수준에 머물러 있다. 실업률은 정부 예상보다 매우 느리게 감소하고 있다.

또한, 오바마 행정부의 재정부양은 국민의 생활경제와 직접 관련 있는 주 정부에 대한 지원이 부족했고, 그 결과 재정 압박을 받는 주 정부들은 재정 규모를 축소하고 사람들을 해고했다. 수년을 끄는 길고 깊은 경제 침체에는 보다 높은 수익률을 낼 수

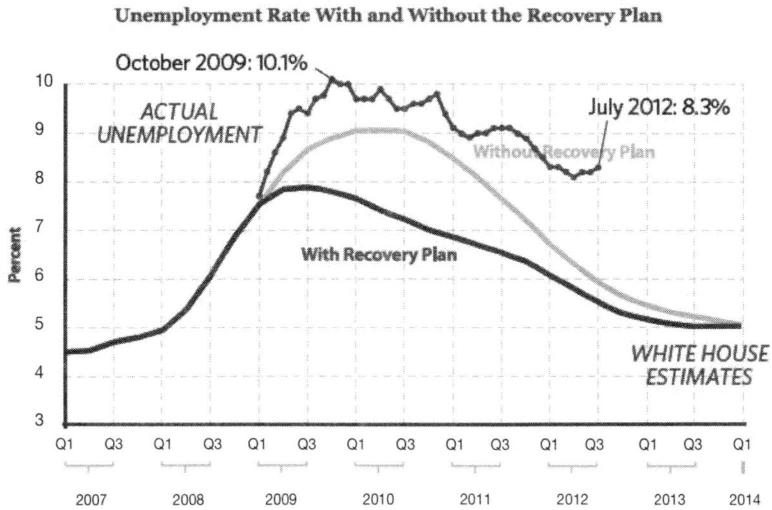

출처: the Bureau of Labor Statistics; Christina Romer and Jared Bernstein, "The Job Impact of the American Recovery and Reinvestment Plan," January 10, 2009.

경기부양책에 따른 예상 실업률과 실제 실업률

있는 장기적 프로젝트의 설계가 필요한 반면, 장기 프로젝트 마련에 필요한 비전을 제시하지 못했다. 게다가 재정부양 자금의 1/3이 투입된 세금 감면은 디레버리지 상황에서 경기를 자극하는 데 효과를 기대하기 어렵다. 은행에 대한 (자금) 지원 역시 기업 혁신과 일자리 마련으로 연결되기 어려운 것이었다. 실업을 감소시키려는 정부 영향력이 점점 쇠퇴한 또 하나의 원인은 경제의 글로벌화에 따른 영향이다. 자본통제의 종언에 따른 글로벌 채권시장의 성장으로 자신의 통화 가치 및 이자율을 결정할 수 있는 정부 능력이 부식되었듯이, **개도국으로 저비용 제조업의 재배치와 글로벌 공급 체인의 구축은 정부가 일자리를 창출할 수 있는 여지를 소멸시키고 있다.** 개도국의 산업화 진전으로 기업 단위로 생산과정이 분산되었고, 산업 단위의 복합체가 구성되었다. 따라서 한 국가의 재정투입 효과는 글로벌 공급 체인을 통해 분산된다. 글로벌 금융위기 이후 경기침체에 대응하기 위해 G20 정상회담이 재정부양의 국제 공조를 추진했던 이유이다. 또한, 2011년 3월 일본의 지진과 쓰나미로 인한 글로벌 공급 체인의 훼손이 자동차, 전자 분야 등 글로벌 기업들의 연쇄적 조업 중단으로 이어지며 글로

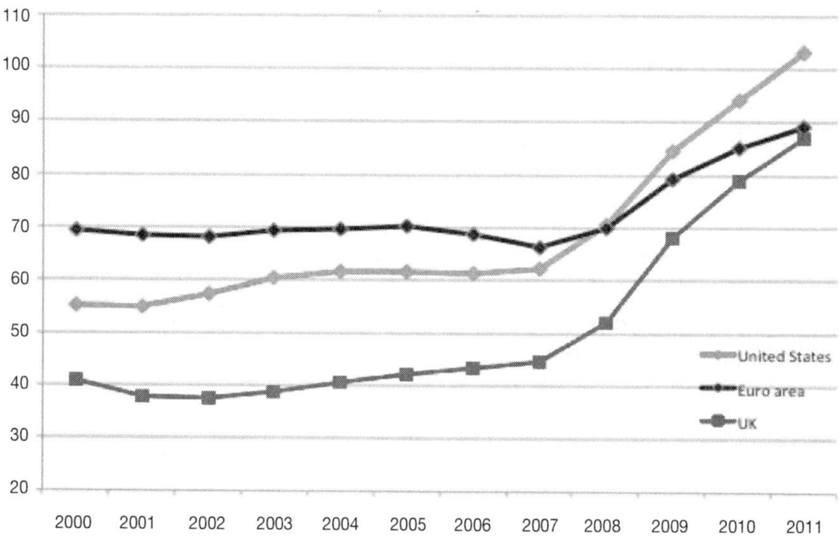

출처: European Commission, Ameco. P. Grauwe and Y. Ji, July 2012, Self-Fulfilling Crises in the Eurozone: An Empirical Test, Figure 1.

미국과 유로존 그리고 영국의 정부 총부채(GDP 대비 %)

벌 경제에 타격을 입힌 이유이다.

한편, 2010년 봄부터 재정위기가 부상하면서 유로존을 중심으로 긴축으로 선회했다. 참고로 유로존의 재정부양 규모는 미국보다 작았다. 미국의 재정부양 규모가 GDP의 5% 이상이었던 반면, 유로존의 경우 2009년에 GDP의 약 1% 그리고 2010년에 1% 미만에 불과했다. 2011년에도 유로존에서 발행된 모든 정부 채권은 8조 유로(10.5조 달러)였던 반면, 미국 국가부채는 14.3조 달러를 돌파하여 유로존 전체 재정적자는 GDP 대비 4.1%, 미국은 9.6%였다. 사실, **'통화 네트워크'라는 구조적 특성상 유로존의 국가부채 문제가 부각되었지만, 금융위기 이후 국가부채의 증가는 미국과 영국이 유로존보다 더 빠르게 증가했고, 2012년 기준 GDP 대비 국가부채의 비중은 미국이 유로존보다 약 16%나 크다**. 즉 2007년에서 12년간 유럽의 국가부채가 GDP 대비 19% 가량 증가한 반면 미국의 국가부채는 36% 이상 증가했다. 사실, 공식적인 미국의 국가채무는 정확한 실상을 드러내지 못한다. 미국 의회예산국(CBO, 2011년 6월)이 분석한 자료에 따르면 GDP 대비 부채 비율을 2085년까지 현 수준으로 유지하려면 향

민간부채 감소보다 빠르게 증가한 공공부문 부채의 증가(연평균 변화율)

Growth of Domestic Nonfinancial Debt[1]

Percentage changes; quarterly data are seasonally adjusted annual rates

	Total	Households	Business	State and local govts.	Federal
2002	7.3	10.6	3.0	11.1	7.6
2003	8.0	11.8	2.2	8.3	10.9
2004	9.2	11.1	6.8	9.5	9.0
2005	9.2	11.1	8.9	5.8	7.0
2006	8.6	10.0	10.8	3.9	3.9
2007	8.4	6.6	13.6	5.5	4.9
2008	5.8	-0.2	6.1	0.6	24.2
2009	3.1	-1.7	-2.3	4.0	22.7
2010	4.1	-2.2	0.7	2.3	20.2
2011	3.6	-1.6	4.6	-1.7	11.4
2011:Q1	2.5	-2.0	3.6	-2.8	9.1
Q2	2.5	-2.7	5.2	-2.8	8.2
Q3	4.4	-1.7	4.2	-0.2	13.7
Q4	4.9	0.1	5.1	-1.2	12.7
2012:Q1	4.6	-0.9	3.9	-0.0	13.7
Q2	5.1	1.2	4.5	3.1	10.9
Q3	2.4	-2.0	4.4	-0.1	6.2

1. Changes shown are on an end-of-period basis.

자료: FRB, Flow of Funds Accounts of the United States: Flows and Outstandings Third Quarter 2012.

후 75년간 매년 GDP의 8.3%(약 1.2조 달러)에 달하는 재정지출 감축, 혹은 그만큼의 세금 인상, 혹은 둘의 조합이 필요하다고 주장했다. 사실상 해결 불가능하다는 진단이다. 이와 관련하여 보스톤 대학의 코틀리코프(Kotlikoff) 교수가 정부의 미래 지출과 수입을 현재가치로 평가한 재정격차의 규모는 211조 달러에 달한다. 미국 GDP의 14배에 가까운 규모이다. 그런데 재정갭 개념으로 추정한 국가채무 규모는 의회가 양당 합의로 구성한 '재정 책임과 개혁에 관한 국가위원회(National Commission on Fiscal Responsibility and Reform)', 일명 '보울스-심슨 위원회 적자 감축 계획(the Bowles-Simpson commission deficit-reduction plan)'에서 추정한 200조 달러와도 크게 차이가 나지 않는다.

2011년 여름부터 국가부채를 둘러싼 미국 내 사회갈등이 고조된 배경이다. 2013년 2월 초 기준 연방과 주 그리고 지방 정부의 총부채가 GDP의 125% 수준이고, 초저금리에도 불구하고 연방정부의 부채 16.5조 달러에 대한 연간 이자만 해도 2,652억 달러가 넘는다. 재정적자 규모가 정부지출의 30%에 달하고, 이자 부담이 재정적자의 1/4을 넘어설 정도로 **미국은 '빚의 함정'에 빠져들고 있다.** 즉 미국의 경우 **재정건전화는 선택이 아니라 필수**이다. **금융위기가 국가채무 위기로 전환된 것에 불과하고, 미국의 국가채무 위기는 정치리더십의 위기이자 시스템의 위기라고 주장하는 이유**이다. 2011년 8월 5일 국가채무의 상한선 조정에 대한 정치권의 갈등을 이유로 S&P가 **미국의 국가 신용등급을 강등시킨 것도 근본적 이유는 미국경제의 구조적 취약성과 국가채무의 지속불가능성 등에서 비롯**한 것이었다. 당시 공화당은 국가채무의 법정한도(14.3조 달러)의 인상을 거부하며 오바마 행정부를 압박한 결과 연방정부의 부채상한을 2조 1천억 달러로, 즉 부채상한선을 16.4조 달러로 늘리는 대신 10년간 정부지출 1조 2천억 달러 감축에 대한 합의를 끌어냈다.

재정건전화 방안을 위한 시한은 2013년 2월이었고, 재정건전화는 정부 수입과 지출 양 측면에서 정치권의 합의가 도출되어야만 부채상한선을 다시 조정할 수 있다. 정부가 재정지출을 갑작스럽게 축소해 유동성이 위축되면서 경제 전반에 충격을 주는 '재정절벽(fiscal cliff)' 사태가 2012년 하반기 미국 경제와 글로벌 경제의 불확실성으로 작용했던 배경이다. 2012년을 넘겨 타결한 재정절벽 협상은 정부 수입, 즉 세수 측면의 협상 타결이었다. 이 협상에서 부시 주니어 행정부가 2001년에 10년간 한시적으로 도입한 감세정책을 연소득 25만 달러 이상 가계에는 폐지하려 했던 오바마의 목표는 부부 합산 연소득 45만 달러 이상, 개인 소득 40만 달러 이상 고소득층으로 후퇴했다. 이들에 대한 소득세율이 35%에서 부시 주니어 이전 시절의 39.6%로 돌려놓은 것이다. 반면, 오바마는 고소득층에 대한 자본이득세와 배당세를 15%에서 20%로, 그리고 일정 액수 이상의 상속 재산 세율도 35%에서 40%로 상향 조정하는 성과를 거두었다. 그러나 세율 인상으로 예상되는 미국의 세수입이 연평균 600억 달러에 불과하기 때문에 정부지출 감축과 부채상한선 재조정에 대한 협상안을 2월까지 마련해야 했다. 현재 오바마 행정부는 방위비를 포함한 재량적 지출과 농업보조금의 대폭 삭감 및 의료혜택 제도 개혁을 통한 부담 축소 등 의무적 지출(법정지출)의 축소를 주장하는 반면, 공화당은 고령자 의료보험(medicaid)의 민간 이양과 저소득층에 대한 의료혜택(medicare)의 상한 설치 등을 통해 지출 삭감을 주장하며 대립했다. '재정절벽 협상' 타결로 불확실성이 제거되었다고 증시가 환호한 지 1달도 채 되지 않아 지출 삭감 방안에 합의하지 못할 경우 연방정부의 지출 예산을 자동 삭감하는 이른바 '시퀘스터(sequester) 충격'이 대두한 배경이다. 시퀘스터가 발동할 경우 2013년 850억 달러를 포함해 2021년까지 국방 예산 6,000억 달러를 비롯한 연방정부 지출을 10년간 1조 2,000억 달러 줄이는 것으로 예정되어 있었다. 미국이 세계안보 전략을 수정하고, 동맹국들에게 군사비 부담을 전가시키는 배경이다. 사실 시퀘스터는 재정 적자와 경상수지 적자가 눈덩이처럼 불어났던 레이건 행정부 시절(1985년) '균형 예산 및 긴급 적자 통제법'의 제정에서 비롯한 것이다.

문제는 시퀘스터와 관계없이 정부지출 축소는 불가피하다는 점에서 현재 실업률을 개선하는 데도 부족한 경제 성장의 속도를 더 늦출 수밖에 없다는 점이다. **이처럼 향후 미국 경제는 매우 엄격한 긴축이 예정되고 있는 것이다. 그런데 이 긴축이 쉽지 않다는 점이다.** 재정건전화 노력에도 불구하고 2012년 9월로 끝난 2011~12 회계연도에 총 1조 890억 달러의 적자를 냄으로써 4년 연속 1조 달러가 넘는 적자를 기록하고 있다. 사회보장세와 의료보장 그리고 실업급여 등 법정지출이 정부지출의 60% 가까이를 차지하고 있기 때문이다. 베이비붐 세대(1945~63년생)의 은퇴나 건강보험 개혁 등으로 사회보장연금이나 의료보장 지출 등 법정지출이 빠르게 증가할 수밖에 없는 상황이다. 게다가 재량적 지출 중에서도 미국 헤게모니의 한 축을 담당하는 국방비 지출이 40% 이상을 차지하고 있다. 따라서 미국의 국가채무는 부자들이 세금 부담을 떠안으려는 희생 없이는 구조적으로 해결되기가 어렵다. 앞에서 살펴보았듯이, 미국 국가채무의 급증은 2000년대 부시 주니어 행정부에서 발생한 것이다. 즉 국가채무의 상당 부분이 두 개의 전쟁을 수행하면서 두 차례의 감세를 추진한 결과였다.

사실, 증세가 '성장을 저해하고 일자리를 죽이는 악마'라는 공화당의 주장은 지나치게 이념적이다. 미국의 연방세는 1950년 이래 가장 낮고, 의회예산국(CBO)에 따르면 연방세 수입은 2011년 GDP의 14.8%에 해당한다. 이는 전후 평균인 18.5%나 레이건 대통령 시절의 18.2%보다 낮은 것이다. 경기침체 상황에서 증세는 성장을 저해한다고 주장하지만 1982년 레이건 대통령 시절 증세는 미국 역사상 평화 시기 중 가장 커다란 증세였고 레이건 재선을 가능케 했던 1983년과 84년의 경기회복으로 이어졌다. 그리고 1993년 민주당 클린턴 행정부가 세금을 인상했을 때 공화당 하원 원내대표였던 딕 아미(Dick Armey)는 경제를 침체로 밀어 넣는 '일자리 죽이기(job-killer)'라고 비난했지만, 2,300만 개의 일자리가 만들어졌고 2,360억 달러의 재정흑자를 만들어냈다. 대조적으로 부시의 두 차례 감세는 단지 3백만 개의 일자리를 만들었고 흑자의 유산은 1조 2천억 달러의 적자로 바뀌었다.

이처럼 **국가채무가 이미 지속불가능한 수준**인 반면, 고실업과 저성장의 지속가능성이 증가하면서 세수 증대 요인은 약화되고 있다. 이런 점에서 증세와 좋은 일자리 만들기 프로젝트의 결합만이 근본적 해법이다. 이는 미국 엘리트들의 실력 및 정치리더십과 관련이 있다. 그런데 **금융위기 이후 보여준 미국 엘리트들의 대응은 실망스럽고 정치리더십은 매우 빈곤하다.** 근본적인 해결이 되지 않는 상황에서 국가채무는 미국 및 글로벌 경제의 불확실성으로 작용할 수밖에 없다. **미국 달러가 '초국가 안전자산' 지위를 상실했음을 의미하는 미국 국가 신용등급의 강등은 '다극체제의 현실화와 일상화'를 의미한다. 글로벌 금융시장에서 '초국가 안전자산'의 실종이 불확실성이 일상화된 시대의 도래를 의미**한다. 예를 들어, 세계 최대의 채권운용사 핌코(Pimco)의 최고경영자(CEO) 모하메드 엘 에리언(Mohamed El-Erian)은 금융부문에서 미국의 국채가 '트리플 A'라는 전제는 '변수가 아니라 상수(a constant at the core, and not a variable)'였는데 국가 신용등급의 강등으로 금융시장에서 투자이론으로 사용하는 자본자산가격모델(CAPM)이 뿌리째 흔들리게 됐다고 주장한다(파이낸셜 타임스, 2011년 8월 6일), 무위험자산이 실종됐기 때문이다. 문제는 미국채를 대체할 새로운 안전자산이 충분치 않다는 점이다. 참고로 2010년 말 기준 미국채 시장의 발행 잔액은 약 9.3조 달러로 미국에서 발행된 채권의 95%를 차지했다. 마찬가지로, 초국가 협력이 빈곤한 국제질서에서 '다극체제의 현실화와 일상화'는 불확실성이나 무질서를 의미하는 이른바 'G제로 시대'의 도래를 의미하기 때문이다. 금융위기 이후 리스크뿐만 아니라 불확실성 회피가 투자자 의사결정의 주요 기준으로 대두하고, 세계경제나 국제질서에서 미국의 영향력이 쇠퇴하는 배경이다.

제15장

미국 시대의 종언

글로벌 금융위기는 현상적으로 과잉금융과 과잉부채에서 비롯되었다. 지금까지 보았듯이 선진국에서 금융과 가계 등의 부채는 국가와 중앙은행의 부채로 전이되었을 뿐 기본적으로 해결되지 않았다. 부채보다 소득 증가가 큰 신흥시장국과 달리 선진국의 경우 부채 증가가 소득 증가보다 빠르게 진행되면서 선진국에서 신흥국으로 힘의 이동이 진행되고 있다. 게다가 선진국의 경우 낮은 인구성장률과 급속한 고령화 등에 따른 의료비용 등 의무지출이 급증하고 있다. 그리고 공공부채의 증가는 민간부문이 활용할 자원을 축소시키는 구축효과로 작용하여 민간부문의 생산성 증대를 감소시킬 수밖에 없다. 즉 향후 선진국과 신흥시장국 간 생산성 격차 확대는 불가피하다. 생산성 격차와 선진국 성장 전망 약화는 민간과 정부 부문의 디레버리지 조정에 장애로 작용할 수밖에 없다. 게다가 선진국, 특히 EU의 경우 긴축의 여력도 없다. 경제력의 이동은 기존의 질서와 충돌을 야기할 수밖에 없고, 불확실성을 고조시킬 것이다. 예를 들어, 신흥시장국 통화가치의 절상은 불가피하기에 신흥시장국이 보유한 외화자산의 손실 가능성은 증대할 것이다. IMF는 국제결제통화 가치가 10% 하락할 경우 중국의 자산 손실 규모는 약 3천억 달러에 달할 것으로 추정한다.

이처럼 **경제력의 이동은 선진국, 특히 미국이 주도했던 세계질서의 재편을 의미한다. 즉 미국 시대의 종언을 의미**하는 것이다. 사실 글로벌 금융위기 이후 **미국 사회는 가장 기본적인 것들이 무너지며 더 이상 일류사회라고 부르기 어렵게 되었다.** 시스템과 공동체에 대한 신뢰가 무너졌고 기회의 불평등이 증가하며 **미국식 사회계약이 흔들리고 있다.** 게다가 공공부문이 자기 역할을 제대로 수행하지 못하면서 **많은 시민들은 기본적**

인 삶을 위협받고 있다. 앞에서도 지적했듯이 정부가 저소득자들에게 주는 푸드 스탬프(food stamp) 수혜자가 4천 5백만 명에 달하고, 65세 미만의 저소득층과 장애인에 대한 의료 지원 프로그램인 메디케이드(medicaid) 수혜자가 5천 3백만 명에 달하고 있다. 특히, 서민들의 삶을 위협하는 것은 50개 주 정부의 부채 규모가 4조 달러를 넘어설 정도의 연방정부보다 더 심각한 지방정부의 부채 상황이다. 지방정부들의 긴축이 빈곤층과 노년층 지원 중단, 학교 기금 축소, 국립공원 등 공공시설 운영 중단 및 공공자산 매각, 심지어 교도소 운영 및 치안 예산 감축 등으로 일반 시민들의 기본적인 삶이 후퇴하고 있다. 금융위기 이후 세수 붕괴와 주정부 서비스 수요의 증가는 주정부의 적자를 심화시켰다. 주 정부의 적자 규모는 2010년과 2011년에 각각 1,910억 달러와 1,300억 달러를 기록했고, 2012년에도 1,120억 달러가 예상된다. 2009~10년의 주 정부 적자의 1/3을 '2009년 미국 경기회복 및 재투자법(AARA, American Recovery and Reinvestment Act of 2009)' 프로그램으로 지원했지만 절대적으로 불충분했다. 게다가 주 정부 수입의 32% 가량을 연방정부 지원에 의존하는 상황에서 연방정부의 재정긴축이 본격화될 경우 지방정부 재정에 큰 타격이 불가피할 것으로 우려된다. 예를 들어, 연방정부 지출이 10% 감소하면, 지방 재정은 약 600억 달러가 삭감될 것으로 전망된다. 10개 주에서는 증세도 추진했지만 대부분 예산을 삭감할 수밖에 없었다. 그 결과 교육, 의료, 공공 안전 및 지원 등이 타격을 입었고, 특히 대량 실업 사태를 초래했다. 전체 고용에서 정부가 차지하는 고용은 2002년 약 15% 수준에서 14% 수준으로 축소되었다. 특히, 지방 공공부문 은퇴자 연금의 고갈 가능성이 고조되고 있다. 지방 공공연금은 약 1~3조 달러의 자금 부족이 예상된다. 주 및 지방정부는 미국 고용의 약 20%에 해당하는 3천만 개의 일자리를 공급하고 있다. 문제는 이러한 사태가 일시적이지 않다는 점이다. 그것은 오늘날 선진국을 만들었던 핵심시스템들이 더 이상 제대로 작동하지 않고 있기 때문이다. 예를 들어, 비즈니스위크(2011년 9월 19일)는 "미국이 작동하지 않는다(America isn't working)"고 했고, 영국의 일간지 가디언(2011년 12월 28일)은 미국이 "새로운 아이디어의 본산(generator of the next big idea)이라는 위상을 점차 잃어가고 있다"고 표현했다. 미국은 이행기의 장기 저성장 국면에 진입한 것이다. 미국 경제는 경기침체의 종료를 선언한 2009년 2분기 이래 3년간 성장률 6.7% 그리고 37개월간 고용 증가율 2.1%를 기록하고 있다. 이는 금융위기 이전 최악의 침체로 기록된 1980년대 초 침체 후의 18.5%와 11.1%보다 크게 낮은 것이다. 이제 미국 핵심시스템의 현주소를 구체적으로 살펴보자.

일자리 창출 역량의 약화

모든 수단을 동원했음에도 불구하고 경기가 근본적으로 회복되지 못하는 것은 고용 회복의 실패에서 비롯한다. 앞에서 보았듯이 경기부양은 고용 문제를 해결하는 데 실패했다. 예를 들어, 2012년 1분기 회복세를 보이던 고용이 2분기부터 침체로 바뀌자 가계는 신용카드 대출, 학자금 대출, 자동차 구입 대출 등 차입에 의한 소비로 대응했다. 고실업률이 계속되며 소비자신뢰가 회복되지 않는 가운데 가계대출이 급격히 증가한 것은 소득으로 지출을 감당하지 못하기 때문이다. 주지하듯이 금융위기 이후 고용이 특히 타격을 입은 부문은 건설・주택・금융 부문이었다. 이 부문들은 과잉금융-과잉부채에 의한 성장모델과 밀접한 관련을 갖고 있기에 디레버리지 시대에 일자리 회복을 크게 기대하기는 어렵다. 문제는 과잉금융-과잉부채가 만들어낸 성장과 일자리가 산업화 이후 새로운 가치 및 일자리 창출 역량의 약화 등에서 비롯한 것이라는 점이다.

그렇다면 미국 일자리 창출 역량은 왜 약화됐는가? 미국 일자리 증가의 약화에는 크게 두 가지 경향성이 확인된다. 하나는 제조업 부문에서 저숙련 노동력 수요의 감소이고, 다른 하나는 이른바 '일자리 양극화'이다. '일자리 양극화'는 말 그대로 중간 소득자 일자리의 감소를 의미한다. 그리고 두 가지 경향성을 만들어낸 주요 요인들이 탈공업화, 글로벌화, IT혁명으로 대표되는 기술변화 등이다. 탈공업화와 글로벌화 그리고 기술변화는 상호작용하며 제조업 부문에서 저숙련 노동력 수요의 감소와 '일자리 양극화'를 심화시켰다. 먼저, 글로벌화는 자본 및 숙련 집약적 산업에서 경쟁력을 가진 산업화 국가에서 교역부문의 저숙련 노동력 일자리를 축소시킨다. 반면에 모

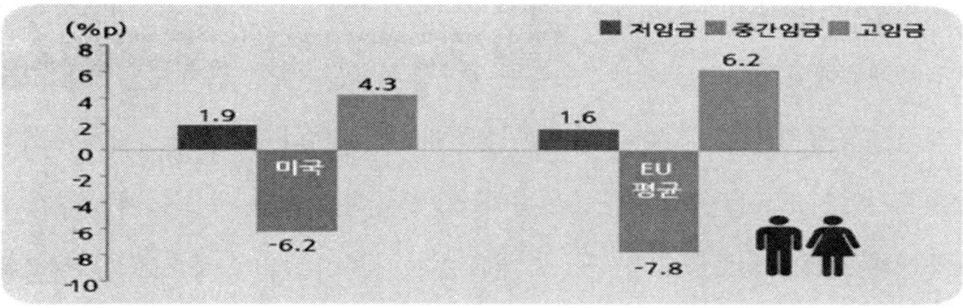

주: 1) 1993~2006년간 기준
2) 저임금 4개 직종(개인서비스, 단순노무, 판매 등), 중간 임금 9개 직종(사무, 기능, 장치·기계 조작 및 조립 등), 고임금 8개 직종(관리직, 전문직, 기술직 등) 대상

자료: Goos, M., Manning, A. & Salomons, A. (2009). Job Polarization in Europe. *American Economic Review: Papers & Proceedings*, 99(2), 58-63,: Autor, D. (2010. 4.). The Polarization of Job Opportunities in the U.S. Labor Market, Center for American Progress.

직종별 고용 비중의 변화 추이

든 업무에 글로벌 제조 공급망이 확대되면서 저임금 노동력을 찾아 해외로 나갔다. 일자리 이동은 제조업 분야에 국한되지 않고(콜센터, 은행의 일상 업무, 컴퓨터 프로그래밍, 카피라이터, 후방 법률 지원 업무 등) 사무직 일자리까지 확대되고 있다. 예를 들어, 미국의 다국적기업들은 2000년대 이후 아시아·태평양 지역에서 150만 명과 남미 지역에서 47만 7,500명 등 해외에서 290만 명을 새로 고용한 것으로 나타난 반면, 같은 기간 미국 내 일자리는 오히려 86만 4천 개가 감소했다. 미국 기업들이 자국 내 고용을 줄이고 해외에서의 고용을 늘리고 있는 이유는 인건비를 줄여 회사의 수익을 극대화하기 위한 것이다. 급여 수준이 높은 미국보다 상대적으로 임금이 싼 아시아와 남미, 동유럽 등에서 고용을 늘려 지출을 줄이려는 목적이다.

또한, IT를 중심으로 한 신기술의 등장은 새로운 직업을 만들면서 동시에 고용구조에 깊은 영향을 미쳤다. 예를 들어, IT 기술발전으로 '적기 공급 생산(Just-in-Time)' 방식이 강화되며 임시직 의존율을 증가시켰다. 1960~70년대 노동력은 기업에게 준고정자산으로 간주되었다. 즉 기업은 노동력의 훈련에 투자하고 노동자는 해당 기업이 요구하는 지식을 축적했기 때문에 기업은 침체기에서조차 노동력을 유지했다가 회복기에 생산량의 빠른 회복을 추구했다. 예를 들어, 1973년 침체기에는 GDP가 1% 하락할 때 고용과 생산성은 각각 1/3과 2/3를 분담했다. 즉 1990년대까지 기업은 경기침체 상황에서 노동시간의 감축이나 임시직 해고 등을 통해 노동비용의 일부를 감축했음에도 불구하고 기본적으로는 생산성 하락을 자연스럽게 수용했다. 그러나 오늘날 노동력은 상시적으로 처분 가능한 대상이 되었다. 그 결과 경기가 후퇴할 때마다 기업은 고용을 줄여 생산성과 수익성을 유지하고 있다. 즉 최근에는 경기 후퇴에 대해 기업은 98%를 고용 감소로 대응했다. 노동이 관리 대상으로 변화했음을 의미하는 것이다. 파트타임, 임시직, 파견직 노동자 등이 증가하는 배경이다.

또한, 글로벌화와 더불어 IT혁명으로 표준화시킬 수 있는 지식이나 기술의 코딩화가 가능해짐으로써 컴퓨터가 일상적 혹은 정형적 업무를 수행하는 노동력을 대체하고 있다. 즉 제조업이 경제활동의 중심이었던 시대에 상대적으로 고임금 직종이었던, 이른바 일상적 혹은 정형적 분석력을 요구하는 사무직이나 보통의 숙련을 요구하는 육체노동 일자리가 기술진보로부터 가장 커다란 타격을 입었다. 예를 들어, 애플은 이미 오래 전에 수직적 조직을 해체하고 제조부문의 고용을 중단했다. 글로벌 네트워크를 사용해 캘리포니아와 인도에서 아이팟과 아이폰 등을 디자인하고 일본 등에서 부품을 조달하고 중국에서 최종 생산물을 조립했다. 그 결과 과거 애플의 본사가 있는 캘리포니아의 쿠퍼티노(Cupertino)에서 모든 것을 수행한 것보다 상품 생산의 속

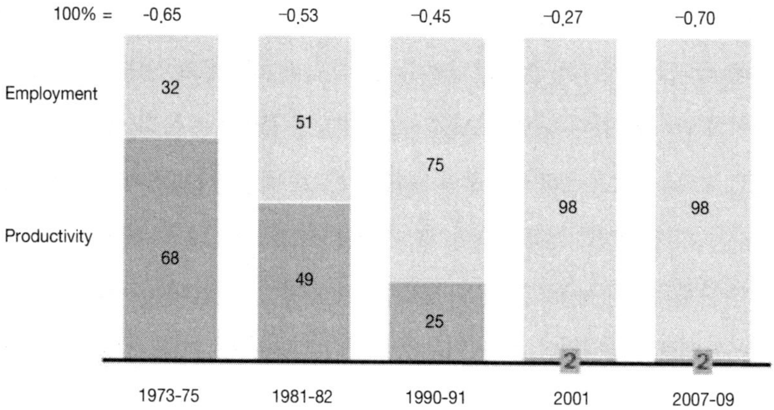

출처: MGI, June 2011, An economy that works에서 재인용.

1970년대 이후 경기침체기 실질 GDP 변화의 구성 비중

도도 증가하고 효율적이 되었다. 애플의 모델은 글로벌 네트워크와 IT 도구들의 덕택으로 서비스 부문 등 모든 종류의 업무로 확대되고 있다. 비즈니스와 혁신의 속도를 증가시키기 때문이다. 미국 노동부 자료에 따르면 모바일 산업은 2006~10년간 총 수익은 28% 성장해 1500억 달러를 기록한 반면, 종사자 규모는 같은 기간에 20만 7000명에서 16만 7000여 명으로 20%나 줄어들었다. 예를 들어, 소비자가 콜센터를 거치지 않고 스마트폰을 통해 직접 본사로 연결되면서 서비스 지원 인력이 대폭 줄었다. 스마트폰이 등장하면서 생산성은 빠르게 증가하고, 고용이 빠르게 축소되고 있는 것이다.

반면, 문제 해결 능력과 정보 획득 및 활용 능력 그리고 다른 사람과 함께 해나가는 능력의 보유자나 저임금 서비스 부문의 노동력 등에 대한 수요는 증대했다. 이른바 '일자리 양극화' 현상이다. 미국의 경우 영업직, 사무행정직, 제조부문 생산직, 장비 및 기계 조작 인력 등 4개 직업은 1979년에 전체 일자리의 57.3%를 차지했으나 2007년에 48.6%, 그리고 2009년에는 45.7%로 축소되었다. 중간 숙련 보유 인력이 경기침체로부터 가장 커다란 타격을 입고, 경기회복 이후에는 일자리가 복구되지 않는 이유가 경기침체를 계기로 '일자리 양극화'의 경향성이 심화되기 때문이다. 글로벌 금융위기 이후 순 일자리 감소의 95%가 사무직, 은행의 창구직원, 기계조작 노동력 등 중간 숙련을 요구하는 직종이었다. 즉 침체가 종료되면서 일자리가 증가하는 부문은 최고의 학위 없이는 접근할 수 없는 고숙련 부문이나 저임금 산업에 집중된다. 예를 들어, 2012년 3월 기준 관리자 및 전문직 노동력은 금융위기 이전인 5년 전보다 2백만 명 이상이 증가했고, 저임금 서비스 부문의 노동력도 120만 명이 증가했다. 그러나 판매 및 사무직 노동력은 320만 명, 그리고 운송과 생산직에서는 120만 명이 감소했다. 또한 중간소득 가계의 실질소득은 2009년 6월에 비해 2,900달러가 줄어들었다. 물론, '일자리 양극화'는 미국만의 현상이 아니다. 1993년부터 2006년간 중간소득층의 일자리는 유럽연합(EU)에서는 적어도 8%가 감소했다. 산업화된 국가의 노동시장에서는 더 이상 일상 반복적인 기술을 갖춘 노동력을 원하지 않는 것이다. 중간소득층 일자리의 감소는 중산층의 소득 감소와 양극화로 이어지고 있다. 이코노

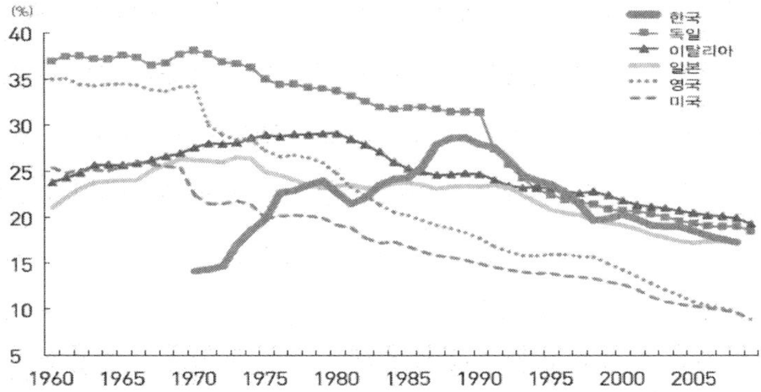

주: 독일 1960~90년도는 서독 수치이며, 서독 수치와 여타 국가의 1960~70년도 기간은 ISDB 이용.
출처: OECD STAN database; ISDB(International Sectoral Data Base).

주요국의 제조업 고용 비중 추이

미스트(2012.10.13)에 따르면 중간소득의 20% 이내 가구는 1970년대 60%에서 40%로 감소했다. 그 결과 소득불평등 악화는 성장의 지속에 부정적인 영향을 미치는 것으로 확인된다.

요약하면, IT혁명과 글로벌화의 심화는 노동의 유형에 따라 다른 영향을 미쳤다. 산업화된 국가의 경우 생산직과 거래직 등은 기술에 의해 대체되고 있는 반면, 지식의 활용 능력을 요구하는 일자리나 다른 사람과의 협력에 의존하는 일자리는 표준화가 어려워 일자리가 축소되지 않았다. 후자의 경우 기술은 일자리를 대체하기보다는 오히려 노동력의 역량을 보완하는 역할을 수행한다. 미국에서 2001~09년간 생산직은 270만 개, 거래직은 70만 개가 감소한 반면, 상호작용을 요구하는 일자리는 480만 개가 증가했다. 또한, 컴퓨터화나 글로벌화는 사람이 직접 제공해야 하는 비교역 특성을 갖는 저숙련 서비스부문 일자리(예: 건강 보조, 안전요원, 병원 잡역부, 청소원, 서빙하는 사람 등)에 대한 수요에는 영향을 미치지 않았다. 미국의 경우 1990~2008년간 2천 7백만 개의 새로운 일자리 중 98%가 비교역부문, 특히 정부 및 헬스 분야 등의 비교역부문에서 창출되었다.

이처럼 노동 환경에서 오래 전부터 근본적 변화가 진행되고 있는 반면, 노동력을 공급하는 교육인프라나 일자리 만들기에 대한 관점은 산업사회의 패러다임에 머물러

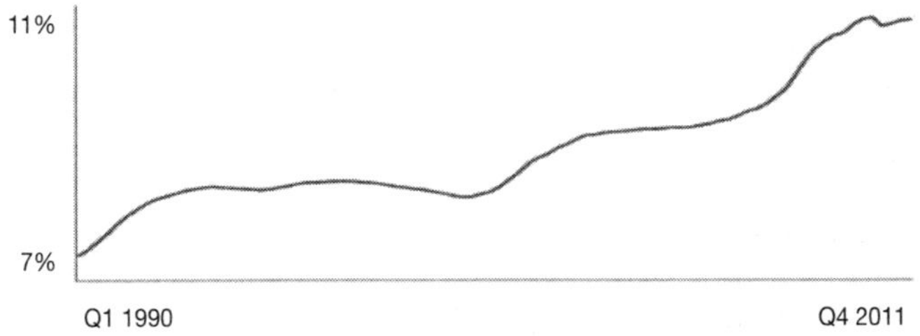

출처: 미국 노동통계국

미국 전체 고용에서 의료서비스 부문의 비중 변화

있다. 산업사회는 표준화된 상품을 공급하는 대량생산시스템에 의존했다. 따라서 개인은 표준화된 지식의 다량 습득이 필요했고 국가는 기업이 요구하는 표준화된 지식 보유자의 대량 공급에 초점을 맞추었다. 그러나 부가가치가 높은 무형가치 창출의 중요성이 증대하면서 표준화된 지식을 보유한 노동력보다는 문제해결 능력을 보유하고 다른 사람들과 협력을 할 수 있는 인재를 요구한다. 그런데 현재의 인재 양성 방식은 과거 산업화 시대에 기본적으로 머물러 있다. **'일자리 미스매치(job mismatch)'와 청년 실업 그리고 '일자리 단기화'의 문제가 그 결과**이다. 실제로 IT 혁명이 본격적으로 시작된 90년대 이후 '고용 없는 성장' 현상이 등장하면서 청년 실업의 문제가 대두되기 시작했다. 앞에서 지적했듯이 경기침체는 표준화된 지식을 보유한 중간 숙련 보유 인력을 고용시장에서 탈락시킨 반면, 문제해결 능력 보유자는 공급되지 않은 결과가 청년 실업 사태이다. 미국의 청년(18~24세) 고용 비중은 노동부가 통계를 집계하기 시작한 1948년 이래 가장 낮은 54%를 기록하고 있다. 이코노미스트(2011년 9월 10일)에 따르면 2011년 기준, 전 세계 기업의 34%가 자신이 원하는 노동력을 확보하는 데 어려움을 겪고 있다. 글로벌 금융위기로 청년 실업 문제는 크게 악화되고 있다. 2007년에 OECD의 실업률은 비청년과 청년(15~24세) 실업률이 4.9% 대 14.2%였던 반면, 2011년 1분기에는 7.3%와 19.7%였다. 국제노동기구(ILO)에 따르면 전 세계 청년 실업자는 7천 5백만 명에 달하고 있다. 또한, 이른바 니트족(NEET, not in employment, education or training)이 전체 청년층의 약 12.5%에 해당하는 1,670만 명이나 되었다.

청년층이 고용시스템의 약화에 따른 최대 희생자로 등장한 것이다. 청년 실업은 사회문제이다. 청년 실업은 실업수당 지급 증대, 소득세 수입 감소, 능력 낭비 등 사회적 직접비용과 두뇌의 해외 유출, 범죄 증가, 중년까지 임금 손상의 지속 등 사회적 간접비용, 그리고 이른바 집에 머물며 부모와 같이 살려는 '보금자리 신드롬' 등 사회적 효과를 만들어낸다. 하버드대의 연구에 따르면 **2007~11년간 매년 60~80만 가정이 새로 형성되었는데 이는 금융위기 이전 4년 동안의 120~130만 가정의 약 절반 수준에 불과**한 것이다. 저출산의 요인이다. **청년 실업 문제는 세대 간 소득과 자산의 불평등 확대로 연결되고 있다.** 연준에 따르면 2001년 이래 35세 미만 미국인의 순자산은 전체 평균이 27% 하락한 것에 비해 1/3 이상이 하락했다. 2007~10년간 중간값 소득도 전체 연령의 경우 7.7% 하락한 반면 35세 미만은 10.5%나 하락했다. 또한, **'제2의 서브프라임'으로 우려되는 학자금 대출(부채)의 급증도 청년 실업과 관련이 있다.** 2013년 2월 초 기준 1조 달러에 육박하고 있다. 금융위기 이전 모기지 부채보다 빠르게 증가했던 학자금 부채는 금융위기 이후에도 감소세로 전환한 모기지 부채와 달리 증가가 지속되었고, 특히 2011년 이후 로켓처럼 수직 상승하고 있다. 청년 일자리가 금융위기에 직격탄을 맞고 있기 때문이다.

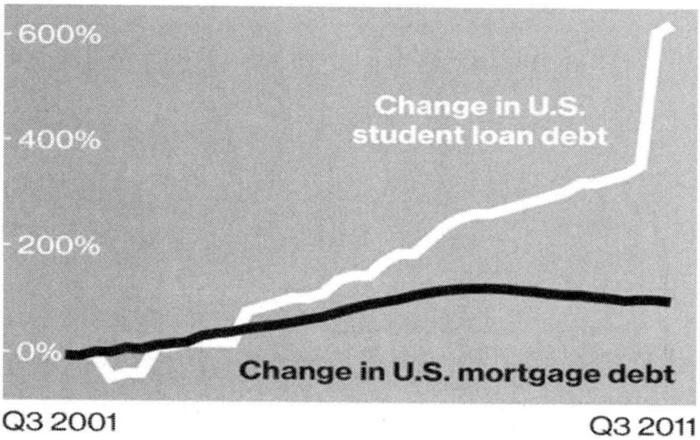

학자금 부채(흑색)와 모기지 부채(흰색)의 변화율

또한, 산업사회에서 고용 창출을 주도했던 대기업의 노동력 수요가 지속적으로 하락하고 있다. 대부분의 대기업이 2차 기술혁명, 중화학 산업에 기초하고 있기 때문이다. 즉 탈공업화 혹은 제조업의 고부가가치화(무형가치 비중의 증대)로 대기업의 매출액 증가에 비례해 고용이 증가하지 않기 때문이다. 그런데 국가의 고용 정책은 여전히 대기업의 일자리 창출 역량에 의존하고 있다. 주식회사의 본격적 등장이 중화학공업을 만들어낸 2차 기술진보가 시작되던 1870년대 이후였듯이 대기업은 대량생산시스템의 산물이다. 자동차산업 등 중화학공업에서 보듯 대량생산시스템은 생산이 증대할수록 고용이 비례하여 증가했다. 그러나 영화나 소프트웨어 등 무형가치는 제품을 개발하는 과정에만 창의적 노동력이 필요한 반면, 제품 완성 이후에는 노동력이 요구되지 않는다. 따라서 고부가가치 비즈니스를 추구하는 기업의 경우 문제해결 능력을 보유한, 이른바 창의적 노동력이 필요할 뿐 표준화된 지식보유 노동력은 더 이상 자체적으로 보유할 필요가 없다. 필요할 경우에만 외주 혹은 임시직 등을 활용하면 되기 때문이다.

마지막으로 '일자리 단기화'도 산업화 종료의 산물이다. OECD 국가들의 평균을 기준으로 1950년에 남성과 여성의 은퇴 시점은 각각 64.5세와 63세였는데 1993년까지 각각 62.7세와 60.9세로 축소됐다. 이코노미스트(2012년 6월 16일자)에 따르면 1960~2010년 사이에 남성과 여성의 은퇴 연령은 각각 5년과 6년씩 단축됐다. 산업화 시대의 고용은 연공서열과 종신고용 등을 특성으로 했다. 표준화된 지식과 경험이 기본적으로 노동의 숙련도를 결정했고, 기업 특성에 부합하는 이른바 기업특수적 노동력의 확보가 중요했기에 연공서열과 종신고용이 제도화되었던 것이다. 그러나 무형가치가 기업 수익의 주요 부분을 구성하면서 상품의 수명이 짧아지고 기업은 지속적인 혁신을 요구받고 있다. 앞에서 지적했듯이 표준화된 지식의 가치가 약화되는 상황에서 표준화된 지식을 습득한 노동력의 활용도가 떨어지고 있는 것이 '일자리 단기화' 현상으로 나타나고 있는 것이다.

혁신의 실종

청년 실업은 기업의 새로운 가치혁신 창출 역량과 동전의 앞뒷면을 이룬다. 문제해결 능력을 보유한 인재 공급이 없는 상황에서 기업의 가치혁신도 가능하지 않기 때문이다. **2000년대 이후 미국에서 '혁신의 실종'이 그것이다.** 혁신시스템은 미국 경쟁력의 상징이다. 그런데 오늘날 미국의 엘리트들은 2000년대 이후 미국 사회에 혁신이 실종되었다고 말한다. 미국은 IT 혁명을 경험했던 90년대 후반만 하더라도 21세기에 대해 장밋빛 전망으로 가득했다. IT를 이어 생명공학(BT) 등 새로운 기술혁명을 크게 기대했다. 그러나 전망과 달리 혁신에 대한 약속은 실패로 끝났다. 예를 들어, IT 붐이 절정이었던 1998년 말부터 금융위기 직전인 2007년 말 사이에 제약, 바이오테크, 생명과학 관련 기업의 S&P 500 주가 지수는 32%, 그리고 IT 지수는 29%나 하락했다. 혁신의 원천인 벤처자본의 투자액이 닷컴버블의 붕괴 이후 거의 1/6 수준으로 하락했다.

문제는 닷컴버블 이후의 공격적 통화완화 정책과 경기회복 이후에도 불구하고 벤처자본 투자액이 회복되지 않았다는 점이다. 이에 대해서는 두 가지 요인을 생각할 수 있다. 첫 번째 요인으로 주택시장의 붐이 벤처자본의 공급을 감소시켰다. 즉 주택투자의 높은 기대수익이 벤처자본의 공급에 부정적으로 작용한 것이다. 그러나 더 중요한 요인은 벤처자본의 효과성 약화를 생각할 수 있다. 예를 들어, **IT혁명의 동력이었던 벤처자본 모델은 클린테크(CT) 분야에서는 작동하지 않았다.** IT에 비해 투자 규모와 리스크가 너무 크기 때문이다. 즉 구글(Google)이나 아마존(Amazon)의 경우 약 2,500만 달러의 투자로 만들어낼 수 있었으나, 차세대 태양광 전지나 디지털 조명, 전기차 배터리 등은 수십억 달러가 소요된다. 실제로 닷컴버블의 붕괴 이후인 21세기에도 페이스북(Facebook)이나 유튜브(YouTube) 등 새로운 IT 기업은 등장했으나 바이오연료 등 클린테크 분야는 만족스러운 성과를 만들어내지 못했다. 바이오테크 분야도 마찬가지다. 일반적으로 신약개발은 장기간(10년), 많은 비용(평균 1조 원)이 소요되며, 이 비용 가운데 60%는 임상시험에 투자되지만 성공률은 단지 8%에 불과한 실정이다. 즉 합성신약 개발의 경우 약 1만 개의 화합물 중 50개 내외만이 후보물

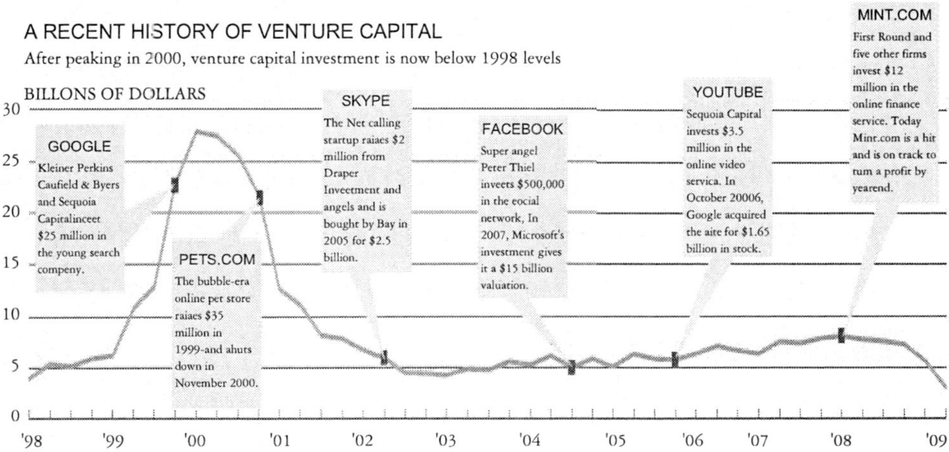

출처: Businessweek, May 21, 2009, "Super Angels' Shake Up Venture Capital".

닷컴버블의 붕괴 이후 미국 벤처자본 투자액의 추이

질이 되고, 이 중 1~2개만이 신약으로 개발된다. 즉 1만 분의 1의 확률이다.

금융위기 이후 집권한 오바마 행정부는 **에너지의 위기와 기후변화 위기 그리고 무엇보다 새로운 성장 동력의 확보를 위해 '그린 뉴딜(Green New Deal)'을 내세웠다.** 예를 들어, 오바마는 취임 2달가량 후인 2009년 3월 19일 출연한 NBC방송의 심야 토크 프로그램인 '투나잇 쇼(Tonight Show)'에서 "지난 15~20년간 미국은 금융시장에서 많은 이익을 냈으며, 이는 미국 전체 경제의 40%에 달하는 것으로 추정된다", "그러나 알고 보니 성장의 실체는 없었다"며 **금융에 의한 성장이 신기루였음을 고백했다.** 금융위기 이후 미국 경제는 금융과 실물의 불균형 그리고 무역적자(글로벌 불균형)를 해소할 뿐만 아니라 약화된 금융의 역할을 메우고 경제 체질을 강화하는 것이 시급했다. 이를 위한 해법으로 선택한 것이 '그린 뉴딜'이었다. 이러한 배경에서 2009년에 미국 의회도 미국 사회가 2022년까지 1년에 210억 갤런의 바이오연료를 사용해야만 한다고 결정했다. 이 목표를 달성하기 위해 세금 우대와 대출 보증, 그리고 지원금 등을 지원하기로 했다. 그러나 바이오 연료의 개발은 초기부터 거품 가능성이 지적되었고, 지지부진한 상태에 놓여 있다. 현재까지는 경제 논리와 기술에서 취약하고, 정치적 자극에 의존하고 있다. 실제로 2011년 글로벌 바이오연료 생산량이 하루 평균

181만 9천 배럴을 기록, 182만 2천 배럴을 생산했던 2010년보다 규모가 줄었는데, 그 이유가 시장점유율 50%로 절반을 독점하고 있는 미국이 지난 30년간 바이오연료 산업에 재정적 지원을 해오던 것을 종료했기 때문이다. 즉 미국은 2011년부터 갤런당 45센트의 바이오연료 산업 보조금 혜택을 종료하고, 자국 바이오연료 산업을 보호하기 위해 값싼 외국산 에탄올에 부과했던 갤런당 54센트의 관세 제도도 폐지했다. 미국은 지난 30년간 보조금으로 450억 달러를 지원했다. 그 결과 국제에너지기구(IEA)는 바이오연료 생산량 증가분이 2006~10년간 하루 100만 배럴에서 2011~15년까지는 40만 배럴로 줄어들 것으로 전망한다. 참고로 바이오연료 생산량은 2010년 기준으로 미국에 이어 브라질(22.2%), 유럽(11.1%), 기타 지역(16.7%)이 차지하고 있다. 미국은 2011년부터 갤런당 45센트의 바이오연료 산업보조금 혜택을 종료하고, 자국 바이오연료 산업을 보호하기 위해 값싼 외국산 에탄올에 부과했던 갤런당 54센트의 관세 제도도 폐지했다. 미국은 지난 30년간 보조금으로 450억 달러

바이오연료 거품 미국 의회가 제시한 목표 완수를 위해서는 하나당 5억 달러 이상이 드는 공장을 수백 개 건립하고, 섬유소를 액체 연료로 전환시키는 기술개발을 위해 대규모 인내자본이 요구된다. 예를 들어, 300억 갤런의 바이오 연료를 생산하기 위해서는 현재 기술로는 3억 톤 이상의 식물재료(옥수수, 사탕수수, 밀, 야자유 등)를 소비해야 하는데, 이는 지난 10년 이상 동안 미국에서 판매된 승용차와 경트럭의 무게보다 많은 양으로 최소 3천만 에이커(약 367억 2,570만 평으로 한국 경지의 약 6.7배에 해당하는 규모)의 경지가 필요하다. 게다가 생산량 증대에 따라 바이오연료의 원료에 대한 수요와 가격 증대는 불가피하다. 반면, 바이오연료의 수요 증대에 따라 석유 수요의 감소와 석유가격의 급격한 하락은 불가피하다. 2008년 하반기 석유에 대한 5% 수요 감소로 석유가격이 갤런당 4.14달러에서 1.74달러로 하락했다. 화석연료와의 가격 경쟁이 쉽지 않음을 보여준다. 80년대 초 많은 재생에너지 개발 노력이 실패한 이유이다. 거대 자본의 이해관계 역시 바이오연료의 기술진보에 장애로 작용하고 있다. 정유사들은 연방정부의 규정에 따라 10% 정도의 에탄올을 승용차와 트럭이 사용하는 휘발유에 혼합하는데 그 이상을 사용하면 엔진에 무리가 되기에 1년에 소비하는 1,370억 갤런의 휘발유를 고려하면 130억 갤런 정도의 에탄올 사용이 최대치가 되고, 그 이상의 에탄올을 사용하려면 연료라인이나 펌프 등 전체 인프라를 새로 구축해야 하는 문제가 발생한다. -비즈니스위크(2009년 4월 16일) 참고

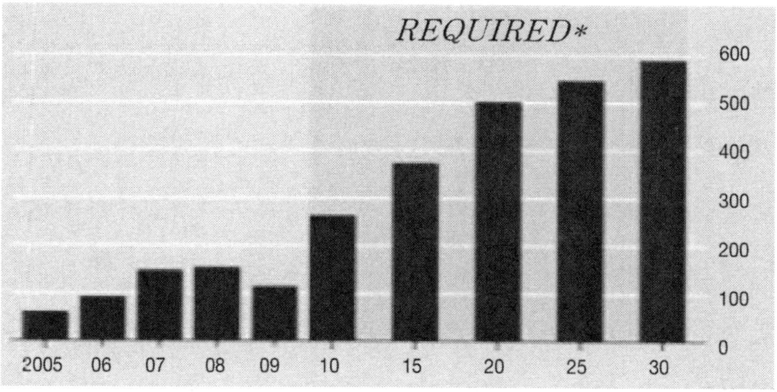

주: 자본투자 필요액은 산업화 이전 수준보다 2C까지 기온 상승 억제를 기준.
출처: New Energy Finance. Economist(2009년 12월 3일)에서 재인용

기후변화 방지를 위한 청정에너지 분야의 필요투자액(10억 달러)

를 지원했다.

정의상 재생에너지 원천은 대부분 높은 선행투자 비용과 낮은 운영비용을 특징으로 한다. 즉 장기간 내장 수입 흐름을 갖는 투자이기 때문에 특히 부채에 의한 자금조달이 적합하고 실제로 부채 80 대 자기자본 20의 높은 부채비율 경향을 갖는다. 따라서 자본의 부족과 비용이 아니라 신용이 청정에너지 개발의 문제이다. 반면, 화석연료는 오염 비용을 부담하지 않는 한 에너지 저장의 측면에서 땅 밖으로 추출해 판매하는 비용이 매력적일 정도로 저렴하다. 따라서 소비자나 정부로부터 명백한 신호를 얻지 않는 한 기업은 이익을 포기할 수 없을 것이다. 이처럼 **미래의 성장 동력으로 추진하는 그린 산업의 창출은 '고수익-고위험'의 문제를 해결해야 하고, 이를 지원할 새로운 금융 인프라가 필요**하다. 즉 금융화 속에서 금융이 비약적으로 성장했음에도 **미국의 금융시스템은 자금중개기능을 제대로 수행하고 있지 못함을 의미**한다. 오바마 행정부가 그린 뉴딜을 추진하자마자 '그린 슬럼프'가 회자됐던 이유이다.

클린테크 시장이 정치적으로 만들어지고 있다는 것은 전기차에서도 확인된다. 즉 전기차는 경제적 효율성과 유용성이 낮을 뿐만 아니라 친환경적이지도 않다. 주요 국가들은 전기차 개발을 위해 납세자의 돈으로 지원을 해주고 있다. 예를 들어, 2010년에 영국 정부는 무공해 자동차라는 논리로 전기차를 구입하는 경우 5천 파운드(약 8천

달러), 미국은 7,500달러를 지원했다. 따라서 영국의 모든 승용차가 전기차로 대체될 경우 납세자의 부담은 1,500억 파운드가 소요된다. 그런데 전기차 사용으로 줄어드는 CO_2 방출량은 2%에 불과하다. 한편, 1,500억 파운드로 영국 전체 발전량을 태양광 전지로 교체가 가능하고, 이를 통해 CO_2는 1/3 수준까지 축소가 가능하다. 전기차가 효율적이고 환경친화적이지 않은 이유이다. 게다가 현재 전기차의 기술 수준은 단거리 운행, 정상적인 기후 상태, 최소의 승객과 수하물 등의 조건에서만 휘발유 자동차와 경쟁이 가능하다. 소비자가 이용하기에 여전히 매우 불편한 것이다. 실제로 100% 전기자동차는 미국에서 2010년 12월 말 닛산 리프(Leaf) 시판을 시작으로 2011년부터 본격적으로 시판에 들어갔으나 판매량은 기대에 미치지 못했고, 2012년 상반기에도 2011년 같은 기간보다 6%(234대) 증가한 4,100대에 불과했다. 닛산에 이어 포드, BMW, 혼다, 미쓰비시 등 많은 완성차업체가 100% 전기차 양산에 뛰어들었지만 순수 전기차 시장은 좀체 커질 조짐이 없다. 순수 전기차의 판매 부진은 앞에서 지적했듯이 주행 거리에 한계가 있는 데다 가격은 비싸고 전기를 충전할 수 있는 충전소가 절대 부족한 상황이기 때문이다. 이처럼 녹색산업 만들기는 납세자의 희생 위에 전개될 정치적 파티로 끝날 가능성이 높다. 한편, 미국 내 전기차 판매 부진은 미국에 진출한 한국 기업으로 불똥이 번졌다. 미국 정부가 자금을 지원하고 버락 오바마 대통령이 기공식에 참석해 '미래 일자리'라고 치켜세웠던 미시간주 홀랜드의 LG화학 전기자동차 배터리 생산 공장이 사실상 가동 중단 상태에 놓였다.

태양전지 경우 역시 사업의 불확실성에서 헤어나지 못하고 있다. 예를 들어, 세계 최대의 태양전지 판넬 제조업체인 미국의 퍼스트 솔라(First Solar)의 주가는 한때 310달러대(2008년 5월)였으나 14달러 안팎(2012년 7월 기준)까지 하락했다. 중국산 제품의 저가 공세 등 경쟁 격화와 더불어 기본적으로 태양력이 화력발전에 비해 경쟁적이지 못하기 때문이다. 2011년 9월 미국 연방정부가 5억 3천 5백만 달러의 대출을 보증한 솔린드라(Solyndra)의 파산도 태양전지 사업의 현주소를 상징적으로 보여준다. 솔린드라 파산을 계기로 미국 연방정부의 신재생에너지 기업 대출보증에 대한 공화당의 불만이 고조되고 있고, 유럽은 경기 침체로 보조금 지원을 축소하는 등

태양전지 사업은 매우 어려운 상황에 직면해 있다.

그린 뉴딜이 거의 파산 상태에 놓이자 2012년 오바마 대통령은 연두교서에서 100년 동안 공급할 양의 셰일가스 생산을 통해 에너지 독립, 일자리 창출과 경제성장을 이루겠다고 밝혔다. 넓은 분포지역에 많은 매장량을 가지고 있고 혁신기술로 채산성을 확보한 셰일가스는 새로운 에너지혁명으로 불릴 정도이다. 예를 들어, 셰일가스 탐사·개발 단가는 2007년 1천㎥당 73달러에서 2010년 1천㎥당 31달러로 전통가스 개발 단가 수준(1천㎥당 46달러)까지 하락해 경제성이 확보됐다. 이로 인해 미국의 LNG가격은 (LNG)톤당 2008년 0.19달러에서 2012년 1월 0.05달러까지 하락했다. 그러나 셰일가스 탐사·생산 과정에서 사용되는 화학물질로 인한 지하수 오염, 수압파쇄공법으로 인한 물(용수) 부족, 메탄 누출로 인한 지구 온난화, 수평시추로 인한 지진가능성 등의 환경적인 문제가 제기되고 있다. **특히 이산화탄소 방출량이 기존의 가스에 비해 많다는 점에서 셰일가스는 그린에너지라 말하기 어려울 것** 같다. 미국에 비해 유럽이 기술개발이나 생산 등에서 뒤쳐진 이유도 환경문제로 셰일가스 개발을 규제하고 있기 때문이다. 무엇보다 이코노미스트(2012년 7월 14일)는 **셰일가스가 생산성에도 불구하고 일자리 창출에 크게 기여할 수 없을 뿐만 아니라 오히려 불평등을 악화시킬 가능성이 높다**고 지적하고 있다. 그런데 한국의 이명박 정부는 오바마가 그린 뉴딜을 외치니 녹색성장으로 복창하고, 셰일가스로 방향을 전환하자 태양광에서 시작한 이명박 정부의 '녹색성장'도 셰일가스로 방향을 전환했다. 태양광사업 등 신재생에너지 사업이 제대로 진행된 것이 없었듯이 셰일가스 사업 역시 '구호성 사업'이 될 가능성이 높다.

이처럼 **그린 비즈니스의 불확실성과 어려움으로 그린테크 부문의 혁신은 난관에 봉착해 있다. 혁신시스템이 제대로 작동하지 않는다. 새로운 혁신을 만들어내는 데 있어서 벤처자본 모델의 한계가 드러난 것**이다. 생명과학, 바이오테크, 신소재, 우주과학 등 10대 하이테크 분야에서의 미국의 무역수지가 1998년에 300억 달러의 흑자를 실현했으나 2007년까지 530억 달러의 적자로 전환된 이유이다. 이와 관련하여 혁신 방식의 변화를 주목할 필요가 있다. 즉 과거 혁신을 주도했던 것은 연구개발(R&D)이었다.

GDP 대비 R&D 지출은 역사적으로 혁신을 위한 미국의 인프라스트럭처는 느슨한 민관 파트너십에 의한 것이었다. 대표적 경우가 20세기 미국이 세계의 혁신을 주도하는 데 주도적 역할을 수행한 벨 연구소(Bell Labs), RCA 연구소, 제록스 연구소 팍(PARC, Palo Alto Research Center), IBM 연구소, 나사(NASA), 미국 국방통신국(Defense Advanced Research Projects Agency, DARPA) 등이다. 이 연구소들의 기초연구들을 상업화하기 위한 풍부한 기업 펀드와 벤처자본이 있었기에 수백만 명의 고소득 일자리를 창출할 수 있었고, 과학과 기술, 경제 등의 거대한 진보가 가능했다. 그런데 1990년대 이래 이들 연구소들의 기초연구 기금들이 서서히 하락하고 있다. 벨연구소는 2001년까지 3만 명을 고용하고 있었지만, 오늘날 1천 명 수준에 불과하다. 최근 나사(NASA)의 대규모 인원 감축 및 규모 축소 등도 이러한 배경과 관련이 있다. 종래 혁신 방식이 성과를 만들어내지 못하기 때문이다. 죽어 버린 미국 비즈니스 모델의 현주소를 보여주는 상징이다.

이는 **R&D 투자가 혁신으로 이어지지 않고 있기 때문**이다. 실제로 R&D 지출과 기업 성과 사이의 관계는 크게 약화되었다. 컨설팅회사인 부즈&컴퍼니(Booz & Company)가 2005년부터 매년 전 세계에서 R&D 투자가 가장 많은 1천 개 혁신기업을 조사한 결과 **R&D 지출이나 특허 보유 건수는 기업 재무성과와 유의미한 상관관계를 갖지 않는 것으로 나타났다**. 다시 말해, R&D 지출이 많다거나 특허 보유 건수가 많다고 해서 기업 재무성과가 좋아지지는 않았다는 뜻이다. 예를 들어, 2010년 글로벌 혁신기업으로 선정된 애플(Apple)은 R&D에 전체 매출액의 3.1%를 투자했는데, 이 규모는 컴퓨터와 전자산업 평균의 절반에도 미치지 못하는 수준이다. 그런데 애플의 재무성과는 5년간 주주 총수익률(total shareholder return, TSR)이 63%로 업계 최고였다. 미국 경제 전체를 보더라도 지난 1970년 이래 금융위기 이전까지 R&D 지출과 GDP의 증가율은 거의 같은 속도로 증가했다. 오히려 혁신이 중단된 2000년대에 R&D 지출이 GDP 증가율을 약간 상회했을 정도이다. 하지만 **R&D 지출이 많다고 해서 기업의 혁신성과가 높은 것은 아니라는 사실**이다. 미국 내에서 지출되는 R&D 중 68%가 미국 GDP의 약 11%를 차지하는 제조업에 투입되고 있다.

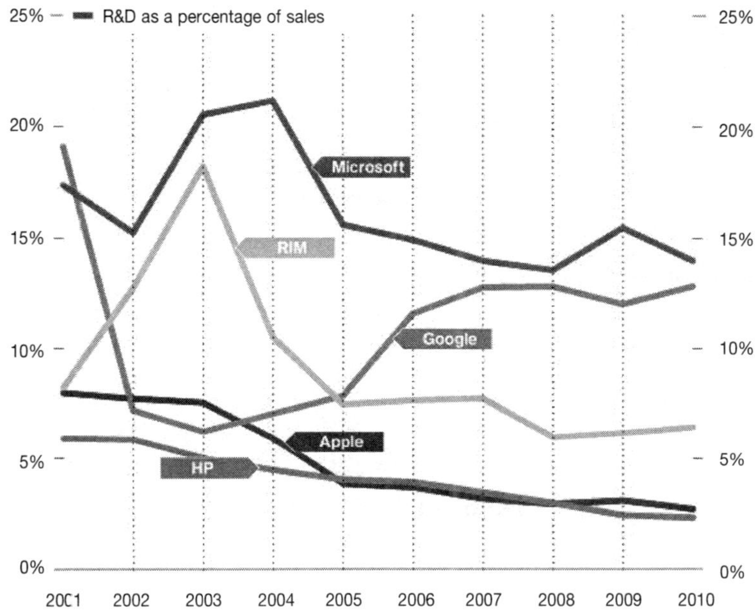

출처: Businessweek, February 16, 2011, Mobile Wars!

미국 모바일 업종의 매출액 대비 R&D 비중 추이

기업의 혁신방식 변화는 모바일 업종에서도 확인된다. 애플의 경우 2005년부터 매출액 대비 R&D 지출 비중은 하락, 특히 모바일 폰 시장에 진출하기 시작한 2007년 이후에는 4% 이하로 하락했음에도 불구하고 수익 구조가 크게 개선되었다. 즉 **애플은 혁신을 만들어내기 위해서 연구개발비에 많이 지출할 필요가 없음을 보여주었다.** 애플의 수익에 가장 크게 기여를 했던 스마트폰, 특히 앱스토어(App Store) 수익 모델은 기업의 과거 수익 방식과 커다란 차이를 보여주었다. 2010년 3월 기준 애플의 고용 규모는 3만 4천 명이었으나 앱 개발자는 12만 5천 명 이상이었다. 기업의 내부 자원을 개방함으로써 외부 자원과의 결합 및 협력을 통해 기업생태계를 구축한 결과물이었다. 이른바 '개방형 협력적 혁신(open collaborative innovation)' 방식인 것이다. IBM 또한 기존의 폐쇄적 혁신을 탈피하여 '협력적 혁신' 개념에 기초해 외국 정부, 대학, 기업들(사우디아라비아, 중국, 스위스, 아일랜드, 타이완, 인도, 브라질 등)과 자신이 보유한 지적 자산과 자금을 결합시켜 혁신능력 향상을 추구한다. 이에 대해

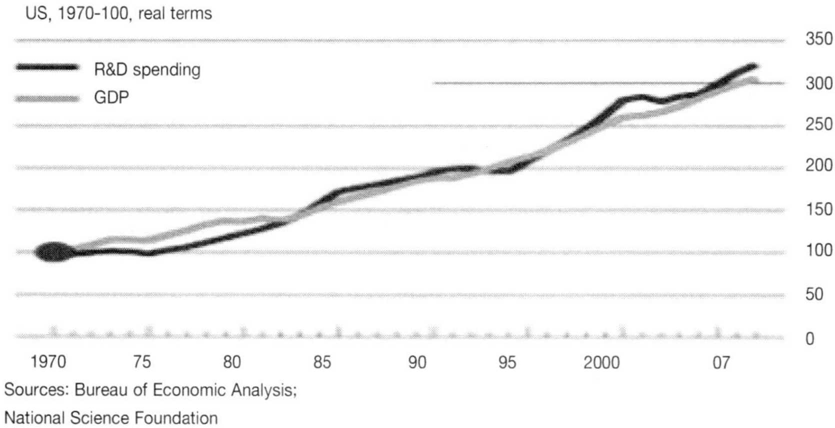

미국의 GDP와 R&D 지출의 증가율(1970년=100)

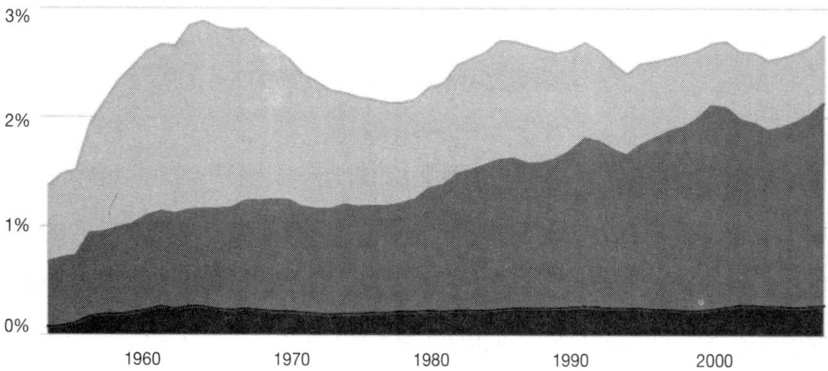

주: 위부터 연방정부, 민간기업, 기타의 비중

조달자금별 미국의 총 R&D 지출액(GDP 대비 %), 1953~2008

미국 내 일부에서는 IBM의 시도가 "미국 기업들에게 좋은 것은 미국에게도 좋은 것"이라는 인식과 부합하지 않는 것으로 하이테크 원천기술을 소유하고 있는 미국의 글로벌 기업들이 해외에서 외국과 협력을 통해 혁신을 추구함으로써 미국의 경쟁력을 손상시킬 수 있기에 정부가 이를 막을 것을 주장하기도 한다. 그러나 IBM은 협력에 의한 혁신 전략을 더욱 강화할 계획이고, 협력을 통해 만들어낸 지적 재산의 공동

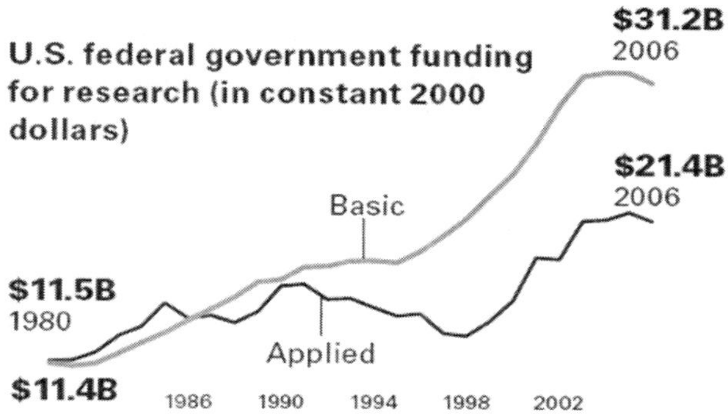

출처: 미국 국가과학국, "Science and Engineering Indicators 2008.

미국 연방정부의 R&D 지출(2000년 물가 기준)

소유까지 추진하고 있다.

이처럼 애플이나 IBM 등이 시도하는 새로운 혁신과 가치 창출의 공통점은 '협력'과 '공유', 그리고 '호혜성'이다. 기업의 협력 대상의 범위가 확산되면서 '호혜성', 즉 협력과 공유가 가치 창출의 키워드로 부상하고 있는 것이다. **문제는 개인주의 문화에 기초한 미국 사회에서 호혜성 원리가 확산되고 제도적으로 정착하기는 쉽지 않다는 점이다.** 이와 관련하여 1990년대 후반 클린턴 행정부 시절 소프트웨어 공급의 지체 현상을 해결하기 위해, 즉 이른바 '소프트웨어 격차(software gap, 소프트웨어에 대한 수요 불충족의 정도)'의 문제를 해결하기 위해서 미국의 컴퓨터 관련업계와 학계 전문가들로 구성된 '대통령의 정보기술자문위원회'의 결과물이 사장된 사실은 시사하는 바가 크다. 즉 당시 위원회는 미국이 직면하고 있는 저작권 보호환경으로는 다양한 수요를 따라잡을 수 없기 때문에 '소프트웨어 격차'를 좁힐 수 있는 유일한 대안으로 소프트웨어의 개발과 사용 체제를 소스공개형으로 전면 전환할 것을 주장했다. 그러나 대부분의 위원회 보고서가 실현되는 데 어려움이 없었던 반면, 이 보고서는 부시 주니어 행정부에 의해 묵살되었다. 소스 공개의 법제화가 미국의 개인주의 문화에서 받아들이기 어려운 일이었기 때문이다. **경쟁의 원리와 사유재산권 체계 위에 건설된 미국식 시장경제가 지식의 공유를 받아들이는 것은 미국식 가치체계와 문화의 부정인 것이다.** 실제로 시장경쟁을 강화할 목적으로 도입된 미국식 사유재산권과 가치체계는 오늘날 역으로 경쟁을 훼손시키고 있다. 즉 1장에서 소개했듯이 오늘날 미국 사회의 만연한 특허분쟁이 미국의 혁신에 장애로 작용하고 있다는 미국 사회 엘리트들의 우려는 미국 혁신시스템의 문제를 잘 드러내고 있다.

이처럼 새로운 혁신에서 무형가치, 예를 들어 아이디어와 지식 등의 중요성이 증대하면서 새로운 문화와 인재 육성 방식, 재산권 체계 등을 요구하고 있다. 미국은 인재 공급의 양과 질에서 문제를 드러내고 있다. 일반인들의 인식과 달리 미국은 교육의 양과 질에서 상당히 뒤처진 것으로 평가받고 있다. 교육의 양과 질에 있어서 미국은 자신의 노동력에 의존하지 않고 있고, 전 세계에서 유입된 젊은 두뇌로 교육 문제를 해결하고 있다. 세계 최고의 대학을 보유하고 있음에도 불구하고, 미국의 글로벌 대기업들은 인재 부족을 불평하며 글로벌 인재 활용에 기초한 글로벌 랩 운영을 통해 혁신을 만들어내려고 한다. 이는 현재의 교육 방식과 프로그램이 문제 해결 능력을 가진 인재를 공급하고 있지 못함을 의미한다. 19~20세기 '혁신의 강국'이었던 **미국이 혁신을 부활시키기 위해서는 기존의 사회 문화나 교육 방식, 제도나 시스템 등의 장애물을 넘어 새로운 가치 체계와 문화 등 소프트 인프라스트럭처를 창출해야 한다.** 이 과정에서 사회 이해의 갈등을 조정하는 정치리더십이 필요하다. 이런 점에서 교육 등 기존 소프트 인프라스트럭처의 혁신 없이 과학기술의 융합을 통해 창조경제를 건설하겠다는 박근혜 정부의 목표는 공허할 수밖에 없다.

만신창이가 된 금융시스템, 신뢰의 위기

금융시스템은 미국 경쟁력의 또 다른 상징이다. 그런데 혁신의 실종은 금융개혁에도 영향을 미쳤다. 금융위기 이전에 금융 패러다임은 공정성과 안정성보다는 효율성을 중시했다. 그 결과 금융은 실물 부문과 경제성장을 제약하고, 99%와 1% 간 '상쟁하는 복지(zero-sum welfare)' 구도를 심화시켰다. 따라서 금융위기 이후 금융개혁은 공정성과 안정성이란 기반 위에서 효율성을 추구하는, 즉 '상생하는 복지(positive-sum welfare)'를 추구하는 금융 패러다임의 재구축에 초점을 맞출 수밖에 없다. 그런데 금융개혁에 대해 오바마 행정부는 취임 전에 확고한 입장을 보였던 것과 달리 취임 이후 한 발짝 후퇴하는 모습을 보였다. 미국 제조업의 회복 가능성이 낮아지고 '그린 뉴딜'의 효과를 단기간에 기대하기 어려워지는 가운데 금융 규제 강화에 따른 금융시장 및 경제성장의 위축 등이 우려됐기 때문이다. 예를 들어, 오바마는 2008년 11월 4일 당선 소감을 통해 "100년 만에 찾아온 금융위기가 가르쳐준 교훈이 있다면 메인스트리트(실물경제)가 고통을 겪는 동안 월스트리트(금융부문)가 번창하게 해서는 안 된다는 것"이라 했고, 취임 직전인 12월 7일 NBC방송의 대담프로그램인 '언론과의 만남'에 출연해서도 "은행, 신용평가사, 모기지(주택담보대출)업체 등이 보다 책임 있게 행동"할 수 있도록 "강력한 새 금융권 규제를 보게 될 것"이라며 월가에 대한 강력한 규제를 천명했다. 취임 전 금융개혁에 대한 오바마 행정부의 강한 의지는 오바마 행정부의 경제정책에 지대한 영향을 미치며, 오바마 행정부의 경제회복자문위원회(ERAB) 위원장과 재무장관과 국가경제위원회(NEC) 의장에 각각 내정된 폴 볼커(Paul Volker)와 티모시 가이트너(Timothy F. Geithner)와 로렌스 서머스(Lawrence Summers), 그리고 폴 크루그먼(Paul Krugman) 등으로 구성된 30인 위원회(G30, Group of Thirty, 세계경제 문제를 논의하는 씽크탱크)가 2009년 1월에 발표한 후속 보고서에도 유지되었다. 즉 2008년 10월 발표된 보고서의 후속보고서에서 G30은 "글로벌 경제성장을 지속하기 위해서는 금융시장을 강력하고 혁신적으로 만들 필요가 있으며 이를 위해 정부와 감독기구는 금융부문에 대한 규제를 강화할 필요가 있다"며, 특히 CDO나 CDS와 같이 감독권에서 상당 부분 벗어나 있는 파생상품에 대한 규제 강화를 촉구했다. 또한 연준을 비롯한 각국 중앙은행들은 금융위기가 끝난 후에도 재무적인 안정성을 강화해야 하며, 비은행권을 전담하는 감독기구를 설립할 필요가 있다고 지적했다. 이와는 별도로, 메리 샤피로(Mary Schapiro) 미 증권거래위원회(SEC) 위원장 내정자도 2009년 1월 상원 인준청문회에 참석한 자리에서 헤지펀드와 신용평가사에 대한 감독을 강화하겠다고 밝혔다.

그러나 오바마 행정부에서 이루어진 금융개혁은 금융위기의 근원적 문제 해결에 접근하지 못했다. 2010년 7월 21일 오바마 대통령이 서명한 '도드-프랭크 월가개혁 및 소비자보호법(The Dodd-Frank Wall Street Reform and Consumer Protection

Act, H.R. 4173)'은 금융감독체계의 개편, 금융시스템의 안정성 제고, 금융소비자 보호 등 미국의 금융시장 전반에 대한 개선 방안을 제시하고 있다. '도드-프랭크법'은 해당 금융회사가 발효일로부터 2년의 경과기간 이내인 2014년 7월 21일까지 모든 규제내용을 이행하도록 규정하고 있다. 물론, '도드-프랭크법' 이외에도 대형 사모펀드 및 헤지펀드의 증권거래위원회(SEC) 등록 및 정보 보고 의무화(2011.6.23), 선물시장에서의 투기적 포지션 보유 규모와 선물시장 투기에 대한 상품선물거래위원회(CTFC)의 규제(2011.10.19), 자산 규모 500억 달러 이상의 대형 은행들에 대한 연준의 자본 규제(2011.11.20) 등을 통해 규제가 강화되었다.

그러나 금융개혁의 핵심은 무엇보다 '도드-프랭크법'에서 찾을 수 있다. 2300페이지에 이르는 방대한 분량에서 짐작할 수 있는 것처럼 '도드-프랭크법'은 일부에서 1930년대 대공황 당시 상업은행과 투자은행의 업무를 분리한 '글래스-스티걸법' 이래 미국의 금융규제 및 금융환경에 영향을 미치는 중요한 인식체계의 전환으로 평가받고 있다. 기본적으로 '도드-프랭크법'은 미국의 복잡한 금융감독체계의 정비를 통해 금융시장에 대한 연방 차원의 거시건전성 및 통합적인 감독을 강화했다. 즉 '볼커룰(Volker rule)'을 통해 주식, 채권, 파생상품 등에 은행의 자기자본 거래(투자)를 금지하고, 사모투자펀드(PEF)와 헤지펀드에 대한 투자 한도를 각각 은행 기본자본(TIER 1)의 3% 이내와 해당 펀드 지분 3% 이내로 제한했고, 볼커룰 관련 준법감시체제를 운영해야 하고 감독당국에 이를 보고할 의무를 부과했다. 그밖에도 투자자 보호를 강화하기 위해 금융소비자보호청을 설립했고, 파생상품을 장외에서 장내로 끌어들였다.

그러나 위기의 근원이 됐던 문제들에 대한 규제가 충분히 이뤄지지 않았다. 즉 금융위기 발생을 억제하지 못한 규제의 허점들을 보완하지 못했다. 예를 들어, 모기지 보증기관이었던 패니매(Fannie Mae)와 프레디맥(Freddie Mac)에 대한 개혁이 포함되지 않았다. 기존의 모기지시스템이 파산 선고를 받은 상황에서 보다 안전한 새로운 모기지시스템을 구축하고 있지 못하기 때문이다. 미국 납세자가 패니매와 프레디맥을 구제하기 위해 1,500억 달러 이상을 투입했음에도 불구하고, 두 기관은 자신이 보유한 리스크 규모가 2014년까지 1,210~1,930억 달러에 달할 것이라고 했다.

'도드-프랭크법'의 보다 근본적인 문제는 국가의 구제금융을 당연한 것으로 여기고 리스크를 정부에 떠넘기는 다국적 대형 은행들의 '도덕적 해이', 즉 '대마불사(TBTF) 문제'를 해결하지 못했다는 점이다. 즉 지주회사 형태의 상업은행 업무와 투자은행 업무의 겸업 구조를 여전히 허용하겠다는 것은 예금과 머니마켓 간에 구분을 하지 않겠다는 것을 의미한다. 문제는 모기지 시장을 포함해 투자 시장은 정부가 효과적으로 규제를 하지도 않고, 할 수도 없다는 점이다. 그 결과 대형은행의 자산 규모가 전체 금융산업에서 차지하는 비중은 금융위기 이후에도 축소되지 않고 있다. 2011년 말 기준 미국 주요 5대 은행-JP 모건, 뱅크오브아메리카, 시티그룹, 웰스파고, 골드만삭스-의 자산은 8.5조 달러로 미국 GDP의 56%에 해당한다. 5대 은행이 여전히 미국 예금의 50%를 장악하고 있는 상황에서 대마불사는 계속 진행형이다. 대마불사의 문제가 지속되는 한 경쟁과 혁신 그리고 자원의 효율적 배분 등은 기대하기 어렵다. 무엇보다 대형 은행의 채권자들은 은행의 대출을 정부가 보호할 것으로 예상하기에 은행의 행태를 모니터 할 인센티브를 갖지 않는다. 그 결과 대형 은행은 주주 이득을 위해 과도한 리스크를 갖는 프로젝트나 책임 없는 행동을 추구할 가능성이 높다. 무엇보다 정부의 암묵적 지원으로 신용평가의 이점과 차입 비용의 절감 혜택을 입는다. 즉 **'대마불사 문제'는 도덕적 해이와 더불어 불공정거래를 조장**한다. 예를 들어, 대형은행들은 일반 은행에 비교해 낮은 차입 비용을 지불하는데 이는 **'사실상 정부 보조금'**이나 다를 바가 없다. **대형은행에 대한 정부의 암묵적 보증으로 대형은행의 차입은 무위험부채로 간주되기 때문이다.** 한 추정에 따르면 2007~10년간 대형은행이 받은 보조금은 시티그룹이 530억 달러, BoA가 320억 달러, JP 모건이 100억 달러, 웰스파고가 80억 달러, AIG가 40억 달러 등 1,200억 달러에 달했다. **사실, 대마불사 문제를 해결하는 것은 혁명과 다를 바가 없다. 금융과두정 체제의 해체를 의미하기 때문이다.** 리먼 파산 당시 재무장관이었던 폴슨이 9개 대형 은행의 독성자산을 매입하기 위해 의회에 7천억 달러에 달하는 구제 자금을 요청하기 수주 전에 워렌 버핏(Warren Buffett)이 골드만삭스에 자본을 투자하는 리스크를 무릅쓴 것도 금융과두정 체제의 본질을 정확히 읽고 있었기 때문에 가능한 것이었다. 당시 버핏은 높은 이자율로 자본을 대여했을 뿐만 아니라 미래 골드만삭스의 주식을 매입할 옵션까지 얻어냈다. 이런 점에서 기존의 은행위기와 달리 '시스템 리스크'의 문제를 드러낸 글로벌 금융위기의 핵심 문제를 '도드-프랭크법'은 완화시키는 데 실패했다.

금융개혁의 또 다른 축은 바젤위원회가 전 세계 주요 은행들의 행동을 규제하는 기본 협약인 바젤 III이다. 앞에서 소개했듯이 바젤 III 협약의 핵심 내용은 유동성 확충 및 레버리지 상한의 도입과 더불어 7%의 보통주(Tier 1)로 자기자본의 강화 등이다. **바젤 III의 기본 한계는 대부분 내용들이 거시건전성보다는 개별 은행의 지불능력인 미시건전성에 초점을 맞추고 있다는 점**이다. 예를 들어, 손실을 흡수할 수 있는 **은행의 자기자본 개선으로 호황 기간에 자산을 과도하게 증대시키는 문제를 직접 해결할 수 없다.** 은행의 상호연관성에 기초한 자산의 과도한 증대가 시스템 리스크의 핵심이기 때문이다. 예를 들어, 금융위기로 공적자금이 투입돼 국유화된 아일랜드의 앵글로아이리시 은행(AIB)은 기본자본(Tier 1)의 자본비율이 7% 이상, 특히 금융위기 직전인 2006년에는 8%가 넘었음에도 불구하고 파산했다. AIB의 대출은 2005년과 2006년에 각각 43%와 30%나 증가했다가 글로벌 금융위기로 갑작스레 멈추었다. 은행의 손실충당금은 위기 이후 총 대출의 4% 이상으로 뛰어올랐다. 자산의 과도한 성장은 부채의 과도한 성장의 다른 표현이다. 은행 자금조달의 핵심 원천인 소매예금은 가계부문의 총자산에 제약을 받기에 신용이 급증하는 붐(boom) 시기에 은행의 대출 증대에 필요한 자금조달원으로 충분히 기능을 하지 못한다. 결국 신용 증대는 RP나 CP 발행, 심지어 외화부채 등 비핵심부채 등으로 해결하게 된다. 예를 들어, 미국의 경우 총통화량(M2) 대비 RP와 금융 CP의 비중은 금융위기 이전 80%를 넘어섰다가 위기 이후 90년대 초 수준인 30%대로 추락했다. 이처럼 은행의 과도한 자산 성장과 비핵심부채에 대한 의존 증대는 시스템 리스크와 은행 간 상호연관성에 밀접하게 연결되어 있다. 즉 은행의 자산 성장은 은행 간 교차 위험노출의 증가를 의미한다. 특히 단기 부채가 확산되었는데 이는 자금중개 체인이 확장된 결과로 금융회사 간 교차 위험노출의 증가를 의미한다. 그리고 앞에서 살펴보았듯이 자산의 증권화가 중개체인 확장의 중심에 있었다. 따라서 금융부문의 취약성을 해결하기 위해서는 그림자금융에 대한 '경성예산제약'의 부과를 비롯해 자산의 과도한 성장을 억제할 수 있는 거시건전성 수단이 필요하다. 예를 들어, (신용/GDP) 비율, 은행의 (비핵심부채/핵심부채) 비율, (자산/자본) 비율 등에 관심을 갖고 LTV와 DTI의 상한 설정이나 비핵심부채에 대한 부담금 부과 등이 필요하다. 바젤 III의 이러한 한계들에도 불구하고 은행들의 반발에 밀려 국제결제은행(BIS)의 바젤위원회는 유동성 규제 강화 도입 시점을 연기하기로 했다.

한편, **금융위기 이후 금융회사들은 더 이상 과거와 같은 고수익을 만들어내지 못하고 있고, 만들어내기 어렵도록 환경이 변화하고 있다.** 첫째, 미국 전체 기업 수익 중 금융회사의 수익은 2002년 약 42%에서 2011년 29%로 하락했다. 미국 상업은행의 자기자본수익률(ROE)도 80년대 이전의 역사적 평균 수익률 수준인 약 8%로 하락했다. 자산 대비 (법인세와 충당금 차감 전) 순소득의 비중 또한 90년대 중반 수준 밑에 머물러 있다. 마찬가지로 글로벌 투자은행의 2012년 수입은 2009년의 1/3 수준인 2400억 달러에 달할 것으로 추정된다. 게다가 맥킨지는 '도드-프랭크법'과 BASEL III의 도입, 그리고 소비자의 지속적인 디레버리지 등으로 은행의 ROE는 2015년까지 7%로 하락할 것으로 예상한다. 또한, 바젤 III의 도입으로 은행들은 추가 자본 확충이 불가피하고, 레버리지의 제약과 비용이 증가할 것이기 때문이다. 예를 들어, IMF는 새로운 규제 도입으로 은행의 대출 이자율은 장기적으로 미국에서 0.28%, 유

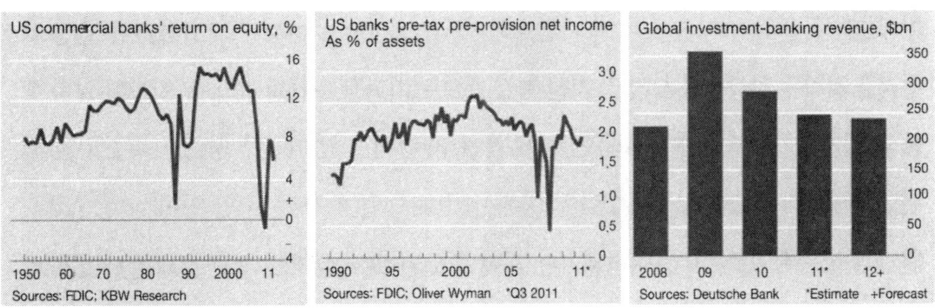

은행 수입 출처: Economist, Jan 21st 2012 & Sep. 15, 2012.

미국 상업은행의 ROE, 자산 대비 세전-충당금 차감 전 순소득 비중, 글로벌 투자

럽에서 0.17%, 일본에서 0.08% 상승시킬 것으로 추정한다. 게다가 유럽연합(EU) 내 독일과 프랑스 등 11개 국가는 주식과 채권 거래에는 0.1%, 파생상품 거래에는 0.01%의 세금 부과 등 유럽판 토빈세인 금융거래세를 도입하기로 결정했다.

대형 은행이나 금융 관련 이해단체들이 금융개혁에 대해 불평을 하고 경기 회복을 돕기 위해 그 집행을 늦춰야 한다고 주장하는 이유도 금융의 수익성 악화와 관련이 있다. 예를 들어, 제이미 다이먼(Jamie Dimon) JP모건 회장 겸 CEO는 2011년 6월 7일 미국 애틀랜타에서 열린 국제은행가 컨퍼런스에서 "정부의 금융개혁이 금융산업 활력을 떨어뜨리고 경제성장마저 가로막고 있다"며 버냉키 연준 의장을 공격했다. 게다가 **금융위기 이후 의회와 규제 당국에 대한 월가의 로비를 강화하고 있다.** 금융위기 이전인 2006년에 월가의 로비 자금은 3,610만 달러였으나 2011년에는 거의 두 배 수준인 6,140만 달러였다. 실제로 개혁의 후퇴 조짐이 보이고 있다. 예를 들어, 특정 기업이 판매할 수 있는 파생상품 총액의 상향 조정이나 스왑 딜러의 지정요건과 관련된 총 명목가치에 대한 기준치 재조정 등이 그것들이다. 은행의 로비 단체인 국제금융협회(IIF)는 글로벌 경제성장을 위해 금융에 대한 균형 잡힌 규제를 주장하며 로비하고 있다.

둘째, **새로운 성장 추진력의 부재도 금융의 수익 회복을 가로막을 수밖에 없다.** 앞에서 지적했듯이 금융의 성장은 실물 부문의 성장 속에 가능하기 때문이다. 전 세계 투자은행의 수입은 2012년 약 2,400억 달러에 달할 것으로 추정하는데 이는 2009년의 거의 1/3 수준에 불과하다. 금융의 수익 하락은 국가 간 자본흐름의 감소와도 관련이 있다. 금융위기 이전에 비해 자본흐름의 규모는 60% 이상이 감소하였다. **금융의 수익률 하락은 일자리와 사업 및 자산 축소 등으로 이어질 수밖에 없다.** 무엇보다 금융부문의 일자리가 2006년 약 833만 명에서 2011년에는 약 760만 명으로 축소되었다. 런던 금융산업은 2007년 35만 4천 명에서 2012년 말까지 약 10만 명이 감축되었다. 월가의 고용은 위기 이전에 비해 2만 명이 축소되었다. **실제로 더 큰 문제는 해고가 계속 이어지고 있다는 점이다.** 대형 금융회사들이 금융 불안, 성장률 둔화, 규제 강화, 주가 하락 등의 겹악재로 대규모 감원을 준비하고 있다. 2013년까지 유럽의 최대 대출은행인 HSBC가 3만 명, 미국의 두 번째 은행인 BoA가 3만 명을 해고할 계획인데 이는 전체 고용의 10%에 해당한다. 그밖에도 사업구조조정이나 자산 매각 등을 추진하고 있다. 반면, 정부와 연준의 지원 덕택으로 2008년 이래 금융부문의 부채는 8조 달러에서 6.1조 달러로 축소되었다. 은행이 가진 쓰레기(독성자산)를 청소해주는 등 은행 구제에도 불구하고 2012년 6월, 15개 글로벌 은행 장기신용등급은 1~3단계씩 강등되었다.

사실, **금융의 수익성 하락보다 신뢰 하락이 금융의 미래를 더욱 불확실하게 만들고 있다. 오늘날 금융시스템은 만신창이가 되었고, 은행 문화에서는 썩은 내가 진동한다.** 금융인들은 탐욕의 화신이자 사기꾼으로 추락했고, 윤리의식과 신뢰도는 땅에 떨어졌다. 그동안 많은 사람들은 금융인들의 고소득이 그들의 많은 지식에서 비롯하는 것으로 간주했다. 그런데 금융위기 이후 사람들은 금융의 높은 수익과 고소득이 사기와 내부거래 그리고 금리 및 서류 조작 등에 의한 것이었고, 고객 희생으로 이익을 챙긴 것이었음을 알게 되었다. 금융인들이 만든 고수익 상품이란 것이 일반인들이 이해하기 힘들 정도로 복잡성에 기초한 것이었고, 일반인들은 자신들이 상품을 이해하지 못하는 것을 자신들의 무지로 돌렸다. 유동성이 낮고 높은 리스크를 가진 상품을 수익성과 유동성이 높은 상품으로 변형시켜 판매한 금융인들은 사실상 사기꾼과 다를 바가 없었다. 게다가 일부 금융회사들은 고객에게 판매한 상품에 대한 반대매매까지 함으로써 자신들의 사기 짓을 사실상 인정(?)하기도 했다.

장기 저성장과 미국 헤게모니의 쇠퇴

이상에서 보았듯이 **금융위기 이후의 미국 경제는 비관적**이다. **재도약의 가능성이 보이지 않는다. 미국 경제의 경쟁력을 상징하는 금융 및 혁신 시스템이 더 이상 작동하지 않기 때문이다.** 오바마 정부가 수출에 사활을 걸고 제조업의 부활을 외치는 이유도 지푸라기라도 잡을 수밖에 없는 미국의 경제 상황을 단적으로 보여준다. 오바마 정부는 1970년대 초 경상수지 적자 문제가 불거짐에 따라 수출 증진을 위해 1973년에 가동했던 '수출진흥각료회의(Export Promotion Cabinet, EPC)'라는 조직을 부활시키고,

5년간 수출을 2배로 확대하여 일자리 200만 개를 창출하겠다고 다짐했다. 특히 수출을 통해 창출하는 일자리 5개 중 1개를 제조업에서 만들겠다고 약속했다. 예를 들어, 수출 기업의 숫자가 2006~10년 사이에 19%나 증가했는데, 특히 연방 수출입은행(Export-Import Bank)의 지원으로 500인 미만을 고용하는 소기업의 비중이 29%에서 34%로 증가했다. 미국의 전통적인 시장인 OECD 국가들에 대한 수출이 2007년 말 이래 20%가 증가했지만, 무엇보다 달러 가치의 약세로 라틴아메리카와 중국에 대한 수출이 각각 51%와 53% 증가했다. 특히 수출의 30%를 구성하는 서비스의 경우 2006~10년 사이에 브라질과 인도, 중국에 대한 수출이 거의 두 배로 증가했다. 그 결과 GDP 대비 무역수지 적자도 2006년 6%에서 4%로 축소되었다.

오바마 정부가 추진하는 '미국에서 만들기(Make it in America)' 어젠다의 취지도 제조업에서의 일자리 만들기와 관련이 있다. 미국은 1890년대부터 110년간 유지해 온 세계 제조업 1위 자리를 2011년에 중국에 내주었다. 미국 사회는 제조업이 여타 경제 부문에 연료를 공급하는 역할을 하는 경제의 기초여서, 제조업 1위 자리를 잃는다는 것은 심각한 문제라는 인식이 확산되었다. 그렇다면 제조업이 미국의 새로운 성장 추진력이 될 수 있는가를 살펴보자. 제조업 강화를 통한 일자리 창출을 주장하는 미국 재계의 목소리 중에는 GE의 CEO 제프리 이멜트(Jeffrey Immelt)와 인텔의 전 CEO 앤디 그로브(Andy Grove) 등을 예로 들 수 있다. 이멜트는 2009년 6월 디트로이트 경제클럽의 연설에서 제조업이 적어도 지금보다 약 두 배 많은, 전체 고용의 20%를 차지해야 하고, 이것은 '국가 명령'으로, 이를 위해 R&D와 투자에 대한 조세 지원이나 임금의 잠정 동결 등을 주장했다. 이멜트의 주장은 공감은 얻을 수 있으나, 목표가 너무 비현실적이라는 평가를 받았다. GM은 미국 제조업의 현실을 잘 보여준다. 미국 정부로부터 수백억 달러의 구제금융을 받고 회생에 성공했던 GM이 다시금 구제금융을 받게 될지도 모른다는 경고의 목소리가 나오고 있다(Forbes, 2012년 8월 15일). 2012년 7월까지 GM의 미국 시장 점유율은 18%를 기록했는데 이는 2011년 같은 기간의 20%보다 2%가 줄어든 것이다. 규모의 경제로 운영되는 자동차산업에서 시장점유율이 줄어든다는 것은 가격경쟁력을 상실했다는 의미이기에 GM이 잃어버린 것은 단순한 시장점유율 이상의 의미를 지닌다. 이것이 미국 제조업의 현실이다.

이멜트와 달리 제조업의 강화를 위해 무역전쟁조차 배제할 필요가 없다는 그로브의 주장은 충격적이었다. 그로브는 아이맥스, 아이팟, 아이폰을 출시한 애플은 미국에서 약 2만 5천 명을 고용하고 있지만, 애플 제품들을 생산하는 중국의 팍스콘(Foxconn)은 그 열 배에 해당하는 약 25만 명의 일자리를 만들어 내고 있다. 또한 실리콘밸리의 혁신이 더 이상 일자리 창출로 연결되지 못하고 있고, 이는 제조업의 가치를 과소평가한 결과라고 주장했다. 그는 경쟁국들처럼 미국도 제조업의 해외 유출을 막아야 한다며, 해외 노동력으로 만들어진 생산물에 세금을 부과함으로써 미국 내 제조업에 금융 인센티브를 제공할 것을 주장했다. 이러한 조치가 무역전쟁과 보호주의를 의미한다면 기꺼이 전쟁을 수행하고, 또한 승리를 거두어야 한다며 전의를 불태웠다.

그러나 많은 미국인들은 그로브의 방식이 일자리 만들기의 해법이 될 수 없다고 주장한다. 1930년대 대공황에서 경험했듯이 무역전쟁은 글로벌 경제를 다시 침체로 빠트릴 것이다. 무엇보다 인텔 수입의 72%가 해외에서 나오는 점을 감안하면 무역전쟁의 최대 피해자는 미국 기업들이 될 것이고, 당연히 일자리 상실로 이어진다. 더구나 현재 미국에 필요한 일자리는 중국 팍스콘의 일자리가 아니다. 2010년 미국 가계소득의 중앙값이 49,445달러였다. 즉 일자리 만들기는 고소득 일자리와 관련된 새로운 산업 만들기로 접근해야 한다는 것이다. 수백만 개의 고소득 일자리 만들기만이 건강한 중산층 사회의 복원과 지속가능한 성장을 가능케 한다. 실제로 오늘날 미국에서 만들어지는 새로운 일자리는 인텔 같은 곳에서 나오지 않고 신생 기업들에서 나온다. 미국의 하이테크 기업에서 한 개의 일자리가 창출될 경우 5개의 추가 일자리 창출을 파생시킨다. 예를 들어, 애플의 일자리는 4만 7천 개이지만 애플이 지원하는 관련 기업에서 일자리가 25만 7천 개이고, iOS에 기초한 앱 경제에서 21만 개 일자리가 발생했다. 기존 산업들에서는 일자리가 빠르게 축소되고 있다. 낡은 산업의 파괴와 새로운 산업의 창조야말로 미국의 글로벌 경쟁력을 가져다준다. 실업을 축소하기 위해 낡은 산업을 보호하는 것은 축소경제의 길일 수밖에 없기 때문이다. 따라서 산업구조의 업그레이드 및 산업체계의 다양화를 위해서는 미국이 새로운 시스템으로 전환하는 길밖에 없다. 즉 새로운 시스템으로의 전환까지 미국 경제가 저성장하는 것은 불가피하다. 한 연구에 따르면 미국 경제는 건국 이래 일인당 GDP와 생계 수준에서 향후 20년간 가장 느린 속도로 증가할 것으로 전망된다.

이처럼 오바마 정부는 일자리 만들기를 제조업의 부활과 연결시킨다. 그런데 미국 제조업의 고용은 1980년대 이후 지속적으로 하락했고, 특히 2000년 이후 매우 빠르게 진행되어 현재 2차 대전 수준으로 후퇴했다. 2010년 7월 기준 제조업의 고용 규모는 약 1,172만 명으로, 지난 10년 전에 비해 약 600만 명 축소되었다. 1994~99년간 미국 경제 규모가 26% 증대하는 동안 제조업 생산 능력은 44% 성장했다. 반면 2002~07년간은 각각 17%와 5%에 불과할 정도로 제조업 생산 능력의 신장은 크게 약화되어, 제조업 비중이 14~16% 수준으로 떨어진 실정이다. 게다가 2007년 12월 이후 200만 개 이상의 공장 일자리가 사라졌다. 이들 중 상당수가 복구될 가능성이 없다. 물론, 2009년 6월 침체의 종료 이후 제조업 생산은 19.8%가 증가했고, 2009~11년 사이에 제조업 수출도 36.4%(2,920억 달러)나 증가했다. 그러나 **제조업 부활에 온 힘을 쏟아 부은 오바마 행정부의 노력에도 불구하고 2010년 이후 만들어진 제조업 일자리는 53만 2천 개에 불과하고, 현재 미국 제조업의 일자리 수는 2000년 1월의 규모보다 31%나 낮은 수준이다. GDP에서 차지하는 비중도 1970년 22.7%에서 2011년 12.2%로 축소되었다.** 비즈니스위크(2012년 7월 9일)는 현재의 회복 속도로는 2000년 수준으로 돌아가려면 25년이나 걸릴 것이라 지적했다. 최근 해외로 진출한 미국 기업들이 미국으로 복귀하는 것이 이슈가 된 바 있다. 올해 봄 오바마 대통령은 기자들에게 "사라진 일자리들이 미국으로 다시 돌아오고 있다"고 말했다. 그 예로 GE와 캐터필라 등을 지적했다. 그러나 이러한 주장을 뒷받침할 충분한 자료는 존재하지 않는다. 여전히 하니웰 인터내셔널(Honeywell International)이나 보스톤 사이언티픽(Boston Scientific) 등 많은 기업들이 해외로 나가고 있기 때문이다. 해외 진출했던 미국 기업들의 복귀 가능성을 주장하는 이들은 중국의 임금 상승과 위안화 절상, 그리고 국내 생산의 이점 등을 지적하지만 미국 기업이 중국을 떠나도 다른 저임금 아시아 국가로 이전할 가능성이 높다는 점에서 미국 제조업이 다시 살아날 가능성은 높지 않다. **미국**

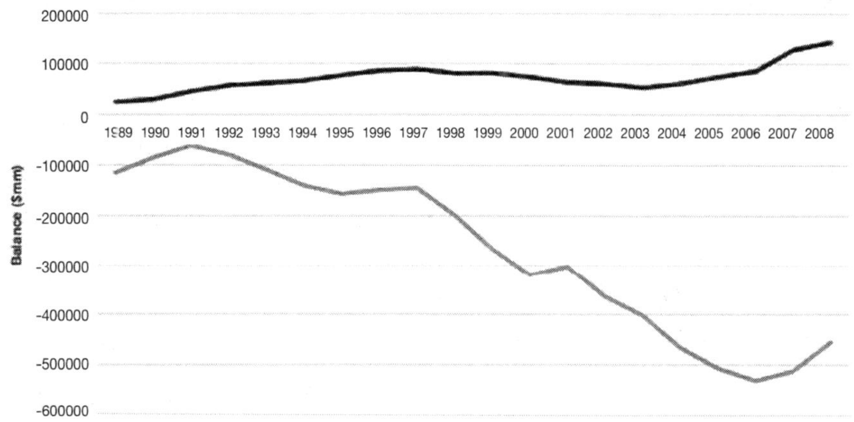

출처: 미국 상무부.

미국의 상품(회색선) 및 서비스(검정색선)의 무역수지 추이, 1989~2008(백만 달러)

제조업의 무역수지가 지속적인 적자를 실현하고 있는 것이 미국 제조업 경쟁력의 현실이다. 제조업 부문의 기술격차가 크게 줄어든 상황에서 미국이 가격경쟁력을 회복하는 것은 사실상 비현실적이기 때문이다. 미국의 2008년부터 10년간 제조업 부문의 주당 평균 임금은 605달러였던 반면, 비제조업 부문은 558달러였다.

미국 경제의 향후 전망과 관련하여 고려할 두 번째 요인은 미국 가계(소비자)의 상황이다. 주지하듯이 미국 경제의 70% 이상은 가계 소비가 결정한다. 가계의 소비는 가계의 소득과 자산 그리고 미래에 대한 기대 등이 결정할 것이다. 가계의 소득과 미래에 대한 기대는 좋은 일자리와 미에 대한 불확실성의 해소 등에 달려 있다. 그런데 앞에서 보았듯이 고용시스템은 매우 취약해졌다. 그리고 국가부채의 리스크 증대와 정치리더십의 빈곤, 연준에 대한 신뢰성 약화 등은 미래를 불확실하게 하고 있다. 가계 자산의 주요 부분을 구성하는 주택시장 역시 구조적으로 취약한 모습을 보인다. 이와 관련하여 일부에서는 가계의 디레버리지가 거의 종료 단계에 진입했기 때문에 주택시장의 회복세와 미국 경기의 회복세를 전망한다. 그러나 이러한 주장은 몇 가지 문제점을 갖고 있다. 무엇보다 디레버리지 이후 '새로운 표준(new normal)'이 작동할 수밖에 없다. 즉 **디레버리징이 종료되더라도 미국 소비자가 글로벌 성장의 엔진으로 복**

귀하기는 어렵다는 점이다. 과거에는 소비를 위해 주택자산 활용이 용이했으나 2차 대출(HEL)에 의한 추가 소비가 사실상 불가능해졌고, 이로 인해 가계의 소비지출은 약 1% 하락했다. 참고로 2003~07년간 HEL과 리파이낸싱, 이른바 MEW로 2.2조 달러가 추출되었고, 그중 약 1/5이 소비에 지출되었다. 또한, 디레버리지의 내용을 이해할 필요가 있다. 미국의 '가처분소득 대비 가계부채' 비율이 2007년 133%에서 114%로 하락했다. 2013년 중반이면 버블 이전 수준에 도달할 것으로 전망한다. 그런데 **버블 이전 수준에서 디레버리지가 멈춘다는 보장은 없다**. 경제 전체적으로 '새로운 표준'이 작동하기 때문이다. 90년대 초 금융위기를 겪은 스웨덴의 경우 버블 이전보다 15% 더 하락했다.

더 중요한 점은 금융위기 이후 진행된 가계부채의 축소가 주택시장 회복세와 거리가 멀다는 점이다. 미국에는 아직도 주택담보대출금이 주택가치보다 높은 1,100만 채의 깡통주택이 있다. 그렇다면 **가계 디레버리지의 '불편한 진실'**은 무엇인가? 가계부채의 축소는 두 가지 측면에서 비롯한다. 한 측면은 파산을 포함해서 기존 차입자의 부채 축소이고, 다른 한 측면은 신규 차입의 감소이다. 그런데 제13장에서 지적했듯이 **금융위기 이후 모기지 부채의 축소는 대부분 신규 차입의 감소에서 비롯한 것이었다**. 금융위기 이전 2년(2005년 3분기부터 2007년 3분기)간 새로운 차입은 3.5조 달러 증가한 반면 기존 부채의 축소는 1.8조 달러였다. 그 결과 가계부채가 1.7조 달러 증가했다. 그런데 금융위기 이후 2년(2007년 3분기부터 2009년 3분기)간 신규 차입은 1.4조 달러였던 반면 기존 부채의 축소는 2.4조 달러였다. 이에 가계부채가 1조 달러 축소했다. 이처럼 **가계부채의 축소는 기존 부채 축소(6천억 달러)보다 신규 차입 감소(2.1조 달러)에 의한 것**이었다. 이는 기존 부채 축소가 없었어도 가계부채가 감소할 수밖에 없었음을 의미한다. 신규 차입을 감소시킨 중요한 요인은 생애 첫 번째 주택구입자의 차입 감소였다. 특히 대출조건이 강화되며 생애 첫 번째 주택구입자 중 차상위 신용등급의 차입을 감소시켰다. 학자금 부채(대출)도 주택시장 침체와 관련이 있다. 미국의 대학졸업생은 일인당 평균 2만 5천 달러 이상의 부채를 갖고 있다. 2012년 9월 기준 대학생 부채는 1초에 약 3천 달러씩 증가하고 있다. 이 정도 부채로는 높은 실업

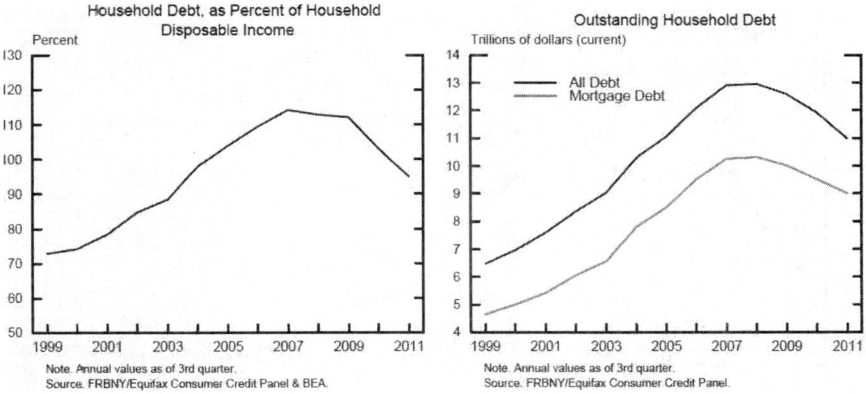

미국 가계의 디레버리지: 가처분소득 대비 부채 비중(%)과 미상환 가계부채(조 달러)

률의 상황에서 운 좋게 일자리를 갖더라도 모기지를 신청할 자격에서 제외된다. 즉 초저금리에도 불구하고 1조 달러에 달하는 학자금 부채는 생애 첫 주택구입자의 차입을 축소시키는 요인으로 작용한다. **기존 차입자의 부채 축소도 대부분이 재무 상황이 좋지 않은 차입자와 파산의 경우이기 때문에 축소한 부채가 주택시장의 투자금으로 유입될 가능성은 거의 없다.**

미국 경제의 장기 저성장이 불가피한 세 번째 요인은 인구구조의 변화이다. **베이비붐 세대의 은퇴에 따라 인구에서 임금노동자가 차지하는 비율이 감소하고 있다.** 임금 노동자의 감소를 상쇄할 만큼 나머지 임금노동자의 생산성이 급증해야 하는데, 미국 노동자의 교육 수준 증가가 멈추어서 불가능하다. 금융위기 이후 잠시 노동생산성이 크게 증가한 것은 고용 축소에 따른 결과로 고용 축소는 한계가 있기 때문에 지속될 수 없다. 2010년 2분기부터 노동생산성 증가율이 급감한 이유이다. 게다가 인구구조의 변화와 자산가치 붕괴의 시점이 일치하고 있다. 주택자산과 역부양인구비율(=15~60세의 노동가능인구/부양해야 할 나머지 인구) 간에는 상관성이 존재한다. 일본의 경우 즉 역부양비율이 1990년에 정점을 기록한 후 자산버블의 붕괴가 시작했고, 잃어버린 20년이 진행됐다. 미국 역시 서브프라임 모기지 사태가 발생했던 2007년에 역부양인구비율이 정점을 기록했다.

미국 경제의 장기 저성장이 불가피한 네 번째 요인은, 앞에서 지적했듯, 인터넷 붐과

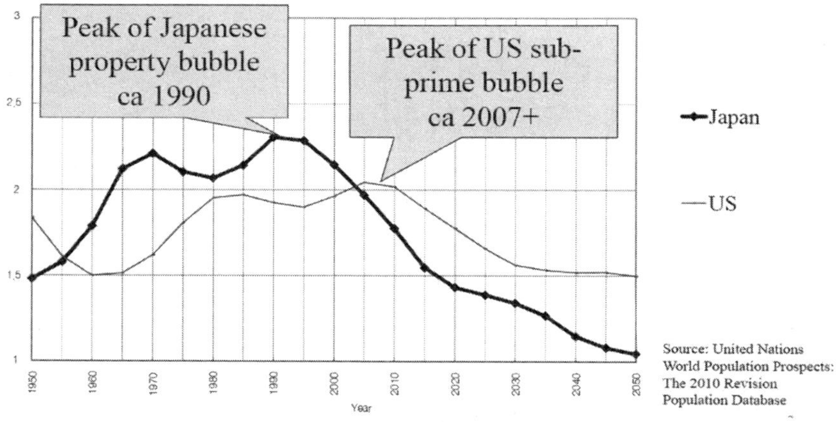

출처: K. Nishimura, 2011, Population Ageing, Macroeconomic Crisis and Policy Challenges, Bank of Japan.

인구변화와 버블, 미국과 일본

같은 새로운 기술혁명을 기대하기 어렵다는 것이다. 실제로 침체 이후 기업은 재정자원을 엄격히 통제하기 위해 자본집약적 프로젝트나 R&D에 대한 투자지출을 축소하는 경향이 있다. '**재무적 보수주의'의 확산은 혁신적 기술의 상업화를 추구하는 창업에도 부정적으로 영향을 미칠 수밖에 없다.** 그런 점에서 중화학공업의 붐이 지속되었던 대공황의 상황보다 유리하지 않다. 마지막으로, **금융위기 이후 더욱 악화된 소득불평등이 성장의 지속을 둔화시킬 수밖에 없다**는 점이다. 그리고 노동소득 비중의 저하는 소비성향과 투자 저하를 초래한다. 금융위기 이전에 비해 대출조건이 강화될 수밖에 없다는 점에서 신용 팽창도 기대하기 어렵다. 이처럼 글로벌 경제에 힘의 이동이 진행되는 이행기 국면에서 미국 경제가 장기 저성장을 하고 있다는 것은 사실상 미국 시대가 끝났음을 의미한다. 미국 시대의 종언은 금융 주도의 호황기를 맞이했던 2000년대 미국 경제력의 상대적 약화에서도 확인된다. 미국 경제가 세계 경제에서 차지하던 비중은 70년대 이후 90년대 전반까지 약 1/4을 유지하다가 IT 붐에 의해 호황기를 맞이했던 90년대 후반에 32%까지 상승했다가 2000년대 비중이 지속적으로 하락하여 금융위기 이후에는 1/4 수준 밑으로 하락했다. 이는 2000년대 들어 일인당 실질 GDP 증가율의 급락에서도 확인된다. 향후에도 미국의 일인당 소득은 지속적으로 하락할 것으로 추정된다.

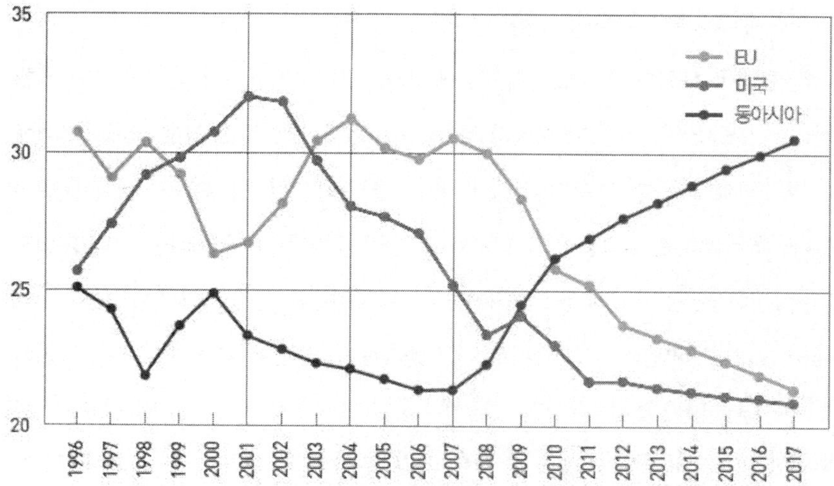

주: 2011년 이후는 MF 추정치 기준 / 자료: IMF, 세계경제전망, 2012. 4

세계 3대 경제권역 GDP 비중 변화 추이(단위: %, 년)

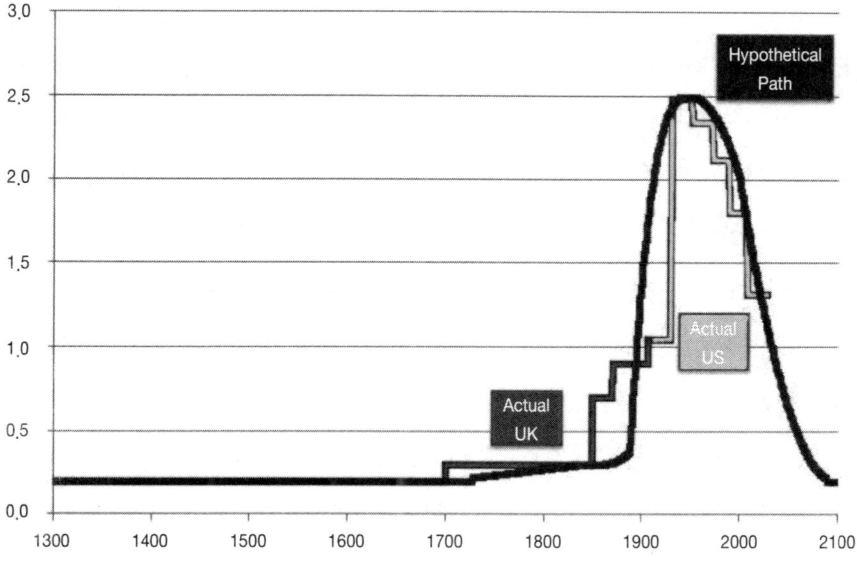

주: 갈색=실제 영국 성장률, 회색=실제 미국 성장률, 검정색=예상 성장률
출처: James Pethokoukism, 2012, Is the era of fast U.S. economic growth coming to an end?

일인당 실질 GDP의 성장률, 1300~2100: 실제 성장률과 예상 실업률

사회계약의 붕괴와 이류사회로의 전락

흔히 미국 사회의 특징으로 불평등에 대한 미국인의 관대함을 지적한다. 예를 들어, 미국인들은 유럽인보다 보상의 차이가 사람들을 열심히 일하게 한다는 생각에 보다 호의적이다. 또한, 정부가 그러한 불평등을 완화시켜야만 한다는 생각에 덜 공감한다. 즉 미국인은 불평등이 자유시장시스템의 불가피한 산물이라는 신념을 갖고 있기에 부의 불평등에 쉽게 동요되지 않는다. 미국인들은 결과의 평등보다는 기회의 평등을 선호하기 때문이다. 사다리를 타고 올라갈 수 있는 이른바 '계급 없는 사회의 건설'이 가능하다는 믿음을 (백인 중심이지만) 대체적으로 공유했기 때문이다. 열심히 노력하는 자는 누구나 부자가 될 수 있고 열심히 노력하지 않는 자는 가난하게 살 수밖에 없다는 믿음은 '미국인의 꿈'이 되었다. '미국인의 꿈'은 아이들이 미국에서 교육을 받고 자라면 사회적 지위, 종교, 출신 등에서 제한을 받지 않고 성공의 기회를 가질 수 있다는 것을 의미한다. 즉 미국인들은 계급 없는 미국이 계급에 발목이 잡힌 영국이나 유럽보다 하류계층에서 태어난 사람들이 신분 상승 할 수 있는 기회가 더 높다고 생각했다. 여기서 신분 상승은 경제력의 소유를 의미했고, 초기에 이를 뒷받침한 것이 토지소유 가능성이었다. 즉 미국으로 이주한 백인들은 원주민의 살육과 제거로 '자유토지'를 획득할 수 있었다. '자유토지'는 미국이 농업생산성에서 절대적 우위를 갖게 해주었다. 또한, 높은 농업생산성은 노동력을 둘러싸고 경합을 하는 공장노동자의 임금소득 수준을 결정했다. 이러한 조건들은 풍부한 자원과 결합되어 노동절약적 기술진보, 높은 노동생산성, 고이윤, 고성장 등의 선순환 체계를 만들었고 미국의 경제적 번영을 만들어냈다.

그러나 앞에서 지적했듯이 60년대까지 산업화의 성과는 막을 내렸고, 70년대 후반부터 대다수 미국인들의 실질임금은 정체했다. 1973~2007년간 생산성 상승률은 83%였던 반면, 임금의 중앙값과 남성을 기준으로 한 실질임금의 상승률은 5%에 불과했고 실질소득 증가의 58%를 최상위 1%가 차지했다. 중산층이 약화되고 소득불평등이 크게 악화된 것이다. 실질소득의 정체 속에 소비지출이 지속적으로 증가하면서 중산층과 저소득층의 가계소득 대비 부채 규모는 크게 증가했다. 가계부채와 소득

미국의 부익부 빈익빈 (최상·최하위 계층이 전체 소득에서 차지하는 비중)

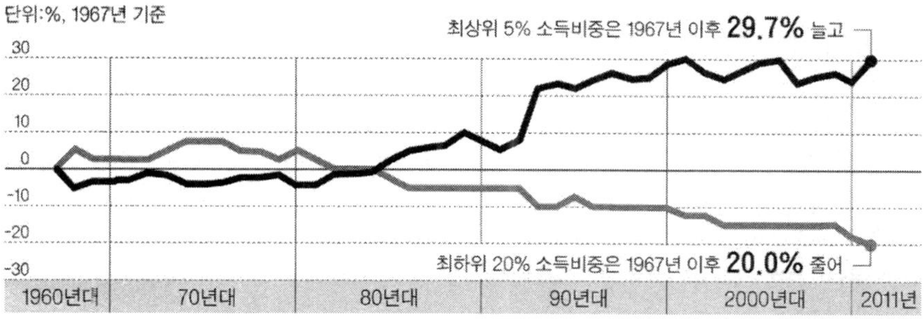

자료: 미 통계청

불평등의 공진화가 진행되었고 금융위기는 그 결과였다. 그런데 금융위기 이후 중산층의 몰락은 가속화되고 소득불평등은 심화되었다. 미국 상무부의 인구조사국은 2010년 가계소득의 중앙값이 49,445달러라고 발표했는데 이는 물가상승률을 조정할 경우 1997년 수준보다 낮은 규모였다. 또한, 연준에 따르면 2007년부터 2010년 사이 미국 중산층 가계의 순자산은 12만 6,400달러에서 7만 7,300달러로 약 39%나 감소했는데 이는 1992년의 수준과 비슷하다. 그리고 2010년 미국 전체 소득 증가의 93%가 1%에게 돌아갔고, 지니계수는 0.467로 OECD 34개국에서 멕시코와 칠레 다음으로 32위를 기록했다. 또한 2011년에도 상위 1% 부자(120만 명)의 수입은 5.5% 늘어난 반면 하위 80%인 9,600만 명의 소득은 1.7% 감소했다. 소득불평등의 심화가 지속되고 있는 것이다. 상위 1% 부자와 중산층의 운명은 자산구성에서 갈렸다. 앞에서 지적했듯이 미국의 통화정책이 상위 소득자에게 유리하게 작용했기 때문이다. 가계와 소기업에게 자금을 공급한다는 명분으로 추진한 천문학적 유동성 공급과 (장단기) 금리 인하는 주식과 채권 등 자산가격을 상승시켰다. 게다가 기업 임원인 상위 1%는 주가가 바닥일 때 대규모 스톡옵션을 받았다. 2008년 이후 2009년 말까지 미국 주식 시가총액은 6조 달러에서 17조 달러로 약 세 배가 됐다. 연준에 따르면 중산층 가운데 주식을 가진 가계 비중은 2007년 14%에서 2010년 11.7%로 떨어졌다. 주가 상승 혜택이 중산층에겐 적게 돌아갔다는 얘기다. 반면에 집이 자산의 거의 전부인 중산층은 집값 폭락으로 은행에 집을 압류당해 거리로 나앉은 사례가 속출했다. 미국의 주택 가치는 2006년 이후 5조 8000억 달러 줄었다. 여기다 장기간 높은 실업률이 지속되면서 중산층의 붕괴가 가속화됐다.

높은 실업률과 고용의 질의 악화 등으로 중산층의 몰락과 소득불평등의 심화는 예상된 것이었다. 실제로 2009년 2분기 이래 국민소득의 92%가 기업 이윤으로 귀속되었고, 임금 증가분은 없었다. 그 결과 미국 가계의 평균소득은 2007~09년간 2.4% 감소했고, 경기가 회복 국면에 들어선 2010~11년간은 소득감소율이 6.8%로 더 확대되었다. '고용 없는 성장'에 '임금 없는 경기회복'이 진행된 것이다. 또한, 2010년 빈곤율이 지난 17년 동안 최고치인 15.1%를 기록했다. 미국은 4,620만 명이 빈곤층(4인 가족 기준으로 연간 세전 소득이 2만 2,050달러 이하인 계층)인 국가이다. 깊어지는 빈곤 추세를 보여 주는 지표 중 하나는 음식 쿠폰을 받는 사람들의 급격한 증가이다. 미국 의회는 2008년 8월 식품구매권(Food Stamp) 제도를 영양보충지원제도(Supplement Nutrition Assistance Program)로 이름을 바꿨다. 법적으로 빈곤층 기준 소득의 133% 이하를 버는 사람들은 음식 쿠폰을 받을 수 있다. 성인 6~7명 중 한 명이 이 쿠폰을 받고 있다. 문제는 고용시장이 여전히 얼어 있고, 재정적자의 감축 압박 속에 임시 세금 인하와 실업보험의 연장을 지속하기 어려워지는 상황에서 빈곤층 비율이 더욱 늘어날 수밖에 없다는 점이다. **고실업이 지속됨에 따라 개인 보험과 고용보험 가입자가 크게 줄어들어 건강보험 혜택을 받지 못하는 사람이 2010년 4,990만 명을 기록했다. 미국은 전 국민 건강보험을 둘러싸고 분열된 나라이다.** 즉 미국 애틀랜타에 있는 연방항소법원은 2011년 8월 13일 건강보험 상품에 가입하지 않으면 벌금을 부과하도록 한 오바마 정부의 '건강보험개혁법(일명 '오바마케어')'은 헌법에 위배된다고 판결했다. 모든 미국인들을 강제로 건강보험상품에 가입하도록 한 것은 의회의 헌법적 권한을 넘어서는 것이라고 항소법원이 판결한 것이다. 위헌 판결에 대해 오바마 행정부는 해당 법조항에 규정된 미 의회의 권한은 전체 주에 효력이 미친다며 반발했지만, '건강보험개혁법'은 2011년 8월까지 무려 26개 주에서 위헌 소송이 제기되었다. 최종적으로 미국 연방 대법원은 2012년 6월 찬성 5명, 반대 4명으로 '건강보험개혁법'에 합헌 판결을 내렸다. 그러나 미국 공화당은 강하게 반발하며 폐기를 추진하

경기침체 종료 이후 국민소득, 기업이윤, 임금의 증가(십억 달러, %, 2010년 물가 기준)

침체기	국민소득	기업이윤	임금	기업이윤 비중	임금 비중
1975Q1~76Q3	$462	$148	$174	32%	38%
1982Q4~84Q2	817	227	205	28	25
1991Q1~92Q3	237	-4	119	-1	50
2001Q4~03Q2	333	178	50	53	15
2009Q2~10Q4	528	464	7	88	1
2009Q2~11Q1	505	505	-22	92	0

출처: A. Sum, I. Khatiwada, J. McLauglin, S. Palma, May 2011, The "Jobless and Wageless Recovery" from the Great Recession of 2007-2009.

겠다는 입장이다. **거의 우리나라 인구 규모에 해당하는 사람들이 기본소득을 벌지 못하고 의료서비스의 사각지대에 있는 나라가 미국인 것이다. 미국을 더 이상 일류국가라 말할 수는 없다.**

오늘날 미국 사회를 상징하던 기회의 평등과 계층 이동의 사다리는 실종되었다. 많은 사람들에게 '미국인의 꿈'은 환상이 되어 사회이동성은 하락하고, 지니계수와 상대적 빈곤율(소득수준 중간값의 50% 미만인 인구의 비율)은 선진국 중 가장 높다. 이코노미스트(2011년 7월 7일)는 오늘날 미국의 하위 20% 계층의 아이들의 삶의 지위가 죽을 때까지 변화하지 않을 가능성은 상위 20%의 가능성보다 5배나 높다고 보도했다. 한 예로 세대 진행에 따라 학력 상승이 둔화되고 있다. 그동안 미국 사회는 자식세대의 학력이 부모세대보다 높았으나 80년대 이후 세대들부터 세대 간 학력 차이가 줄어들면서 일자리의 양극화와 함께 고임금 일자리 축소, 생활수준 저하 등이 진행되고 있다. **학력 상승이 둔화한 것은 교육비와 학자금 상환 부담으로 대학을 중도에 포기하는 학생이 많기 때문이다.** 이코노미스트(2012.10.13)에 따르면 1970년대 공립대학과 사립대학의 등록금은 미국 대표 가구 연평균 소득의 4%와 20%를 차지했으나 2009년까지 각각 10%와 45%로 증가했다. 그 결과 오늘날 25~34세의 미국인은 그들의 부모보다 대학 학위를 가질 가능성이 낮아진 유일한 선진국이다. 오늘날 미국인의 2/3는 자신의 자녀들이 자신들의 삶보다 악화될 것이라고 믿고 있다. 미국은 초등 및 중등교육에서 공립학교에 대한 지출이 사립학교보다 적은 세 선진국 중 하나이다.

연준에 따르면 지난 2007년부터 2010년까지 물가상승(인플레이션)을 감안한 중산층의 소득은 4만 9,600달러(약 5,800만 원)에서 4만 5,800달러(약 5,360만 원)로 약 8%가 줄었다. 좋은 일자리의 축소로 상위소득자와 중산층 간의 소득격차가 확대되며 자녀 세대가 지금보다 삶이 향상될 거라는 '미국인의 꿈'은 환상이 되고 있다. 즉 자신들 부모의 경제적 지위보다 나아질 수 있고, 자신들의 자녀들 역시 자신들보다는 나아질 것이라는 미국인들의 생각은 더 이상 현실이 아니라 점점 옛날이야기가 되고 있다. 미국의 소득 격차의 약 50%는 세대를 넘어 지속되고 있다. 그 결과 기회의 평등을 선호하는 미국이 상대적으로 결과의 평등을 강조한 유럽의 어느 국가보다 사회적 이동성이 낮다. 부모 소득의 불평등이 미래의 사회이동성에 미치는 영향을 보여주는, 즉 빈부의 대물림 정도를 나타내는 이른바 '위대한 개츠비 곡선(the Great Gatsby Curve)'은 **미국이 선진국 중에서 소득불평등이 가장 높고 사회유동성이 가장 낮은 나라**임을 보여주고 있다. 이처럼 **오늘날 미국의 빈곤층에게 기회와 계층 이동 가능성은 더 이상 존재하지 않는다.**

특히 유색인종이 소득불평등 심화와 사회이동성 약화의 희생양이 되고 있다. 2009년 중간가구의 순자산은 백인이 11만 3,149달러, 히스패닉이 6,325달러, 흑인이 5,677달

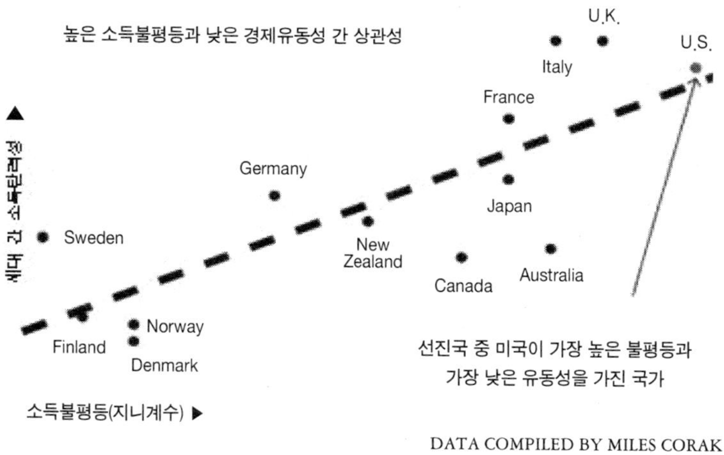

출처: Businessweek, Poor Forever?, p. 52, 2012년 7월 5일자.

선진국의 '위대한 개츠비 곡선'

러일 정도로 인종 간 자산격차는 기록적이다. 뉴욕 근교의 주거지역으로 미국 코네티컷주 남서부에 있는 두 도시인 그리니치(Greenwich)와 브리지포트(Bridgeport)는 미국 사회의 인종 간 격차를 잘 보여준다. 그림에서 보듯이 두 도시의 소득격차를 보면 그린위치의 중간가구 소득은 12만 4,958달러인 반면 브리지포트에서는 1/3에도 미치지 못하는 4만 1,047달러였다. 실업률은 5.9%와 11.9%였고, 식품구매권(Food Stamp)을 받는 가구가 각각 0.9%와 17.8%, 백만 달러 이상의 가치를 갖는 주택을 각각 6.2명과 1,518명당 보유하고 있다. 이른바 FIRE(금융, 보험, 부동산) 부문에 각각 23.4%와 5.5%가 종사하고 있는데 전체 인구에서 백인의 비중이 각각 81%와 23%를 구성할 정도로 그리니치는 백인 도시, 브리지포트는 비백인 도시라 할 수 있다. 미국 사회에서 흑백 자산 차이는 1984년 85,000달러에서 2009년 236,500달러로 확대되었다. **강제노동(흑인노예노동)의 업보를 가진 미국이 '인종 간 분열의 덫'에 갇힌 것이다.**

Bridgeport /
Greenwich
population
144,229 / 60,809
Number of $1m+homes
95 / 9,852
Median household Income
$41,047/
$124,958
Unemployment rate, May 2012
11.9% / 5.9%
Food stamp recipients
17.8% / 0.9%
Families with female head of household
32.9% / 8.8%
Working in finance, Insurance, real estate
5.5% / 23.4%

DATA: U.S. CENSUS
CONNE CTICUT LABOR MARKET

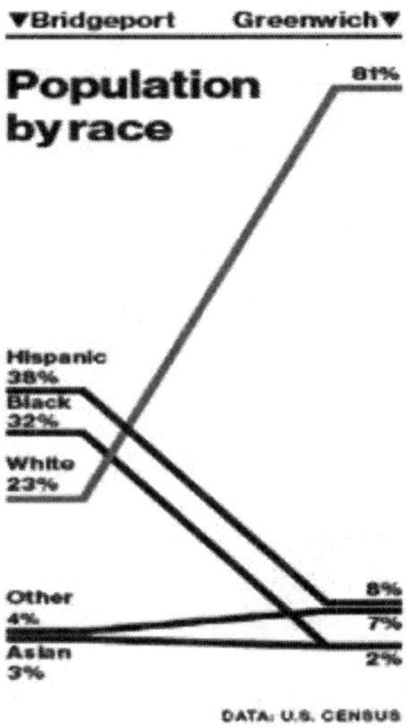

출처: Businessweek, 2012년 7월 9일자, p. 55.

미국 코네티컷주 남서부의 그리니치와 브리지포트의 대조적 모습

이처럼 미국 사회는 파편화되고 있고, 미국식 사회계약은 근본부터 위협받고 있다. 중산층이 없는 미국은 더 이상 선진국이라 할 수 없다. 미국의 소득분배 양극화와 정치적 프로세스의 양극화가 같이 진행되는 것은 우연의 일치가 아니다. 최상위 계층은 돈으로 정치과정, 정치인, 변호사를 구입하고 규제의 노력을 좌절시키기 위해 돈을 사용하고 있다. **정부가 모든 사람의 이익에 반하는 하나의 클럽이 되고 있다.** 그런 점에서 '월가를 점령하라(Occupy Wall Street!)'는 미국의 경제뿐만 아니라 민주주의 안정성을 위협하는 것에 대한 분노의 폭발인 것이다. 그러나 미국의 정치권은 공정성의 복구보다는 악마와 희생양 만들기로 상대방에게 책임을 전가하고 있다.

미국 시대의 종언과 초국가 협력

지금까지 보았듯이 미국의 국가신용등급 강등은 단순한 국가부채 문제가 아니다. 시스템 파산의 결과이다. 시스템의 파산은 '미국 시스템=신뢰'라는 브랜드 파워의 타격을 의미하고, 70년간 지속된 '슈퍼파워' 위상의 추락이고, 달러 기축통화 패권의 위상이 위협에 직면한 것이다. 실제로 세계 외환보유액 중 달러 비중은 감소 추세를 보인다. 2차 대전 이후 창출된 세계 질서에 대해 미국이 경제적 및 정치적 리더십의 제공을 지속할 수 있는가는 미국 경제의 장기적 성공에 달려 있다는 점에서 미국 경제의 장기 저성장 가능성은 현재와 미래의 불확실성을 고조시킨다. 또한, 미국 리더십의 위기는 세계 나머지 국가들에게도 많은 영향을 미칠 수밖에 없다. 많은 사람들은 세계 최대의 경제규모, 세계에서 사용되는 특허의 28% 보유(2008년 기준)와 세계 최고 대학의 약 40% 보유, 세계 군사비 지출의 43% 차지 등을 거론하며 미국의 중심적 역할에 대한 기대를 포기하지 않는다.

그러나 이들은 미국의 취약성이 얼마나 심각하고 구조적인지를 이해하지 못한다. 앞에서 살펴보았듯이 주요 시스템들이 제대로 작동하지 않고 있다. 그 결과 소득분배가 지난 40년 가까이 지속적으로 악화되어 왔고, 오늘날 선진국에서 가장 불평등한 국가이다. 또한, 생산성과 경쟁력의 표면상 우위에도 불구하고 미국의 경상수지 적자는 지난 30년간 지속되고, 누적 적자는 8.5조 달러로 GDP의 56%에 달한다. 게다가

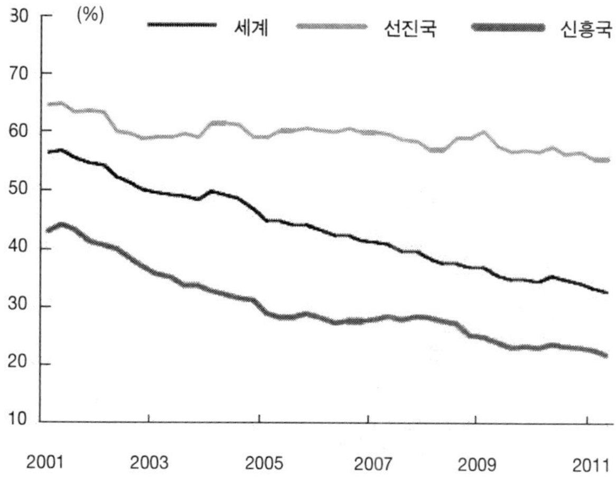

자료: IMF

외환보유액 중 달러 비중 추이

미국의 조세시스템과 의료서비스 시스템 그리고 군대기구 등을 이해하면 국가부채는 사실상 해결 불가능해 보인다. 조세시스템 개혁을 위한 정치리더십은 실종되었다. **정치시스템은 점점 극단화되고 있고, '정지된 정치'는 '엉망이 된 재정(fiscal mess)'을 악화시키고 있다.** 2011년 부채 상한선을 둘러싼 벼랑끝 전술이나 의회 슈퍼위원회(super-committee)의 실패는 우연이 아니다. 또한, **미국의 (공공 및 민간) 의료지출 비용은 OECD 국가 중에서 두 번째로 비싼 국가보다 50%나 높은 반면, 유아사망률은 1천 명당 6.7명으로 터키와 멕시코를 제외하고 가장 높을 정도로 고비용-저효율의 의료서비스 시스템을 갖고 있다.** 게다가 고령화되면서 현재 GDP 대비 약 17%에 달하는 의료서비스 비용이 급증하고 있다. 그리고 2001~09년 사이 연평균 국방비 증가율 7.4%는 같은 기간 경제성장률 평균 1.6%의 4배가 넘는다. 그 결과 1999년 3,000억 달러에 못 미쳤던 국방비는 2010년 6,980억 달러로 두 배 이상 증가했다. 그럼에도 불구하고 효과적인 전쟁 수행을 하지 못했다. 그런데 재정 부담으로 향후 당분간은 새로운 전쟁 수행도 어렵다. 동맹국에 대한 안보지원에 대해서 공화당조차, 아니 공화당이 민주당보다 더 적극적으로 반대하고 있을 정도이다. 그 결과 **국방비 감축의 가장 치명적인 영향 중 하나인 방위산업체 가동률 유지가 압박을 받고 있다. 이는 세계 최대의 병참**

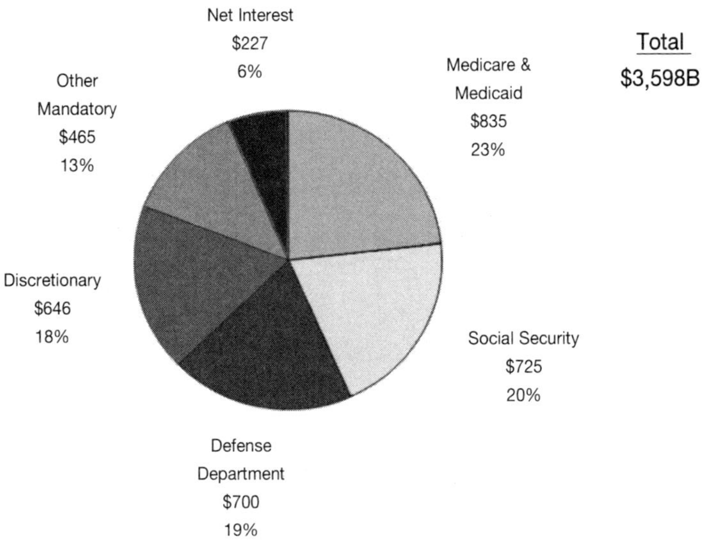

Source Data: CBO Historical Tables

미국 연방정부 지출-2011년 회계연도(10억 달러)

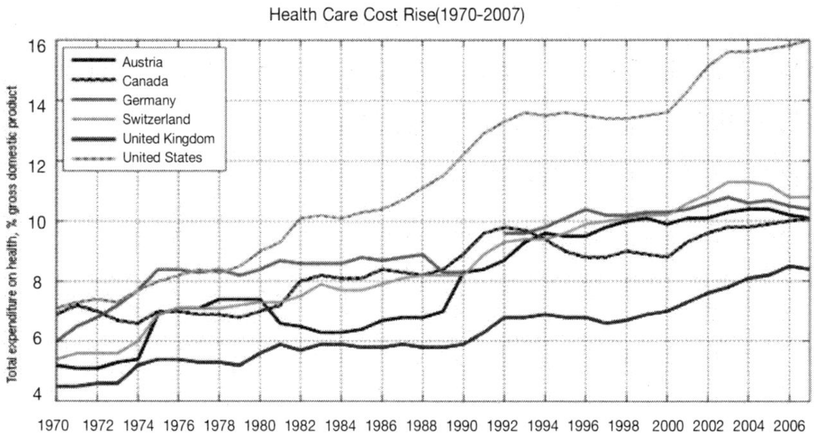

세계 주요국의 GDP 대비 의료비용의 증가 추세, 1970~2007년

국인 미국의 위상에 매우 치명적인 영향을 줄 것으로 예상된다. 미국의 현존 군사력의 전쟁대비태세 역시 매우 심각한 상황이다. 각종 전쟁 피로 증후군과 군대 혐오증이 확산되었으며, 노후 장비 정비의 적체가 증가되면서 전투수행능력에 이상 징후가 나타났다. 다른 한편, 2020년까지 중국의 국방비는 일본의 5배 이상으로 증가하고, 2030년까지는 미국의 국방비 지출을 초과할 것으로 예상된다. 이밖에도 미국은 65개국 중 수학 성적은 31번째, 과학은 22번째일 정도로 중등교육은 매우 취약하고, 사회간접자본 시설에서 다른 선진국들에 비해 상대적으로 매우 취약하다. 그런데 미국의 많은 주 정부들은 파산 압박에 시달리고 있다.

무엇보다 미국 경제력의 약화에 따른 국제통화시스템의 불안정성 증대이다. 달러본위제는 국제유동성에 대한 세계의 수요를 해결해주어야만 한다. 앞에서 설명했듯이 금본위제의 붕괴가 미국의 금 준비금보다 국제유동성에 대한 세계 수요가 빠르게 성장하면서 달러와 금 사이의 고정된 교환 비율을 더 이상 유지하기 어려워진 결과였다. 변동환율제 도입 이후 국제유동성 수요의 증가 문제는 금융화로 봉합되었다. 미국이 발행한 증권 중 해외투자자들이 보유한 국채의 비중은 1980년 82%에서 금융위기 전에는 36%까지 하락한 반면, 같은 기간 동안 회사채는 12%에서 40% 이상, 그리고 기관 및 정부보증기업이 발행한 증권은 6%에서 23%까지 증가했다. 그런데 이러한 추세는 **금융위기 이후 역전되어 해외투자자들은 미국의 회사채와 기관 및 정부보증기업 발행의 증권에 대한 투자를 기피하고 60% 가까이를 국채로 보유**하고 있다. **문제는 달러나 국채 등으로 국제유동성 수요 증대의 문제를 해결하기 어렵다는 점이다.** 먼저 미국을 제외한 세계가 달러 혹은 달러 표시 자산으로 보유할 경우 달러 가치 하락이나 미국의 저금리 등으로 지속적인 손실을 볼 수밖에 없다. 예를 들어, 브릭스의 경우 2001~07년 사이에 달러자산 보유에 따른 실질 수익률이 많게는 러시아가 62%의 손실을, 브라질이 31%, 인도가 27%, 중국이 28%의 손실을 입었다. 특히, 미국 국가부채의 지속불가능성을 고려할 때 미국채가 국제유동성 수요를 충족시킬 수단이 되기는 어렵다. 요약하면, 법정 재정지출의 급증과 무역적자의 지속 등은 미국채에 대한 시장 신뢰를 손상시키고, **달러는 '자신감 위기'에 직면**해 있다. **이처럼 '신뢰 문제'**

달러 역할 축소의 예상 효과

효과의 유형	효과의 규모
세뇨리지 (Seignorge)	미국 밖 달러 규모의 변화 가능성 낮고, 세뇨리지 지대(화폐 주조 이익)의 감소는 상대적으로 작음
자금조달 비용	자금조달에서 과도한 혜택 소멸로 달러준비금 수요 축소와 미국 자금조달 비용 증가 불가피
달러 가치	달러 수요 감소로 달러가치 하락 불가피
해외 충격	신용장(invoicing) 표시 통화의 변화, 수입가격, 소비 등이 해외 충격과 환율 위험에 노출되고, 미국 통화정책으로 전파
재정정책	높은 자금조달 비용은 해외 채권자에 대한 이자지급금을 증가시키고 국내 지출을 구축시킴
글로벌 영향력	달러 스왑라인, 안전자산으로의 회귀, 미국 투자의 '안전한 도피처' 역할이 축소될 수밖에 없음

출처: L. Goldberg, Oct. 2011, The International Role of the Dollar: Does It Matter if This Changes? FRB of New York Staff Reports, no. 522.

는 유로화 및 위안화 등 경쟁통화의 부상과 더불어 중심통화시스템을 약화시키고 있다.

그렇다고 국제유동성의 수요를 해결할 달러 이외의 통화나 자산이 존재하는 것도 아니다. 예를 들어, 위안화가 기축통화 역할을 대체할 것으로 예상하는 것은 어렵다. 무엇보다 위안화는 기축통화의 역할에 필요한 조건들을 확보하고 있지 못하다. 기축통화가 되기 위해서는 통화가치가 안정될 정도로 세계경제에서 주도적 역할을 수행해야 하고, 금융의 선진화 및 자본의 자유화가 이루어져야 하고, 세계 각국과의 밀접한 연관성을 맺어야 한다는 점에서 중국의 위안화는 현실적으로 역부족이다. 무엇보다 '위안화의 기축통화'화는 '또 하나의 중심 만들기'로 이는 경제력의 다원화 추세와 부합하지 않는다. 달러화의 지위 약화, 즉 달러가치의 안정성이 약화되면서 오히려 글로벌 기축통화 대신 다수의 지역별 기축통화를 활용하는 방식이나 통화스왑 협정을 통해 통화위기 재발을 막는 것이 바람직할 것이다. 현실적으로도 유로화는 유럽의 기축통화 역할을 수행하고 있고, 위안화는 아시아의 기축통화로 부상하고 있다. 이와 관련하여 유엔(UN)이 제안한 국제공조를 통한 '다원환율시스템(multilateral exchange rate system)'의 구축을 주목할 필요가 있다. 즉 유엔무역개발회의(UNCTAD)는 "세계경제 위기: 구조적 실패와 다원 요법(The global economic crisis: systemic failures and multilateral)"이라는 보고서에서 달러와 유로 그리고 엔을 비롯한 몇몇 기축통화를 연계시키고, 이를 각국의 인플레이션에 연동시키는 '중심 환율체'를 만든

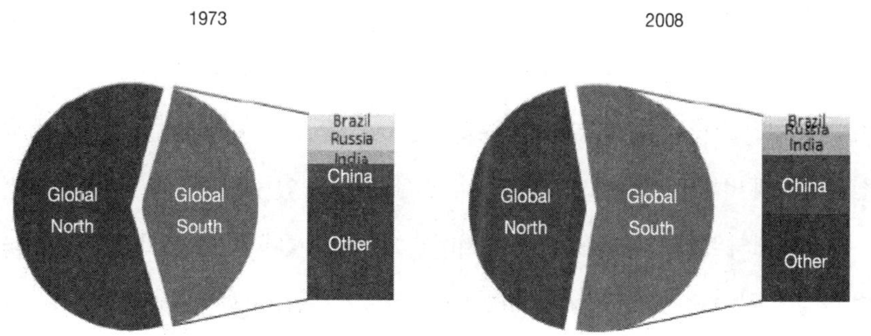

Source: World Bank staff calculations, from Maddison(2009)

출처: J. Adams-Kane and J. Lim, June 2011, "Growth Poles and Multipolarity," World Bank.

글로벌경제 구성의 변화, 1973년과 2008년

후 여기에 다른 나라들을 개별 혹은 그룹으로 고정시키는 '다원환율시스템'을 구축하자는 제안이다. 보고서는 이 시스템을 통해 각국이 환시장에 공조하면서 직접 개입함으로써 지금과 같은 통화위기가 재발되는 것을 막을 수 있다고 주장했다. 그리고 이를 위해 '다원환율시스템'을 관리할 권한을 가진 국제통화 당국이 필요하다. 예를 들어, 회원국의 명목환율에 대한 강제 조정을 포함해 실질환율의 안정적 유지에 책임을 떠맡을 수 있도록, 즉 '다원환율시스템'이 효율적으로 기능하도록 국제통화 당국에 권한이 부여되어야 한다. '다원환율시스템' 대신 새로운 기축통화를 도입하더라도 새로운 기축통화는 특정 국가의 화폐가 되기는 어렵다. 달러본위제의 결과를 목격하고 있듯이 경제력의 다원화 및 경제의 네트워크화에 따라 특정 국가의 통화를 기축통화로 만드는 것은 효과를 보기 어렵다. 새로운 기축통화는 다른 통화로부터 독립돼야 하며 충분한 유동성을 확보하기 위해 중앙은행과 비슷한 권한을 갖는 국제기구에 의해 발행돼야 할 것이다. 무엇보다, '다극통화시스템(multipolar currency system)'은 글로벌 수준에서 높은 수준의 조정이 요구되기에 초국가 협력은 '다원환율시스템'의 전제조건이다.

미국 시대의 종언과 초국가 협력의 빈곤은 주요 글로벌 이슈들, 예를 들어 기후변화와 세계의 빈곤 그리고 IMF 기금확충 등의 해결을 매우 어렵게 하면서 인류 세계를 불안정하게 만들고 있다. 향후 20년간 생계 수준이 더디게 증가하게 될 것으로 전망되는 상황에서 적지 않은 비용이 들어가는 탄소배출 문제부터 빈곤 문제까지 미국 사회가 직면한 주요 문제들을 해결하기는 더 어려워질 것이다. 오늘날 미국이 다른 선진국들에 비해 경제력에 비해 해외원조도 뒤처지고 있는 배경이다.

다극체제의 도래는 글로벌 성장의 기여도 변화와 선진국의 재정 악화 그리고 글로벌 성장의 집중도 하락 등에서도 확인된다. 예를 들어, 미국과 중국의 세계 경제성장에 대한 기여는 각각 70년대 27.5%와 1.6%에서 2000년대에는 20.4%와 23.4%로 역전되었다. G7과 브릭스의 성장 기여도 역시 각각 70년대 67%와 7%에서 2000년대에는 32.9%와 34.1%로 역전되었다. 세계 상위 15개 국가가 세계 경제에서 차지하는 비중에 대한 허핀달 집중도 지수를 보면 70년대 초의 0.2 이상에서 금융위기 이전에는 0.06대까지 하락했다. 여기서 집중도는 성장률과 <무역-금융흐름-기술>의 연관성 등을 통합해 산출했다. 이처럼 글로벌 경제는 다극체제라는 새로운 질서의 전개에 적응해야 할 필요성이 있다. **초국가 협력이 없는 미국 시대의 종언은 극도의 불확실성으로 나타날 수밖에 없다. 글로벌 조정과 협력은 '글로벌 공공재'가 되었다.**

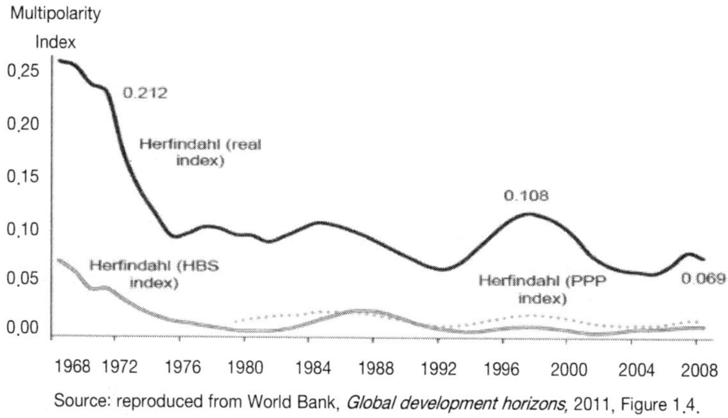

출처: World Bank, 2011, Multipolarity: The New Global Economy.

허핀달 집중도 지수로 본 다극체제의 진화, 1968~2008년

제16장

유로존, 파국과 새로운 선택의 갈림길

영국을 포함해 유럽의 '일본형 잃어버린 10년' 가능성이 현실화되고 있다. 유로존 전체 평균 실업률이 약 12%에 달할 정도로 최악으로 치닫고 있고, 그리스의 경우에는 청년 실업률이 51%가 넘고 있다. 2010년 봄부터 부상한 국가신용 리스크로 유로존의 일부 국가들은 대규모 구제금융을 얻지 못하면 국가와 은행이 갑자기 지급불능 상태에 놓일 수 있는 상황이고, 불확실성의 지속에서 비롯한 신용경색은 실물경제를 악화시키고 있다. 이 상황에서 유럽중앙은행(ECB)은 한편으로 시스템적인 금융 붕괴를 막기 위해 적정한 유동성을 제공해야 하고, 다른 한편으로는 유로에 대한 신뢰 상실을 막기 위해 유동성 공급을 제한해야만 하는 어려운 선택에 직면해 있다. 규모나 상이한 17개 국가의 이해를 조정해야 한다는 점에서 독자성을 갖는 '유로존 위기'를 해결하기 위해 유럽은 과도한 국가부채를 해결할 프로그램의 즉각적 마련이 필요하다. 즉 주변국들의 재정적자 축소를 위한 공격적 계획의 마련과 가까운 미래 안에 경쟁력의 대폭 향상, 지원을 아끼지 않는 ECB의 통화정책, 중기적 재정의 지속가능성 등의 과제를 해결하기 위해 초국가 협력을 끌어내야만 한다.

미국인들이 과잉금융과 금융화가 초래할 '꼬리 리스크'를 이해 못했듯이 유럽인들도 '유로존 위기'의 가능성을 인식하지 못하고 있었다. 그런데 '유로존 위기'를 3년간 겪으면서 세계는 유로존 위기의 원인과 해법에 일치된 목소리를 내고 있다. 첫째, 대다수 사람들은 **'유로존 위기'가 유로존의 제도적 · 구조적 불완전성과 금융통합의 산물에서 비롯한 것**이라고 말한다. 그런데 유로존의 금융통합은 유로존의 산물이라는 점에서 유로존 위기는 유로존 구조의 불완전성의 문제로 이해할 수 있다. 둘째, 지금

대부분 사람들은 '유로존 위기'의 **근본적 해법이 '더 깊은 통합'**이라고 얘기한다. 즉 현재의 통화동맹 수준에서 은행동맹, 재정동맹, 정치동맹으로 발전해야 한다는 것이다. 그런데 이러한 통합은 유럽 전체가 궁극적으로 한 나라가 되는 것을 의미한다. 즉 프랑스인과 독일인 등이 프랑스인과 독일인임을 포기하고 모두 유럽인이 되는 것을 의미하고, 프랑스와 독일 등은 유럽이라는 나라의 프랑스주와 독일주 등이 되는 것을 의미한다.

문제는 이러한 통합을 많은 유럽인들이 꿈꾸고 있지만 유럽의 역사와 인류 사회의 지혜 수준으로는 쉽지 않은 과제라는 점이다. 현재 유로 회원국 간 대타협이 늦어지면서 균열의 싹도 자라고 있다. 핀란드의 유로존 탈퇴를 의미하는 픽시트(Fixit=Finland+Exit)가 회자되는 배경이다. 즉 많은 핀란드인은 유로존 회원국으로서 핀란드가 얻는 이득이 유로존 부채에 대해 핀란드가 떠맡을 부담보다 크지 않다고 생각하고 있다. 2007년의 경제 수준을 회복하지 못할 정도로 침체가 장기화되고 있는 핀란드 경제의 경우 전체 수출 중 유로존이 차지하는 비중은 31%에 불과하고, 핀란드 은행들은 재정적자를 겪고 있는 유럽 주변국들의 위험에도 노출되어 있지 않기 때문이다. 이처럼 유로존은 갈림길에 놓여 있다. 여기서는 유럽의 '더 깊은 통합'이 지체되는 이유를 알기 위해 유로존의 근본적 문제가 무엇인지, 그리고 '더 깊은 통합'은 어떤 방식으로 가능할지를 살펴볼 것이다.

재정위기는 원인이 아니라 결과

주지하듯이 유로존은 각국의 정치적 이해관계로 묶였다. 무엇보다 20세기 양차 세계대전은 유럽 모두를 패배자로 만들었고, 결국 세계의 패권을 미국에 넘겨주게 되었다. 유럽 통합은 파괴와 갈등을 해결하기 위한 노력의 산물로 1952년 독일과 프랑스, 이탈리아, 베네룩스 3국 등이 만든 '유럽석탄철강공동체(European Coal and Steel Community, ECSC)'에서 시작된다. 여기에 유로존 회원국의 현대사 트라우마에 대한 치유의 의미도 갖는다. 예를 들어, 프랑스는 유로화를 통해 전쟁을 일으켰던 독일이 또다시 세력을 확대하는 것을 통제하길 원했고, 독일의 유로존 참여는 일종의 속죄행위이자 독일 통일에 대한 유럽인의 우려를 잠재우는 것이었다. 독일 통일 직후인 1992년 '마스트리히트(Maastricht) 조약'으로 단일통화 창출을 합의하고, 1993년에 유럽연합을 탄생시키는 등 유럽 통합은 가속화되었다. 또한, 스페인과 포르투갈에 있어서 유로존 잔류는 과거 엄혹했던 군사독재로 복귀하지 않기 위한 안전장치였고, 그리스에 있어서 유로존 가입은 동구가 아닌 서구에 편입되기 위한 방편이자, 군사정권을 막기 위한 수단이기도 했다. 또한, 동유럽은 오일머니를 바탕으로 정치적 영향력을 확대하고 있는 러시아의 영향에서 벗어나기 위한 방편으로 유로존에 가입했다.

1998년 마지막 날에 11개국의 통화와 유로화의 교환 비율이 최종 확정되고, 2002년 1월 1일부터는 12개 국가의 법정통화가 되었고, 현재 유로를 법정통화로 쓰는 나라는 17개 국가이다. 즉 유럽연합(EU)의 27개 회원국 중에서 17개국만 유로화를 사용하는 이른바 유로존이고, 나머지 국가들은 유로화에 자국 통화가치를 고정시킨 '유로페그제'와 자유로운 시장에 통화가치를 맡기는 변동환율제 사용국으로 구성된다. 글로벌 금융위기 이전까지만 해도 유로존은 세계경제의 새로운 희망이었다. 무엇보다 유럽 통합의 중요한 이유 중 하나가 달러에 대한 의존도를 축소하는 것이었기에 유로의 도입으로 유로 사용국들은 유럽 내 개별 국가 간 환율 변동의 위험을 완전히 제거할 수 있게 되었고, 인플레이션도 낮게 유지할 수 있었다. 또한, 유로 도입 이후 유로의 국제 위상도 빠르게 발전했다. 국제채권의 발행 규모를 보면 1999년만 하더라도 달러 표시 채권 발행액의 약 절반 수준에 불과했지만 2004년부터는 유로 표시 채권 발행액이 달러 표시 채권 발행액을 앞지르기 시작했다. 각국 중앙은행의 통화별 보유자산 규모도 1999년 17.9%에서 2009년에는 27.6%로 증가했다. 그리고 유로존 재정위기가 부각되면서 2010년에는 25.9%로 하락했고, 2011년 2분기까지 26.7%로 회복되었다. 그렇다고 유로가 과거 달러의 지위를 대체할 수는 없었다. 유로 가치는 미국과 세계 경제의 흐름으로부터 자유로울 수 없었기 때문이다. 경제력의 다원화 추세를 심화시켰을 뿐이다.

흔히 유로존 위기는 많은 사람들에게 일부 문제국가의 재정위기로 알려져 있다. 흔히 포르투갈, 이탈리아, 그리스, 스페인 등을 대상으로 남유럽의 '돼지들'이라는 모욕적인 표현을 담고 있는 PIGS(아일랜드가 2010년 구제금융을 받게 되면서 이 단어는 PIIGS로 글자수가 확장)가 그것이다. 그래서 일부에서는 대안의 표현으로 '깁스(GIIPS) 혹은 집시(GIPSI)'를 사용한다. 어쨌든 이러한 주장은 매우 피상적 관찰일 뿐 아니라 유로존 위기를 잘못 이해하는 것이다. 유로존 위기를 이해하려면 먼저 유로존의 제도적 특성을 이해할 필요가 있다. 기본적으로 **EU는 꼭 필요한 경우만 집중화시키고 기본적으로 분권적인 의사결정을 가진 조직이고 조약에 기초한 제도**이다. 예를 들어, EU는 단일통화와 유럽중앙은행(ECB)을 가진 '초국가조직'이면서 동시에 국가별 은행감독과 재정정책 등을 가진 **주권국가 간의 '정부간협력체'**이다. 따라서 **유로존의 작동은 '집단행동의 딜레마' 문제의 해결을 전제로 한다.** 집단행동의 딜레마는 일부 구성원의 무임승차 성향으로 집단이 공통의 이해관계가 걸려 있는 문제를 스스로의 노력으로 해결하지 못하는 상황을 말한다. 예를 들어, EU의 '안정성장협약(Stability and Growth Pact)'은 통화가치와 금리 안정을 목표로 한 회원국의 경제 불안이 다른 회원국으로 전파돼 피해를 주는 것을 막기 위해 유로화 가입국의 재정적자를 GDP의 3% 미만으로 묶고 국가채무를 60% 이하로 제한하기로 했다. 그러나 협약은 일부 회원국 사이에 제대로 지켜지지 않았다. 경기 위축에도 정부지출을 늘리는 확장적 대응정책을 펴지 못하게 되고, 또한 조세수입 감소에 발맞춰 정부지출을 줄여야 하는데 쉽지 않은 선택이었기 때문이다. 또한, EU 기능조약(Treaty on the Functioning of the EU) 125조인 이른바 '지급불능조항(no bailout clause)'은 재정 문제에 봉착하는 국가에 대한 구제가 허용되지 않을 것을 규정했으나 유로존 위기 발생 후 이 조항은 제대로 지켜지지 않고 있다.

이처럼 **글로벌 금융위기의 원인 중 하나가 국가별 통화정책과 자본시장의 글로벌 통합 간 비대칭성이듯이, 유로존 위기도 (조세 · 재정 · 은행감독 · 복지혜택 등에서) 국가별 주권 행사와 유로존 내 통화정책의 통일 간 비대칭성에서 비롯한다. 유럽 국가들에서 재정위기가 은행위기와 분리되지 않은 이유도 유럽연합의 조직적 특성과 관련이 있다.** 미국과 달리 대부분의 자금조달을 상업은행이 담당할 정도로 은행들은 유럽 경제에서 매우 특별한 역할을 한다. 예를 들어, 금융위기 이전 유럽의 경우 자금조달의 약 75%

를 상업은행이, 25%를 시장에 의존했다. 반면, 미국의 경우 반대로 자금조달의 75~80%를 시장에 의존하고 있다. 그런데 단일 통화 유로를 도입한 유로존의 경우 물가와 금리 안정을 위해 재정정책으로부터 유럽중앙은행의 독립성 확보는 매우 중요하다. 실제로 미국의 연준과 영국의 영란은행이 직접 보유하는 미국채와 공공채의 비중이 각각 18%와 20% 규모인 반면, ECB는 4%도 되지 않는다. ECB가 유로존 회원국의 국채를 매입할 경우 개별 국가의 재정정책 수단으로 전락할 수 있고, 이는 물가안정 목표를 훼손시킬 수 있기 때문이다. 따라서 재정정책을 독립적으로 운영하는 회원국의 경우 국채 발행에 의한 정부 자금조달을 자국 내 은행들에 의존할 수밖에 없고, 따라서 은행 규제와 감독을 국가별 통제로 둘 수밖에 없는 이유이다. 이런 구조 속에서 재정위기는 국채를 보유하는 은행위기로 발전하게 되고, 은행의 부실화는 개별 회원국이 구제할 수밖에 없는 구조이다. 더구나 유로 도입으로 유럽 채권시장이 통합되면서 개별 회원국의 재정위기는 유로존의 시스템 위기로 이어지게 된다.

유로존 위기를 일부 국가(GIIPS)의 재정위기로 볼 수 없는 이유는 구제금융을 받은 아일랜드의 경우 글로벌 금융위기 발발 이전까지 재정흑자가 지속되었다. 스페인의 경우도 2000년 이후 독일보다 재정이 건전했고 2005~07년에는 연속 재정흑자를 기록했다. 2011년 기준, 스페인의 GDP 대비 국가부채 규모는 68.5%로 프랑스의 85.8%나 독일의 81.2%보다 양호한 수준이다. 재정위기를 겪는 국가들의 공통점은 재정수지보다 오히려 경상수지의 문제를 갖고 있었다. 즉 재정위기는 원인이 아니라 결과였다. 유럽연합(EU)은 2002년 유로 도입에 앞서 금융통합을 추진했다. 1999년에 금융서비스행동계획(Financial Services Action Plan, FSAP)의 타결로 단일 도매금융 시장이 만들어졌고, 개방적이고 안전한 소매금융시장을 창출했다. 유로 도입과 금융통합의 결과 유럽연합 내 자본흐름은 급증했다. EU 핵심국 은행들의 자산은 GDP 대비 90년대 후반(1996~2001) 62%에서 2000년대(2002~10) 118%로 증가했고, 비핵심국가 은행들도 63%에서 102%로 증가했다.

유로 도입과 금융통합 그리고 자본유입의 급증은 남유럽 국가들에서 금리 하락, 물가와 임금 상승, 부동산 가격 상승 등을 초래했다. 여기에 금융의 탈규제는 미국에서

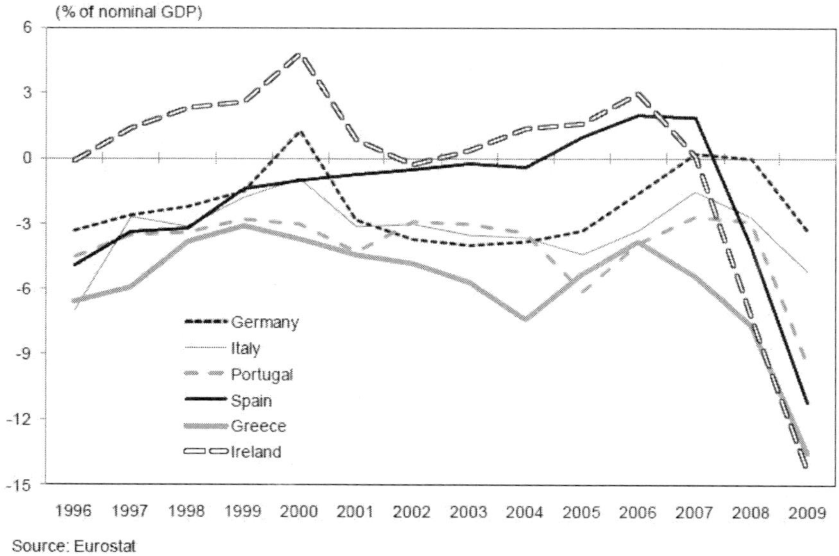

독일과 GIPSI의 GDP 대비 재정적자 규모의 추이

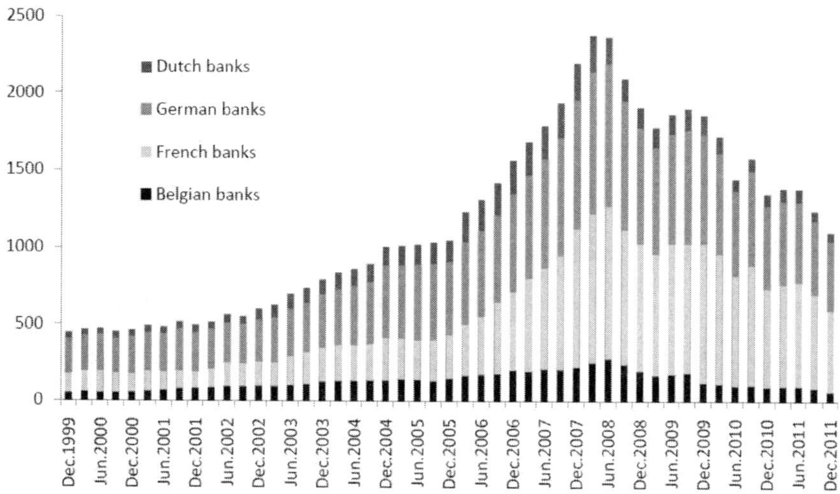

출처: 국제결제은행(BIS)

유로존 핵심국 은행의 PIIGS 은행에 대한 대출(청구)액처럼 증권화를 통해 부동산 가격 상승에 일조했다. 금리 하락과 임금 상승 그리고 부동산 가격 상승은 과잉소비와 건설산업의 붐 그리고 총수요 증대로 이어졌다. 소비자물가 상승률이 2000년 대비 2008년까지 독일과 프랑스 모두 15% 정도 상승한 반면 아일랜드가 37%, 그리스가 33%, 스페인이 30%, 포르투갈이 28%나 상승했다. 단위노동비용(산출량당 노동비용)은 2001~11년간 독일이 0.9% 상승한 반면, 그리스가 33%, 이탈리아가 31%, 스페인이 27%, 아일랜드가 20% 상승했다. 연평균 주택가격 상승률은 1997~2007년간 아일랜드가 12.5%, 스페인이 8% 상승했는데 같은 기간 미국의 4.6%와 비교된다. GDP 대비 건설산업의 비중도 같은 기간에 스페인은 9.8%에서 13.8%로, 아일랜드는 7.9%에서 10.4%로 상승했는데 미국은 4.6%에서 4.9%로 상승했다. 그 결과 연평균 GDP 증가율도 1980~97년간 1.1%에서 1997~2007년간 4.0%로 약 4배 증가했다. 같은 기간 동안 스페인도 1.3%에서 3.8%로, 아일랜드도 4.6%에서 6.8%로 상승했다. 경제성장의 덕택으로 정부의 세수가 증가하여 적어도 초기에는 재정적자 문제는 나타나지 않았다. 세수 증가에 기초해 사회이전과 공공부문의 임금이 증가했다. 아래 그림에서 보듯이 PIIGS 국가들이 정부 수입과 지출 증가율이 모두 가장 높았음을 보여준다. 그러나 유로 도입에 따른 통화가치의 상대적 평가절상과 임금 상승은 수출경쟁력 약화와 제조업 위축을 초래했다. GDP

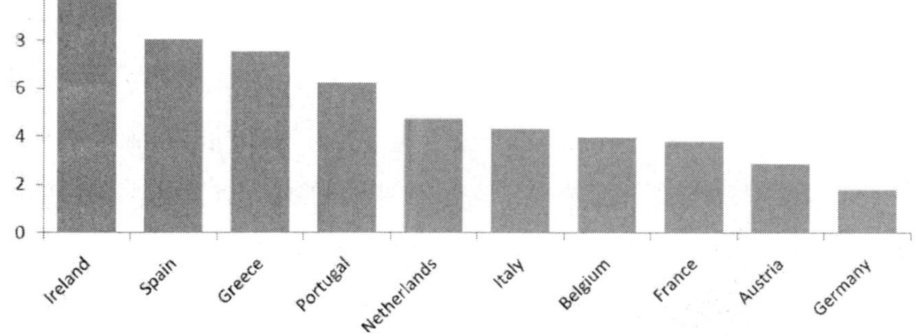

출처: Eurostat.

유로 회원국의 정부 수입의 연평균 증가율, 1997~2007년

EU-12개 국가의 재정 및 경상수지(GDP 대비 %)

Fiscal balance		CA balance	
Country	2000-07 ave	Country	2000-07 ave
Greece	-5.4%	**Portugal**	-9.4%
Portugal	-3.7%	**Greece**	-8.4%
Italy	-2.9%	**Spain**	-5.8%
France	-2.7%	**Ireland**	-1.8%
Germany	-2.2%	Italy	-1.3%
Austria	-1.6%	France	0.4%
Netherlands	-0.6%	Austria	1.6%
Belgium	-0.4%	Belgium	3.0%
Spain	0.3%	Germany	3.2%
Ireland	1.5%	Netherlands	5.4%
Luxembourg	2.3%	Finland	5.9%
Finland	4.1%	Luxembourg	10.6%

출처: Kevin Drum, Dec. 6, 2011, Who's Responsible For the Euromess?

대비 제조업 비중은 2000~07년간 아일랜드에서 10%, 이탈리아에서 3%, 스페인에서 4%, 포르투갈에서 3%, 그리스에서 1% 축소되었다. 그 결과 경상수지 적자가 크게 증가했다.

글로벌 금융위기 이후 자본 흐름의 갑작스러운 중단은 재정수지에 전혀 문제가 없었지만 경상수지 적자가 큰 국가들에게 재앙이 되었다. 주지하듯이 유로화라는 단일 통화의 도입 이후 환율변동의 리스크가 제거되면서 유럽의 신용시장은 급성장했다. 즉 초국가대출 기준이 크게 완화되면서 국경을 넘어 은행 간 대출이 급증했고 그 결과 유로존의 금융네트워크화가 형성되었다. 특히 현재 재정위기를 겪는 국가들로 독일과 프랑스 자본의 유입이 크게 증가했다. 즉 유로의 도입으로 주변국들의 자산 매입이 매력적이 되었기 때문이다. 이는 90년대 초 나프타(NAFTA) 체결 이후 미국에서 멕시코로 자본 유입이 급증한 것과 유사하다. 일종의 경제수렴 과정으로 이해할 수 있다. 그런데 해외자본 유입에 의한 '붐'은 투자자 태도가 변화할 경우, 예를 들어 갑자기 자본 흐름에 역전이 발생할 경우 금융위기를 촉발시킬 수 있다.

문제는 독일과 프랑스 등 유로존의 핵심국에서 주변국으로의 자본 유입이 인플레이션을 유발했음에도 불구하고 ECB는 긴축 통화정책을 사용하지 않았다. 독일 경제의 둔화를 우려한 ECB가 통화완화 정책을 전개한 것이었다. 2000년 'IT 거품'이 붕

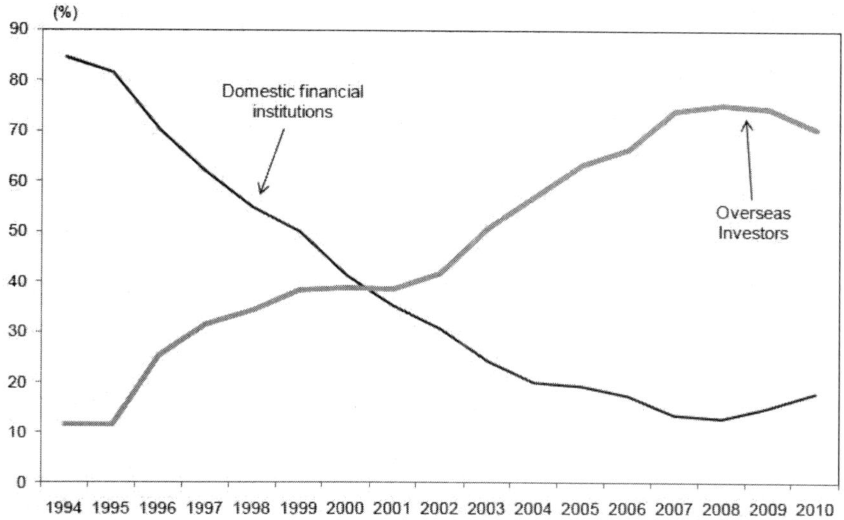

Source: Bank of Greece

출처: R. Koo, May 20, 2011, Learning wrong lessons from the crisis in Greece.

그리스 정부부채에 대한 국내 금융기관(흑색)과 해외투자자(회색)의 보유 비중 추이

괴되면서 독일 주가가 정점 대비 98% 하락했다. 독일의 가계와 기업이 저축 증대와 부채 축소로 대응하면서 경기침체(이른바 '대차대조표 침체')가 촉발되었다. 게다가 재정투입은 '안정성장 협약'에 의해 제약되어 있었다. 이에 ECB는 금리를 2%로 인하했다. 그러나 민간부문이 부채 축소에 집중하는 상황에서 독일 경제를 자극하는 데에는 실패했다. 독일의 경기부양을 위한 통화완화 정책은 PIIGS, 특히 아일랜드와 스페인 등의 주택가격 급등을 촉발시켰다. 그리고 이들 국가의 소비 증대가 독일 수출을 회생시킴으로써 독일 경제는 침체에서 탈출할 수 있었다. 반면, 주변국의 인플레이션은 임금 상승과 수출 감소와 경상수지 적자 증대 등을 초래했다. 특히, 수출 비중이 낮은 그리스의 경우 수입과 경상수지 적자가 급증했다.

이처럼 금융통합에 따른 신용 팽창은 금융위기의 리스크를 고조시킨다. 유로존 재정위기를 겪는 국가들을 중심으로 신용 팽창을 간단히 살펴보면 다음과 같다. 그리스의 경우 자본유입과 국가부채 문제가 연결된 경우이다. 유로존 접근이 가능해지면서 순 대외부채가 급증했다. 대규모 경상수지 적자의 발생은 GDP 대비 순 대외부채와 정부부채의 급증을 반영한 것이다. 과거 신흥경제와의 공통점은 부채 급증이 해외차입 급증에 의한 것이라는 점이고, 차이점은 통화가치 절하의 불가능으로 부채의 실질가치 축소가 불가능했다는 점이다. 오히려 재정위기가 부상한 후 긴축(부채 감축)으로 디플레와 부채의 실질가치 증가에 직면하게 되었다. 위기 폭발은 당연한 수순이었고, 긴축에 따른 부채 디플레이션 가능성이 고조되며 상황이 악화된 배경이다. 아일랜드의 경우 유로 도입 이후 금융위기 이전까지 재정수지 흑자를 유지했음에도 불구하고 해외자본에 대한 의존과 과잉금융에 의한 성장이 국가를 파산시킨 사례이다. 한때 '켈틱 타이거(Celtic Tiger)'로 불리던 아일랜드는 2003년부터 법인세율을 독일(30%)의 절반 수준보다 낮은 12.5%를 적용함으로써 해외 자본이 대거 유입되어 2007년 GDP 대비 은행부문의 대외자산 비중은 13배에 달했다. 그러나 대외자산의 성장은 부채 증가의 다른 표현에 불과했다. 즉 글로벌 은행이 주도한 대규모 차입은 아일랜드 경제와 무관했다. 대규모 자금 유입과 저금리는 주택가격 등 자산가치의 버블을 일으킴으로써 결국 은행을 붕괴시키고 가계와 정부를 부채의 늪에 빠트렸다. 글로벌 금융위기 발발로 해외자본이 유출로 전환되자 2007년 GDP 25% 수준의 재정적자가 2011년 112%로 증가했고, 이 중 은행 부채가 42%를 차지했다. 아일랜드의

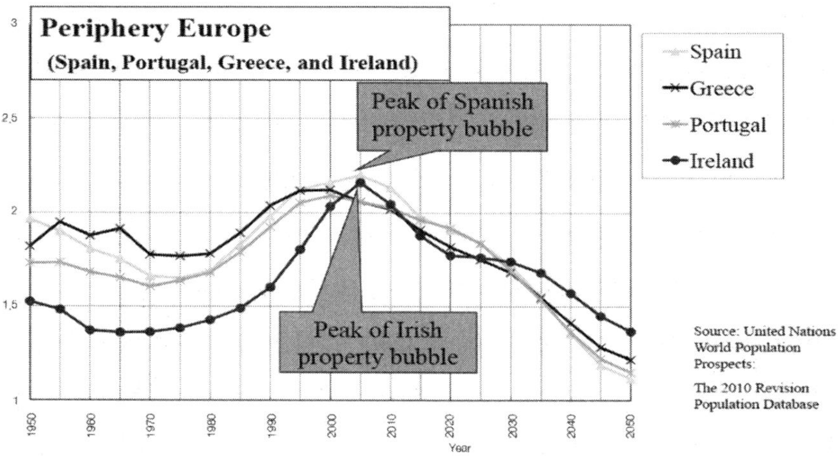

유럽 주변국의 역부양비율 추이

교훈은 총부채, 특히 단기부채의 중요성을 보여주었다. 즉 장부상 상쇄 가능한 자산을 보유하고 있더라도 그 자산이 비유동적일 경우 유동성 위기에 직면할 수밖에 없는 것이다. 포르투갈의 경우는 그리스와 아일랜드의 특성이 결합된 사례였다. GDP 대비 높은 총자산은 부채와 관련된 것이었는데 순 대외부채 규모가 2007년에 거의 GDP 수준일 정도로 부채가 자산을 능가했다. 그 결과 유동성 리스크가 매우 높은 경제구조였다. 참고로 유럽 주변국의 재정위기 발생 시점 역시 미국처럼 인구구조의 변화, 즉 핵심노동인구를 부양인구로 나눈 역부양인구비율의 정점과 일치하고 있다.

해결 능력에 대한 의구심

유로 사용으로 유럽은 하나의 (금융)네트워크가 되었다. 네트워크는 연결성을 증대시켜 안정성을 높이는 장점이 있다. 예를 들어, 앞에서 지적했듯이 유로 도입 이후 유럽의 재정위기국들의 성장률은 크게 증가했다. 기본적으로 단일 통화 사용은 환율 변동성 비용의 제거, 국가신용도 개선, 교역 증대, 물가 안정, 금융자원 사용비용의 하락, 일자리 창출, '하나의 유럽'이라는 동질성의 확보 등의 이점을 만들어낸다. 반면, 전염(위험)의 확산이라는 단점도 있다. 2010년 봄, 그리스 사태가 아일랜드, 포르투갈, 스페인 등의 국채수익률을 끌어올렸고, 그해 말에는 아일랜드 사태가 그리스, 포르투갈, 스페인, 이탈리아, 벨기에 등의 국채수익률을 끌어올렸다. 그리고 스페인이나 이탈리아의 위기는 은행을 매개로 유로존 전체 및 글로벌 경제 전체로 위기의 전염을 확산시켰다. 즉 스페인이나 이탈리아에 대해 시장이 우려하는 것은 재정적자가 아니라 전염과 성장 그리고 양자 사이의 심각한 상호작용인 것이다. 예를 들어, 주요국 은행들이 보유한 스페인 채권(2012년 상반기 기준)은 독일이 1,399억 1,900만 달러, 프랑스가 1,152억 6,100만 달러, 영국 847억 6,300만 달러, 미국 418억 300만 달러, 이탈리아 263억 2,300만 달러, 벨기에 131억 5400만 달러의 순이다. 문제는 이탈리아의 국채금리가 스페인과 높은 상관관계를 보이듯 스페인의 구제금융은 이탈리아 국채금리 상승 압력을 더욱 가중시킬 수밖에 없다. 유로존 3위 경제대국이자 G7 국가 중 하나인 이탈리아 채권시장의 규모(1조 6천억 유로)로 미국, 일본에 이은 세계

3위이고 스페인 규모의 두 배를 상회한다. 미국 은행들의 이탈리아에 대한 직접 위험 노출 규모는 감당할 만한 규모이다. 문제는 이탈리아에 대한 프랑스와 영국 은행들의 위험 노출이 프랑스에 대한 영국 은행들의 위험 노출과 프랑스 및 영국에 대한 미국 은행들의 노출로 연결되어 있다는 점이다. 이처럼 미국이 이탈리아 문제를 감당할 수 있지만, 문제는 이탈리아에서 끝나지 않는다는 점이다. 이탈리아의 문제는 프랑스로, 그리고 다시 독일과 스위스와 네덜란드 은행들이 심각한 상황에 놓일 수밖에 없는 것이다.

부채 위기의 해법은 기본적으로 새로운 성장 추진력의 확보로 부채를 상환하는 것이다. 그러나 디레버리지에 따른 침체는 성장 동력을 약화시키고 부채를 증가시키는 악순환에 빠질 수 있다. **악순환을 피하기 위해서는 내부적 구조조정과 더불어 외부로부터의 일정한 자금 지원이 불가피**하다. 2010년 5월 9일 EU 27개 회원국 재무장관들이 브뤼셀에 모여 그리스의 재정위기 사태에 대응하기 위해 일종의 특수목적법인인 '유럽재정안정기금(EFSF, European Financial Stabiltiy Facility)'을 결성한 이유이다. 기금 규모는 4,400억 유로이고 경제 규모에 따라 독일과 프랑스의 분담 비율이 절반에 달한다. EFSF는 EU 회원국에 대한 직접적 구제 금융의 금지 때문에 특수한 상황에 특정 조건하에서만 활동하는 것을 목적으로 한시적 특별기구로 만들었다. 그러나 유로존 위기가 구조적 문제라는 것을 인식하고 IMF와 같은 상설적인 금융 지원 기구로 5천억 유로 규모의 '유럽안정메커니즘(ESM, European Stability Mechanism)'을 2012년 7월 출범시켰다. EFSF의 존속 시한인 2013년 중반까지는 EFSF와 ESM이 병행 운영된다. 반면, 자금 지원을 받는 국가들의 경우 금융지원 대가로 강도 높은 재정긴축과 구조조정을 요구받았다. 장 클로드 트리셰(Jean-Claude Trichet) ECB 전 총재는 2010년 6월 "긴축 조치가 침체를 촉발시킬 수 있다는 생각은 부정확"하고, 오히려 신뢰할 수 있는 재정건전화 계획이 자신감을 회복시킨다며 재정 긴축이 경기를 위축시킨다는 반론을 일축했다.

그럼에도 불구하고 유로존 재정위기가 반복되며 ESM만으로는 해결이 어렵다며 일각에서 유로본드 도입과 ECB의 적극적 역할 등이 제기되었다. 먼저 유로본드 발행

지지자들은 재원조달을 쉽게 하여 개혁 추진에 필요한 시간을 확보해줄 수 있다고 주장했다. 즉 구제금융국의 경우 재정조달 비용이 높은데 유로본드를 발행하면 적용금리가 개별 국가별로 발행하는 경우보다 국채금리를 크게 낮출 수 있고, 무엇보다 신용 리스크를 감소시킬 수 있기 때문이다. 그러나 '도덕적 해이'로 인한 재정규율 준수 의지의 약화와 일부 국가의 재정부담 증가 등을 이유로 독일 등은 반대했다. 즉 재정위기의 원인 중 하나로 '안정성장협약'의 실효성 부족이 지적되는 상황에서 유로본드 도입은 채무 증가를 통해 제2의 재정위기를 불러오는 원인이 될 수 있을 뿐만 아니라 독일 등 신용도가 높은 국가에서는 재정 부담이 증가할 가능성이 높기 때문이다. 게다가 앞에서 지적했듯이 현재의 'EU 기능조약(Treaty on the Functioning of the EU)' 125조는 유로화 사용국의 공공채무에 대해 EU 공동체 차원에서 재정지원을 금지하고 있다. 회원국의 '도덕적 해이'를 방지하기 위한 것이다. 무엇보다 유럽연합의 틀에서 재정정책은 개별 회원국의 주권분야로 EU 공동체의 소관이 아니다. 사실, 유로본드 발행은 재정취약국의 채무를 독일 등 경제대국이 보증해주는 것을 의미하므로 재정통합으로 획기적인 진전을 의미하며, 이 경우 원칙적으로는 EU 조약 자체의 개정이 불가피하다.

다음으로 은행자본 확충의 문제이다. 네트워크화된 유로존의 경우 재정위기와 은행 부실은 동전의 앞뒷면을 구성한다. 유럽연합은 은행자본 확충을 위해 필요 시 각국 정부가 지원하기로 했다. 그러나 주변국은 재정 여력을 이미 소진한 상태이다. 즉 정부나 EFSF(혹은 ESM)가 은행자본 확충을 지원하는 경우 해당국의 정부부채 비율이 상승할 가능성이 높다. 반면, 자본 확충을 위한 은행의 자구노력에만 의존할 경우 디레버리징이 발생하여 실물경제에 악영향을 줄 가능성이 높다. 실제로 신용경색 조짐으로 발전하면서 은행의 자본조달 비용이 높아지고 은행들이 자본 확충보다 위험자산 매각에 치중하면서 경제성장 둔화로 작용했다. 그리하여 일각에서 재정위기와 은행자본 확충 등을 해결하기 위해 ECB의 역할 확대가 불가피하다고 주장한다. 금융을 안정시키기 위해서는 ECB가 유로지역 최종대부자로서의 역할을 할 수밖에 없다는 것이다. 유동성 위기 발생 시 중앙은행은 공개시장조작을 통해 단기금융시장 안정

유로 본드 유로본드 발행은 1999년 유로화 도입을 전후하여 EU 채권시장의 통합을 위해 유로화 사용국 간 공동 국채 발행이 논의된 바 있었다. 공동 국채를 발행함으로써 세계 최대 규모의 국채시장을 형성할 수 있으며, 경제 규모가 작은 국가의 경우 국채시장의 유동성을 강화시켜 국채금리를 인하시킬 수 있다는 것이 논의의 주된 배경이었다. 그러나 유로화 도입 이후 신용도가 개선되어 각국의 국채금리가 독일 국채(Bund) 금리에 대해 빠른 수렴현상을 보인 후 상호 간 동조화 현상을 보이자 공동 국채 발행의 필요성이 낮아진 것이다. 남유럽 재정위기 발생 이후 국가 간 국채 금리 차이가 현저하게 확대되고, 구제금융 및 ECB의 채권시장 개입이 미봉책에 불과하다는 인식이 확산되면서 2010년 12월 EU 정상회의에서 룩셈부르크의 융커(Jean Claude Junker) 총리가 유로본드 발행을 공식적으로 제안했다. 현재의 유로화 사용국의 국채시장은 분절되어 있으며, 이탈리아, 독일, 프랑스 등 거대 경제국을 제외하고는 국채시장이 협소하여 유동성 문제가 빚어질 수 있는 가능성을 갖고 있다. 경제 규모가 작은 국가(핀란드, 네덜란드 등)의 경우 재정건전성이 양호함에도 불구하고 유동성에 대한 우려로 거대 경제국에 비해 국채금리가 높게 형성되는 현상이 발생하고 있다.

을 도모할 수 있듯이 EU 조약(127조) 역시 "유로시스템이 금융시스템 안정에 기여" 하도록 규정하고 있다. 그러나 금융시장 안정을 위한 ECB의 적극적 역할 수행은 재정정책과 통화정책의 구분 모호성, 비전통적 통화정책이 장기대책으로 변질될 가능성, 회원국의 도덕적 해이, 국채 매입 확대에 따른 ECB의 신용위험 부담 등을 수반한다. 첫째, ECB는 채권시장 안정을 위해 유통시장에서 회원국 '국채매입프로그램(SMP, Securities Markets Programmes)'을 운용했는데 SMP에 의한 ECB의 국채 매입은 재정정책 수단(예: EFSF)으로 해결해야 할 문제를 통화정책 수단으로 해결하는 것이므로 재정정책과 통화정책의 역할구분 및 책임소재가 모호해진다. 마리오 드라기(Mario Draghi) ECB 총재(2011년 11월 3일)가 ECB의 최종대부자로서 책임은 은행시스템에 대한 것이지 정부에 대한 것은 아니기 때문에 국채 매입은 일시적이고 제한적으로 행해질 수밖에 없다고 밝힌 이유이다. 둘째, 일시적 대책인 비전통적 통화정책수단이 국가채무 위기 해결에 동원되는 과정에서 상시 대책으로 변질되어 전통적 통화정책, 즉 물가안정을 위한 정책금리 조정이 왜곡될 가능성이 존재한다. 즉 비전통적 통화정책이 장기간 시행되면 낮은 수준인 인플레이션 기대가 점차 높아질 수밖에 없다. 셋째, 국가채무 축소를 위해서는 강도 높은 재정건전화 및 국민의 전폭적인 지지가 필요한데 ECB가 대규모 국채 매입 등에 나설 경우 회원국의 재정건전화 유인을 크게 약화시킬, 즉 회원국의 도덕적 해이가 우려된다. 넷째, 재정위기를 겪고 있는 국가들의 파산 가능성이 제기되는 상황에서 ECB의 회원국 국채 매입이 ECB의 손실로 이어질 경우 중앙은행의 신뢰성이 손상되고 납세자 부담으로 전가될 것이다.

이러한 제약 요인들로 ECB는 유로존의 위기가 중심국으로 확산되는 중에도 통화 프린트를 꺼렸다. 그러나 ECB의 역할에 대한 압력은 증대하고 있다. 즉 유로존 중앙은행 네트워크와 분데스방크의 현금이 고갈될 경우 ECB가 최종대부자 역할을 수행하는 것은 불가피해 보인다. 사실, ECB가 비전통적 통화정책 수단을 활용하거나 유통시장에서 국채 매입을 대폭 확대하는 데는 법률적 제한은 없다. ECB는 EU 조약에 의거하여 독자적인 자산매입 의사결정이 가능하다. 즉, EU 조약 130조에 의해 ECB 또는 회원국 중앙은행들은 권한 · 직무 · 의무 수행 시 EU 기관 또는 회원국 정부로부터 지시를 받지 않아도 된다. 정책위원회 의사결정은 위원 1인 1표의 단순다수결 방식으로 이루어지므로 특정국(예: 독일)의 영향력은 제한된다. 또한 ECB가 유통시장에서 재정취약국 국채를 매입하는 것은 유로 회원국 간 재정이전을 금지하는 EU 조약에 위배되지 않으며 회원국 반발도 거의 없다. EU 조약 123조는 ECB가 회원국 국채의 직접 인수를 금지하고 있으나 유통시장에서의 매입은 금지하고 있지 않다. 사실, ECB는 이미 양적 완화 정책을 시행해왔다. 이는 앞에서 소개했듯이 ECB의 보유자산(대차대조표)이 꾸준히 증가해왔다는 데서도 확인된다. 그러나 과거 하이퍼인플레이션 경험을 갖고 있는 독일은 국채 매입은 사실상 '재정적자의 화폐화'이고, 하이퍼인플레이션의 원인으로 본다. 즉 독일은 발행 및 유통시장에서 ECB의 국채 매입을 모두 금하는 것이 EU 조약의 정신이라고 주장한다. 미국 연준이 사용 가능했던 비전통적 수단들이 ECB에서 논란이 되는 이유는 **ECB가 일반 중앙은행과 달리 유럽연합의 개별 회원국이 발행하는 부채(국채) 획득이 불가능하기 때문**이다. 즉 **ECB의 경우 국채에 대한 최종구매자**(a purchaser of last resort) **기능과 경제 정상화에 필요한 자금조달 기능이 박탈되어 있다.** 단지 ECB는 시중은행의 유동성 수요에 대처하기 위한 대출 운영의 담보로만 국채를 수용할 수 있게 되어 있다.

이런 상황에서 오히려 독일은 회원국의 '도덕적 해이'를 해결하기 위해 회원국의 재정 규율 강화를 추진했다. EU는 2011년 12월 18~19일 EU 정상회의를 통해 새로운 재정협약, 구제금융 규모 확대 및 수단 강화, 민간투자자들의 손실 분담에 대한 표준적 규정 도입 등 크게 세 가지 합의를 만들어냈다. 그리고 2012년 1월 30일 EU 정상회담에서 영국과 체코를 제외한 25개국이 '신재정협약'에 참여하기로 합의했다. 협약에 따라 개별 회원국은 주요 경제정책을 변경할 때는 그 사실을 미리 알려 회원국들의 정책 협력을 강화하도록 했다. 회원국의 재정적자가 GDP의 3%를 넘으면 유럽사법재판소(ECJ)가 해당국 GDP의 0.1%까지 벌금을 부과할 수 있도록 하는 조항도 협약에 담았다. '신재정협약' 역시 회원국들의 비준 확보의 어려움이 예상되어 EU 조약의 변경이 아닌 국가들 간의 합의 형태로 도출되었다. 즉 '신재정협약'은 유럽이 화폐통합을 넘어 재정통합으로 가는 첫 걸음을 내디뎠다는 의미가 부여되는 반면, 법률적 한계를 갖는 '느슨한' 협약 수준에 불과해 위반하는 국가에 대한 자동 징계의 실효성이 떨어지는 측면도 존재한다.

이처럼 **2011년까지 유로존 재정위기에 대한 대응은 기본적으로 독일이 주도하는 '재정준칙의 확립(긴축)'→ '구조조정의 단행' → '재정통합 조치의 점진적인 도입' 방식**이었다. 독일은 유로존 재정위기가 방만한 재정운용, 특히 공공부문의 임금 상승 등에서 비롯한 것으로 보기에 재정 규율의 필요성과 재정 긴축이 재정위기 극복의 해법이라고 주장한다. 그러나 **긴축 처방은 실패할 수밖에 없었다**. 긴축을 통한 재정건전화는 성장 둔화, 고용 악화와 세수 감소, 국가 부채 악화와 은행 부실 증대, 그리고 다시 성장 둔화라는 **'악순환의 피드백 루프'를 만들기 때문이다**. 실제로 유로존은 2011년 2분기부터 '사실상' 침체의 늪에 빠져들었다. 2분기와 3분기 성장률은 연속 0.1%, 4분기에 -0.3%, 그리고 2012년 1분기 0%, 2분기 -0.2%, 3분기 -0.1%, 4분기 -0.6%를 기록했다. 그 결과 실업률이 12%에 육박하고 있고, 빈곤층이 급증하고 있다. 특히 스페인과 이탈리아가 2011년 3분기부터 2012년 4분기까지 연속 6분기 마이너스 성장을 하고 있고, 영국조차 0.9%를 기록한 2013년 2분기를 제외하곤 2012년 2분기부터 마이너스 성장이 지속되고 있다. 프랑스 역시 2012년 1~3분기 평균 성장률이 0%에서 4분기에는 마이너스(-)로 추락하였고 실업률은 10%를 넘어섰다. 유로존의 자존심인 독일조차 지난해 4분기에 마이너스(-) 성장을 기록할 정도로 유럽 주요국들도 침체에 빠졌다.

긴축을 통한 재정건전화 방안은 각국 유권자들의 반발에 부딪히면서 정권 교체로 나타났다. '실패한 긴축'의 후폭풍이었다. 특히 2012년 5월 프랑스 대선에서 프랑수아 올랑드의 승리는 긴축 중심에서 성장을 중심에 놓는 재정건전화 방식으로의 전환을 의미했다. 게다가 프랑스 대선을 계기로 증세 움직임이 본격화하고 있다. 현재의 유럽 경제 상황에서 증세와 재정지출 증대를 결합한 점진적 재정건전화가 불가피하기 때문이다. 따라서 기존의 유로존 위기에 대한 대응 방식도 변화가 불가피했다. 2012년 6월 28~29일 EU 정상회의에서 회원국 간 입장 차이에 대한 절충이 이루어졌다. 재정위기 관련 EU 정상회의에서 도출된 합의는 크게 ① 성장과 일자리를 위한 합의(성장협약), ② EU 차원의 통합은행감독기구 설립(은행동맹), ③ EFSF/ESM의 부실은행 직접 지원, ④ EFSF/ESM의 국채 직매입 허용, ⑤ ESM의 선순위채권자 지위 포기의 5대 방안으로 구성되었다. 프랑스를 대표로 한 남유럽 국가들의 강경한 입장에 대해 독일이 한 발짝 물러선 것이다. 물론, 독일 또한 주요 원칙에 대해서는 재정준칙 확립과 구조개혁을 요구하는 기존의 입장을 관철시키는 데 성공했다.

그러나 새로운 합의안에 대한 실망감과 실현 가능성에 대한 회의 등이 제기되었다. 첫째, 유럽성장협약 자원조달 규모의 경우 신규 유입은 100억 유로뿐이었다. 둘째, 중앙집권적인 규제와 감독, 공동 구제기금, 공동 예금보장 등으로 구성하는 은행동맹에 대해 독일의 중앙은행, 분데스방크가 "정치동맹 확립 없이 은행동맹은 없다"는 입장을 표명했다. 셋째, EU 정상들은 ESM에 의한 직접 은행자본 확충은 유로존의 새로운 은행감독기구 설립 전에는 없다고 합의했기에 정치동맹 확립 이전에 ESM에 의한 직접 은행자본 확충은 불가능한 것이다. 넷째, 독일은 ESM의 규모를 증대시키는 일이나, 심지어 재정동맹이 완전히 이루어지기 전에는 유로존 채무에 대한 공동 보증도 없을 것이라는 기존 입장을 재확인함으로써 재정위기국의 긴축 노력을 간접적으로 촉구했다.

정상회담의 새로운 합의 내용들에 대한 문제점이 드러나며 시장은 다시 불안감을 드러냈다. 스페인 10년 만기 국채금리가 7%를 넘어섰고, 스페인과 높은 상관관계를 갖고 있는 이탈리아 국채금리가 상승하며 글로벌 금융시장의 불안정성을 고조시켰다. 2012년 7월 ECB의 드라기 총재는 "다시 유로존 이전의 시대로 돌이키는 것은 불가능하다고 생각"하고, "ECB는 주어진 권한과 우리의 정책목표 내에서 유로를 보전하기 위해 필요한 모든 조치를 취할 준비가 돼 있다"며 시장의 불안을 진화시킨 배경이다. 특히 그는 유로존 국채시장에 대해서도 직접 개입 가능성을 시사했다. 문제는 독일이다. 드라기 총재의 발언에 대해 독일 중앙은행인 분데스방크는 유럽중앙은행은 물가안정을 시키는 데 주력해야 한다며 ECB가 국채를 추가 매입하는 것에 반대한다는 입장을 밝혔다. 또 ECB가 ESM에 은행 면허를 부여하는 방안을 검토하자 핀란드와 독일이 인플레이션 촉발을 이유로 즉각 반대 의사를 표명했다. ESM이 은행 면허를 갖게 되면 ECB에서 자금을 빌려 운용할 수 있는 재원이 늘어나기 때문이다. 독일 등의 반대 속에 8월 초 ECB 통화정책회의에서 아무런 부양 조치가 나오지 않으면서 드라기 총재는 '양치기 소년'이 되었고 스페인 국채 금리는 다시 7%대로 상승했다. 현재 **유로존 재정위기가 스페인과 이탈리아 등 핵심국으로 전이되면서 유로존 문제는 유럽연합 자체가 생사의 갈림길에 놓여 있다.**

그럼에도 불구하고 유로존의 양대 주주인 독일과 프랑스는 유로존 위기에 대해 합의점을 만들지 못하고 있다. **독일은 유로존 위기에 대한 유로존에 대한 공동 부담과 책임을 강화하려면 정치통합이 전제가 되어야 한다는 입장인 반면, 프랑스는 '연대가 있는 정치통합(integration with solidarity)'을 주장**한다. '닭이 먼저냐 달걀이 먼저냐(chicken and egg)'의 게임을 하고 있는 것이다. 보다 많은 연대 이전에 통제와 정치통합을 원하는 독일의 강경한 태도에 프랑스는 협약의 개정을 피하기 위해 작은 수준의 협상을 시도하고 있다. 예를 들어, 유로채권이 현재 불가능하다면 부채의 규모와 만기를 제한하는 단기 공동채권으로 시작하자고 주장한다. **유럽연합의 미래는 초국가 협력 리더십에 달려 있는 것이다.**

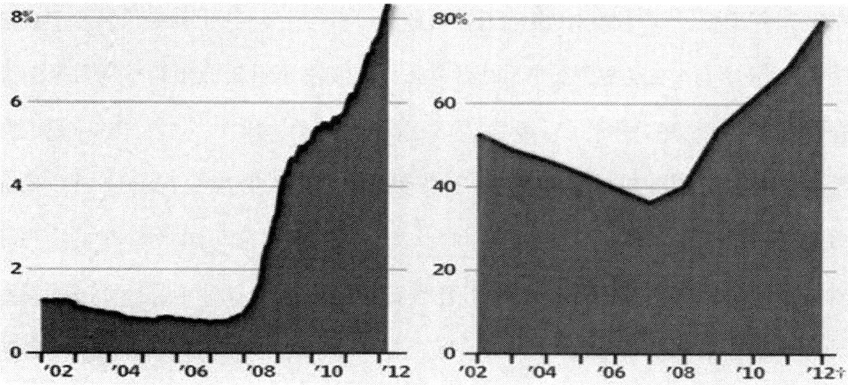

주: 부실대출은 3개월 이상 연체 대출
출처: 스페인 은행과 스페인 국가통계연구소. WSJ(June 6, 2012)에서 재인용.

스페인 은행의 부실대출 비중과 GDP 대비 정부부채(%)

수호천사가 될 수 없는 독일

흔히 독일 경제는 통일 후 어려운 상황에 직면했으나 유럽 통합을 전후로 잘 극복하여 또 한 번의 전성기를 맞고 있는 것으로 이해한다. 글로벌 금융위기 이후에도 유럽의 이웃 국가들이나 미국에 비해 높은 성장률과 낮은 실업률을 보였다. 그럼에도 독일 경제는 제조업 중심의 모노컬러 산업구조와 수출에 지나치게 의존하는 경제구조라는 취약성을 갖고 있다. 독일 모델은 통일 이전부터 문제점을 드러내기 시작했다. 산업화가 완료된 1970년대 이후 산업구조의 업그레이드와 산업체계의 다양화가 지연되면서 다른 선진국과 유사한 문제에 직면해왔다. 연평균 경제성장률은 1950년대 7.9%에서 1960년대 4.5%, 1970년대 2.7%, 1980년대 2.6%, 1990년대 1.4%로 지속적으로 하락했다. 1960년대 0.97%로 완전 고용에 가까웠던 실업률은 1970년대에는 8.2%로 두 자리 숫자 근처까지 치솟았다. 여기에 금융위기 이후의 높은 수출 증가율과 성장률도 유로화 사용에 따른 혜택이었다. 세계 무역이 크게 위축됐던 2009년에도 유로존의 비중은 63%를 차지했다.

맥킨지의 추정에 따르면 독일 경제가 통일의 후유증을 극복하고 부활했다는 2000~09년간 GDP 증가율의 59%가 순수출(=수출-수입)에 의한 것이었다. 독일의 경상수지 및 무역수지 흑자는 GIPSI 국가들의 경상수지 및 무역수지 적자에 따른 결과였다. 유로존 전체적으로는 경상수지가 균형을 달성했다. 금융위기로 세계 경제의 성장률이 후퇴했던 2009년에 독일 경제도 -5.0%를 기록했는데, 이 중 -1.7%가 순수출 부분이었다. 그 결과 다른 국가들보다 심한 성장률 후퇴를 겪었다. 2009년 기준 독일의 GDP 대비 수출 비중은 35.3%로, 미국의 11.1%나 일본의 10.7%, 심지어 중국의 24.5%를 크게 상회하고 있다. 이처럼 독일 경제는 세계 경제의 성장에 크게 의존하는 구조이다. 독일의 수출 상품 조에서도 확인되는데, 자본재가 전체 수출의 44%가량, 중간재가 30% 이상을 차지한다. 유로존 위기와 더불어 미국 고용과 중국 경기의 둔화 등의 쇼크로 2012년 6월 1일 미국 다우지수가 -2.22%, 나스닥 -2.82%, S&P 500 -2.46% 하락하자, 유럽 증시도 하락했는데 하락폭은 독일이 최대를 기록했다. 즉 영국 FTSE가 -1.14%, 프랑스 CAC 40 지수가 -2.20%였던 반면, 독일 DAX 30 지수는 -3.41% 하락했다. 세계 경제에 대한 독일 경제의 민감성을 보여준다.

수출에 죽고 사는 독일 경제가 경쟁력 확보를 위해 손을 댄 것은 노동시장 개혁이었다. 갑자기 찾아온 통일로 독일은 '유럽의 병자'로 전락했다. 상이한 두 개의 경제를 통일시키는 비용 때문이었다. 독일은 통일로 8천 2백만 인구와 2.4조 유로의 GDP를 가져 유럽에서 가장 큰 경제를 갖게 되었다. 하지만 통일 후유증(동·서독 간 균등한 화폐통합)은 노동생산성 둔화, 실업 증가, 취약해진 내수, 성장률 둔화, 그에 따른 재정 적자의 증가로 나타났다. 게다가 1990년대 초의 글로벌 경기 침체 속에서 다국적 기업들인 지멘스(Siemens)나 폭스바겐(Volkswagen) 등은 해외 투자를 강화했고, 제조업의 해외 이탈로 산업 공동화에 대한 우려가 증대했다. 노동조합은 양보를 할 수밖에 없었다. 기업들은 당시까지 6달 이내에서만 임시직 고용이 가능했던 제약에서 벗어날 수 있었다. 그 결과 당연히 고용의 유연성이 증대했다. 그러나 이것은 출발에 불과했다. 갈 길이 멀었다. 1999년 유로화의 도입 과정에서 독일 마르크화는 과대평가되었다. 그로 인해 독일 기업들은 수출시장에서 경쟁하기 위해 비용 절감과 생산성 증가의 압력을 받았다. 여기에 닷컴 버블의 붕괴 이후 글로벌 경기 침체로 실업은 치솟았고, 재정 파산의 우려가 나올 정도로 사회복지에 필요한 자금 조달이 압박을 받

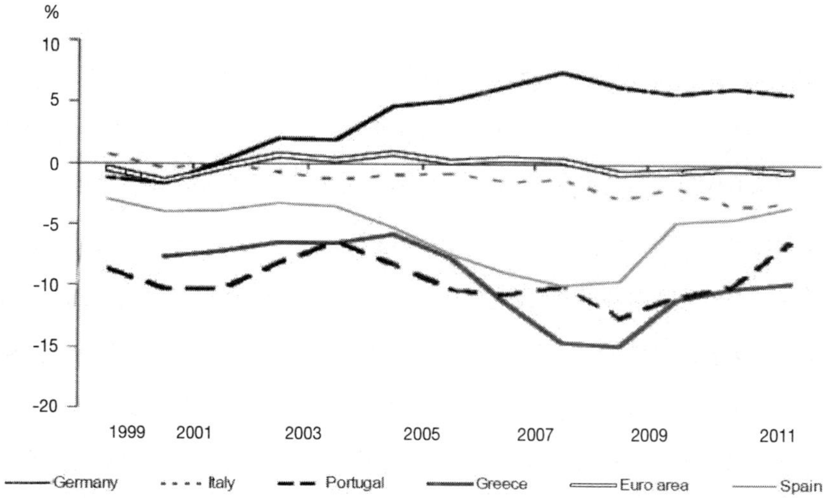

출처: Eurostat.

독일과 GIPSI의 GDP 대비 경상수지(%)

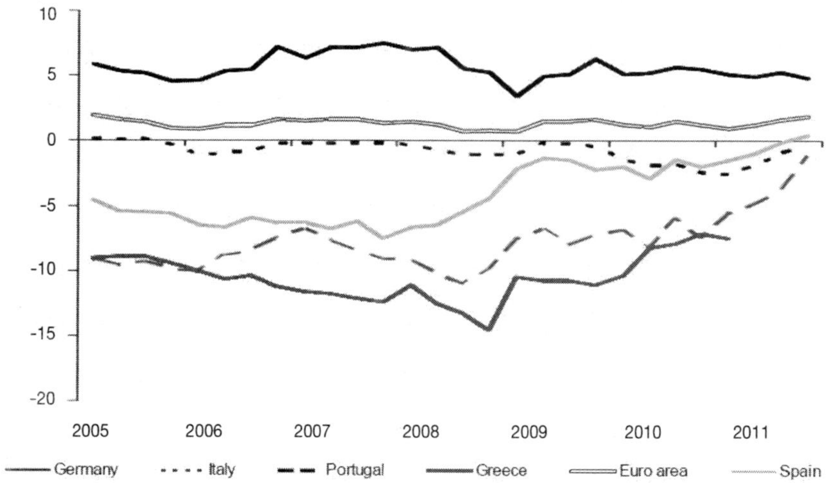

출처: Eurostat.

독일과 GIPSI의 GDP 대비 무역수지(%)

았다. 사민당과 녹색당의 연립 정권(1998~2005)을 대표하던 당시 총리 게르하르트 슈뢰더(Gerhard Schröder)는 노령화에 대비하고 경제 부진을 타개하기 위해 노동조합에게 새로운 임금 및 고용 규칙인 노동시장의 유연성 제고를 받아들이도록 압력을 가했다. 슈뢰더 정권은 독일 사회 시스템의 비용 억제를 위한 '어젠다 2010'을 도입하기 위해 먼저 사민당 강령의 많은 부분을 바꾸었다. 경제 · 사회 개혁 프로그램인 '어젠다 2010'은 두 차례의 소득세 인하를 중심으로 한 세금 인하, 사회 보조금과 실업 수당의 통합을 통한 사회복지의 축소, 연금 혜택의 축소, 의료비 지원의 축소 등 사회 시스템 유지에 필요한 비용을 축소하고, 이를 통해 내수와 투자 활성화 및 중앙정부 부담의 축소를 목표로 했다. 대신 기업은 경제가 어려울 때, 이윤이 줄어들더라도 작업 일수 축소와 훈련 프로그램의 확장을 통해 고용을 유지한다는 것이었다. 슈뢰더의 개혁으로 독일의 노동생산성은 2009년까지 경쟁 국가들에 비해 13%나 증가했다. 금융 위기 이후 독일이 다른 경쟁 국가들에 비해 낮은 실업률을 유지할 수 있었던 것은 '어젠다 2010'으로 저임금 구조가 형성되었기 때문이다. 독일 노동자들이 일자리 안정의 대가로 임금 상승을 포기한 결과, 앞에서 지적했듯이 독일의 단위 노동비용 증가율은 2000년대 들어 다른 유로 회원국들보다 낮았다. 특히 2003년 이후부터 금융 위기 이전까지 지속적으로 하락했다.

이처럼 노동계의 양보로 독일 제품과 경제는 경쟁력을 다시 확보하게 되었다. 독일 기업들은 보다 장기적 관점에서 경영할 수 있게 되었고, 기업도 주주보다 노동자를 포함한 기업의 이해관계자에 초점을 맞추었다. 그러자 세후 영업이익은 영미 경제의 평균보다는 낮았지만, 경제 생태계와 사회적 책임 간에 균형을 이루었다. 경쟁력 있는 제품과 브랜드, 글로벌 기업들과 네트워크를 맺고 있는 혁신 소기업들의 조합이 투자의 위험과 수익이 균형을 이루는 건강한 산업구조를 만들어낸 것이다. 통일 이후 1990년대 내내 경상수지 적자를 기록했던 독일 경제가 슈뢰더의 개혁 이후 흑자로 돌아서, 금융위기 이전인 2007년에는 경상수지 흑자가 GDP의 8%에 달했다.

한편, 슈뢰더는 개혁으로 인기를 상실하여 2005년에 물러났고, 그를 계승한 앙겔라 메르켈(Angela Merkel)이 그 혜택을 보게 되었다. 강한 성장세에 힘입은 세수 증대는 글로벌 금융위기에 따른 수출의 폭락과 대량 고용 해고의 위기 속에서 해고 축소를 위한 고용보조금의 재원 확보에 기여했다. 경기 침체 때 근로자를 해고하는 대신 근무 시간을 줄이면 정부가 기업에게 정상 임금의 2/3를 보조해주는 '단축노동프로그램(Kurzarbeit)'에 독일 정부는 2010년만 해도 60억 유로를 쏟아 부었다. 예를 들어, 독일의 대표적인 가전업체인 지멘스는 경제 위기 때 근로자를 감원하는 대신 1만 9천 명을 '단축 노동 프로그램'으로 운용했다. 많은 중간 규모의 기업들은 경기가 나쁘면 임금 감소 없이 노동시간을 줄이고, 반대로 경기가 좋아지면 임금 상승 없이 노동시간을 늘리는 '근로시간 계좌제'를 활용했다. 독일 경제는 이러한 프로그램들을 통해 2008~09년 침체기 동안 거의 50만 개의 일자리를 구할 수 있었다. 2009년 한 해 동안 '단축노동프로그램' 및 '근로시간 계좌제'를 통해 140만 개의 풀타임 노동력에 해당하는 근로 시간을 줄였다. 독일은 주요 국가들 중에서 유일하게 금융위기 이후 실업률과 장기실업률이 줄어든 나라였다. 독일 기업이 이렇게 노동력을 유지했기에 각국의 경기부양 조치로 경기 회복을 보였던 2010년에 순발력 있게 대응할 수 있었다. 경기 순환과 관계없이 고숙련 노동력을 유지한 것이 경쟁력의 강점으로 작용하고 있는 것이다.

노동 개혁과 더불어 기적의 20년을 만든 주역 중 하나는 독일 산업계의 근간을 이루는 중견 기업 미텔슈탄트(Mittelstand)였다. 미텔슈탄트는 500인 미만을 고용하는 기업들을 말한다. 첨단 제조업 분야를 중심으로 독일 전체 노동력의 70% 이상을 고용하고 있고, GDP의 절반 이상을 기여한다. 대부분 가족 경영 체제의 비상장사며, 단기적 이익보다 장기적 기술 개발 추구의 경영을 한다. 수 대에 걸쳐 한 분야의 기술을 파고드는 경우가 많아 최고의 기술력을 보유하고 있다. 많은 경우 50% 이상의 시장을 점유하거나, 세계 시장에서 1위를 차지하고 있다. 미텔슈탄트는 온정주의와 합의제, 보수적인 경영 등을 특징으로 하는 독일형 비즈니스의 상징이다. 미국형 비즈니스 모델을 '카우보이 자본주의'라고 비난하는 독일 국민들에게 존경을 받는다. 하이테크와 장기적 사고 그리고 제품의 질을 강조하는 민첩한 창조자로, 침체와 실업의 폭등 속에 독일 제조업의 성공 모델로 부상했다. 정부 정책과 더불어 미텔슈탄트의 장기적 경영 관점이 독일 노동시장의 안정을 만든 것이다. 미텔슈탄트식 접근은 강한 사회 책임감을 조장한다. 미텔슈탄트 기업들은 전통적으로 채권 보유자나 주주들로부터 단기 경영의 압력을 피하기 위해, 채권 판매나 주식 발행보다 은행 대출을 선호했다. 이러한 자금 조달 방식 때문에 신용 위기도 잘 이겨낼 수 있었다. 정부 또한 글로벌 금융위기 과정에서 금융의 흐름을 유지하기 위해서 기업들이 충분한 자금을 확보할 수 있도록 은행의 협력을 이끌어냈다. 특히 국가 소유의 개발금융그룹(Kreditanstalt für Wiederaufbau, KfW)은 정부의 경기 부양 프로그램의 일환으로 400억 유로를 대출했다. 독일 최대의 민간 은행들인 도이체방크(Deutsche Bank)와 코메르츠방크(Commerzbank)도 미텔슈탄트 기업들이 쉽게 자금을 이용할 수 있도록 별도의 기금을 책정했다. 그러다 보니 금융위기가 절정에 달했을 때도 미텔슈탄트 기업들은 신용경색으로부터 자유로웠다. 기본적으로 독일 경제가 기초하고 있는 장기금융은 독일 문화의 일부이다. 영국과 미국이 독일 금융을 무시하더라도 버릴 생각을 전혀 갖고 있지 않다.

장점이 동시에 단점이 되는 것처럼 제조업 강국인 독일 경제는 제조업 중심의 모노컬러 산업 체계의 함정에 빠져 있다. 주지하듯이 독일은 최고 품질의 제품을 만들 수 있는 기술을 갖고 있다. 그럼에도 금융위기 이전까지 독일 모델은 영미 모델에 비해 활력이 떨어졌다. 2005년 기준, 독일의 10년 성장률은 미국에 비해 절반에 불과했고, 실업률은 미국보다 두 배나 높았다. 독일 경제의 근본적인 취약성은 '수출에 죽고 사는' 경제구조에 있다. 이러한 경제구조는 임금소득 비중 저하, 생산의 자동화, 생산 기지의 해외 이전에 따른 고용의 악화 등을 야기하여 내수를 취약하게 만든다. 내수취약성은 다시 수출의존도를 높이는 악순환을 형성한다. 게다가 신규 사업에 대한 투자를 기피하는 독일 기업의 보수적 경향은 고령화와 더불어 비즈니스 문화의 활력을 떨어뜨리고 있다. 독일 경제는 세계 최고 수준의 기술력과 경쟁력을 보유한 전통적 수출 품목(자본재 및 중간재)의 생산에 안주하면서 벤처자본의 투자 비율이 낮고, 혁신기업 중 신제품 출시 비중도 EU 27개국 평균을 크게 하회하고 있다. 세계 최고의 기술력을 보유하고 있는 미텔슈탄트 역시 위험 관리를 최우선으로 하는 보수적 경영 마인드가 지배하고 있다. 독일 경제의 영광을 만든 미텔슈탄트의 최대 강점은 가족들이 돈보다 사업의 지속을 원하는 점에서 비롯한다. 하지만 GDP와 고용에서 제조업의 비중이 감소하면서 미텔슈탄트도 과거의 유물이 되고 있다. 즉 일인당 특허 숫자에서 4위이고, 혁신에 대한 국제 조사에서 상위를 차지할 정도로 독일은 새로운 것을 잘 받아들인다. 그런데도 신생 기업은 많지 않다. 구글에 비교되는 대표적 기업인 기업용 소프트웨어 전문업체 SAP도 출현한 지 거의 40년이 되어 간다. 좋은 아이디어를 부의 축적으로 전환하길 원하는 독일인들은 미국으로 간다. 미국의 근로 연령 인구의 8%가 창업에 참여하고 있는 것과 비교하면 독일은 절반 수준인 4%에 불과하다. 역설적인 사실은 전 세계 제조업에서 독일이 차지하는 비중이 점차 감소하고 있다는 사실이다. 90년대 초에 14%였던 독일 제조업의 생산 비중은 지속적으로 하락하여 2010년에는 약 6% 수준까지 감소했다.

젊은 기업가의 에너지가 충만하지 못한 이유 중 하나로 독일 교육의 문제를 빼놓을 수 없다. 독일은 국가 중심의 공교육 시스템에 기초해 제조업 강국을 만든 국가이다. 표준화된 지식노동자의 대량 배출은 대량생산시스템에 적합했다. 여기에 이론과 실

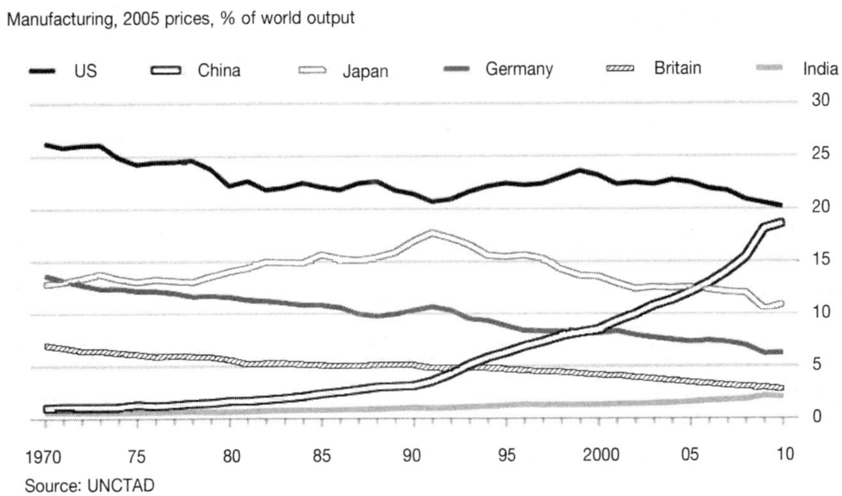

주요국의 제조업 생산 비중

무의 결합은 최고 품질의 제품 생산을 가능케 했다. 학교 교육(이론)과 실습을 결합한 독일의 '이중직업훈련시스템'은 독일이 세계 수출의 챔피언이 된 이유이다. 대부분의 독일 주들은 어린아이들이 열 살이 되면 세 종류의 중등학교 중에서 자신의 길을 결정하게 한다. 국가 중심의 공교육 시스템은 창의성 교육에 적합한 다양성과는 거리가 있고 표준화된 교육 내용과 프로그램은 창의성 교육과도 거리가 있다. 더구나 제조업의 비중이 저하되면서 기존 교육의 역할도 저하되고 있다. 구체적으로 이중직업훈련시스템이 도전을 받고 있다. 기업이 제공하는 장소가 지원자의 부족으로 축소되고, 무엇보다 200년이나 된 '이중직업훈련시스템'이 지식 기반 경제의 미래전문가들을 양성하는 데 적합한가에 대한 회의가 증가하고 있다. 기본적으로 이중직업훈련시스템은 경직되고 차별적이다. 젊은 사람들이 줄어드는 것에 비해 숙련 노동력에 대한 수요가 증가하다 보니, 독일의 대부분 주들은 '이중직업훈련시스템'의 훈련생들이 보다 쉽게 학사 학위를 취득하게 하고 있다. 그 결과 직업훈련과 대학 사이에 카스트 구분이 약화되고 있지만, '이중직업훈련시스템'의 신뢰성도 약화되고 있다. 또한, 독일에서 가장 높은 직업 자격증인 '마이스터브리프(Meisterbrief, 명인을 지칭하는 국가공인 마이스터 인증)'는 단순한 능력의 증표가 아니라, 경쟁자들을 차단하는 인증 역할을 수행한다. 최근 독일인들은 이런 방식의 제한이 정당한 것이고, 또한 제대로 기능하는지에 대해 의구심을 갖고 있다. 선진국 중에서 독일이 상대적으로 가장 경직된 사회로 인식되는 원인으로 지적받기도 한다. 소득이 상대적으로 균등하게 분배되더라도 기회는 그렇지 못하기 때문이다.

이상에서 살펴본 독일 경제의 취약성이 독일이 불균형 조정에 대한 비용 분담을 회피하는 이유이다. 고용 유발 효과가 낮은 제조업 및 수출 위주의 경제구조는 임금 억제와 고용 부진의 지속 등 내수를 취약하게 하고, 다시 수출에 매달리게 한다. 유로 경제의 번영을 위해서는 독일이 경상수지를 축소하고 소비를 증대해야 하지만, 독일 경제가 내수를 개선할 전망은 보이지 않는다. 즉 임금 억제로 독일 경제는 현재의 활력을 만들어냈지만, 수출에 매달릴 수밖에 없게 된 것이다. 그 결과 일본 경제처럼 정체 상태에 놓여 있지는 않아도 독일 모델이 향후에도 지속 가능한지에 대해서는 의심스

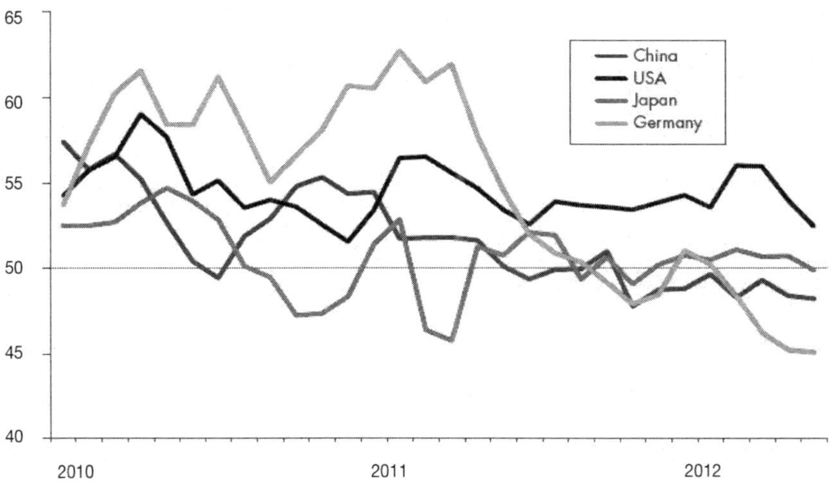

출처: Markit Economics.

2010년 이후 구매관리자지수(PMI)의 추이

럽다. 글로벌 경기가 둔화 혹은 침체로 전환되자 독일 경제의 성장세가 약화되고, 투자자 신뢰도 하락하던 이유가 수출 주도의 경제구조에 있다. 다음 그림은 제조업분야의 선행지표 역할을 하는 구매관리자지수(PMI, Purchasing Manager's Index)의 흐름을 보여준다. 독일 PMI(보라색)의 경우 글로벌 경기가 후퇴하면서 가장 빠르게 하락하는 것을 보여주고 있다. 참고로 PMI가 50 미만이면 경기 위축을 의미한다.

서구 민주주의 위기와 혁명적 상상력의 필요

유로존 체제는 불완전하게 디자인되었음에도 불구하고 **은행과 ECB를 매개로 사실상 모든 정부가 하나로 묶여 있는 공동운명체**이다. **시스템의 재디자인과 상호 간 협력의 강화는 불가피**하다. 유럽 국가들에게 유로존 해체는 검토 대상이 아니다. 이는 유로존 탄생 과정을 이해하면 쉽게 이해할 수 있다. 유럽의 역사와 현실을 이해한다면 **유로존 위기의 해법으로 제시되는 '보다 깊은 통합'은 정치통합보다는 개별 회원국의 자율성과 유로존에 대한 자기희생을 전제로 한 초국가 협력일 수밖에 없음을 알 수 있다.** 유럽 통합은 자치성의 원리로 재탄생해야 한다. 회원국의 고유성을 전제로 전체적인 하나를 이루는 통합을 의미한다. 즉 개별 **회원국과 유로존이 하나가 되는 개전쌍전**(個全雙全) **원리에 기초해 유로존의 거버넌스를 재구축해야 한다.** 일부에서 제기하는 정치통합은 회원국 주권을 유럽연합(EU)에 이전하는 방식이기에 실현 불가능하다. EU를 불가역적인 네트워크로 이해할 때 회원국(노드) 주권의 보장이 없는 EU(네트워크)는 존재할 수 없고, 마찬가지로 EU(네트워크) 없는 회원국 주권의 보장도 불가능하다. 즉 유럽연합은 **회원국 자치를 전제로 초국가 통합의 과제**를 갖고 있는 것이다. 앞에서 지적했듯이 유로존 위기는 유로존 내 '집단행동의 딜레마' 문제에서 비롯한다. 즉 유럽연합이 정부 간 합의를 통해 마련한 재정규칙, 즉 '안정성장협약'의 실행은 회원국의 자발적 협력에 의지했다. 그리스의 방만한 재정운영은 그 결과였다. 따라서 유럽연합 운영에서 '집단행동의 딜레마' 문제를 방지하려면 정부 간 결의에 대한 약속이 이행되지 않을 경우 엄격하고 단호한 책임을 물어야 한다. 동시에 회원국 간 (경상수지) 불균형을 조정할 장치 마련이 반드시 필요하다. 통화통합에서 회원국이 경제적으로 이질적이고 상이할 때 불균형의 발생은 불가피하다. 이러한 사실을 인식한다면 EU 내에 불균형을 해소하기 위한 일종의 '유로청산메커니즘'을 창출해야 한다. 즉 회원국 중 국제수지 적자가 발생한 국가가 '유로청산메커니즘'에서 당좌대월방식으로 기금을 인출, 적자를 해결할 필요가 있다. 이때 기금 인출국은 임금 조정 계획을 제출하고 실행해야 한다. 마찬가지로 흑자국도 내수 확대를 위한 노력이 병행되어야 한다.

유로존 재정(과 은행)위기를 긴축으로만 해결할 수 없는 것은 자명하다. 적자국의 구조조정은 악순환 고리의 차단과 더불어 진행되어야 하고, 이를 위해 흑자국의 지원은 불가피하다. 즉 유로존을 해체하지 않는 한 유로존이 개별 회원국을 위한 '마지막 의지처'의 역할을 해야 하는 것은 선택의 여지가 없다. 따라서 흑자국의 중심에 있는 독일의 결단과 양보가 요구된다. 사실, 유로화 도입으로 가장 혜택을 보는 국가가 독일이다. 2002~07년간 독일 수출 중 EU의 비중은 55%에서 65%, 수입은 52%에서 60%로 증가했다. 특히 독일의 무역흑자는 90년대 말 약 20억 유로에서 2008년에는 약 100억 유로로 5배나 증가했는데 대부분 흑자가 유로존 회원국들에서 발생한 것이었다. 사실, 독일이 적자국가들에 요구하는 긴축도 독일에도 부정적 영향을 미친다. 예를 들어, 스페인의 수요 감소는 독일 자동차에 대한 수요 감소로 이어져 독일 국민의 소득 감소, 독일 경제의 위축으로 계속 이어질 수 있다. 국가 파산 위기에 내몰리면서도 은행권에 대한 구제금융은 요청하면서도 정책 간섭 우려로 EFSF에 국채 매입 요청을 하지 않는 것도 스페인이 파산하면 독일을 포함해 유럽연합 회원국 모두가 피해를 입기에 스페인 파산을 유럽연합이 방치하지 않을 것이라는 기대 때문이다. 즉 **EU는 하나의 사슬로 묶인 공동 운명체인 것이다**. 지금까지 드러난 악순환 고리를 끊기 위해서는 독일 등은 시장 안정화에 필요한 긴급 유동성과 성장 추진력을 악화시키지 않는 조건의 구제금융 지원을 수용해야 할 것이고, 재정위기국들은 재정시스템 구조조정과 성장에 필요한 구조개혁 추진 등을 결합해야 할 것이다. 또한, 앞에서 지적했듯이 유로존 위기는 과다 채무국만의 책임으로 돌릴 수는 없다. 과다 채무국들 역시 통화통합과 금융통합 그리고 탈규제의 희생물이기도 하다. 즉 **불균형의 구조조정 역시 초국가 협력은 불가피**하다. 즉 구조조정은 적자국에만 필요한 것이 아니라 대표 흑자국인 독일에게도 필요하다.

그런데 현재까지 독일은 유럽의 역내 불균형 문제와 관련해서는 경상수지 흑자국으로서의 책임과 적자국들의 요구는 외면하고 있다. 앞에서 지적했듯이, 독일의 책임회피는 독일 경제의 근본 문제에서 비롯되는 측면도 있다. 그럼에도 불구하고 독일 내부에서는 유로 해체의 목소리까지 나오고 있다. 이코노미스트(2012년 8월 11일)가 입수한 유로존 위기에 대한 '비상계획(contingency) B'에 따르면 독일 정부가 비밀리에 유로 해체까지 검토하고 있음을 알 수가 있다. '비상계획 B'는 유로존 유지의 비용이 유로존 해체에 따른 비용보다 크다는 인식에 기초한다. 그리스를 강제로 '탈퇴' 시킬 경우 예상되는 비용이 독일 GDP의 4.5%에 달하는 1,180억 유로로 추산하고 있다. 그런데 가장 바람직한 해법은 그리스만의 축출보다는 포르투갈, 아일랜드, 키프로스, 스페인 등까지 탈퇴시키는 것이라 주장하고 있다. 그에 따라 독일이 지불할 비용은 4,960억 유로, 즉 독일 GDP의 19%에 달할 것으로 추산한다. 이러한 주장은 이들 국가들이 정부 및 은행 부채뿐만 아니라 GDP의 80~100%에 달하는 대외부채도 갖고 있는 점에 기반하고 있다. 이들 국가들이 갖고 있는 경직적인 노동시장으로 대외경쟁력을 회복할 가능성이 낮기에 대외채무는 지속불가능하다는 것이다. 그러나 이러한 주장은 유로존 탄생으로 독일 경제가 입은 혜택이나 일부 국가들의 축출이 초래할 충격의 되먹임회로(feedback loop)가 유로존과 글로벌 경제에 미칠 충격을 기본적으로 고려하지 않고 있다. 게다가 '비상계획 B'는 이탈리아가 대외부채는 비록 GDP의 20% 수준에 불과하지만 스페인의 유로존 탈퇴로부터 자유로울 수 없다는 점을 간과한다. 이탈리아를 유로존에서 축출 대상으로 포함시키지 않은 것은 이탈리아가 없는 유로존은 의미가 없기 때문이다. 유로존 해체는 결코 해법이 될 수 없다. 채무의 상호보증과 통합의 강화 그리고 남유럽 국가의 구조개혁 등의 결합은 결국 유로존이 풀어야 할 과제이다. 이를 위해 운명공동체가 된 유럽은 경제통합이나 은행동맹 이전에 평화와 호의(goodwill) 그리고 점진적인 정치통합이 우선이 되어야 할 것이다. 즉 공공서비스와 기초적인 사회안전망이 금융기업의 이해에 좌우되지 않는 통합된 민주적 유럽이 필요하다. '게으른 그리스인(lazy Greeks)'이나 '제국주의 독일(imperial Germans)' 같은 분노와 좌절의 해소가 은행동맹이나 재정동맹보다 우선이기 때문이다.

이처럼 유럽은 '아무도 가보지 않은 길'이지만 '가야 할 길'을 실험하고 있는 것이다. 그래서 새로운 길에 성공적으로 진입할 때 유럽은 새로운 모습으로 탄생할 것이다. 문제는 **새로운 유럽을 만들기 위해서는 보통의 정치로부터 급진적 이탈이 필요하고, 낡은 경제시스템이 근본적으로 변화해야 하는 반면, 정치지도자들은 이러한 기본적인 사실을 인정하지 않는다**는 점이다. 즉 **위기의 해결은 항상 혁명적 상상력과 새로운 리더십을 요구한다**. 위기는 새로운 사고를 요구하는 반면, 기존 엘리트의 기득권이 혁명적 상상력의 장애로 작용한다. 또한, 유럽 전체를 위기로 이끌었던 지도자들이 이전의 '실패한 정치'를 하지 않을 가능성은 매우 낮다. 지금 유럽은 실패한 정치 모델에 사로잡힌 낡은 정치인들의 서클에서 벗어날 필요가 있다. 그리고 위기의 지도자들은 핵심 관심사에 집중하고, 불필요한 분쟁을 야기하는 지엽적인 이슈로 산만해져서는 안 된다. 심각한 위기 상황에서 컨센서스는 불가능하다. 깊은 위기 상황에서는 컨센서스는 존재하지 않고, 혼동과 두려움과 의견이 충돌하는 불협화음만 존재할 뿐이기 때문이다. 즉 **경제 위기는 정치의 위기이고, '서구 민주주의의 위기'**이다. 실제로 서방의 민주주의에 대한 국민의 신뢰가 서방 세계에서 떨어지고 있다. 서방식 민주주의 정부와 정당 정치체제는 더 이상 훌륭한 민주주의 및 정치체제와 동의어가 될 수 없다.

마지막으로 국제 사회의 지원과 협력이 필요하다. 네트워크화된 글로벌 경제에서 유로존의 문제는 더 이상 유럽의 문제가 아니라 글로벌 경제의 문제이다. 그러나 국제사회의 지원과 협력은 글로벌 거버넌스의 재구축을 전제로 한다. 그러나 서방은 자신이 독점하고 있는 국제 제도의 개편을 기본적으로 거부하고 있고, 새롭게 부상하는 중국과 인도와 브라질 등은 서방이 기득권을 포기하지 않는 한 지원은 불가능하다는 입장이다. **낡은 국제질서가 글로벌 경제의 불안정과 불확실성을 고조시키고 있는 것**이다.

제17장

일본 모델의 파산

90년대 초부터 시작된 일본 경제의 '잃어버린 10년'은 이미 두 차례가 진행되었고, 여전히 진행 중이다. 장기 저성장(침체)의 늪에 빠져 있는 일본 경제의 파산 가능성이 높아지고 있다. 선진국 경제가 '일본화(Japanification)'되고 있다거나 세계 경제가 '일본 고통(Japain)' 속으로 빠져들고 있다는 표현에서 보듯이 **일본 경제는 '장기 저성장' 혹은 '좀비 경제' 등의 상징**이 되고 있다. 주지하듯이 일본 경제는 '일본 모델'이라는 독자성을 인정받을 정도로 산업화의 성공 모델 중 하나였다. 일본 경제는 비서구 지역에서 2차 대전 이전에 이미 선진형 경제구조인 '원-세트(one-set)형' 경제구조를 형성하고, 2차 대전 이후에는 전쟁의 폐허 속에서도 고도성장을 이루어내 1960년대 말 세계 2위 경제규모로 우뚝 섰고 80년대에는 미국 내에서도 일본을 배우자는 목소리가 나올 정도였다. 그런데 80년대 후반 만들어진 자산 거품이 90년대 초에 꺼지면서 '잃어버린 10년'의 시대가 도래했다.

일본 경제의 장기 저성장은 외형상으로는 자산거품의 붕괴의 결과로 보이지만 **근본적인 원인은 산업화 완료 이후 새로운 성장 추진력 마련의 실패 그리고 그 연장선에서 일본형 관계적 은행시스템과 영미형 원자적 금융시스템 간의 시스템 충돌**에서 비롯한다. 다시 말해, 공업화 성공의 주역이었던 네트워크 시장시스템, 즉 '정부-은행-기업의 유기적 협력시스템'이 산업화 이후의 새로운 성장 추진력 창출에 한계를 드러냈고, 특히 '일본 모델'에서 중심적 역할을 수행한 정부 혹은 정치리더십이 무력감을 보여준 결과이다. 또한, 금융화라는 시대적 흐름 속에서 일본형 관계적 은행시스템은 지속되기 어려웠다. 정부 리더십의 빈곤은 GDP의 두 배가 넘어버린 국가부채 규모가 간접적으로 보여준다. 일본 경제의 객관적 현실은 최소한 '제2의 메이지유신'을 만들지 못할 경우 파산 가능성을 배제할 수 없을 정도로 비관적이다.

거품 붕괴와 장기 저성장 그리고 '일본병'

일본의 2011년 명목 GDP는 1992년 수준 밑으로 추락했다. 2011년 명목 GDP가 469.9조 엔이었던 반면, 1992년은 483.8조 엔이었다. 니케이225 지수는 1989년 말에 38,916포인트를 기록한 후 하락하기 시작하여 2009년 3월 13일 7,054포인트까지 추락했다가 엔화 약세에 힘입어 2013년 3월 초 12,000대까지 회복한 상태이다. 일본의 6대 도시 땅값은 2000년(=100) 기준 1991년 285.3에서 2012년에 67.9까지 추락했다. 그 결과 일본의 가계자산은 80년대 말 이래 계속 하락하고 있다. 부채 축소에 내몰리는 '대차대조표 침체'의 늪에 빠진 것이다. 자산가치의 하락으로 가계와 기업의 재무 상황이 악화되었고, 재무구조의 개선을 위해 가계와 기업은 소비와 투자를 억제했다. 기업이 이윤극대화에서 부채최소화로 경영의 우선순위를 변경하면서 GDP 대비 투자율은 1990년대 이전까지 30%대에서, 1990년대 지속적으로 하락하여 2000년대에는 23%까지 약 7% 낮아졌다. 그중 주택건설 투자가 2.5%, 설비투자가 4.5%까지 하락했다. 은행도 무수익여신(Non-Performing Loans, NPL)의 손실을 처리하기 위해 구조조정과 합병 등에 내몰렸다. 일본 금융권의 부실채권 처분손 규모도 2007년 9월 기준 99조 엔에 달했는데 서브프라임 모기지 대출의 추정 손실액 규모인 98조 엔과 절대 규모면에서 비슷했다. 개별 경제주체의 재무구조 개선은 합리적 선택이었지만, 경제 전체적으로는 바람직하지 않은 결과를 만들어내는 '구성의 오류' 함정에 빠진 것이다. 이른바 '유동성 함정'과 디플레이션이 구조화되어 버렸다. 일본의 정책금리인 공정금리는 90년대 후반 이래 사실상 제로금리가 지속되고 있고, 물가는 지난 20년간 변화가 없다. 현재의 소비자물가지수는 1992년 수준이다.

대차대조표의 침체가 장기간 지속되는 이유는 인구구조의 변화가 맞물렸기 때문이다. 자산거품이 정점에 달했던 1990년에 이른바 핵심 노동가능인구(15~60세)를 나머지 부양인구로 나눈 '역부양인구비율' 역시 약 2.3명으로 최대치를 기록했다. 저

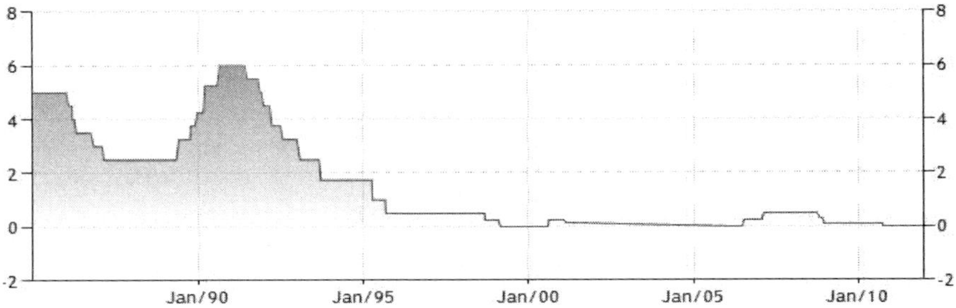

일본 공정금리의 추이 1985.1~2011.12

일본의 지가 추이

Year	全國市街地				六大都市			
	Urban land of nationwide				6 large city areas			
	全用途平均	商業地	住宅地	工業地	全用途平均	商業地	住宅地	工業地
	Total average	Commercial	Residential	Industrial	Total average	Commercial	Residential	Industrial
1990	133.9	175.4	114.9	111.6	276.8	502.9	218.8	196.2
1991	147.8	195.5	126.1	122.6	285.3	519.4	223.4	203.6
1992	145.2	191.6	123.0	122.1	241.0	440.2	183.3	176.9
1993	137.2	177.1	116.9	118.4	197.7	341.4	149.1	154.7
1994	130.9	163.9	113.5	115.4	174.9	278.3	136.4	143.1
1995	126.1	152.8	111.8	113.3	151.4	210.8	125.7	131.8
1996	120.5	140.1	109.7	110.9	134.5	166.6	118.1	124.2
1997	115.6	128.9	108.0	108.9	124.4	143.2	113.7	118.9
1998	111.5	120.0	106.5	107.1	117.9	128.9	111.1	114.7
1999	106.1	110.2	103.7	104.0	109.2	114.1	106.1	107.6
2000	100.0	100.0	100.0	100.0	100.0	100.0	100.0	100.0
2001	93.7	90.5	96.0	95.3	91.7	89.5	94.8	90.6
2002	87.4	81.8	91.7	90.3	84.1	80.1	89.8	82.5
2003	81.2	73.6	87.3	84.8	77.0	72.1	84.8	74.6
2004	74.4	66.1	81.7	77.4	71.3	67.8	79.8	66.5
2005	69.1	60.6	77.3	71.2	68.6	67.3	77.6	61.0
2006	65.7	57.3	74.3	67.3	71.2	74.4	78.7	59.7
2007	64.4	56.0	73.2	65.3	79.0	89.0	84.8	61.2
2008	63.9	55.6	72.7	64.6	84.8	99.7	88.3	64.5
2009	61.4	53.0	70.2	62.5	76.7	85.2	81.4	61.8
2010	58.5	50.1	67.4	59.6	70.9	75.0	77.6	58.7

출처: Statistics Bureau. http://www.stat.go.jp/english/data/nenkan/1431-17.htm.

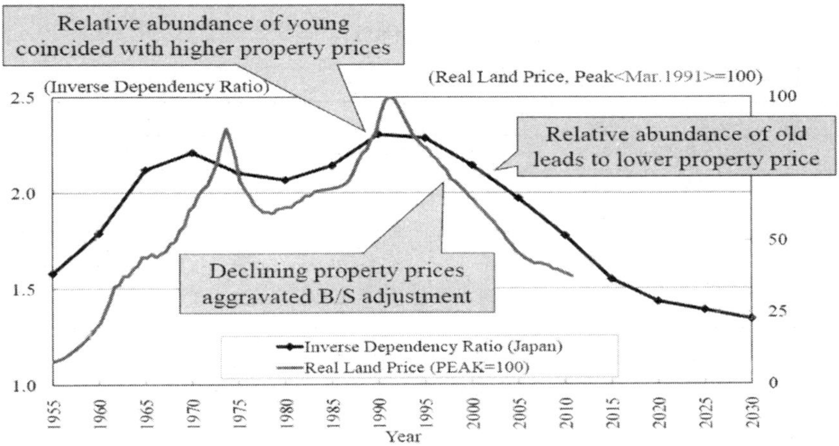

출처: K. Nishimura, June 20, 2011, "Population Ageing, Macroeconomic Crisis and Policy Challenges," Bank of Japan.

역부양인구비율과 실질 토지가격의 추이

출산과 고령화 그리고 베이비붐 세대의 은퇴 등 일할 사람은 줄어들고 부양해야 할 비노동인구가 늘어나는 '인구 오너스'로 전환된 것이다. 대차대조표 조정이 장기간 지속된 이유이다. 그 결과 자산가치의 추가 하락과 재무 구조의 악화라는 악순환의 고리가 형성되었다. 일본 정부와 금융당국이 (글로벌 금융위기 이후 미국이 그랬듯이) 모든 수단을 동원했음에도 불구하고 효과를 보지 못한 이유이다. 불황 속에 은행 보유 자금의 일부만 대출되고, 소득 중 일부만 순환하면서 소득 감소와 인구감소의 악순환으로 이어지는 '축소경제'와 '축소국가'가 되었다. 90년대와 금융위기 이후의 재정투입은 마이너스(-) 성장을 막은 요인이 되었음에도, 토건경제라는 한계 때문에 민간부문의 활력을 만드는 '마중물' 역할에 실패했다. 즉 **재정지출은 기본적으로 제조업 강국에서 한 단계 더 나아가는, 산업구조의 업그레이드와 산업체계의 다양화에 필요한 투자나 그와 관련된 새로운 일자리 창출의 기여와는 무관한 '삽질 프로젝트'였다**. 그 결과 정부부채가 크게 증가했다. 삽질 프로젝트는 세수 감소에서도 확인된다. 재정투입이 지속성장으로 이어졌다면 세수 증대로 이어져 정부부채는 감소했을 것이다. 일본 재무성이 지난해 9월 집계한 국가 부채는 GDP의 230%에 해당하는 983조 2,950억 엔에 달했고, IMF는 2012년 말에 GDP 대비 237%에 달한 것으로 추정한

버블 붕괴 이후 일본 정부의 경기대책

발표 시기	경기대책명	내용	규모(조엔)
91	미실시		
92	• 종합경제대책	• 공공투자 확대 등	10.7
93	• 종합경제대책의 추진 • 긴급경제대책	〃 〃	13.2 6
94	• 종합경제대책	〃	15.3
95	• 긴급경제대책 • 경제대책	• 오사카 · 고베 지진관련 • 공공투자 확대 등	7 14.2
96 97	미실시		
98	• 종합경제대책 • 긴급경제대책	• 사회간접자본 정비 등 • 사회간접자본 정비 및 중소기업 금융 등	16 23
99	• 경제신생대책	• 사회간접자본 정비 및 중소기업 금융 등	17
2000	• 신발전대책	〃	11
01	• 개혁선행프로그램 • 긴급대응프로그램	• 중소기업 및 고용대책 등 • 고령화, 과학기술, 국제화 등을 위한 특별조치	13 4.1

자료: 일본 재무성

버블 붕괴 이후 주요 통화정책

정책수단별	주요 내용
■ 전통적 수단	
• 정책금리 하향조정	- 1991.7~95.4월 중 기준할인율 9차례 인하(6%→0.5%) - 1999.2~00.8월 중 제로금리 정책 실시(콜금리 0%로 유도)
■ 비전통적 수단	
• 양적완화 • 자산평균만기 연장 • 신용완화 • 정책시행 기간 명시	- 일본은행 당좌예금잔액 목표 수준을 지속적으로 상향 조정(2001. 3~06. 3) - 단기증권 매각/장기증권 매입 - ABCP, ABS 매입, 금융기관보유주식 매입 등 - 디플레이션 우려 해소 시점까지 제로금리를 지속(1999. 2~2000. 8) - Core CPI 상승률이 안정적으로 0% 이상이 될 때까지 양적완화정책을 지속(2001. 3~06. 3)

주: 1) ( ) 안은 정책결정 시기
자료: 일본은행

다. 통화정책 역시 글로벌 금융위기 이후 미국 연준이 동원했던 수단들-제로금리, 양적 완화, 단기 증권 매각과 장기 증권 매입(이른바 오퍼레이션 트위스트), 유동화 관련 자산 매입과 금융기관의 주식 매입 등-을 모두 사용한 '선배'였다. 그러나 통화정책은 작동하지 않았다. **미국 통화정책 효과의 미래(?)를 보여준다.**

민간부문의 '대차대조표 침체'와 국가부채의 급증에 따라 일본 경제는 수출에 의존할 수밖에 없었다. 제조업의 경쟁력은 장기침체 속에서도 경상수지 흑자구조를 지속시켰다. 1998～2008년 경상수지 흑자 누적액은 1조 2,119억 4,400만 달러에 달할 정도였다. 이는 엔화 가치의 지속적 상승 요인으로 작용했다. 갈수록 심화되는 제조업의 공급 과잉에 따른 경쟁 격화 및 단기 수익성을 추구하는 금융가들의 기업에 대한 영향력 증대와 더불어 엔화 가치의 상승에 따른 가격경쟁력 약화는 기업에게 비용 절감과 수익성 개선의 압력으로 작용한다. 그 결과 기업은 임금 동결, 비정규직 노동력의 사용 증대, 해외 이전 등으로 대응했다. 정규직 노동력은 1990년 80%에서 2007년 66%로 하락했고, 해외 진출 기업의 비중은 1987년만 해도 10% 정도에서 2000년대 들어 30%를 넘어섰다. 해외 이전에 따른 산업생산 공동화는 금융위기와 2011년 봄 원전사태 등을 계기로 더욱 심화되었다. 제조업의 국내 설비투자 대비 해외 설비투자 비중은 2009년 42.0%에서 2010년에는 55.0%로 증가했고, 2011년에는 74.2%까지 늘어난 것으로 추정된다.

기업의 국내 고용 규모 축소는 대기업이 주도했다. 1990～2008년 사이에 고용 규모의 변화를 보면 신닛테츠(新日鐵)는 55,255명에서 15,567명, 미쓰비시(三菱) 중공업은 44,534명에서 33,923명, 도시바(東芝)는 72,580명에서 34,096명으로 축소되었다. 또한 소니는 18,188명에서 18,040명, 파나소닉은 45,191명에서 44,743명, 닛산(日産)은 57,964명에서 30,815명으로 축소되었다. 토요타의 경우도 70,841명에서 71,503명으로 근소한 고용 증가가 있었을 뿐이다. 임금 둔화와 고용 악화 등은 내수를 약화시키고, 결혼율 저하와 저출산 그리고 고령화 추세를 심화시켰다. 일본 정부 역시 '비정규직 증가 → 소득감소 · 저출산 → 내수부족 및 경제활동인구 감소 등 경제 활력의 저하'라는 구조가 경제 침체를 가져왔다고 진단한다. 즉 저출산 현상이 고용문제와 관련이 크다는 진단이다. 언제 해고될지 모르고 급여도 적기 때문에 비정규 근로자들이 결혼을 기피하면서 저출산을 가속화시킨다는 것이다. 2007년 기준 30~34세의 노동자 중 배우자가 있는 비율이 정규직은 59%인 데 비해 비정규직은 28%에 그쳤다. 내수가 점점 취약해진 결과 다시 수출에 의존할 수밖에 없게 된다. 기업은 부유해지는데 노동자는 가난해지는 배경이다. 제조업 의존도가 높다 보니 모노컬러 산업구조가 만들어내는 제조업 강국의 함정에 빠진 것이다. 이른바 수출에 죽고 사는 '일본병'이다. 일본은 GDP 대비 수출 비중이 1990년에 10% 수준에 불과했으나 금융위기 직전에는 18% 수준까지 증가했다. 그런데 역설적으로 일본의 세계 수출시장 점유율은 90년대 이후 하락하고 있다. 1970년대 6.7%에서 80년대에는 8.6%로 증가했으나 90년대에 8.5%, 그리고 2000~08년에는 6.1%로 하락했다.

금융자유화와 '일본 모델'의 위기

자산 거품은 기본적으로 과잉금융의 또 다른 표현이다. 즉 일본 경제 역시 산업화 이후 산업체계의 다양화 및 산업구조의 업그레이드를 효과적으로 해결하지 못한 것으로 이해할 수 있다. 실제로 일본 지식인들은 '잃어버린 20년'을 성찰하면서 1980년대 후반 일본 경제는 산업체계 전반에 대한 재검토 시기를 상실했다고 후회한다. 지속적인 기술혁신을 이룩하여 세계 최고 수준의 제조업을 구축한 일본 경제가 산업구조의 업그레이드에 실패한 이유는 무엇일까? 이른바 일본 모델인 '네트워크 시장시스템'이 제대로 작동하지 못한 것이다. 전후 일본은 고성장을 국가목표로 정했다. 정부 리더십하에서 경제부문 및 경제주체 간 긴밀한 협력이 이루어진 '네트워크 시장시스템'이었다. 즉 정부의 개입과 상호 지원 속에 리스크 공유를 만들어낼 수 있었기에 지속적인 혁신과 성장을 했던 것이다. 예를 들어, 제조업 중심의 성장에 필요한 기업의 저비용 자금조달을 지원하고 은행 이윤을 보장해주기 위해 정부는 이자율을 규제했다. 1년 만기 저축 금리는 1951~70년 20년간 5% 혹은 6%로 고정되었다. 또한, 정부는 규제와 지도를 통해 신규 진입(경쟁)을 제한했고, 신상품 도입은 인가 사항이었다.

대기업부터 중소기업까지 모든 자금 수요에 맞춰 자금의 흐름을 통제했다. 첫째, 도시와 지방은행 간에 장·단기 신용은 분리되었다. 당시 채권시장은 발달되어 있지 않았다. 새로운 채권 발행은 엄격한 조건이 부과되었고, 단지 제한된 숫자의 기업만이 채권 발행이 허용되었다. 따라서 장기신용은행이 장기 대출을, 그리고 도시와 지방의 상업은행이 단기 대출을 수행했다. 둘째, 정부는 지점의 숫자를 통제함으로써 도시와 지방 은행의 운영 범위를 통제했다. 셋째, 자금 흐름은 철저하게 기업의 장기 성장에 맞추었기에 가계 저축(예금)은 은행 대출을 통해, 그리고 소규모 지방은행은 은행 간 대출을 매개로 도시의 대형 은행에 대출되었고, 이 자금들은 성장하는 산업(제조업)과 수출을 담당한 (대)기업들에게 장기로 제공되었다. 즉 도시의 대형은행은 지방의 소형은행에게 차입하여 도시 대기업의 주요 사업에 자금을 공급했다. 이 과정에서 주거래은행이 주도적 역할을 수행했다. 대기업의 수익은 도시 은행을 매개로 지방 은행에게 배분되었다.

이러한 시스템에서 은행은 대출에 따른 리스크를 우려할 필요가 없었다. 기본적으로 이자율이 규제된 시장에서 시장리스크가 존재할 수 없었기 때문이다. 게다가 대출 시장이 분리된 상황에서 만기불일치의 우려도 없었고, 그 결과 은행들은 리스크에 대한 걱정 없이 증가하는 가계 예금으로 은행의 성장을 추구할 수 있었다. 기업의 왕성한 투자 욕구로 은행 대출에 대한 수요도 풍부했기 때문에 양질의 대출처를 선택할 수 있었고, 신용리스크에 대한 우려도 크지 않았다. 그 결과 후에 금융자유화 환경에서 은행들의 리스크 관리 능력 부족이 문제가 되었다.

재량적 신용 할당 등 저비용 자금 제공(대출)은 기업의 자본 투자를 장려함으로써 고성장의 엔진이 되었다. 더구나 채권시장과 주식시장이 발달되지 않은 상황에서 은행 대출은 기업금융의 효과적 통로였다. 주식시장은 채권시장에 비해 상대적으로 잘 발달된 편이었으나 주식의 교차보유가 1960년대부터 이용되었기에 주식의 상당 부분은 은행과 보험회사 같은 금융회사에 묶여 있었다. 즉 경제에서 대부분 신용이 은행에 의해 통제되었고, 주거래은행제는 점차적으로 대기업에서 중·소기업으로 확산되었다. 은행의 활동은 모니터링과 스크리닝 등 전통적 활동에 더해 기업에게 필요한 조언 제공과 비즈니스 조직 등 투자은행 업무를 수행했다. 이처럼 금융자유화 이전 은행의 임무는 대규모 제조업 같은 성장 산업에 자금을 할당하는 것이었다.

무엇보다, 규제된 일본시스템의 또 다른 중요한 조건은 자본통제였다. 일본 내에 유입되는 해외직접투자(FDI)조차 외국인 소유의 범위를 직접 통제하거나 일본 기업 간 주식의 교차 보유를 통해 제약했다. 기업 거래(경상계정)를 위한 외환거래만 허용되었는데 외환거래가 허용된 외환은행에서만 가능했다. 그러나 외환은행은 자산상태(포지션) 지도를 받았다. 예를 들어, 외환 포지션, 현물 및 선물 비중의 합이 매일매일 정리되어야만 했다. 그리고 자본시장의 저발달도 해외자본의 접근 차단을 도왔다. 이처럼 일본 정부는 외환거래를 실질적으로 통제하고 국경을 넘나드는 자본통제를 통해 국제 금융시장에서 국내 금융을 분리했다. 다시 말해, 일본의 '네트워크 시장시스템'은 정부의 금융억압에 기초한 것이었다.

기업부문에서도 상호의존 시스템이 작동했다. 오랜 사업 유대에 기초한 이른바 '게이레츠' 시스템이 그것이다. 예를 들어, 대규모 조립업자와 소규모 부품 제조업자 간에, 그리고 도매업자와 소매업자 간에 강한 유대가 점차적으로 구축되었다. 노동관계에서 종신고용이 확립되고 노동조합은 기업경영에서 주요 협력자가 되었다. 고용 보장은 보너스 시스템을 가진 임금 유연성과 연계되었다. 근로자는 사내훈련을 통해 기업특수적 혹은 기업구체적인 숙련을 획득했고, 노사관계는 기업 내 내부화되었다. 즉 기업 내 노사관계를 통해 <종신고용+보너스 시스템>과 <임금 유연성+기업구체적 숙련 확보>를 교환했다.

게이레츠 2차 대전 후 일본의 기업집단을 일컫는 말로 패전과 함께 해체된 일본의 재벌이 상호주 소유를 기반으로 하는 재편성 과정과 은행의 융자 계열을 중심으로 다시 부활하게 된다. 전쟁 전의 재벌과 소유 및 경영구조에서 뚜렷한 차이가 있기 때문에 '기업집단' 혹은 '그룹'으로 부른다. 과거 자이바쯔 산하에 있던 계열회사가 경영자에 의한 '사장회'의 결성으로 진전되어 미쓰이 계열의 '이목회(二木會, 1961)', 미쓰비시 계열의 '금요회(金曜會, 1954)', 스미토모 계열의 '白水會(白水會, 1951)'가 결성되었다. 이들과 함께 전후 1960년대 고도성장기에 기업집단화를 추구하면서 등장한 후요(笑容), 다이치강교(第一勸銀), 산와(三和) 같은 은행계열의 기업집단도 있다. '자이바쯔'와 '게이레츠'를 구분짓는 가장 중요한 특징은 소유-지배 구조로 전자의 경우 재벌가가 실질적 대주주이면서 계열회사에 대한 독점적 지배를 하는 반면, 후자는 사장회를 중심으로 상호주식보유제도를 통해 연결되어 있고 실질적 대주주는 없다는 점이다.

자이바쯔 메이지 초기인 1860년대 말과 1870년대 사이에 정상(政商, 정부나 정치가와 특별한 관계를 가지고 이권을 얻고 있는 상인)에서 출발하여 2차 대전 전까지 금융·공업·상업·농업의 주요 부문에서 커다란 지배력을 가졌으며 1900년 전후부터 자이바쯔로 불리기 시작했다. 대표적인 자이바쯔로는 미쓰비시(三菱), 미쓰이(三井), 스미토모(住友)를 들 수 있다. 이들은 2차 대전 기간 중 일본 군국주의의 경제적 기반이 되었기에 종전과 함께 연합군 최고사령부는 재벌을 해체하기로 결정했다. 당시 해체된 자이바쯔는 미쓰이, 미쓰비시, 스미토모, 야스다(安田), 닛산(日産), 노무라(野村) 등 83개에 달했다. 또한 3대 자이바쯔의 계열회사 711개에 대해서는 자신의 상표와 상호의 사용도 중지시켰다. 그러나 '한국전쟁'이라는 군특수(軍特需)기에 일본의 경제가 되살아나고 1951년 미·일 강화조약을 계기로 차츰 기업 간의 재결합이 시도되었고, 이후 상호사용금지가 해금됨에 따라 3대 자이바쯔가 자신의 상호를 다시 사용하기 시작했다.

네트워크의 안정성에 소득재분배시스템 또한 주요 구성요소였다. 일본의 고성장 기간 동안 중앙의 해안 지역을 중심으로 산업화가 이루어졌기 때문에 지방 지역으로부터 중앙 허브로의 노동력 이동이 있었고, 이는 농촌지역의 성장잠재력을 축소시켰다. 따라서 중앙과 지방 간의 소득재분배는 고성장 기간 동안 급격한 변화가 야기하는 충격을 완화시키는 데 중요한 역할을 했다. 마찬가지로, 소득재분배 시스템에서도 정부정책은 재정의 재분배를 통해 중요한 역할을 수행했다. 즉 중앙정부 조세 수입의 상당 부분이 지방정부에 배분되었다.

이처럼 정부개입, 경제부문 및 경제주체 간 상호 지원 속에서 **〈정부-은행-기업〉의 강한 결속력을 특징으로 하는 관계의존적 정치·경제시스템이 구축되었고, 이러한 장기관계의 구축으로 리스크 공유가 가능**했다. **그런데 일본의 상호의존적 시스템은 탈규제와 금융자유화를 계기로 균열의 위기를 맞는다.** 일본 경제의 고성장은 1974년 1차 석유파동을 계기로 종언을 맞는다. 물론 일본 경제는 70년대 두 차례의 석유파동을 잘 극복해나갔고, 최고라는 찬사가 나왔음에도 불구하고 지속적인 고성장에 맞추어 디자인된 일본 경제시스템은 전환점을 맞게 된다. 그중 하나가 노동관계였다. 비용 상승에 따라 종신고용과 연공서열을 유지하기 어렵게 된 것이다. 여기에 해외 투자자의 일본 기업에 대한 관심 증대, 예를 들어 수익률(ROE) 개선에 대한 압력이 늘어났다. 일본

출처: W. Takahashi, Oct. 24, 2011, The Japanese Financial Sector's Transition form High Growth to the 'Lost Decades': A Market Economy Perspective, Kobe University RIEB Discussion Paper DP2011-29.

일본 실질 GDP 성장률 추이

기업들은 글로벌 금융시장에 적응하기 위해 과거의 금융 기준을 지속할 수 없었다. 이른바 나카소네 정부(1982~87)의 개혁으로 알려진 1980년대부터 수행된 금융자유화는 일본 경제의 어려움을 증대시켰다. 이자율 규제와 금융 사업의 분리가 완화되었고, 은행들의 증권 업무가 허용되었다. 80년대 말에 금융자유화는 가속화됐지만 점진적 자유화였다. 예를 들어, 이자율 자유화가 15년에 걸쳐 이루어졌고, 자본통제의 제거에 34년이 걸렸다. 은행과 증권회사와 보험회사로 분리되어 있던 금융부문간 기득권의 이해 조정이 지연의 주요 이유였다. 재무성 내 분리되어 있던 감독국의 이해 갈등 또한 지연의 요인이었다.

금융부문의 자유화는 몇 가지 원인으로 구분할 수 있다. 무엇보다 자금 흐름의 구조적 변화가 발생했다. 경제성장이 둔화되면서 자본지출이 감소했고 기업이윤이 기업저축으로 축적됐다. 즉 기업이 순저축자로 전환된 것이다. 순차입자에서 순저축자로 기업금융 포지션의 변화로 기업은 은행의 예금자가 되고 은행은 주요 대출 고객을 상실했다. 이것이 은행 사업의 변화를 자극한 것이다. 두 번째는 가계의 금융자산의 축적을 지적할 수 있다. 보다 높은 수익과 다양한 금융상품을 요구했다. 세 번째는 채권시장의 발전이다. 정부 재정적자의 증가에 따라 국채 발행이 증가했다. 기업 또한 회사채 발행을 증대시켰다. 채권시장의 변화는 이자율 자유화의 기폭제가 되었다. 네 번째로 1973년부터 도입된 변동환율제는 금융자유화를 촉발시켰다. 현물과 선물 환율의 차익으로 인해 외환선물시장이 규제에서 자유로운 시장이 되면서 투자자에게 좋은 투자 대상이 되었다. 금융회사뿐만 아니라 종합상사(綜合商社, 소고 쇼샤) 같은 비금융기업들이 이 시장에서 적극적으로 투자를 했다. 이처럼 변동환율제 도입 후 자유화 프로세스는 불가피한 흐름이 되었다. 즉 <유로-엔> 시장의 출현으로 국내 금융시장은 커다란 타격을 입었다. 대기업들은 <유로-엔> 시장에서 회사채를 발행했다. 변동환율의 도입으로 기업이 해외자본에 대한 접근 기회가 증대되고, 생명보험사 등 기관투자자들은 유로채에 투자하기 시작했다. 발행자 입장에서는 유로채 발행 과정이 국내 채권시장보다 간편했고, 투자자 입장에서는 수익이 국내 시장의 같은 기업이 발행한 채권보다 높았기 때문이다. 1980년대 이 시장의 붐의 형성은 국내 채권시장에 대한 규제 완화 압력으로 작용했다. 결과적으로 은행의 주거래 대상인 대기업들은 은행 차입을 축소했고 은행은 대출 업무에서 주요 고객을 상실했던 것이다. 마지막으로 해외 압력을 지적할 수 있다. 미국은 외국 금융회사에 대한 일본 시장을 개방하라고 압력을 가했다. 80년대 설립된 '엔-달러 위원회'가 한 예이다. 미국은 양자협상과 WTO를 통해 일본 시장 개방을 밀어붙였다.

1980년대 말에 촉발되기 시작했던 자산버블은 부동산과 주식에 초점을 맞추지만, 그것의 주요 원인들은 1985년 플라자합의가 수반한 통화완화, 일본의 경제 전망에 대한 과도한 자신감, 은행의 신용리스크 관리 능력의 부족, 취약한 건전성 규제 등이었다. 플라자합의로 1986년 9월까지 달러에 대해 엔화의 가치는 250엔에서 155엔으로 올랐고 1987년 5월까지 125엔으로 급등했다. 게다가 일본에 대해 수출을 억제하고 수입을 증가시키라는 국제압력이 커졌다. 그 결과 85년 말에 시작된 유가 및 원자재가격의 하락에도 불구하고 일본 경제의 성장 전망은 약화되었다. 즉 엔화의 40% 평가절상으로 대외경쟁력이 약화되면서 비용 절감을 추진하고, 중급 및 저급 기술의 부품류 생산시설이 한국과 동남아로 이전되었고, 하이테크 분야에는 시설투자가 이루어졌다. 그리고 엔화 강세의 부담을 덜어주기 위해 기준할인율을 1985년 1월 5.0%에서 1987년 2월에는 2.5%까지 0.5%씩 다섯 차례나 인하하는 등 금융완화정책을 추진했다. 수입원자재 가격의 하락과 초저금리로 1987~90년간 국내경기는 급속히 과열되었다. 일본 내 통화량 증가와 이자율 하락은 주식 및 부동산 구매를 위한 대출 경쟁을 야기하여 주식 및 부동산 가격이 급등했다.

여기에 무역흑자를 축소시키기 위해 내수 주도의 성장을 달성하려 했던 일본 정부의 노력도 하나의 요인이었다. 경상수지 흑자가 지속되는 한 부양 정책을 지속할 것이라는 믿음을 시장에 제공했다. 게다가 은행 간 경쟁이 심화되어 예대금리차가 마이너스(-)가 되었을 정도였다. 자금흐름의 구조적 변화를 고려할 때 비대해진 은행부문의 축소가 필요했지만 지속적인 규모 확장을 추구했다. 미래 사업을 위해 고객 기반의 확장이 중요하다고 믿었기 때문이다. 그 결과 은행들은 부동산부문으로 신용을 확장시키거나, 부동산 관련 사업의 투자를 진행한 기업들에 대한 대출을 증대시켰다. 부동산은 새로운 기반의 고급 고객(차입자)으로 간주했기 때문이다. 고객과 은행의 관계가 깊지 않아도 부동산 담보에 의존해 대출을 확대했던 것이다. 고성장 기간에는 90년대 이후와 같은 부동산 가격의 지속적인 하락을 경험한 적이 없기 때문에 부동산은 가장 신뢰할 수 있던 담보였다. 1989년까지 니케이 평균 주가와 도쿄, 요코하마 등 6대 도시 땅값은 3배 이상 급등했다. 경기과열을 우려한 일본은행이 1989년 5월부터 90년 8월까지 5회에 걸쳐 공정할인율을 연 2.5%에서 6%로 다시 인상함으로써 버블 붕괴가 본격화되었다. 1990년경 경상수지 흑자 규모는 플라자합의 이전에 비해 두 배 증가했음에도 불구하고 내수 부족으로 장기불황의 시대에 돌입한다.

이같이 자산가격 버블의 창출에 은행들은 주요한 역할을 수행한 것이다. 즉 은행사업의 변화가 자산가격 버블 이후의 악순환을 자극했다. 사실, 금융자유화 이전에 부동산 담보 대출은 일반적인 사업이 아니었다. 이런 점에서 자산가격 버블의 창출은 관계 변화로 야기된 마찰의 징후였다. 증권화로 특징지어지는 원자적 금융시스템으로 경제가 이동했음에도 불구하고 은행들은 전통적인 관계적 은행시스템을 보존하려고 했다. 장기간 유지해온 신뢰 대신에 은행은 관계의 신뢰성을 입증할 담보를 원한 것이다. 일본의 관계적 은행시스템과 영미형의 원자적 금융시스템 간의 시스템 충돌의 결과였다. 다른 한편으로는 자본시장 활용이 가능한 대기업과 은행이 분리되면서 리스크 공유 메커니즘의 효과성이 축소되었다. 반복되지만, 제조업 부문의 대기업이 은행 금융에 대한 의존을 중단하고 자본시장에 대한 의존을 증대시켰고, 이자율 자유화에 따라 다양한 자금조달 수단이 확대되며 은행의 대출 마진이 급속히 축소되고 은행 지대가 감소했다. 즉 은행의 전통적 고객 기반이 축소되며 고수익 추구를 위해 자산 관련 대출이나 중소기업의 대출이 가속화되었던 것이다.

신용 붐과 관련된 자산가격 버블의 결과는 은행들이 해결하기에 오랜 시간이 필요한 천문학적 무수익여신(NPLs)이었다. 1990년대 이후 자산가치의 하락 규모는 일본 GDP의 약 2년분이 훨씬 넘는 1천조 엔에 달했다. 금융부문의 활동은 규모의 확장이나 혁신 사업의 창출 모두 위축되었다. 그 결과 최근까지 은행 및 나머지 금융부문은 낮은 수익성으로 고통을 겪고 있다. 그리고 금융과 기업부문의 디레버리지는 경제성장을 위축시키고, 특히 주택건설투자와 설비투자가 크게 하락했다.

탈규제와 정부개입 축소를 향한 정책 추세는 1990년대와 2000년대에 걸쳐 계속되었다. 하시모토의 '일본판 금융빅뱅'(1996)과 고이즈미(2001~06)의 신자유주의 개혁이 그것들이다. 특히 고이즈미 준이치로(小泉純一郎) 정권의 신자유주의 개혁은 일본 모델의 핵심 가치인 와(和)를 붕괴시켰다. 노동 관련 규제 완화로 안정된 일자리를 제공하던 기업은 비정규직 사용을 지속적으로 증대했고, 소자영업자들을 보호하던 정책들 대부분도 폐기되었다. 사회안전망이 축소되면서 일본은 불평등과 빈곤과 갈등의 사회로 변모했다. 아래 그림에서 보듯이 90년대 이후 소득, 소비지출, 자산 성장률은 하락하기 시작했고, 실업률은 상승했다. 특히 소득과 자산은 2000년 전부터 마이너스(-) 증가율을 기록했다. 서양에서는 일본 사회가 가졌던 '집단 동질성의 위기'라 불렀다. 고이즈미 개혁은 소득 불평등과 연금 수급자의 빈곤화, 아동 빈곤의 급증을 수반했다. 예를 들어, (중간소득 가계의 50% 이하에 속하는) 빈곤가계 아동 비중은 80년대까지만 해도 OECD 평균(10.9%)보다 조금 낮았지만 90년대부터 OECD 평균(11.3%)을 상회했고, 2005년경에는 OECD 평균(12.5%)보다 1.3%나 높았다.

출처: N. Sudo, M. Suzuki, and T. Yamada, 2011, Inequalities in Japanese Economy during the Lost Decades.

80년대 이후 소득-소비-자산-실업률 변화율

또한, 생활보호대상자가 1995년 88만 2229명에서 빠르게 증가하여 2011년부터 200만 명을 넘어 계속 증가하고 있다. 더 심각한 계층은 일을 하면서 월급을 받고 있기 때문에 생활보호 대상은 아니지만 최저생계비에도 못 미치는 수입을 얻고 있는, 이른바 '워킹푸어(Working Poor)' 계층이 2010년 155만 명으로 1995년에 비해 두 배 이상 증가했다.

소득분포에서 빈곤층의 증대는 중산층(중류층)의 붕괴를 의미한다. 일본 사회는 계급 자체를 무의미하게 하는 보편적 중류층 사회의 지향에 대한 믿음을 공유해왔다. 즉 **일본 사회에서 중류층의 번영은 곧 국가의 번영을 의미**했다. 일본 국민의 1인당 가계소득은 지난 수십 년 동안 계속 감소해왔다. 2009년 소득(248만엔)은 가계소득이 정점을 기록한 2007년(293만엔)에 비해 15% 줄었다. 10년 전인 2009년에 비해서도 10% 감소한 수준이다. 그런데 일본의 세대당 연간 소득분포를 보면 2000년대 10년 동안 가장 현저하게 감소한 세대는 연간 700만 엔 이상을 벌던 세대였다. 반면 소득분포에서 가장 많은 수를 차지하는 다수파 세대는 10년 전 연간 1,000~1,250만 엔 세대(2000년)에서 300~400만 엔 세대(2010년)로 바뀌었다. 결국 일본 사회에서 풍요의 대명사였던 두터운 중류층의 감소가 일본의 평균 가계소득을 하향 이동시킨 중심 원인임을 알 수 있다. 일본 기업은 1990년대 후반부터 청년층의 신규 고용을 축소한 것과 동시에 고용한 젊은이들의 임금 수준도 늘리지 않았다. 이 상태가 장기간 계속되면서 젊은이가 중·장년에 이르러도 과거 중·장년이 얻은 것과 같은 수준의 소득을 얻지 못했다. 중류층에 대한 기업의 대우가 다음 세대로 이전되지 않음에 따라 근로자의 생애소득이 하향 평준화된 것이다. 오늘날 일본에서는 대기업에 들어갈 수 없는 젊은이들이 사회에서 능력을 높일 수 있는 경력 형성의 기회가 점점 감소하고 있다. 기업도 젊은 인재를 육성하는 여유를 찾지 못하고 단기간의 실적을 올리는 일에 집중할 수밖에 없는 풍토가 지배하고 있다. 사회 전체적으로도 기회의 평등보다 결과의 평등을 우선하는 경향이 강해졌다. 그 결과, 오늘날 일본 청년들은 미래를 기대할 수 없다. **근로자로서 성실하게 일해도 자신의 처우가 향상되지 않는다는 현실, 일본의 번영을 상징하던 중류가 될 수 없다는 현실, 더 이상 중류 계층이 번성할 수 없는 현실, 이런 사회에서 경제적 번영을 기대하기는 어렵다.** 성장 정체가 20년 이상 계속되며 빈곤층 증가와 이로 인해 빈부격차가 확대되고, 계층이동이 제한되고, 사회가 계속적으로 균열되는 사회를 **더 이상 일류사회라고 할 수는 없다.**

실제로 내수의 취약성이 구조화된 상황에서 엔화가 강세를 보이거나 세계 경제가 침체할 경우, 일본은 제로 금리의 통화완화 정책과 재정 투입에 의존할 수밖에 없었다. 그 결과 일본의 장단기 국채 규모는 20년 사이 두 배 가까이 증가했다. 일본 제품의 세계 시장점유율도 1990년대 이후 계속 하락하여 독일, 중국, 미국 수준에 크게 뒤처지고 있다. 한편, 일본의 해외시장 의존도는 미국과 EU가 각각 24%와 15%를 차지할 정도로, 예를 들어 한국의 16%와 14%에 비교해 선진국 의존적이다. 향후 세계 경제성장의 중심지가 선진국에서 신흥시장으로 옮겨지고 있는 상황을 고려하면 일본 수출의 전망은 그리 낙관적이지 않음을 의미한다. 오늘날 일본 경제의 한계는 '모노즈쿠리(もの造り, 혼이 담긴 고도의 제조 능력)'의 한계를 의미한다. 일본 경제는

수출형 제조업의 축소와 내수 산업 활성화의 어려움에 직면해 있다. 일본 기업들은 R&D 지출에 상대적으로 많은 자원을 투입하지만, 제조업에 집중되어 있고 그 효과도 작다. 수직적 통합, 조직부문 간 협력의 취약성, R&D 부문들(대학과 기업과 공공부문) 간의 취약한 연관성, 해외 투자에 대한 낮은 개방성, 저발달된 벤처자본 산업 등은 생산물 혁신의 부족으로 나타나고 있다. 게다가 국가재정 부담(세대 갈등)과 미래 불확실성으로 일본 소비자의 소비 위축과 높은 저축률이 지속되고 있다. 이런 상황에서 일본 기업은 통화 팽창 정책과 재정지출 등 경기부양책에 중독되면서, 정부 지원 없이는 독자적으로 생존할 능력을 상실한 좀비기업이 양산되고 있다. 이처럼 **오랜 유대에 기초한 관계적 은행시스템과 원자적 금융시스템과의 충돌은 단순한 금융시스템의 와해가 아니라 경제부문 및 경제주체들 간 상호의존과 협력에 기초해온 '일본 모델' 자체의 붕괴였다. 거품 붕괴 이후 소득 불평등 증대와 양극화 심화 그리고 사회적 탈구는 그 현상에 불과하다.**

'3D 함정' 속의 '일본 모델'

2001~10년간 일본 경제의 성장률은 미국의 절반에 불과했고, 노동생산성도 낮았다. 그런데 일인당 GDP를 기준으로 할 경우에는 미국을 능가했다. 일본의 인구 감소와 미국의 인구 증대가 주요인이었다. 낮은 성장률과 노동생산성을 상쇄할 만큼 일본 인구의 절대적 감소 및 미·일 간 상대적 인구 격차의 확대가 있었던 것이다. 이처럼 지난 20년 일본 경제는 국가부채(Debt), 디플레이션(Deflation), 인구 감소(Demography)가 서로 맞물려 악순환 고리를 형성한 '3D 함정'에 빠져 있다. 급속한 고령화와 낮은 출산율, 생산가능인구의 축소는 일본 경제의 특징으로 잘 알려진 사실이다. 무엇보다 고령화는 연금 비용을 증가시키고 공공재정의 부담을 악화시키면서 일본의 사회안전망 시스템의 근간을 곤경에 빠뜨리고 있다. 버블 붕괴 후 장기 저성장의 20년 동안, 소득은 정체됐는데 의료비 지출이 폭발적으로 증가하는, 이른바 '악어의 입(crocodile's mouth)' 현상이 나타났다. 소득의 정체로 조세 수입은 감소하는데 전체 공공지출은 수직 상승해왔기 때문이다.

공공지출의 급증을 주도한 것은 연금이나 의료보험, 복지와 고용 프로그램 등의 사회보장이다. 사회보장예산은 1990년 11.5조 엔에서 2010년에는 27.2조 엔으로 약 2.4배가 증가했다. 사회보장예산의 약 70%가 65세 이상의 노인에게 돌아갔다. 그런데 일본의 사회보장 혜택은 대부분 유럽 국가보다 부족하다. 그럼에도 국가채무 때문에 범위를 확대하기가 어렵다. 저급여 대상자들에 대한 퇴직연금은 다른 선진국이 퇴직 전 임금의 평균 72%를 지급하는 반면, 일본은 47%에 불과하다. 문제는 공적 연금이 도입됐던 1960년대는 11명의 노동력이 1명을 부양했지만, 현재는 2.6명이 1명을 부양해야 한다는 점이다. OECD 평균인 4명에 비해 높은 부담이다. 공공부채가 증가하거나 공적 연금 지원을 축소해야 한다는 의미다. 2006년에 연금 지불이 GDP의 13%였는데, 1990년 수준의 거의 두 배에 해당한다. 2020년경에는 GDP의 20%에 달할 것으로 전망된다. 연금 문제보다 더 심각한 것이 거침없이 상승하고 있는 의료비용이다. 베이비붐 세대가 65세가 되는 2012년부터는 더욱 명백해질 것이다. 연금과 의료비 지출의 합은 2011년에 이미 GDP 대비 20%에 달했다.

인구 감소는 미래에 대한 자신감을 저하시켜 기업 투자의 축소로 이어진다. 지난 20년간 일본 기업은 노동력을 자본으로 대체해왔다. 인구구조의 변화는 엔고, 불확실한 경제 전망과 더불어 기업으로 하여금 공장 증설 등 새로운 투자를 기피하게 한다. 실제로 최근 일본 기업의 저축률이 증가해 GDP의 10%에 근접하고 있다. 반면 일본의 가계저축률은 2%대까지 하락했다. 수출 주도의 성장이 기업은 살찌우고 가계는 빈곤화시키고 있음을 보여주는 것이기도 하다. 기업이 순부채를 갖고 있지 않다는 것은 일본 미래의 성장을 위해서는 바람직하지 못하다. 기업의 투자 기피를 보강하려면 정부가 차입을 늘리는 수밖에 없다. 일본 정부는 디플레이션을 벗어나기 위해 장기간 제로 금리와 양적 통화 완화 정책을 시행해왔지만 효과를 보지 못했다. 일본은행도 양적 완화가 디플레이션의 해결책이 될 수 없다는 것을 알고 있다. 정치권의 압력에 밀려 억지로 하고 있을 뿐이다.

한편, 여성 1명이 평생 동안 낳을 수 있는 평균 자녀수로 정의되는 출산율은 1.4명으로, 한국에 이어 세계에서 두 번째로 낮다. 2005년부터 사망률보다 낮아진 출산율

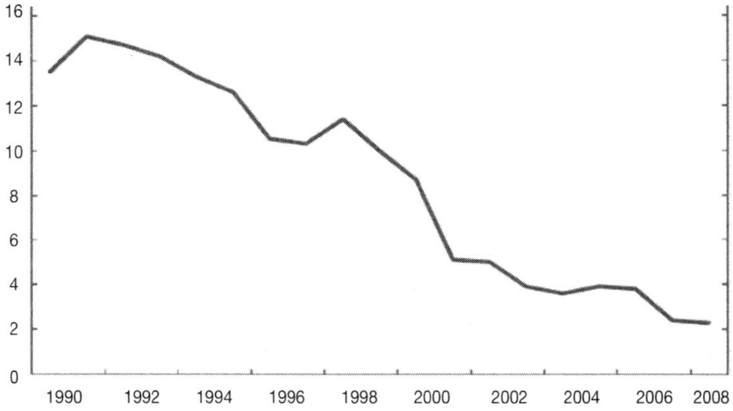

출처: Cabinet Office

잃어버린 20년과 가계저축률(가처분소득 대비, %)

은 인구 감소의 주요 원인이 되고 있다. 오늘날 성년이 시작되는 만 20세 인구의 규모는 1970년에 비해 절반으로 하락했다. 출산율이 낮은 이유는 높은 결혼 비용(평균 320만 엔)으로 인한 낮은 결혼율이 원인이다. 가임 가능성이 가장 높은 20대 중후반 여성 중 미혼자는 1970년에 20%에 불과했으나, 현재는 60%에 달한다. 마찬가지로 2005년 기준 30대 전반 남성의 거의 절반이 미혼 상태로, 30년 전보다 세 배나 높다. 여성이 결혼을 기피하는 가장 큰 이유는 일본 사회의 남녀 불평등에 기인한다. 예를 들어, 공무원의 경우 출산 후 복직률이 80%에 달하지만, 민간 기업의 경우 약 1/3에 불과하다. 그러다 보니 대부분의 여성이 출산 후 저임금의 비정규직이나 파트타임에 종사한다. 일자리를 가진 35~49세의 여성 중 대다수가 연 50~150만 엔을 벌고 있는데, 같은 연령층의 남성은 300~600만 엔을 번다. 남성이 여성에 비해 상대적으로 높은 소득을 번다고 해도, 낮은 고용률과 젊은 층의 저소득은 결혼율에 도움이 되지 못한다. 1990년대 일본에 등장한 파라싱글족(para-single, 독립할 나이가 됐지만 경제적 이유로 부모님의 집에 얹혀살면서 자기만의 독립적인 생활을 하고자 하는 사람들)은 고령화에 따라 연금파라족(부모님의 연금에 의지해 사는 사람들)으로 진화했다. 게다가 초식남(草食男, 섬세한 요리나 패션, 쇼핑 등 취미 활동에는 관심이 많지만 연애에는 소극적인 남자)이나 히키코모리(引きこもり, '방에 틀어박히다'라는 의미를

가진 폐쇄(은둔족) 등의 등장에서 보듯이 일본의 젊은 층들은 일 중독자로 살다가 은퇴 후 이혼을 당하는 아버지 세대의 함정에 빠지기를 원하지 않는다.

저출산은 인구 감소와 고령화로 이어진다. 주지하듯이 일본은 2005년부터 인류 역사상 최초로 인구가 감소했다. 이로써 일본은 전쟁, 전염병, 기아, 자연재해의 원인이 아니고 자연 감소로 인구가 감소한 인류 역사상 최초의 국가이다. 그리고 그 다음 해인 2006년에 65세 이상의 인구가 20% 이상인 초고령사회에 진입했다. 1970년 고령사회와 1994년 고령화사회의 진입이 모두 일본 경제의 분기점과 일치하고 있다. 저출산과 고령화는 소득과 자산의 양극화와 맞물려 있기에 다수의 구매력(총수요)을 감소시켜 디플레이션을 조장한다. 예를 들어, 노인은 전기 사용량을 줄이는데, 이는 유틸리티 사업에 영향을 미친다. 여행을 줄여 항공 사업에 부정적 영향을 미치고, 새로운 정보기술 사용에도 익숙하지 않아 IT 산업에도 부정적 영향을 미친다.

앞에서 지적했듯이 '일본병'은 기본적으로 제조업 이후 산업체계 전반에 대한 재검토 시기를 놓친 데서 비롯한다. 모노컬러 산업구조는 위계적인 사회구조와 기업문화, 그리고 최고를 목표로 하는 경쟁 교육과 동전의 앞뒤처럼 맞물려 있다. 2008년에 <뉴스위크>가 '애플이 일제가 아닌 이유'로 일본의 수직적・위계적 기업 구조와 문화, 그에 따른 창의력 빈곤을 지적한 이유이다. 이처럼 일본 경제의 부활은 사회 체계의 근본적 재검토에서 찾아야 한다. 전설처럼 얘기되는 일본 기업의 문화는 창조경제에 부적합하다.

흔히 일본을 세계에서 가장 네트워크화된 국가 중 하나로 지적한다. 50대 이하 연령층 중 많은 사람들이 모바일폰 사용에 익숙하지 못하다. 수많은 페이스북 친구를 가진 것에 비해 친밀한 관계는 별로 없는 서구의 인간관계와, 소수의 친밀한 친구와 가족에 기반한 일본의 인간관계는 대조를 이룬다. 강한 관계성은 타이트하게 짜인 일본 기업의 특징이다. 일부 일본 기업들이 뿌리를 공유하며 배타적인 문화를 가진 이유이다. 예를 들어, 세계적인 상사로 성장한 미쓰비시는 일본 남부 도사(土佐) 지방의 번(藩, 과거 일본에서 제후가 다스리는 영지와 지배 기구)이 운영한 선박업에서 시작했다. 미쓰비시는 직원들에게 계열사인 기린(KIRIN) 맥주의 애용을 권장하며 그 이

유로 한 가족임을 내세운다. 씨족주의는 일본 기업의 강점의 원천이었지만, 나이에 기초한 엄격한 서열주의는 창조경제에는 적합하지 않다.

또한 일본 기업은 많은 규칙을 특징으로 한다. 그로 인해 높은 정밀성을 요구하는 제조업을 구축할 수 있었다. 하지만 상세한 규칙들은 자유로운 정신을 요구하는 창조경제에 도움이 되지는 않는다. 일본에는 모험적인 기업가를 기피하는 문화가 존재한다. 엄청난 자금을 쌓아 두고 수익이 매우 낮은 국채에 투자하고 있는데도 일본 은행들은 창업에 대한 신용 제공을 기피한다. 그래서 위험을 추구하는 벤처자본은 매우 부족한데, 이는 일본 사회의 공동체 성격을 반영한다. 일본의 젊은 청년들도 사업 시작과 관련된 위험을 취할 의지가 거의 없다. 이는 독일과 매우 흡사하다. 독일 경제가 유로화 사용으로 수출 경쟁력에 혜택을 입고 있다는 점이 일본 경제와의 주요 차이점이다.

'국가 무오류' 인식과 국가 신뢰의 위기

일본 경제에 대한 최대 관심사 중 하나는 경제 활력의 상실과 고령화 속에서 상상을 초월하는 국가부채 문제이다. GDP 대비 230%를 넘어버린 국가부채는 지속 불가능한 구조이다. 3년 이상 부채 위기로 휘청거리는 그리스의 171%보다 상태가 나쁘다. 국가부채의 이자를 갚는 데 나가는 돈만 연간 22조 엔으로 2012년 예산의 24%를 차지할 정도이다. 선진국을 중심으로 금융위기가 재정위기로 전화하고, 재정위기가 통화위기로 전화하는 상황에서, 수출에 죽고 사는 일본 경제는 재정위기와 통화위기라는 이중 위기를 가질 수 있다. 많은 사람들은 우선 천문학적인 일본의 국채가 어떻게 지속 가능한가에 대해 의문을 가진다. 게다가 정부부채의 증가에도 불구하고 장기 금리의 지표격인 일본 국채 10년물 수익률은 1990년대 지속적으로 하락하여 90년대 후반부터 1%대를 유지하고 있다. 확대 재정정책이 금리를 상승시킨다는 경제학의 예상과 다른 방향으로 움직이고 있는 것이다. 그 이유의 첫째는 1999년경까지 가계저축률이 10%가 넘을 만큼 풍부한 가계 자산의 규모이다. 2011년 7월 기준 일본의 가계자산 1,470조 엔(16조 달러)은 미결제 정부 채권의 약 두 배 규모이다.

그런데 가계자산 중 약 1/3이 70세 이상의 수중에 있다. 또한, 전체 금융자산의 60%가 60세 이상의 노인 가구에 집중되어 있다. 리스크를 피하고 싶은 보수적인 투자자의 손에 대부분의 돈이 쥐어져 있는 셈이다. 그렇다보니 일본 개인 금융자산 가운데 현금과 예금의 비중이 60%에 육박한다. 투자신탁 등의 비중은 10% 미만에 불과하다. 게다가 일본 금융회사 역시 극히 보수적이다. 보통예금 등으로 받은 개인의 돈을 대부분 국채 등 안전자산을 사들이는 데 사용한다. 가계 자산이 정부부채의 보루가 되고 있는 이유이다. 둘째는 일본 국채에 대한 투자 중 93% 이상이 국내에 의존할 정도로 강한 국내 편향이다. 2011년 기준 일본 국채는 시중금융기관이 67.6%, 공적 연금과 일반 정부와 재정융자자금이 9.5%, 일본은행이 9.0%, 가계가 3.8%, 해외투자자가 6.7% 등을 보유하고 있다. 마지막으로 1990년대의 위기에서 회복된 기업 부문의 여유 자금(저축)의 유입을 지적할 수 있다.

열악한 재정과 세수 여건을 감안하면 국채 금리의 상승세 전환은 시간문제이다. 고령화가 진행되면서 사회보장지출은 공공재정 부담을 증가하고 있고, 위축되는 노동

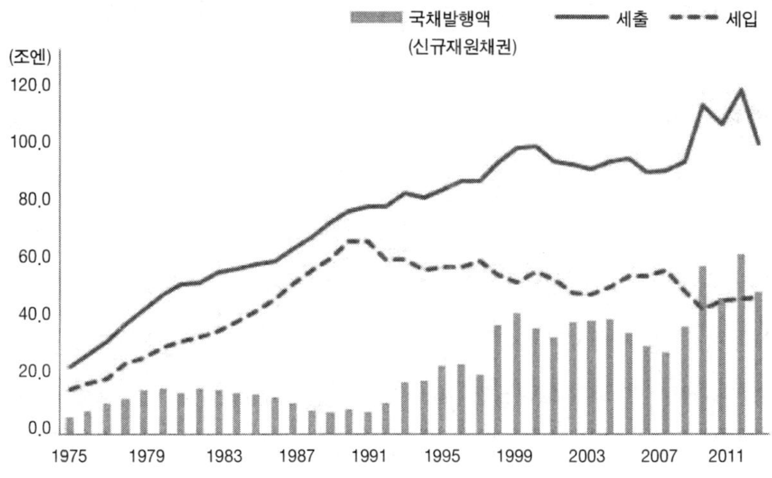

주: 1) 세입은 조세 및 인지수입
2) 1975-2010년은 결산기준, 2011-12년은 예산기준
자료: 일본 재무성

일본 재정 추이

력은 성장을 둔화하고 세수를 감소시키고 있다. 일본 정부가 파산할 수밖에 없는 상황으로 다가가고 있음을 의미한다. 높은 국가채무 등으로 재정에 대한 우려가 확산되면서 일본 국가 신용등급이 하향조정되는 배경이다. 3대 국제 신용평가회사 중 하나인 피치가 2012년 5월 22일 일본의 신용등급을 우리나라와 같은 'A+'로 두 단계 낮춰 잡고 추가 강등 가능성을 경고했다. 무엇보다 일본이 높은 정부부채를 유지할 수 있었던 원동력인, 일본 국채에 대한 국민적 투자 열기가 사그라지는 조짐이 뚜렷해지고 있다. 국채를 자국민과 자국 투자기관 등이 외면하고 있는 것이다. 그동안 일본 정부가 발행한 국채 대부분은 일본 국내 금융시장에서 소화되었다. 재정적자가 쌓이더라도 대외채무로 연결되지는 않은 것이다. 그런데 국채를 받아주던 저축 역량을 가진 기성세대가 점점 늙어가고 있다. 고령화와 베이비붐 세대의 은퇴 증가로 저축 감소는 불가피하다. 고령화는 저축을 축소시키고, 국채 시장에 유입되는 자금 규모를 축소시킬 것이다. 가계저축률이 2.2%에서 더 이상 하락하지 않더라도 2015년까지 전체 공공 부채는 가계의 금융자산 규모를 초과할 것이다. 국채에 대한 자금 조달이 국내에서 어렵게 되고, 해외 투자자에 대한 의존을 증가해야 함을 의미한다. 즉 공공부채가 축소되지 않는 상황에서 국내투자자들이 감소하면 외국인 투자자들에게 의존할 수밖에 없게 된다. 실제로 신규 국채발행액의 소화비중에서 가계 및 공공부문의 소화 비중이 2006년 25.3%에서 2012년 11.3%로 감소했다. 반면, 해외투자자의 국채보유비중은 2004년 4.1%에서 2012년 9%로 증가하고 있으며, 특히 단기채에서의 단기채의 해외 투자자 보유비중은 16.8%로 중장기채보다 높으며, 외국인의 총 채권보유액 중 단기채가 차지하는 비중도 점차 높아지고 있다. 단기채는 자금유출이 장기채보다 용이하여 위기 발생 시, 외국인 국채 보유액의 상당부분이 빠르게 유출될 가능성이 높다. 이처럼 향후 국가채무를 흡수할 시장 여력이 약화될 가능성도 높다. 그에 따라 국채 발행량과 국채수익률은 비례할 것이 일본 정부의 이자 상환 능력은 한계에 도달할 수밖에 없다.

현재까지는 일본의 고질적인 문제들을 다루고 분위기를 바꾸기 위해 제안된 어떤 아이디어도 구체적이거나 대담해 보이지 않는다. 근본적 개혁이 취해지지 않는 한 일본 정부는 파산할 수밖에 없다. **20세기 일본을 경제 대국으로 만들었던 특성들은 21세기와 조응하지 못하고 있다.** 20년간 사실상의 정체와 15년간 노동인구의 지속적 감소 등에 직면한 일본 경제는 고통스럽지만 근본적인 개혁이 불가피하다. 이는 단순한 개량이 아니다. 1700년 이후 150년간 일본 인구와 경제가 정체하면서 체제가 더 이상 지속불가능하자 1868년 메이지 유신이 일어났다. '내일의 파산'을 막기 위해서는 근본적이고 급진적인 변화가 필요하다. 혁명적 상상력이 요구된다. 표준화된 인재 양성 방식, 경직적인 기업의 위계제, 외국인에 대한 폐쇄성, 과잉 관료제 등은 개혁의 장애물이 되고 있다. 사실상의 일당 독재를 종식시킨 2009년 민주당의 집권은 지난 20년간 '일본 모델'에 대한 국민들의 평가이다. 그러나 민주당은 개혁에 필요한 리더십을 보여주지 못하고 있다. 지난 3년간 민주당의 하토야마 유키오(鳩山由紀夫), 간 나오토(菅直人) 정책은 성공을 거두지 못했다. 대표적 경우가 고령자 복지비용의 충당을 위해 들고 나온 소비세율(현재 5%) 인상 시도의 실패이다. 그리고 2010년 7월 참의원 선거에서의 참패로 이어졌다. 소비세율 인상은 2012년 노다 요시히코(野田佳彦) 정부에서 다시 들고 나와 6월에 하원격인 중의원에서 통과되었다. 그러나 현재의 세율 5%를 15%까지 올리려던 계획을 10%로 축소하고, 그것도 상황이 여의치 않으면 되물릴 수 있다는 단서를 붙였다. 게다가 당초 의도했던 소득세·상속세 등 다른 세목을 포함한 '일체 개혁'은 야당인 자민당과의 정치적 타협과정에서 무산됐다. 즉 소비세 인상이 참의원에서 통과되어도 부채 문제 해결에 전혀 도움이 되지 않는다. 일본 정부 스스로 최상의 시나리오를 가상해도 오는 2020년 재정수지 균형 목표달성이 불가능하다는 자체분석을 내놓고 있다.

민주당 정책 추진이 계속 좌절되고 결국 정권을 상실한 이유는 국민을 설득시키지 못했기 때문이다. 재정지출을 규모의 많고 적음이 아니라 고용 창출과 연계하려는 시도는 방향 설정이 옳았지만, 방안의 낮은 실현가능성으로 유권자들이 미래에 희망을 갖지 못했던 것이다. 즉 의료·복지·환경 등 성장산업을 정부가 지원한다고 해서 고용 문제, 특히 젊은 층이 찾는 좋은 일자리가 창출될 것이라고 믿지 않았다. 새로운 성장산업에 대한 정부 지원은 역대 정부의 단골 메뉴이기 때문이다. 일본 사회에 필요한 '제2의 메이지 유신'은 유권자들의 이해를 끌어낼 강력한 리더십과 실력이 요구되는 반면, 일본 정치권의 새로운 리더십은 보이지 않는다.

2011년 3월의 대지진은 정치리더십의 위기로 침몰하고 있는 일본 경제에 대한 '확인 사살'을 의미한다. 일본 대지진을 단순히 경제적 피해의 규모로 이해하는 것은 의미가 없다. 대지진이 발발했던 초기에 일부 전문가들이 1995년 고베 대지진의 경험에 비유하며 경제에 '단기 악재, 중장기 호재'로 작용할 수 있다는 전망이 힘없이 무너진 이유이다. <저출산-고령화>와 '수출에 죽고 사는 경제 구조', 대규모 국가부채와 저금리 구조의 장기 지속 등이 보여주듯이 대지진 이전에 일본 경제는 이미 서서히 가라앉고 있었다. 대지진을 계기로 정치리더십의 부재와 정부에 대한 신뢰 약화는 가속되고, 이는 '일본 모델'의 침식을 앞당길 수밖에 없다. 산업 기반이야 시간이 지나면 복구될 수 있지만, 중요한 점은 새로운 시스템을 설계할 정치리더십이 존재하지 않는다는 것이다. 대지진 이전에 이미 무기력증에 빠진 일본 경제와 자신감을 상실한 일본 사회에 대지진은 정부와 관료제 그리고 정치리더십에 대한 불신을 가속화시킬 것이고, 이는 그동안 일본 경제와 사회를 이끌었던 리더십의 실종을 의미한다. 니혼게이자이(日本經濟, 2011년 3월 24일) 신문이 일본 경제의 '신 3D'로 재해(Disaster), 국가부채(Debt), 불신(Distrust)을 지적했는데 이 모든 것이 정부리더십의 위기와 관련 있는 것이다. '구 3D'가 '일본 모델'의 약화의 결과라면 '신 3D'는 '일본 모델'의 원천을 붕괴시키고 있다. 정부에 대한 신뢰가 무너지면 경제 전체가 연쇄적으로 무너지는 위험한 구조가 '일본 모델'이기 때문이다. 그런데 **정부와 정치권은 여전히 '국가 무오류' 인식에서 한걸음도 나가지 못하고 있다.**

'국가 무오류' 인식과 정치리더십의 위기는 25%도 채 되지 않는 득표율로 2012년 12월 총선에서 집권한 자민당 아베 정권의 '무제한 통화완화' 정책으로 고조되고 있다. 인플레이션 2% 달성을 목표로 엔화를 무제한 찍어내겠다는 것이다. 아베의 선택은 다음의 이유들로 지난 20년의 정치실패를 반복할 것이다. 첫째, 그동안 지속적인 금융완화에도 불구하고 소비자물가가 상승하지 않았음을 외면한다. 실제로 아베 집권 이후에도 디플레이션은 지속되고 있다. 금융정책만으로 기대인플레이션이 상승

되지 않는 이유는 대차대조표 침체에 통화정책은 효과적이지 못하기 때문이다. 부채를 짊어진 경제주체들이 차입할 의지가 없고 (소비 및 투자) 지출에 통화정책 효과가 나타나도록 은행시스템이 기능하지 못하기 때문이다. 둘째, 경기부양을 위한 공공사업 투자가 이미 실패한 삽질(토목) 프로젝트라는 점이다. 셋째, 엔화 약세의 유도를 통한 수출 지원과 경기부양도 효과를 기대하기 어렵다. 지난해 4분기 이후 엔화가치가 크게 하락했음에도 불구하고 무역수지 적자는 확대, 지속되고 있다. 2011년부터 일본의 무역수지가 적자로 돌아선 이유는 파이낸셜 타임스(Feb. 1, 2013) 지적처럼 일본 '엔화의 비경쟁력' 때문이 아니라 '일본 제품의 비경쟁력' 때문이다. 게다가 일본 정부의 목표대로 기대인플레이션이 상승할 경우 국가부채의 이자 부담이 증가할 것이다. 그리고 엔화 약세에 의한 경기부양이 실패할 경우 수입물가 상승과 더불어 스태그플레이션을 초래할 수도 있다. 게다가 아베의 선택은 '환율의 정치화', 이른바 '통화전쟁'을 더욱 고조시키고 있다. 미국과 더불어 국제 공조와 협력에 부정적 요인이 되면서 미국 모델과 더불어 일본 모델은 국제사회에서 신뢰를 상실하고 있다.

제18장

베이징 컨센서스와 팍스 시니카의 환상

'중국에 의한 · 중국을 위한 · 중국 중심의 질서', 즉 '중화주의'를 의미하는 '팍스 시니카(Pax Sinica)'의 도래를 얘기하듯이 중국 경제의 질주는 거침이 없다. 덩샤오핑(鄧小平)이 1970년대에 제시한 중국 정부의 장기적인 전략인 '3단계 발전론-원바오(溫飽), 샤오캉(小康), 따통(大同)'에서 중국 정부는 일인당 GDP를 2010년에 3,000달러 그리고 2020년에 6,000달러에 도달할 것으로 예상했다. 원바오는 1979~99년까지의 20년 동안으로 춥고 배고픔을 벗어나자는 단계로 일인당 GDP가 800~1,000달러 진입을 목표로 한 시기다. 샤오캉은 2000~20년까지 좀 더 여유 있는 생활을 할 수 있는 단계로 GDP 4조 달러, 일인당 GDP 3,000달러 달성이 목표였다. 따통은 2020년 이후로 선진적인 복지국가 건설을 목표로 했다. 그러나 2010년 중국의 일인당 GDP는 4,382달러를 기록했다. 구매력을 고려한 GDP는 7,544달러였다. 2010년 기준 중국의 GDP는 5조 8,883억 달러로 일본의 5조 4,742억 달러를 추월해 경제규모가 세계 두 번째이다. GDP 목표를 10년 이상 당긴 것이다. 이러한 경제성과는 수출 및 제조업과 깊은 관련을 갖고 있다. 중국은 2010년 수출액 세계 1위, 그리고 2012년에는 무역액에서 세계 1위가 되었다. 그리고 중국의 제조업 부가가치 규모도 2010년에 1조 9,000억 달러로 미국(1조 8,000억 달러)을 추월했다. 이처럼 중국은 개혁과 개방을 시작한 지 30여년 만에 명실상부한 G2로 부상한 것이다. "자신이 원하는 것을 다른 국가가 하도록 혹은 자신이 원치 않는 것을 하지 않도록 막기 위해 경제적 수단을 사용하는 국가의 능력"으로 정의하는 경제지배력의 지수를 한 국가의 GDP와 무역액 그리고 대외 순채권의 규모로 결합했을 때 2010년 기준 미국의 우위는 중국보다 1%포인트 미만에 불과했다. GDP에서 미국이 앞서 있고 무역액은 비슷한 반면, 중국은 순채권국이고 미국은 매우 취약한 채무국이기 때문이다. 그런데 지난해 이것이 역전된 것으로 추정된다. GDP가 미국보다 빠르게 증가하고 있고 중국의 상품무역액이 미국을 추월했기 때문이다.

중국은 해외 국가 중 미국의 국채를 가장 많이 보유한 국가이다. 중국의 외환보유액은 2011년 9월 기준 3조 2,010억 달러로 2위 규모인 일본의 1조 3,047억 달러(2011년 11월 기준)의 거의 세 배에 가깝다. 중국은 전 세계의 유동성을 빨아들이고, 또한 전 세계에 중국 자본이 투자되고 있다. 참고로 중국은 1982년 스웨덴과 첫 투자보장협정을 맺은 이래 2010년 5월까지 125개국과 양자 투자협정을 맺으면서 독일 다음으로 세계에서 투자협정을 많이 맺은 나라가 됐다. 특히, 2000년대 초반 중국 정부가 중국 기업의 국외 투자를 적극 장려하는 '저우추취(走出去, 해외진출)'를 국가전략으로 채택하면서 중국 자본의 외국 진출은 선진국뿐만 아니라 아시아, 아프리카, 라틴아메리카 개발도상국 등 전방위적으로 진행되었다. 그 결과 2009년 기준 중국의 해외직접투자는 565억 달러로 세계 5위이며 이는 2002년의 57배에 이른다. 중국의 해외 투자는 농업, 공업, 첨단기술 등 모든 산업에 이루어지고 있다. 투자 지역도 180개국에 달한다. 명실 공히 자본수출국이 되었다. 제조대국에서 자본수출국과 소비의 용광로로 변신한 것이다. 2010년 기준 중국은 전체 인구의 46%가 1963년 앞뒤로 7년간 출생한 사람들이다. 엄청난 구매력을 갖춘 베이비붐 세대들인데, 지금 40~50대가 되어 내구 소비재를 대량으로 구매하고 있다. 덕분에 중국은 세계 사치품 시장의 27%를 소비하는 세계 2위 소비국이 됐다. "모든 길은 베이징으로 통한다"는 표현에서 보듯이 글로벌 경제성장은 중국 경제에 대한 의존도가 빠르게 높아지고 있다. 1980년대만 하더라도 글로벌 경제성장에서 미국의 기여율은 평균 30.5%였던 반면, 중국은 4.2%에 불과했다. 그런데 2000년대에는 중국이 23.4%이고 미국이 20.4%로 역전되었다. 세계 78개국의 제1 혹은 제2 교역국이 중국이다. 기존의 서방 선진국이 장기 침체에 빠지면서 중국 경제에 대한 의존도는 더 증대되고 있다. 예를 들어, 미국 S&P 500 지수에 포함된 기업 중 수입에서 중국이 차지하는 비중이 높은 135개 기업으로 구성된 이코노미스트의 사이노의존지수(Sinodependency index)의 경우 2009년 이후 129%나 증가했는데 이는 S&P 500지수의 평균 상승률 57%의 두 배가 넘는 수준이다. 이처럼 오늘날 중국은 세계 경제에 광범위한 영향을 미치고 있다. IMF에 따르면 중국 경제가 1% 성장할 경우 세계 GDP는 5년 이후 0.4%, 약 2,900억 달러가 증가한다. 따라서 향후 예상되는 중국 경제의 둔화는 서방 선진국을 포함해 세계 경제에, 특히 의존도가 높은 한국과 대만 경제 등에 커다란 충격으로 작용할 수밖에 없다.

차이나 모델의 독자성

중국의 경제성장은 1978년 12월 제11기 3중전회(중앙위원회 전체회의)에서 덩샤오핑의 4개 현대화 노선과 개혁・개방 방침 발표로 시작된다. 중국의 연평균 실질 GDP 성장률은 1953~79년간 6.7%를 기록한 반면, 1980~2010년간은 9.7%를 기록했다. 특히 WTO에 가입한 이후인 2002년부터 10년간은 10% 이상을 기록했다. 그 결과 1978년 17.9%에 불과했던 중국의 도시인구 규모는 2011년 말 51.3%로 약 3배 증가했다. 물론, 공식적인 도시인구 비중은 약 35%에 불과하다. 거주 이전의 자유를 제한해 농촌 출신에 대한 차별로 비판받는 후코우(戶口) 제도의 산물이다.

따라서 중국의 독특한 경제 발전 방식을 일컫는 '차이나 모델(China Model)' 혹은 '베이징 컨센서스(Beijing Consensus)'의 특성은 개혁・개방 전략에 그대로 드러나 있다. 일반적으로 중국의 체제 개혁은 과거 소련이나 동구 사회주의 국가들에 비해 점진적이었다. 체제의 안정적 이행이 이루어진 결과 중국 시장시스템의 독자성을 갖고 있다. **시스템의 독자성을 잘 보여주는 것이 향진기업(鄕鎭企業)**이다. 향진기업은 쉽게 말하면 우리나라의 면과 읍에 해당하는 농촌과 농촌 주변의 소도시인 향(鄕)과 진(鎭)의 주민들이 경영과 생산, 판매를 자율적으로 결정하는 기업을 일컫는다. 또한, 지역 주민 전체가 소유권을 갖고 주민을 대표하는 지역정부가 관리를 맡는다. 개혁의 초점은 중국 인구의 80%가 존재했던 농촌개혁일 수밖에 없었다. 즉 농촌의 인적 및 물적 자원을 활용하여 새로운 성장추진력을 만들었다. 개혁 이전 농촌을 지배하는 것은 중앙정부였고, 그 지배 수단이 인민공사였다. 인민공사를 농민과 지역 사회에 돌려준 것이 향진기업의 뿌리를 이룬다. 농촌의 노동력과 자원 그리고 농촌의 생산물 등에 기초한 향진기업은 새로운 도시화 방식이었다. 서구 공업화나 개발도상국의 공업화가 농촌에서 도시로의 노동력의 이동이었다면 향진기업은 농업을 떠난 노동력을 농촌 내부의 향진기업이 흡수하는 방식, 이른바 '이토불이향(離土不離鄕, 땅을 떠나되 고향을 떠나지 않는)' 형태였다. 이것은 도시화를 수반하지 않는 노동력의 흡수 방책이었다. 향진기업의 취업자 수는 1979년 2,909만 명에서 1984년 5,208만 명, 1992년 1억 581만 명으로 증가했다. 이공보농(以工補農, 공업으로 농업을 육성)의 목적을 가진 향진기업은 농촌의 잉여노동력을 흡수해 농촌의 비농업소득을 증대시키면서 도시화의 문제를 피하는 중요한 역할을 했다. 향진기업은 국가 재정수입의 주요한 원천이 되고 농촌교육이나 영화관 건설 등 농촌 복리사업과 건설사업의 주체가 되었다.

이처럼 **향진기업에 기초한 공업화와 경제성장은 농촌공업화와 지역정부의 역할, 그리고 집체소유의 결합**이라는 점에서 서구 및 동아시아 성장 모델과 차이를 갖는다. 향진기업 모델이 갖는 의미는 공동소유권으로 높은 성장률과 생산성을 만들어냈다는 점이다. 주류 사회과학의 재산권 개념에 따르면 재산권이 명확하게 규정되지 않으면 효율성이 담보되지 않는다. 즉 향진기업은 성장률이나 생산성에서 국영기업보다 훨씬 앞섰다. 사기업과의 차이도 발견되지 않고, 오히려 사기업보다 효율성이 높은 것으로 보고되었다. 대부분의 향진기업은 경영 규모가 작고 제품의 가격지배력을 가지지 않는 가격수용자였기 때문에 이윤을 증대시키는 방법은 생산비를 절감하고 대량으로 판매할 수밖에 없었다. 이는 **향진기업의 효율성이 시장경제의 경쟁원칙에서 비롯**된 것임을 의미한다. 또한, 중국의 '협조적 문화'가 사유재산권을 불필요하게 했고, 사기업과 같은 인센티브제의 도입이 지방정부 관리에서 비롯되는 문제를 극복할 수 있게 했다. 중국의 체제 이행이 안정적이고 성공적으로 진행될 수 있었던 것이 '공유제의 원칙'을 고수하면서 시장경제화가 가능했기 때문이었다. 학문적으로 **향진기업은 배타적 사유재산권에 기초한 자본주의 시장시스템이 시장시스템의 한 유형에 불과하고, 시장시스템은 다양한 소유와 결합될 수 있음**을 보여주는 중요한 의미를 제공한다.

'차이나 모델'의 또 다른 특징은 개방전략과 관련이 있다. 공업화와 경제성장을 추구하는 후발국으로서 중국은 자본 부족과 시장(수요) 부족의 문제에 직면했다. 따라서 중국이 보유한 풍부한 노동력과 결합할 수 있는 자본의 유입을 촉진시키기 위해 직접투자 중심의 자본 유치 전략이 필요했다. 참고로 2010년 4월 기준으로 중국에 대한 외국인직접투자액의 누계가 1조 달러를 돌파했다. 개발도상국을 대상으로 하는 외국인투자 1위를 17년간 유지하고 있다. 또한, 낮은 소득 수준에서 비롯한 제한된 시장의 문제를 해결하기 위한 수출 주도의 성장 전략이 요구되었다. 즉 제한된 내수 시장과 자본축적으로 빠른 성장을 위해서는 '외자에 기초한 고투자와 수출'에 의존해야 했다. 이러한 점에서 중국의 개방은 중국 내부에 부족한 부분을 보완하는 성격을 갖는다. 중국의 경제성장이 투자와 수출 주도로 이루어진 배경이다. 성장에 대한 투자의 기여분은 1980년대 26%에서 90년대는 40%, 그리고 2000년대(2000~05년)에는 51%로 증가했다. 또한, 성장에 대한 순수출(=수출-수입)의 기여율은 80년대와 90년대에는 1%에 불과했으나 2000년대에는 15%로 15배나 증가했다. 즉 2001~08년 사이에 수출이 5.4배나 증가할 정도로 2001년 WTO 가입 이후 가속화되었다. 수출에 의한 성장은 2002~11년간 약 13배의 외환보유고 증대로 나타났다.

중국의 경제성장이 투자와 수출에 의해 이루어진 것은 한국과 일본 등 동아시아 성장 방식과 차이가 없다. 차이가 있다면 국영기업의 역할에 있다. 특히 WTO 가입 이후 무역수지 흑자가 크게 증가하면서 투자 증대로 이어졌다. 이 과정에서 국영기업 주도의 투자가 크게 증가했다. 즉 중국은 1990년대 말, 특히 WTO 가입 이후부터 자본집약적 산업을 집중 육성했다. 그 결과 2005년까지 중화학 공업의 비중이 70%를 상회했다. 국영기업이 자본집약적 산업들에 대한 투자를 주도한 것이었다. 자본집약적 국영기업이 경제에서 차지하는 비중이 1999년에 28%에 불과했으나, 2008년에는 43%로 증가했다. 2003년부터 10년간 5대 은행의 이윤은 536%가 증가하여 2010년에는 5,450억 위안을 기록했다. 특히 중국농업은행은 4,838%가 증가했다. 비금융 국영기업도 마찬가지다. 예를 들어, 1999~2010년간 차이나 모바일의 이윤은 24배가 증가했다. 국영기업이 자본집약적으로 성장을 한 것은 민간 기업에 비해 자본 접근이 유

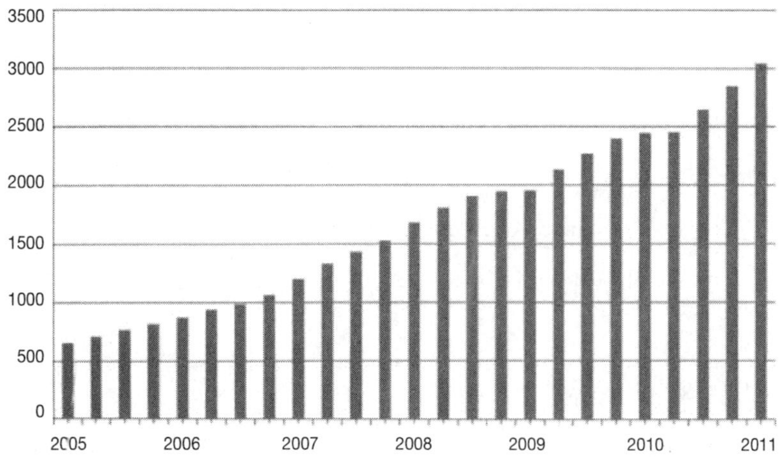

중국의 외환보유고 추이(십억 달러)

리했기 때문이다. 2001~05년에 국영기업은 차입 금리에서 민간 기업들보다 0.95%에서 2.41%까지 혜택을 입었다. 즉 중소기업들은 금융 접근에서 억압받고 있는 것이다. 이는 중국의 금융이 기본적으로 4대 국영은행에 의해 지배되고 있기 때문이다. 글로벌 금융위기 이후 2009년 세계 교역이 크게 감소했을 때도 중국이 높은 성장률(9.2%)을 유지할 수 있었던 것도 국영기업의 높은 투자로 가능한 것이었다.

국영기업의 높은 투자율은 '신용 지원에 의한 성장(credit-driven growth)'을 의미한다. 글로벌 금융위기 이후 선진국, 특히 유로존의 경기침체에 따른 수출 둔화와 국내 주택경기의 하강 등에 대응하기 위해 중국도 통화완화에 동참했다. 2009~10년에 17.6조 위안, 2011년에 7.5조 위안, 2012년에 8.2조 위안의 신용을 공급했고, 지난해에 기준금리도 두 차례나 인하했다. 2013년에도 9조 위안의 신용을 공급할 예정이다. 그 결과 기업과 가계 그리고 공공부문 총부채의 비중은 GDP 대비 2009년 40%에서 2012년 206%로 급증했다. 중국 중앙정부 부채 비율은 2011년 GDP 대비 43.5%로 재정위기국이나 선진국보다 훨씬 낮지만 문제는 부채증가 속도가 매우 빠르다는 점이다. 여기에다 은행권 대출이 어려운 지방정부들이 신탁회사에서 돈을 빌리는 바람에 '그림자금융'의 위험성도 날로 증가하고 있다. 무엇보다 금융위기 이후 국영기업을 중심으로 기업대출이 급증하면서 기업부채가 GDP 대비 2011년 108%에서 2012년 122%로 증가했다. 기업대출의 대부분이 경제적 결정이라기보다는 정치적 판단으로 이루어진 결과 철강, 건설, 기계, 알루미늄, 석탄 등 핵심 산업들은 과잉설비와 수익 압박 그리고 부채 부담에 시달리고 있다. 이는 한 단위 부채로 만들어낼 수 있는 성장(credit-to-GDP efficiency)의 효과 둔화에서도 확인된다. 지난해 성장에 대한 신용의 기여는 29%까지 하락했다.

차이나 모델의 지속가능성

'차이나 모델'은 부문 간 심한 불균형을 수반하고 있어 지속 가능성에 의문이 제기된다. 금융위기 이후 중국의 경상수지 흑자폭이 감소했지만 그 원인을 보면 '글로벌 불균형'이 근본적으로 개선될 가능성은 없어 보인다. 중국의 경상수지 흑자폭의 축소는 중국의 소비 증가에 의한 것이기보다는 고투자, 취약한 글로벌 수요, 중국 제조제품 가격의 상승률을 앞서는 상품가격의 상승률 등에서 비롯한 것이기 때문이다. 즉 미국 등과의 대외불균형은 대내적으로는 과소소비의 문제인 반면, 제조업과 투자 주도의 성장은 자본의 한계생산 체감에 직면한다. 중국 정부 역시 투자와 수출 주도의 성장 방식에 문제가 있다는 점을 인식하고 11차 5개년 계획(2006~10)부터 내수주도형 성장으로의 전환을 목표로 삼았다. 그러나 2000년대 이후 민간소비의 하락은 지속되었다. 그 결과 GDP에서 민간소비가 차지하는 비중은 1980년대 평균 55%에서 90년대 51%, 그리고 2000년대 38%로 지속적으로 하락했다. 2010년은 35% 수준이었다. 그 결과 성장에 대한 기여도 역시 80년대는 58%에서 90년대 43%, 그리고 2000년대에는 22%로 크게 하락했다. 민간소비의 역할 저하는 기본적으로 임금소득의 상대적 저하에서 비롯한 것이다. 개혁·개방 초기인 1983년의 노동자 임금이 GDP에서 차지하는 비중은 56.5%였지만 2005년에는 36.7%로 급감했다. 1990년대 중반 국가보장시스템을 폐지함에 따라 사회보장시스템의 미비는 가계의 높은 저축률로 나타났고, 이는 소비지출의 감소로 이어졌다. 고투자의 원천인 중국의 높은 저축은 1990년대만 하더라도 GDP 대비 40%에도 못 미쳤으나, 금융위기 이전까지

50%를 상회했다. 높은 저축을 주도한 것은 가계저축이다. 가처분소득 대비 저축을 나타내는 가계저축률은 2002년 28.3%에서 2007년 37.9%로 무려 9.7%포인트 상승했다. 게다가 이 기간 동안 가계소득 비중이 감소했음에도 불구하고 가계저축률은 오히려 상승한 것이다.

가계저축률 상승은 우선 의료, 연금, 교육 등 사회보장시스템이 취약한 상황에서 물가 상승 등으로 가계의 부담이 급증함에 따라 예비적 동기의 저축이 증가한 데 기인한다. OECD 추정에 따르면 2008년 기준 도시가구당 보건의료비는 소비지출 총액의 7%, 교육 및 문화 오락비는 12.1%에 이르고 있다. (퇴직 전 평균임금 대비 연금소득 비율인) 연금의 평균 소득대체율도 30%에 불과할 정도여서 미래 불안감이 클 수밖에 없고, 이는 높은 저축률로 나타난다. 1979년 한 자녀 정책 시행 이후 나타난 중국의 인구구조 변화도 소득 대비 저축의 여력을 확대하는 데 기여한 것으로 평가된다. 중국은 지난 30년간 청소년 부양가족이 감소(14세 이하 인구: 1982년 33.6%→2008년 17.3%)하고, 노동연령인구가 확대(15~64세: 1982년 61.5%→2008년 73.2%)되면서 저축 여력이 증가해왔다. 이밖에 가계대출과 할부금융 등 소비자금융이 발달하지 않아, 신용 제약에 따른 소비 부진도 저축률 상승에 기여했다. 실제 전체 대출 중 가계대출 비중은 9.4%(2009년)로 한국(42.8%), 영국(50%), 미국(67.9%)에 비하여 크게 낮은 수준에 머물러 있다. 맥킨지는 중국 정부가 주택 금융, 소비자 신용, 교육비, 의료비, 연금 등에 대해 가계 지원을 증대시켜도 2025년까지 GDP 대비 가계 소비지출의 비중은 45~50% 정도까지만 상승할 것으로 추정된다.

가계소득 비중의 저하는 자본집약적인 국영기업 중심의 성장 방식과도 관련이 있다. 자본집약적 국영기업은 인건비가 차지하는 비중이 낮다. 즉 자본집약적 성장은 고용 창출과 임금 상승 압력이 낮고, 중국 전체 주식의 80%를 차지하는 국영기업의 지분 분산이 이루어지지 않고 있다 보니 수익(부가가치)의 대부분을 노동보다는 자본의 몫으로 귀속시켰다. 그 결과 2004년 이후 정부저축의 비중이 크게 증가했다. 경제성장률과 수출증가율이 높아져도 고용이나 소비가 크게 증가하지 못한 이유이다. 특히, 두 자리 수 성장률을 기록한 2003년 이후 역설적으로 일자리와 소비가 위축된 배경이다. 예를 들어, GDP 1%가 상승할 경우 일자리 증가 수를 나타내는 고용탄력성이 1990년대에는 240만 명에 달했으나, 2000년대 이후에는 70만 명으로 감소했다. 산업화를 경험한 국가의 전철을 밟고 있는 것이다. 국가는 부유해지고 있는데, 대다수 인민들의 처지가 비례해서 개선되고 있지 않는 것이다. 그 결과 저축의 필요성은 증가했고, GDP 대비 소득 비중 하락보다 더 크게 소비 비중이 하락한 배경이다.

소비지출을 하락시킨 또 다른 요인은 소득분배의 악화이다. 소득분배의 악화는 시장의 크기를 축소시켜 경제성장에 부정적으로 작용한다. '차이나 모델'은 경제성장에 따른 도·농 간, 지역 간, 직업 간에 수입 격차가 확대되면서 소득분배를 악화시켜 왔다. 예를 들어, 평균수입은 도·농 간 3.3배, 국유기업 간부와 일반 근로자 간 128배, 최고와 최저 직업 간 15배 차이가 존재한다. 또한, 중국 수출의 90%를 31개의 성 중에서 9개의 성이 차지하고 있다 보니 수출에 따른 일자리와 경제적 혜택도 지역 간에 불균등하게 배분될 수밖에 없다. 중국의 통계는 제약점을 갖고 있는데 특히 소득불평등에 대한 통계는 기관마다 차이를 보인다. 세계은행에 따르면 중국의 지니계수는 1993년 0.41에서 2010년에는 0.50까지 증가했고, 상위 1%가 전체 재산의 41.4%를 보유하고 있다. 반면, 중국개발연구재단은 중국의 지니계수가 개혁 이전인 1978년에는 0.3 미만이었으나 최근에는 0.48이 넘었다고 추정한다. 또한, 중국 국가통계국에 따르면 상·하위 10%의 소득격차는 1985년에 2.9배에서 2007년에 23배로 확대됐고, 금융위기 이후에는 65배까지 벌어진 것으로 나타났다. 반면, 중국개혁재단에 따르면 상위 10%의 소득은 하위 10% 소득의 23배에 달한다고 추정한다. 이처럼 추정기관에 따라 차이는 있으나 개혁·개방 이후 소득불평등이 크게 확대되었음은 분명하다. 게다가 중국 가계의 위장 소득(9.3조 위안, 1.4조 달러)은 GDP의 약 30%에 달할 것으로 추정되고, 이 중 80%가 최상위 부자의 것으로 추정된다. 커다란 소득격차가 심각한 사회 불안정으로 발전하지 않는 것은 비록 속도가 더디지만 저소득계층의 소득도 지속적으로 증가했기 때문이다. 그러나 절대빈곤층이 현저히 감소했음에도 불구하고 중간소득의 50% 이하인 상대빈곤층의 비중은 2002년 12.2%에서 2007년에는 14.6%로 증가할 정도로 소득불평등은 개선되지 않고 있다. '不患寡而患不均

(적은 것을 걱정하지 않고 고르지 않음을 걱정한다)'은 분배균등의 문화를 가진 중국에서는 절대빈곤층의 감소보다 상대적 균등이 더 중요하다. 2000년대 들어 중국 정부 중산층 사회인 '샤오캉(小康)사회'를 2020년까지 달성하겠다고 선언하면서 처음으로 사회적 조화의 필요성을 주장했다. 이는 2005년 '11차 5개년 계획'에서 불균등발전에서 균형발전 전략으로의 전환을 통한 '조화사회 건설'로 한다. 구체적으로 2020년까지 사회주의 조화사회를 구축하기 위해 도시와 농촌, 지역 간 불평등을 억제하고 사회보장제도를 보완하겠다고 밝혔다.

그러나 소득불평등이나 부문·지역·계층 간 불균형의 지속적 확대에서 보듯이 조화사회의 건설은 계획대로 진행되는 것 같지는 않다. 도시의 일자리 창출도 소득불평등을 해소하는 데는 기여하지 못하고 있다. 예를 들어, 중국 도시인구의 비중은 크게 증가했으나 도시부문은 도시로 유입되는 노동력에 대해 충분하고 적절한 고용 기회를 창출하는 데 실패했다. 1990년대 이후 도시에서 만들어진 대부분의 일자리는 건설, 건물 청소와 관리, 소매업, 길거리 판매, 수리서비스, 가사 등 일용직이나 자영업이었다. 이코노미스트(2011년 6월 23일)에 따르면 제조업에서도 정규직 일자리 창출은 이루어지지 않았다. 수출과 성장에 의해 만들어진 대부분의 일자리는 저임금과 열악한 고용조건의 일자리들이었다. 다른 주요국들처럼 중국 역시 '좋은 일자리 만들기'의 고통을 겪고 있는 것이다.

사실, '차이나 모델'은 산업화 이후 새로운 성장 추진력 확보에서 차별적 성과를 만들어내지 못하고 있다. 중국은 자신이 표준을 설정함으로써 글로벌 플레이어가 되려 하고 있다. 즉 최근 중국은 자신의 시장을 활용하여 기존의 패권 국가들처럼 새로운 질서를 주도하겠다는 속내를 드러내고 있다. 중국의 의도는 중국이 산업 사회 이후의 세계를 주도할 수 있는가에 달려 있고, 이는 중국 경제의 혁신 역량에 달려 있다. 중국 경제가 여전히 고도성장을 구가하고 있지만, 혁신의 부족은 지속가능한 성장에 방해가 될 수밖에 없다. 빠르게 증가하고 있는 중국의 연구개발(R&D) 투자는 일본 수준으로 미국의 약 1/3 수준에 불과하다. 2009년 중국의 하이테크 제품의 수출액은 4,160억 달러였다. 대부분 타이완 기업이나 노키아, 삼성, 휴렛팩커드 등 외국 기업들의 역할에 기초하고 있다. 물론, 중국의 R&D 투자의 증가 속도는 세계 1위이다. 특히 2009년 346억 달러를 투자한 신에너지 분야의 투자 규모는 전 세계 1위로, 중국은 이 분야를 전략적 신흥 사업으로 지정하고 표준 체계를 마련해 지원하고 있다. 예를 들어, 제12차 5개년 계획의 기본방향에서 재생에너지 산업은 수력발전을 중심으로 풍력발전을 재생에너지의 새로운 동력으로 삼고, 태양에너지를 향후 잠재력이 가장 큰.재생에너지 산업으로 설정했다. 동시에 바이오 에너지를 추진하는 다원화 전략을 수립하고 있다. 예를 들어, 풍력에너지 산업의 경우 전 세계에서 중국이 차지하는 비중은 2009년 16.5%에서 2010년에는 약 22.8%로 급증하고 있다.

문제는 중국 정부가 전략적으로 지원하는 신재생 에너지 산업 역시 기본적으로 제조업이라는 것이다. 초기에 거대한 투자가 필요한 신재생 에너지 산업의 장비 개발에서 성과를 거두겠지만, 무형가치의 혁신 능력은 확인되지 않는다. 지난 수십 년간 중국이 육성한 자동차산업의 결과물이라 할 전기차 BYD의 가장 큰 장점은 디자인이나 최첨단 기술, 최고 수준의 제조가 아니라 저렴하게 생산할 수 있는 배터리 분야이다. 상업용 비행기 역시 마찬가지다. 90명 안팎이 탑승할 수 있는 중국 최초의 제트 여객기인 ARJ-21의 전자기기나 엔진, 주요 시스템 등은 하니웰(Honeywell), GE, 록웰콜린스(Rockwell Collins) 등에서 공급한 것들이다. 중국은 아직 서양 기술 없이 항공기를 개발할 능력을 갖고 있지 못하다. 또한, 오래 전부터 중국은 반도체 제조를 주요 산업으로 인식하고, 2005년 이래 8개의 웨이퍼(wafer; 반도체의 재료가 되는 얇은 원판) 공장을 지었다. 목적은 외국 반도체 칩 디자인 업체들에게 납품하는 저비용 제조업의 경쟁력을 확보하는 것이었다. 그러나 중국의 웨이퍼 기술은 타이완, 일본, 미국 등에 비해 2세대나 뒤쳐져 수익성 면에서 경쟁적이지 못하다. 예를 들어, 중국에서 조립된 아이폰의 부가가치 중 중국의 비중은 1%에 불과하다.

중국이 고부가가치의 무형가치 분야에서 혁신을 만들어낼 수 없는 이유는 기본적으로 다양성의 부족 때문이다. 주지하듯이 '차이나 모델'은 소련이나 동유럽 국가들과 달리, 국가와 시장 사이에 힘의 균형을 추구하는 방식이었다. 중국의 선택은 시장이라는 제도가 충분히 갖추어지지 않았다는 점에서 올바른 선택이었다. 그러나 국내에서 권력을 지지하기 위해 국영기업을 사용했을 뿐만 아니라, 국영기업을 통해 글로벌 경제성장의 과실을 축적하고 있다. 즉 국영 제조업체들은 글로벌 시장에 제품을 판매하고 자연자원을 사들인다. 이러한 모든 활동으로부터의 수익을 갖고 있는 중국의 국부펀드들은 다시 글로벌 시장에 투자한다. 이처럼 중국은 국가에 대부분의 주요 자원이 집중되어 있다. 물론 국가의 비중은 빠르게 축소되고 있다. 2006년 이후 사기업의 숫자가 전체 기업에서 절반이 넘기 시작했고, 국영기업의 자산과 이윤과 매출액 비중은 2000~09년 사이 각각 68%에서 43%, 55%에서 28%, 50%에서 29% 수준으로 하락했다. 그럼에도 국가 주도의 경제시스템이 기본적으로 변화한 것은 아니다. 국가 주도의 경제시스템으로 제조업을 육성할 수는 있지만, 창의성을 요구하는 무형가치 분야의 혁신을 만들어내기는 어렵다. 독일과 일본은 그 선험자이다. 무형가치 분야의 혁신의 원천은 차이와 다양성, 창의성인 것에 비해 다원화는 중국의 권위주의 체제와 양립할 수 없다. 이는 중국이 지속 성장을 하려면 사회의 다원화 추세가 불가피함을 의미한다.

마지막으로 인구구조 변화도 '차이나 모델'의 지속가능성에 위협요인이 될 것이다. 중국의 생산가능인구(15~64세 인구)의 비중은 2015년경부터 감소할 전망이다. 자산

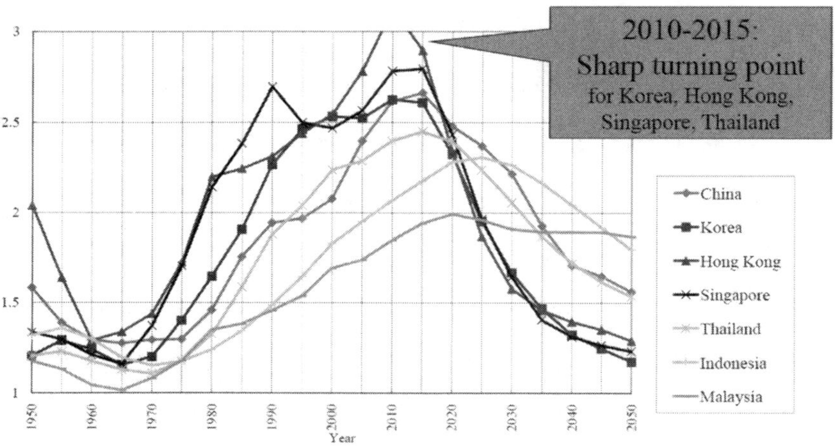

중국의 역부양인구비율 추이

가치와 깊은 관련이 있는 역부양인구비율도 2015년경 정점에 도달할 전망이다. 그리고 향후 노년층 인구 증가와 소비성향이 큰 1980년대와 1990년대 출생 세대(2008년 총인구의 28%)가 증가하면서, 저축률 상승도 이루어지기 어려울 것 같다. 성장률 둔화와 인구구조의 변화 그리고 선진국 경제의 장기 저성장 가능성 등은 자산시장, 특히 부동산시장에 '꼬리 리스크'로 작용할 가능성을 배제할 수 없다.

부동산시장의 문제는 지방정부의 부채 문제와 연결되어 있다. 리먼 사태 이후 중국 정부는 경기 부양을 위해 GDP의 14%에 해당하는 재정 투입을 2008년 11월부터 2년 반 동안 집행했다. 국영기업은 토지 경매에 열광적으로 뛰어들었고, 특히 대부분 프로젝트를 지방정부가 주도하는 등 지방정부는 개발 프로젝트의 과도한 전개를 방치했다. 중국의 지방정부는 제도상 균형 예산을 집행하기에 구조적으로 부채가 생길 수 없는 반면, 지방정부의 강한 지역개발 욕구 등으로 그 이상의 투자를 실행하려는 유인을 갖는다. 그런데 경기부양책의 실시를 계기로 지방정부는 그동안 지연되어 왔던 투자를 시행했고, 이 과정에서 지방공사를 통한 은행 차입을 대폭 확대했다. 중앙정부도 지방정부의 투자 확대를 유도하기 위해 지방공사의 설립과 투자 활동을 뒷받침하는 정책을 실시했다. 지방정부의 토목 건설 투자는 단기간에 과열·중복 양상을 빚으면서 부실화됐다. 특히 2010년 4월부터 투기적 주택 구매를 억제하기 시작했고, 2011년부터는 지역 금융을 정리하기 시작했다. 그 결과 2011년 지방정부의 부채 증가는 3억 위안에 불과했다고 발표했다. 그러나 예를 들어 윈난(雲南) 고속도로개발투자 공사가 2011년에 대출 원금을 상환하지 못할 정도로 지방공사 부채는 심각한 상황이다. 중국 인민은행은 지방정부의 부채를 14.4조 위안(2010년 GDP 4조 326억 위안의 약 36%)에 달하는 것으로 추정했다. 지방공사가 파산할 경우 채무 지급 보증을 선 지방정부가 갚아야 하는데 세입이 줄고 있는데다 부채 비율이 너무 높아 스스로 해결하기 힘든 상황이다. 정부가 만기 연장으로 일단 시간을 벌었지만 부동산시장의 침체가 지속될 경우 은행 부실로 이어질 가능성이 있다. 주택가격은 2011년 하반기부터 이미 하락하기 시작했다. 부동산 시장의 침체는 투자를 위축시키고 경제성장을 축소시켰다. 2012년 2분기에 성장률이 2009년 이래 가장 낮은 수준인 7.6%로

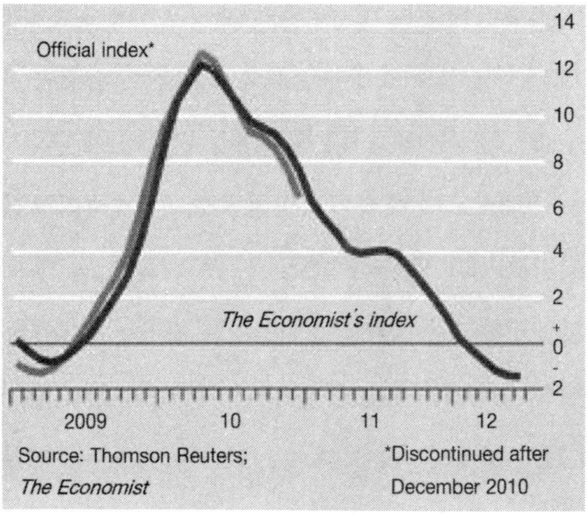

중국 70대 도시의 주택가격지수(전년대비 변화율, %)

추락한 이유이다. 부동산 거품에 대한 우려는 정부의 부동산억제정책의 지속에도 잘 드러난다. 경기 둔화와 부동산 거품 사이에서 통화정책의 어려움에 직면해 있는 것이다.

차이나 모델은 대안일 수 있는가?

'차이나 모델'의 지속성은 미국을 비롯한 국제 사회와의 공존에도 달려 있다. 앞에서 살펴보았듯이 글로벌 불균형은 세계 경제의 불안정성을 심화시키고 있다. 중국의 위안화 절상 문제는 미국만이 요구하는 사안이 아니다. 2011년 1월 브라질 전 재무장관 만테가(Mantega)는 "통화전쟁은 무역전쟁이 되고 있다며 중국과 미국을 가장 나쁜 범죄자"로 지적했다. 인도 역시 고위급회담에서 중국과의 무역불균형을 주요 관심사로 다루고 있다. 통화가치의 절상으로 브라질 역시 중국으로부터의 무역적자에 시달리고 있기 때문이다. 중국에 대한 반덤핑 제소는 개도국의 경우 전체 제소에서 2002년 19%에서 34%로 증가했고, 선진국의 경우 11%에서 27%로 증가했다. 문제는 이러한 대응도 중국이 시장경제 지위를 획득하는 2016년에는 어렵게 된다. 이처럼 중국의 시장 점유율 증가에 대한 국제 사회에서 우려의 목소리가 고조되고 있다. 일자리 감소도 중국의 시장점유율 증가와 관련이 있다. 미국과 EU의 제조업 분야의 무역적자는 2001~09년간 각각 2천억 달러와 2천 5백억 달러로 세 배 이상 증가했다. 그런데 중국의 경상수지 흑자가 과잉저축이고, 중국의 높은 저축을 국영기업이 주도한다는 점에서 소득불평등의 해결, 중소기업 및 개인에 대한 신용 접근 기회의 확대, 국영기업 소유지배구조의 개혁(주식 분산) 등이 수반되지 않는 한 중국의 경상수지 흑자는 해소되기 어렵다. 점증하는 소득과 부의 집중, 즉 대내적 불균형이 경상수지 흑자라는 대외불균형과 동전이 앞뒷면을 이루고 있는 것이다.

중국 경제의 지배력 증대에 따른 갈등은 중국 시장점유율의 확대에서 그치지 않는다. 중국은 자신의 경제 지배를 자연자원에 대한 차별적 접근의 획득에 이용한다. 중국은 지금까지 시장에 대한 특권적 접근보다 자연자원에 대한 특권적 접근을 획득하는 데 보다 이해를 드러냈다. 시장 규모가 큰 선진국은 대개 개방되어 있는 반면, 많은 자원들은 중국이 보다 영향을 행사할 수 있는 작은 개도국에 있기 때문이다. 자원에 대한 우려는 중국이 거대 수요자인 반면, 공급은 소수 국가에 집중된, 즉 수요독점적 특성을 갖는 취약한 시장구조에서 비롯한다. 예를 들어, 철강의 중요 원료인 철광석에 대한 중국의 수입은 65%를 차지하고 있고, 그중 80%는 호주와 브라질, 인도에서 수입한다. 즉 2009년에 중국 해외직접투자(FDI)의 70%가 자연자원에 이루어질 정도로 중국은 자원 의존의 해결을 자원에 대한 장기 접근의 확보를 위한 해외 투자로 대응했다. 그런데 이 투자의 약 80%가 국영기업 혹은 국가가 통제하는 기업에 의해 이루어졌기에 투자를 받는 국가의 우려를 증대시켰다.

이처럼 국제 협력의 필요성이 증대하는 상황에서 중국 경제의 부상은 초국가 협력을 만들어내기보다는 새로운 힘과 낡은 힘 사이에 이해의 대립을 고조시키며 글로벌 경제에 '또 하나의 리스크'를 추가시키고 있다. 중국이 패권을 추구하고 있기 때문이다. 중국의 패권 추구는 특히 동아시아 국가들에게 위협으로 다가온다. 동아시아 국가들의 중국 경제에 대한 의존도는 매우 높다. 아시아 국가들의 수출과 수입에서 중국이 차지하는 비중은 1980~2008년간 각각 10배와 5배가 증가했다. 아프리카와 중동 국가들에서 중국 비중이 1/10 안팎인 것을 비교하면, 아시아 국가들의 경제가 중국과 깊은 연관성을 가졌음을 알 수 있다. 실제로 2000년대 중반 이래 중국의 위안화는(1980년대와 90년대 유럽 무역의 허브 역할을 했던 독일의 마르크화가 지배통화 역할을 수행했듯이) 아시아에서 '지배 통화'가 되고 있다. 여기서 지배통화란 해당 지역에서 환율과 통화정책에 커다란 영향을 행사할 수 있는 통화를 의미한다. 신흥 경제권으로 불리는 아시아에서 지배통화의 역할을 수행한다는 것은 이미 국제통화시스템이 3극 통화체제가 되었음을 의미한다. 이는 중국의 안보전략과도 깊은 관련을 갖고 있다. 특히, 타이완과 한국의 경우는 중국에 대한 수출이 각각 GDP의 14%와 10% 이상을 차지할 정도로 중국 경제권에 들어간 상태이다. 일본조차 중국에 대한 수출 의존도가 미국이나 EU보다 높다. 일본의 수출에서 중국이 차지하는 비중은 2000년에 5%에도 미치지 못하다가 2010년에는 20%에 육박하고 있다. 반면, 일본 수출에서 미국이 차지하는 비중은 같은 기간에 약 30%에서 14%로 하락했다. 동아시아 국가들이 중국에 수출하는 상품도 대개가 부품들로, 중국의 해외 수출과 관련이 있다. 그런데 중국의 수입 중 부품 수입 비중이 하락하고 있다는 점에 주목해야 한다. 10년 전만 해도 약 40%를 차지했는데, 2008년에는 27%로 하락했다. 즉 **중국과 동아시아 국가의 관계가 비대칭적으로 전환되고 있는 것이다. 최근 서태평양, 즉 남중국해와 동중국해에서의 영토 분쟁도 이와 무관하지 않다.** 여기에 중국의 군비 증강과 태평양으로 진출하려는 중국을 봉쇄하려는 미국의 전략이 결합되면서 위기를 고조시키고 있다.

G2 갈등은 글로벌 경제와 세계평화, 특히 동아시아 지역평화에 커다란 위협요인으로 부상했다. 앞에서 언급했듯이 경제력이 이동하면서 달러가치의 하락 가능성은 달러를 보유하고 있는 나라들에게는 잠재적 손실을 의미한다. 특히 외환보유액이 가장 많은 중국의 선택은 글로벌 경제의 불확실성을 증가시킬 수 있는 핵심요인이다. 중국은 달러 표시 자산을 2002년 75% 수준에서 2011년에는 54%까지 축소했다. 특히 글로벌 금융위기와 양적 완화가 달러표시 자산의 축소에 결정적 영향을 미쳤다. 사실 G2 시대는 과장된 측면이 존재한다. 예를 들어, 중국이 본격적으로 경제성장을 시작한 지난 30년간 세계 1,2위 경제규모가 글로벌 경제성장에서 차지하는 비중은 1980년대 평균 54.5%, 90년대 45.7%, 2000년대 43.8%로 하락하고 있다. 즉 **중국**

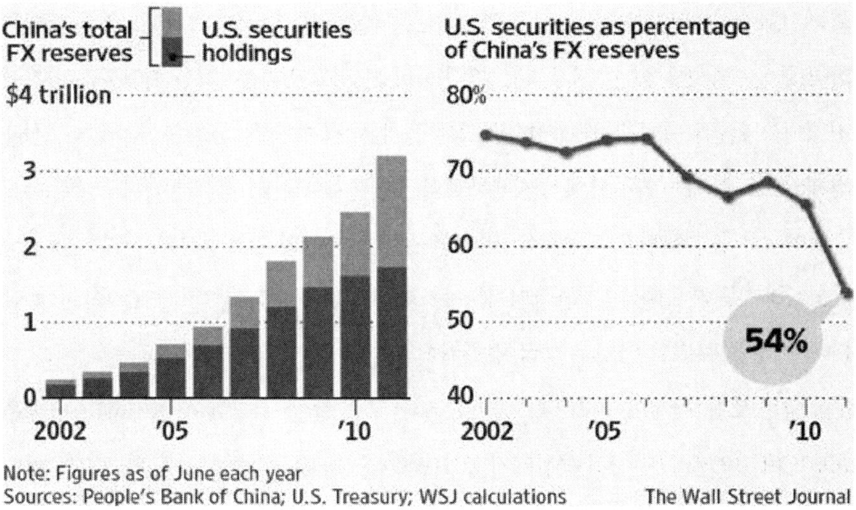

중국 외환보유액과 미국 자산 비중의 추이(조 달러, %)

의 부상 속에서 경제력은 지속적으로 다원화되고 있는 것이다. 이는 개도국 간의 경제의존도 증대에서도 확인된다. 예를 들어, 1960년대와 70년대만 하더라도 개도국의 수입 중 개도국이 차지하는 비중은 평균 약 14%에 불과했으나 2000년대에는 두 배 수준인 약 28%로 증가했다. G2의 위험한 선택을 억제하기 위해 주변국들의 초국가 협력 네트워크 구축 마련이 시급하다.

제19장

코리아, 파국과 레짐 체인지의 갈림길에 서다!

지금까지 보았듯이 '글로벌 금융위기'는 한 시대가 끝나고 다른 시대로 넘어가는 역사 이행기와 대변환기의 진통이다. 예를 들어, 미국의 경우 지난 40년간 산업화 완료와 더불어 탈공업화의 진행은 고용의 충격을 통해 과잉금융과 금융화 → 사회보장의 약화 → 고용 충격의 심화에 따른 '고용 없는 성장'의 출현 → 실업의 정치문제화 → 무주택자에 대한 주택금융의 지원과 가계 부채의 급증 → 주택가격의 급등과 버블 형성 등 부채 기반의 성장 → 주택가격의 하락과 금융위기 → 경기침체로 이어졌다. 즉 선진국 주요 시스템들의 순기능이 약화된 결과가 '글로벌 금융위기'인 것이다. 이처럼 탈공업화에서 비롯한 금융위기와 대불황은 산업화 시대의 주요 시스템이 더 이상 제대로 작동하지 않고 있고, 그 결과 사회적 탈구가 진행되고 있음을 보여주었다. 이른바 선진국으로 불리는 나라들의 부채는 지난 10년간 적게는 33%에서 많게는 269%까지 증가했다. 그 결과 국민 일인당 채무가 일본 11만 2천 달러, 미국 5만 3천 달러, 아일랜드 5만 1천 달러, 캐나다 4만 5천 달러, 이탈리아 4만 1천 달러, 그리스 3만 9천 달러, 프랑스 3만 8천 달러, 영국 3만 5천 달러, 독일 3만 3천 달러, 스페인 2만 4천 달러, 포르투갈 2만 3천 달러에 달한다. 문제의 심각성은 단순히 부채의 규모가 아니다. 앞에서 보았듯이 주요 시스템들이 더 이상 제대로 작동하지 않고 있기 때문에 해법이 보이지 않는다는 점이다. 그 결과 일본과 미국 그리고 유럽의 경제 체질은 갈수록 약화되고 있고, 그동안 이들 국가들이 구축한 성과들이 근간부터 무너지고 있다. 원하던 원치 않던 한 시대가 막을 내리고 있는 것이다. 산업화가 완료된 국가에서 90년대부터 일반적으로 나타나는 '청년 실업'이나 '고용 없는 성장' 등은 산업화 시대동안 의존했던 주요 시스템들과 탈공업화 사이의 부조응 문제인 것이다. 더 큰 문제는 탈공업화를 이어 '인구 오너스'가 진행된다는 점이다. 즉 산업화가 완료된 국가들에서 생산인구를 비생산인구(연소인구+노년인구)로 나눈 역부양인구 비율이 이미 정점을 지났듯이 양적 성장은 약화되고 의료비 등 사회적 비용은 급증하고 있다. 고용 문제뿐만 아니라 일인당 소득을 증대시켜야 하는 이유이다. 두 과제를 해결하려면 좋은 일자리 만들기를 통해서만 가능하다. 이 길만이 '과잉금융의 덫'에서 벗어나고 많은 선량한 사람들을 채무 노예로부터 해방시킬 수 있다.

한국 역시 이러한 흐름으로부터 예외가 아니다. 한국은 '압축적 공업화'를 경험했고, '급진적 탈공업화'가 진행되고 있다. 따라서 한국 사회와 경제를 읽을 수 있는 코드는 '이행기'이다. 이행기는 '과거'와 '미래'가 공존한다. 너무 앞서가는 것도 역적(?)이 될 수 있지만 과거에 머물러 있어도 무너지는 집에 함께 파묻힐 수밖에 없다. 한 가지 예가 현재 가계부채와 결합된 우리 사회 부동산시장의 단면들이다. 주지하듯이 부동산시장은 천문학적 규모의 가계부채와 직결되어 있다. 왜 이렇게 감당할 수 없는 부채를 떠안으면서까지 주택 구입에 열을 올렸을까? 특히 많은 사람들이 글로벌 금융위기 이후에도 거액을 차입해 부동산에 투자를 한 이유는 과거의 경험으로 판단했기 때문이다. 지난 수십 년간의 경험으로 볼 때 부동산 투자는 잘못한 것이라 할 수 없었다. 제조업 중심의 경제성장 시대에는 부동산 가치를 결정하는 가장 중요한 요인인 소득과 인구가 함께 증가하는 시대였기 때문이다. 특히 서울을 비롯한 수도권 중심의 불균형 발전이 이루어지다보니 수도권 과밀은 부동산 투자로부터 높은 수익을 만들어낼 수 있었다. 게다가 소득이 증대하면서 사람들의 주거조건 개선 욕구가 중대형 평수 중심의 투자를 부추겼다. 그런데 산업화가 사실상 종료되고 고성장과 인구증가는 저성장과 저출산 시대로 바뀌었고, (뒤에서 소개하겠지만) 그 정점이 2010년이었다. 글로벌 경제가 장기 저성장 국면으로 본격적으로 진입하는 시점과 맞물린 것이다. 과도하게 대외의존적인 한국 경제에 세계 경제의 장기 저성장은 꺼져가는 불에 물을 부은 것이다. 즉 시대의 변화를 인지하지 못하고 부동산 투자를 한 사람들은 '과거' 기준에 의한 선택으로 커다란 낭패를 보고 있는 것이다. 이제 글로벌 금융위기가 한국 경제에 던지는 시사점과 대변환기의 한국 경제의 과제는 무엇인지 살펴보자.

침몰하는 한국경제

한국 경제의 성장모델은 일본 모델과 매우 유사하다. 일본의 경우 실질 GDP 성장률이 1960~74년 연평균 8.9%에서 금융자유화가 진행되었던 1974~89년에 4%, 그리고 거품 붕괴 이후인 1990~2007년에 1.6%, 특히 2000년대에 0.6%로 하락했다. 한국 역시 1971~91년간 연평균 9.4%에서 자본시장의 개방과 OECD 가입의 추진 등 개방을 가속화시킨 1992~97년간 7.1%로 하락했고, 외환위기 이후 2000년대에는 4.6%, 특히 금융위기 이후 2008~12년에는 다시 3.8%로 하락했다. 그리고 한국의 고도성장 역시 기본적으로 정부, 정부 통제하의 은행, 그리고 기업 간의 유기적 협력, 즉 기업투자의 리스크를 사회가 공유한 '리스크 공유시스템'에 의한 것이었다.

그런데 자본시장 개방 이후, 특히 외환위기 이후 탈공업화와 성장잠재력의 후퇴, 고용불안정과 소득불평등의 심화, 저출산-고령화, 수출의존도 증가 등 이른바 **'한국경제의 일본화'가 진행**되었다. 앞에서도 소개했듯이 제조업 중심의 모노컬러 산업구조는 제조업 기술 평준화 및 시장개방 속에 경쟁 압력의 증대에 직면하고 가격경쟁력 확보를 과제로 갖는다. 이에 대해 기업들은 생산 자동화, 생산기지 해외 이전, 임금 인상 억제, 비정규직 사용 등으로 대응했고, 그 결과 중간소득 일자리 감소를 중심으로 한 일자리 양극화, 임금소득 증가율 둔화, 임금불평등 증대, 고용불안정 심화 등을 초래함으로써 내수 약화, 저출산과 고령화, 과도한 수출의존의 문제 등을 야기한다. 이러한 악순환 고리 형성이 이른바 '일본병'이다. 일본병이 자산시장 붕괴와 결합될 경우 시스템 위기로 발전한다. 한국 경제의 현재 상황이다.

한국 경제의 '일본병' 증세는 적어도 다음의 세 가지 측면에서 보다 '악성'이다. 첫째, 한국의 압축성장은 일본과 달리 **'이익은 사유화하고 손실을 사회화'시킨, 불공정한 '리스크 공유시스템'**에 의한 것이었다. **공정성의 결손은 사회를 파편화**시켰고, 민간 100대 그룹의 자산(1,446조 7,620억 원)이 정부 보유 총자산(1,523조 2,000억 원)의 95% 규모에 달하는 '재벌 독식'의 경제구조는 이 시스템의 산물이다. 또한, 일본에서는 대기업의 실질적 파트너로 설계부터 생산에 이르기까지 적극적으로 참여하기에 대기업과 합리적 협상이 가능한 반면, 한국에서 대기업과 중소기업은 종속적 하청관계를 형성하고 있어 중소기업에 대한 수탈적 단가 인하가 관행적으로 작동한다. 둘째, 한국의 제조업은 일본에 비해 원천기술의 부족 등 **자기완결성이 낮다.** 만성적인 대일 적자구조에서 보듯이 한국 제조업의 하이테크 부품은 해외, 특히 일본에 의존하는 구조이다. 셋째, 한국 경제는 일본 경제보다 **대외의존도가 과도하게 높다.** GDP 대비 무역액의 비중이 2010년 기준 일본의 경우 26%에 미치지 않는 반면, 한국은 일본의 약 4배 수준인 102%가 넘는다. 과도한 대외의존도는 하이테크 분야의 원천기술 부족과 더불어 외환위기 이후 수출과 내수, 수출과 소비, 수출과 투자 간 연관성 단절로 이어졌다.

그런데 일본의 경우 90년대 자산거품 붕괴와 '인구오너스(생산연령인구 비중의 하락)'가 맞물려 진행된 반면, **한국은 외환위기 이후에도 다행스럽게 '인구 보너스(생산연령인구 비중 상승)' 시대가 지속**되었다. 외환위기 이후 10년은 산업체계의 전반적 재검토를 통해 일본병의 악화를 중단시킬 시간이었다. **그러나 민주정부는 실력이 부족했다. 변화를 제대로 이해하지 못한 것이다.** 민주정부 10년의 실패로 등장한 이명박 정부는 심지어 시대를 역행하며 '신자유주의 포퓰리즘'으로 대응했고, 그 결과 **한국 경제는 붕괴 직전의 상황에 놓여 있다.**

대응 방법을 논하기 전에 먼저 한국 경제의 '일본병' 증세가 어느 정도 심각한지를 간단히 정리하자. 첫째, **선진국처럼 '일자리 양극화' 현상이 진행되고 있다.** 2001~11년 전체 임금 소득자 중 중간임금 소득자(중위 소득의 66~133%) 비중은 43.5%에서 35.4%로 줄어든 반면, 임금이 그에 못 미치는 하위 임금 소득자는 23.2%에서 26.7%로, 임금이 그보다 높은 상위 임금 소득자는 33.3%에서 37.9%로 각각 증가했다. 그 결과 중산층의 비중은 외환위기 직전인 1996년 69%에서 2009년에는 57%로 감소했고, 하위 20% 계층의 소득 대비 상위 20% 계층의 소득 비중은 같은 기간에 4.8배에서 7.7배로 증가했다.

둘째, **한국 경제의 일자리 창출 역량이 소진되고 있다. 탈공업화와 산업구조 업그레이**

드 및 산업체계 다양화의 지연 그리고 과도한 시장 개방 등이 핵심원인이다. 제조업 종사자의 비율(규모)은 정점을 기록한 1991년 27.6%(515만 6천 명)에서 2010년에는 16.9%(402만 8천 명)로 비중과 절대 규모 모두 지속적으로 하락했다. 즉 1991~2010년간 약 22%가 감소했다. 이는 제조업의 고용탄력성(=고용증가율/부가가치증가율)에서도 확인된다. 고용탄력성이 1971~90년 기간에 0.51에서 1990~2008년 기간에는 -0.16으로 1990년대 이후 제조업의 고용 창출 역량은 소진되었다. 이러한 제조업의 구조적 변화는 기술에 의한 노동 대체가 일어난 결과 제조업의 노동생산성이 증가한 반면, 고용 비중이 하락한 데서 비롯한 것이었다. 즉 제조업이 GDP에서 차지하는 비중은 커졌으나 제조업의 취업자 비중이 감소하게 된 것이다. 제조업 중심의 모노칼라 산업구조와 내수가 취약한 한국의 경우 다른 산업화 국가보다 일자리 감소에 미치는 탈공업화와 시장 개방의 충격이 클 수밖에 없다. 실제로 생산가능인구 중 일자리를 가진 인구의 비중인 고용률(2012년 1분기 기준)은 58.3%로 2010년 OECD 평균(64.6%)보다 크게 낮은 수준이다. 게다가 고용률은 일자리의 질을 제대로 반영하지 못한다. 국제노동기구(ILO)의 '세계 임금 보고서 2010/2011'에 따르면, 2000~09년 중 ILO가 선진국으로 분류한 28개 나라 가운데 한국의 노동생산성 증가율은 27.4%였으나, 임금 상승률은 18.3%에 그침으로써 **생산성 증가율 대비 임금 상승률이 비교 국가 중 가장 낮은 국가**로 나타났다. 그 결과 외환위기 이전(1976~96년) 20년은 가계소득과 기업 소득의 연평균 증가율이 각각 7.9%와 7.5%로 가계가 약간 높았으나, 외환위기 이후(1997~2007년) 20년은 각각 3.4%와 11.5%로 기업이 가계보다 3배 이상 높았다. 이명박 정부 4년간은 가계소득과 기업소득의 연평균 증가율은 각각 2.4%와 16.1%로 6.7배로 확대되었다. 억압된 가계 소득은 한때 가계저축률이 가장 높은 국가 중 하나에서 최하위 국가 중 하나로 전락시켰다. 즉 1990년대 전반까지만 해도 15~20% 수준이었던 가계저축률은 외환위기 이후 하락하기 시작하여 최근에는 3% 안팎으로 추락했다. 반면 외환위기 이전까지 가계저축률보다 낮았던 기업저축률은 최근 20%에 육박하고 있다.

셋째, 한국은 노동생산성 증가분을 노동자에게 돌려주는 것에 가장 인색한 나라이

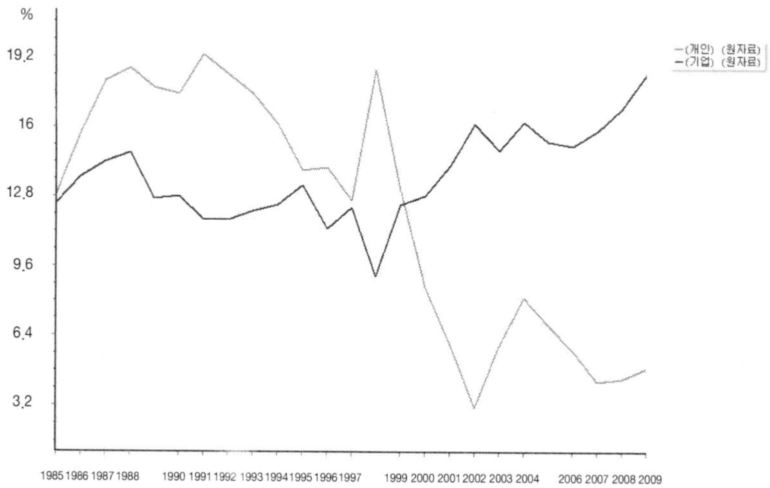

출처: 한국은행

가계와 기업저축률의 추이

다. 이는 **중소기업 및 비정규직에 대한 수탈구조**와 관련이 있다. 비정규직 규모는 2012년 3월 기준 837만 명으로 전체의 48%에 달하고, 남성과 여성의 비정규직 임금은 정규직 대비 각각 54.2%와 39.6%에 불과하다. 그렇다보니 **임금불평등은 OECD 국가 중에서 멕시코 다음으로 심하다.** 임금불평등은 주거비와 더불어 낮은 결혼률과 저출산의 경제적 요인이 되고 있다. 넷째, 비정규직 증가는 **일자리 단기화**로 나타난다. **한국은 OECD 국가 중 고용이 가장 불안정한 초단기 근속의 나라**로 근속년수 평균값은 5.3년에 불과하다. 국세청이 지난 2008년 근로소득 연말정산 지급명세서 신고현황을 분석한 결과 30대 중 근로소득자(직장인)의 비율은 52.4%에 불과하고, 이조차 40대는 40.3%, 50대는 30.1%로 급감한다. **일자리 단기화는 높은 자영업자 비중**으로 나타난다. 자영업자 비중은 2010년 기준 OECD 국가 중 네 번째로 높은 29%에 달한다.

넷째, 일자리 양극화와 고용불안정 증대 그리고 임금소득 비중의 저하 등으로 **수출에 죽고 사는 경제**가 되었다. 그 결과 성장률 수치에 집착하는 정부는 수출대기업을 지원하기 위해 고환율 정책을 선호한다. 고환율은 고물가와 실질소득 둔화를 초래하여 다시 내수를 약화시킨다. 출범부터 인위적 고환율 정책을 폈던 이명박 정부에서 일본병이 더욱 깊어진 이유이다. 이명박 정부 4년(2008. 3～12. 7)간 물가는 13.6% 상승한 반면, 가계 평균소득은 3.2% 오히려 감소하여 가계 평균 실질소득이 약 17% 후퇴했다. **한국 경제의 체질을 약화시키는 주범 중 하나는 고환율이 수출과 성장, 나아가 일자리 창출 등에 도움이 된다는 고정 관념이다. 거의 이데올로기 수준이다.** 정책 담당자들은 변화된 현실을 외면하고 호도하면서까지 국민 경제를 담보로 특정 집단(재벌)의 이해에 복무하곤 한다. 예를 들어, 이들은 시장 규모(내수)를 지속적으로 축소시키는 정책을 쓰면서 시장 규모가 작기에 수출을 통해 소득을 증대하고 경제력을 키워야 한다고 주장한다. 고환율을 통해 수출을 늘리고, 성장률을 높이고, 고용을 증대하고, 경상수지를 개선함으로써 외환보유고를 높여야 한다는 논리다. 그러나 이 논리는 변화된 현실을 반영하지 못한다. 한국은행의 조사에 따르면 90년대 이후 환율 상승은 수출 및 경상수지, 투자, 성장률 등에 긍정적으로 작용하지 못하는 것으로 나타났다. 오히려 이명박 정부에서의 고환율의 혜택은 소수의 수출 재벌기업에게만 집중된 것으로 나타났다.

다섯째, 일자리에 대한 **대기업의 기여가 저하되고 있다.** 성장률 수치보다 일자리 만들기가 중요한 시대에 대기업에 대한 사회적 관점 역시 일자리 창출에 대한 기여로 바꿀 필요가 있다. 선진국에서 보았듯이 제조업의 고부가가치화로 자본 및 기술집약적 대기업이 만드는 일자리 규모는 하락 추세를 보여 왔다. 한국의 경우에도 1998～2008년 대기업(300인 이상) 종사자는 220만 명에서 160만 명으로 27.2% 감소한 반면 중소기업은 767만 명에서 1,146만 명으로 49.4% 증가했다. 오늘날 민간 100대 그룹 전체 자산의 46.4%를 차지하는 삼성・엘지・현대차・SK 등 4대 그룹이 국내 경제에서 차지하는 비중은 부가가치 기준으로 20% 안팎이나 고용의 규모는 2.1%에 불과하다. 4대 그룹의 경제력은 급속히 커지고 있지만 그에 상응하는 일자리에 대한 기여는 크지 않은 것이다. **대기업에 대한 세제 지원을 포함한 과도한 정책 지원이나 혜택을 축소할 필요가 있다.**

대기업 고용 비중의 하락과 고용증가율 하락은 특히 청년층의 낮은 고용률로 이어진다. 참고로 청년층(15～29세) 고용률은 2006년 43.4%에서 2011년에 40.5%로 하락했다. 15~24세를 기준으로 삼는 국제 기준의 청년층 고용률을 보면 OECD 평균은 1990, 2000, 2010년 각각 49.1%, 45.5%, 39.5%로 하락한 반면 한국은 32.5%, 29.4%, 23%로 2000년대 이후 빠르게 하락했다. 사실, 청년층 일자리 문제는 탈공업화와 제조업 중심의 대기업이 만들어낸 결과물이다. 청년층(15~29세)의 인구가 정점을 보였던 1991년부터 청년층 취업자가 인구감소 속도보다 훨씬 빠른 속도로 감소하여 1991년 549만 6,000명(전체 청년층 인구는 1,212만 1,000명)이던 청년층 취업자가 2010년에는 391만 4,000명(전체 청년층 인구는 970만 5,000명)에 그쳐 약 29%나 감소하였다. 탈공업화와 청년층 일자리 문제가 동전의 앞뒷면을 구성하고 있는 것이다.

소득불평등이 확대되고 내수취약성이 심화되는 경제구조는 대외경제 환경이 악화될 때 위기로 발전한다. 글로벌 금융위기로 경기가 침체되고 성장이 둔화되자 이명박 정부가 선택한 것은 **한국판 '신자유주의 포퓰리즘'**이었다. '주택기금의 융자 조건 및 상환 부담 완화와 대출 한도의 확대'를 통해 서민의 주택 소유를 확대하겠다는 2010년 '8.29 부동산 대책'은 한마디로 미국 금융위기의 주요 원인이었던 부시 정부의 '소유자 사회(Ownership Society)' 정책과 닮은꼴이었다. 한국이 부동산발 금융위기를 겪지 않은 이유는 노무현 정부에서 담보인정비율(LTV)과 총부채상환비율(DTI) 등 주택금융과 관련된 규제를 지속한 결과이기도 하다. 금융위기 발발 당시까지만 해도 우리나라의 평균 LTV 비율은 40% 중반 수준으로, 서브프라임 사태 당시의 미국(79.4%, 2007년 평균)에 비해 크게 낮은 수준이었다. 그런데 8.29 부동산 대책은 무주택자와 1가구 1주택자에 대해 DTI 적용을 완화했다. 그 결과 은행권 주택담보대출은 2010년 6월 2조 5,111억 원에서 7월 2조 2,441억 원, 8월 -3,290억 원으로 감소하던 추세가 9월 1조 7,247억 원, 10월 2조 1,990억 원, 11월 2조 8,793억 원 증가세로 바뀌었다. 서민에게 빚을 내 주택을 구입하라는 대책의 결과였다. 여기에 임금소득 증가율 둔화, 물가상승, 자영업자 증가 등으로 생활비 및 사업자금 조달 등도 가계부채를 증가시켰다. 그 결과 금융위기 이후 세계 각국은 부채 축소의 길로 들어섰으나 한국의 가계부채와 주택담보대출은 지속적으로 증가하여 2012년 말 기준 가계부채(가계신용 기준)는 959.4조 원으로 가처분소득 대비 약 140%가 될 것으로 추정된다. 참고로 가계대출은 일반대출과 주택담보대출의 합으로 구성되고, 가계대출에 신용카드 사용액 등 판매신용을 합하면 가계신용이 되고, 가계신용에 금융이자를 합하면 가계부채가 된다.

이명박 정부의 가계부채 인식은 매우 안이하고 위험했다. 가계부채의 대부분(85%)을 중산층 이상이 가지고 있기에 걱정할 필요가 없다며 **주택시장의 특성조차 이해 못하는 무지를 드러냈다.** 가격 하락이 예상될 경우 시장에 매수자는 사라지고 매도자만 존재해 가격 하락 압력이 증대하고, 가격 하락은 LTV 상승과 마진콜 요구로 이어지고 유동성 확보가 어려울 경우 강매를 통해 가격의 추가 하락이라는 악순환이 형성된다. 이런 상황에서는 충분한 금융자산을 보유하지 않는 이상 중산층조차 파산할 수 있다. 우리 사회의 경우 은퇴 연령층인 50대 이상의 주택 중심 자산 보유자가 중산층의 다수를 구성하고 있다. 지난 상반기부터 'LTV 비상', 'LTV 공포'가 확산된 배경이다. 게다가 금융위기 이후 상황은 인구오너스 구조로 전환되는 시점이기도 했다. 핵심노동력(25~49세)이 2009년부터 감소하기 시작했고, 핵심생산인구(15~60세)를 나머지 부양인구로 나눈 역부양인구비율이 2010년 정점을 찍고 2011년부터 하

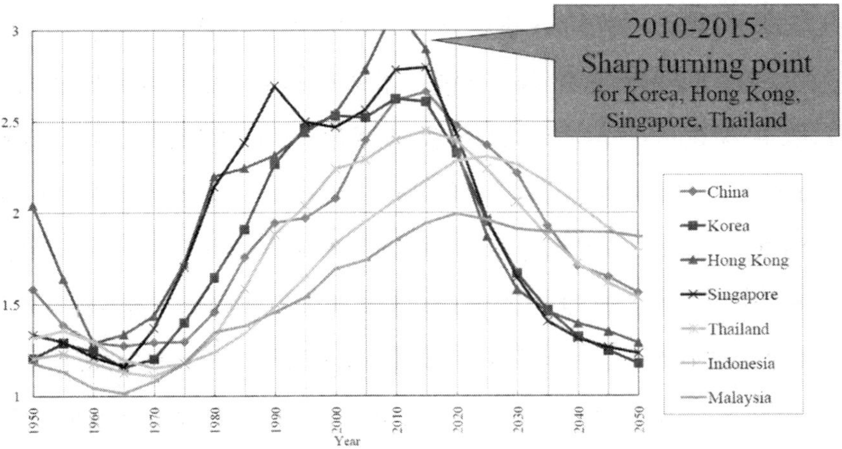

인구구조 변화와 자산시장 붕괴: 역부양인구비율

락세로 전환했다. 즉 인구요인에서 주택시장의 붐이 끝났다는 얘기다. 2010년 이후 수도권 주택가격 하락 추세와 일치하고 있다.

그리고 금융위기 이후 선진국 경제가 장기 저성장 시대로 진입하면서 과도한 대외의존도를 가진 한국 경제는 위기 상황이었다. 즉 미국·유럽·일본 등 선진국 경제의 장기 저성장 진입으로 수출 역시 장기 둔화가 불가피했다. 그런데 **이명박 정부는 글로벌 금융위기를 제대로 이해하지 못했다. 금융위기 이후 선진국의 경제 체질이 얼마나 허약해졌는지를 이해하지 못하고 과거의 기준으로 선진국 경제를 바라보았다.** 국제공조와 경기부양 등으로 글로벌 경제가 회복될 것으로 낙관했다. 그렇기에 정부조차 지난해 경기 전망에 대해서도 유로존 위기가 재부상하기 직전인 지난해 4월까지 상저하고의 경기 전망을 내놓았던 것이다. 필자는 앞에서 언급한 요인들을 지적하며 '꼬리 리스크(자주 일어나지 않지만 발생할 경우 시스템을 붕괴시키는 사건)'가 커지고 있다는 경고를 수년 전부터 신문 칼럼과 방송 그리고 저서(『어게인쇼크』, 2011. 6) 등을 통해 경고해왔고, 2011년부터는 한국 경제의 침몰 가능성을 주장했다. 그러나 지난해까지 정부와 한국은행 총재 및 금융감독 수장들 그리고 관변 어용지식인 등은 대부분 가계부채를 중산층 이상이 보유하고 있다며 '꼬리 리스크'로 발전할 가능성을 부정했다.

탈공업화 이후 좋은 일자리의 창출이 약화되고 일자리의 질 및 고용 안정성이 약화되면서, 특히 2000년대 이후 많은 국민들이 경쟁적으로 차입을 이용한 자산 불리기에 나섰다. 즉 2000년 이후 주택가격 상승의 일정 부분은 투기적 대출수요에 의해 견인되었다. 그 결과 50세 이상의 가계대출이 전체에서 차지하는 비중은 2003년 33.2%에서 2011년 46.4%로 증가한 반면, 40세 이하의 가계대출은 30%에서 20%로 하락했다. 후자의 경우 신용에 접근할 기회가 불리했기 때문이다. 채무보유 인구의 고령화가 진행된 것이다. 특히, 부동산가격 상승기(2005~07년)에 고연령층은 수도권 고가 주택담보대출을 크게 늘렸다. 그런데 대부분 자산을 상대적으로 현금화하기 어려운 주택자산으로 보유한 고연령층은 은퇴 후 주택자산의 축소와 유동화가 불가피하다. 문제는 고가주택을 인수해줄 40대 이하의 구매력이 취약하다는 점이다.

2008년부터 수도권 중·대형 주택가격이 하락한 배경이다. 좋은 일자리 공급이 약화되고 성장잠재력이 하락하는 상황에서 향후 40대 이하, 특히 40세 이하가 자발적으로 차입을 증대시킬 가능성은 매우 낮다. 그렇다고 이들이 차입을 증대시키도록 정책적으로 유인하는 것은 결코 바람직하지 않다. 폭탄돌리기에 불과하기 때문이다.

이처럼 **좋은 일자리 창출 역량 감소 + 부동산시장 침체와 관련된 가계부채 + 인구오너스 시대 전개 + 과도한 대외의존도와 글로벌 경제의 장기 저성장 등이 결합되면서 한국 경제는 급속히 가라앉고 있다.** 가계부채의 파열에 따른 금융 부실과 경기 침체와 실업 급증, 국가 개입에 의한 은행 청소, 국가부채의 폭증, 해외자본의 탈출과 외환위기라는 '익숙한' 시나리오가 가시권에 들어오고 있다. 그런데 이러한 방식은 지난 4년간 선진국의 경험에서 보았듯이 해결책으로 효과적이지 못하다. **무엇보다 국가 재정이 여유가 없다.** 일반 정부(중앙정부+지방정부+사회보장기금)의 금융부채가 2007년 말 285.8조원에서 2012년 6월 417.1조원으로 이명박 정부에서 약 71%나 늘어났다. 정부부채의 급증은 기본적으로 이명박 정부 4년간 81조 4천억 원에 달하는 재정적자의 누증에서 비롯한다. 재정적자의 급증은 감세와 무리한 삽질(토목) 프로젝트 등의 결과였다. 같은 기간 공기업의 금융부채(주식 및 출자 지분, 직접 투자 제외)가 이명박 정부의 해외 자원 개발, 주택, 물가 억제 정책 등에 동원되면서 190.1조 원에서 390.7조 원으로 약 106% 증가했다. 특히 지방공기업은 5개 중 1개가 파산 위기에 직면한 것으로 추정된다. 공기업 부채는 그림자 국가부채인 것이다.

둘째, **가계부채가 은행 부실로 확산된 후 통상적으로 시행하는 은행 청소는 선진국에서 보았듯이 은행은 구제할 수 있지만 자금중개 기능의 정상화, 즉 경제활동의 정상화에 해법이 되지는 못한다.** 게다가 은행 청소에 투입된 공적 자금은 국가부채 증가로 이어질 수밖에 없고, 그 결과 해외 투자자의 자금 유출은 통화위기(외환위기)로 발전할 가능성이 높다. 경기 침체와 실업 증가 그리고 대출조건 강화 등으로 주택가격의 하락은 지속될 수밖에 없다. 자산시장의 붕괴가 일본의 경우 디플레이션으로 발전했지만 대외의존도가 과도하게 높은 한국 경제의 경우 환율 상승이나 1차 상품가격의 상승 등으로 생필품 가격을 중심으로 인플레이션이 나타날 가능성이 높고 이는 실질소득을 후퇴시킬 것이다. **경제는 하방을 향해 악순환으로 빠져들어 붕괴할 가능성이 높다.** 가계부채와 고령화 그리고 선진국의 장기 저성장 등을 감안하면 혁명적 조치가 없이는 붕괴를 막기가 역부족인 상황이다. **부채의 늪에 빠지는 사람들이 증가하게 되고 상당수 서민이 채무 노예로 전락할 수밖에 없다.**

채무 노예를 해방시켜라

가계부채를 분리하여 접근해서는 해결이 불가능하다. 지금까지 보았듯이 가계부채는 근본적으로 시대교체 지체의 산물이기 때문이다. 즉 **선진국이든 한국이든 다수 시민의 채무 노예화는 시스템과 정책실패의 산물**이다. 한국의 경우에도 탈공업화가 진행된 90년대 산업구조의 전면적 재검토를 놓치면서 좋은 일자리 창출의 약화와 임금 불평등 및 사회 양극화가 진행됐고, 다른 한편 자본시장 개방과 외환위기 이후 한국의 고도성장을 가능케 했던 관계금융 모델(정부-은행-기업 간 협력체제)이 해체되며 자산 운용의 문제에 직면한 은행이 주택(안전자산)을 담보로 한 가계대출 중심으로 영업 방식을 전환하며 은행의 '도덕적 해이'가 확산됐다. 여기에 정부도 가계신용 확대 정책(카드정책이나 저소득층에 대한 주택신용 지원 정책 등)으로 '차입에 의한 (가계와 금융의) 자산(부채) 부풀리기'를 지원했다. 부동산 가격의 상승을 기대한 경제주체들도 '부채도 자산'이라며 '부채(자산) 늘리기'에 동참했다. 그리고 미국과 일본의 초저금리 정책에서 비롯한 2000년대 글로벌 과잉유동성도 '부채(자산) 늘리기'를 부채질했다. 이런 분위기 속에서 부동산가격의 상승을 기대한 경제주체들도 '부채도 자산'이라며 '부채(자산) 늘리기'에 동참했다. 그런 가운데 정부와 한국은행 그리고 관변 연구소 등은 2011년까지 가계부채를 우려할 수준이 아니거나 문제가 없다고 주장했다. 가계부채가 문제화되자 정부가 내놓은 대표적 방안이 고정금리・비거치식 분할상환 대출로의 전환과 (주택금융공사의 보증을 매개로 한) 적격대출의 도입 등이었다. 그러나 이러한 방식들은 기본적으로 미국 모기지 시스템의 모방으로 앞에서 소개한 미국 모기지 시스템의 문제에 그대로 노출될 수밖에 없다. 즉 장기고용시스템과 정부 보증에 의한 주택금융 지원 등에 기초한 것이다. 그러나 한국 사회에서 고용 안정은 더 이상 보장되지 않는 상황이다. 그리고 금융기관의 리스크를 정부로 이전하는 방식은 시간벌기에 불과하다.

가계부채의 해결은 크게 공정성, 재정투입의 최소화, 실효성 등 세 가지 원칙에 기초해 접근해야 한다. 가계부채는 정책 및 시스템 실패의 산물이자 한국경제의 시스템 리스크라는 점에서 국가 개입은 불가피한 반면, 개인과 금융기관 등 역시 책임으로부터 자유롭지 못하기 때문이다. 예를 들어, 외환위기 이후 관계적 은행모델(정부-은행-기업 간 유기적 협력체제)의 해체와 은행의 자산운용 문제가 대두하며 상대적으로 안전자산인 주택을 담보로 한 가계대출 중심으로 은행은 영업 방식을 전환했고, 그 결과 은행의 도덕적 해이가 확산되었다. 첫째, 탈공업화와 과도한 시장개방 등에 따른 정책 및 시스템 실패의 결과물인 생계형 채무를 탕감시켜야 한다. 먼저, 주택담보대출과 관계없이 미래소득이 불투명한 잠재빈곤층의 채무 문제이다. 즉 최저생계비의 120% 이하인 차상위계층의 가계부채, 특히 생계형 소액금융채무자 및 채무변제능력이 없는 65세 이상 독거노인, 장애인, 저임금 노동자, 학자금대출 신용불량자 등 사회적 약자들의 부채 탕감이 필요하다. 부채 탕감과 더불어 무주택 서민에 대한 전월세 지원이 필요하다. 공공임대의 확대와 더불어 임대차 등록제를 전제로 한 전월세 상한제의 도입과 임대료 보조(예: 주택보조금이나 주택바우처 제도)의 강화 등이 필요하다. 그리고 이를 위한 공적자금의 조성이 필요하다. 사회적 약자들의 가계부채는 시스템과 정책실패의 최대 피해자이기 때문이다. 그리고 공적자금 조성을 위해 한국은행의 발권력 사용도 배제할 필요가 없다. 이는 한국은행이 '사실상'의 재정 역할을 수행하는 것을 의미한다. 그런데 한국은행의 '사실상'의 재정 역할을 부정적으로 생각할 필요는 없다. 가계부채는 한국은행의 목표 중 하나인 금융안정의 문제이기 때문이다. 미국의 연준도 비상 상황을 내세워 금융과 대기업 부실 등을 해결하기 위해 특수목적법인을 만들어 발권력을 사용했듯이 시스템 실패에서 비롯한 한국의 가계부채 문제 역시 한국경제를 위기로 내몰 요인이기 때문이다. 또 일부에서는 부채 탕감에 대해 차입자의 '도덕적 해이'를 지적한다. 이러한 주장은 인류 역사가 '채무 노예'의 문제를 방치하고 새로운 시대로 진보한 사례가 없다는 사실을 간과한다. 또한, 은행 부실의 청소, 기업에 대한 긴급자금의 수혈, 기업 및 금융기관 구조조정에 세제 혜택, 건설경기 활성화를 위한 재정투자 등의 '도덕적 해이'와 비교할 때 공정하지도 않다. 사실, 사회적 약자들의 채무 탕감에 필요한 자금 규모는 예금보험공사가 외환위기 이후 부실금융기관에 투입한 공적자금이나 이명박 정부가 조성한 기업 구조조정 기금의 규모와는 비교가 되지 않을 정도로 작다.

둘째, 부채가 자산 가치를 초과하는 이른바 깡통주택의 경우 외국과 달리 전세제도가 관련되어 있는 '한국판' 서브프라임 모기지 사태이다. 그런데 현재 논의되는 하우스푸어나 렌트푸어 등의 대책에는 세입자 보호 방안이 누락되어 있거나 실효성이 낮다. 예를 들어, 금융감독원은 한때 하우스푸어의 문제에 정부 개입을 반대하며 채권자인 금융권과 채무자인 주택소유자 사이의 자체 해결을 주장했다. 그런데 이 주장에는 세입자의 처지가 고려되지 않고 있다. 한국의 경우 주택과 관련된 채권 소유자에 금융기관뿐만 아니라 세입자도 포함되어 있기 때문에, 즉 주택담보대출비율(LTV)이 낮기 때문에 집값이 크게 하락(예: 30% 하락)하더라도 은행은 경매를 통해 리스크를 해소(대출을 해수)하는 것이 오히려 유리한 반면, 세입자의 채권은 보호되기 어렵다. 또한, 선거 당시 박근혜 후보가 치솟는 전세금 부담을 덜어주겠다고 내놓은 렌트푸어(rent-poor) 대책, 즉 세입자 대신 집주인이 전세금 대출을 받고 그 이자를 세입자가 내게 한다는 방안은 실효성이 없거나 기존 세입자의 문제가 고려되지 않고 있다. 세입자 대신 집주인이 대출을 받을 리도 없겠지만 집주인의 전세금 대출은 LTV 비율을 높이기에 실효성도 낮을 뿐만 아니라 문제를 악화시킬 뿐이다. 또한, 하우스푸어의 대책으로 새 정부가 추진하는 '보유주택 지분매각제도'의 경우 실효성 제고뿐만 아니라 금융기관과 집주인 등 주주 등에게도 손실을 분담시켜 도덕적 해이의 차단과 재정투입의 최소화가 이루어져야 한다. 참고로 미국도 부채상환 의무를 담보물에 국한하는 은행융자금 '비소구권(Non-recourse Debt)' 제도를 시행하고 있다. 즉 주택소유주가 집을 포기하면 주택대출에 대한 면책특권을 부여하는 것으로, 채권자인 금융회사도 책임을 공유하게 하는 것이다. 물론, 하우스푸어나 렌트푸어 대책의 대상은 실거주 목적의, 일정 금액 이하의 1주택 소유자나 일정 한도 내의 전세금 등으로 한정될 필요가 있다.

셋째, "약자에게는 높은 대출이자, 강자에게는 낮은 대출이자"를 물리는 '역진적 금융'을 해소하기 위해 '국책 서민은행'의 설립이 필요하다. 즉 '역진적 금융'은 서민과 사회적 약자에게 과도한 고금리를 부과하는 금융기관의 우월적 지위에서 비롯된다. 서민금융을 전담하는 국책은행의 설립으로 기존에 소매 전문은행인 국민은행의 역할을 수행시켜야 한다. 미소금융, 햇살론, 새희망홀씨, 희망드림론 등을 통한 서민금융 지원은 구조적으로 한계가 있다. 새로운 은행 설립을 위해선 산업은행법, 수출입은행법과 같은 특별법의 제정이 필요하다.

청년 일자리 해결이 없는 한 파국은 불가피

앞에서 소개한 가계부채의 대책은 위기관리 차원의 대책이지 위기의 해법은 될 수 없다. 가계부채에 대한 상식적 해법은 소득 창출이고, 소득은 일자리의 문제이다. 간단히 말해 소득이 뒷받침되지 않기에 빚을 내게 된 것이고, 소득과 일자리가 불안하다 보니 빚을 내서 자산 늘리기를 하다가 '하우스푸어의 함정'에 빠진 것이다. 예를 들어, '보유주택 지분매각제도'의 경우 부채가 채권은행에서 공공기관으로 이전되고, 은행에게 납부할 이자율 대신 임대료로 전환된 것뿐이다. 핵심은 이자 부담을 줄여주든 이자 부담 능력을 키워주는 것이어야 한다. 이는 결국 소득과 일자리 창출의 문제인 것이다. 즉 소득과 일자리 창출이 근본적으로 해결되지 않는 한 부채 탕감은 일회성 대책이 될 수밖에 없고 '도덕적 해이'만 야기할 수 있다. 부채 탕감은 '일자리 혁명'과 동시 진행되어야 한다. 이처럼 채무 노예의 사회에서 벗어나는 길은 좋은 일자리 만들기, 특히 청년 일자리의 창출이 핵심이다. 즉 좋은 청년 일자리 과제를 해결하지 못하는 한 '한국 경제의 일본화'는 불가피하다. 즉 서민은 채무 노예로 전락하고, 뒤치다꺼리를 할 수밖에 없는 국가 역시 '부채의 늪'에 빠질 것이다.

그런데 (앞에서 살펴보았듯이) 청년실업의 문제는 탈공업화와 대기업 중심의 한국 경제 구조와 맥을 같이 하고 있다. 즉 한국 사회에서도 공업화를 통해 많은 일자리가 만들어졌고 급속한 소득 증대가 이루어졌고 인구도 증가했다. 사실, 한국의 공업화는 한국전쟁 이후 베이비붐과 거의 일치했다. 그 결과 주택 수요가 증가할 수밖에 없었고, 소득이 향상되면서 삶의 질을 개선시키고 싶은 욕구는 주택 규모의 늘리기로 이어졌다. 중대형 주택에 대한 수요 증대가 상대적으로 높은 수익률 보장으로 이어지면서 중대형 주택은 베이비붐 세대의 자산포트폴리오에 중심이 되었다. 그런데 2010년은 베이비붐 세대의 은퇴 시작과 역부양인구비율(=핵심노동력인구/부양인구)의 정점이 일치하는 상징적 시점이었다. 게다가 글로벌 금융위기 이후 글로벌 경제의 장기 저성장 국면 진입은 과도한 대외의존도를 갖는 한국경제호의 항해에 암초일 수밖에 없다. 성장을 위해서는 내수를 강화할 수밖에 없다는 것을 의미한다. 실제로 한국 경제의 소득 창출 능력이 급속히 저하되고 있다. 예를 들어, OECD는 한국 경제의 연평균 잠재성장률이 2012~17년 3.4%에서 2018~30년에는 2.4%, 그리고 2031~50년 1.0%로 34개국 중 33위를 전망하고 있다. 그런데 이 전망은 부동산시장의 붕괴 가능성이나 선진국 경제의 장기 저성장 가능성 등을 전제하지 않은 것이다. 부동산시장이 붕괴할 경우 잠재성장률의 추가 하락은 불가피하다. 명목GDP가 20년간 멈춘 일본 경제는 반면교사이다. 베이비붐 세대의 은퇴는 자산포트폴리오의 재구성을 불가피하게 하는 반면, 중대형 주택에 대한 시장 수요는 구조적 침체에 직면한 상황이다. 좋은 일자리의 부족과 일자리의 단기화 등으로 3,40대가 수요자 역할을 하기는 어렵기 때문이다. 좋은 일자리 만들기가 한국 사회와 경제의 운명을 결정할 핵심과제인 이유이다. 부채 함정에서 벗어나고 급속한 고령화에 따른 재원을 확보하고 사회 양극화를 해결하려면 좋은 일자리 만들기를 통한 성장의 길밖에 없기 때문이다. '고용 없는 성장'에서 보듯이 성장을 통한 좋은 일자리 만들기는 더 이상 가능하지 않다.

그렇다면 좋은 일자리는 어떤 일자리이고 어떻게 만들 수 있을까? 이를 이해하기 위해서는 '일자리 양극화'의 원인을 이해해야 한다. 사회 양극화의 직접적 원인인 '일자리 양극화'는 기본적으로 탈공업화, 글로벌화, 기술진보 등에서 비롯된다. 오늘날 제조업은 글로벌 공공재가 되고 있다. 전 세계의 제조 시설을 활용할 수 있게 되었다. 기술진보와 글로벌화 등으로 중간 숙련(소득)의 일자리가 감소하는 가운데 상위 소득 일자리는 제한적으로 증가한 반면, 기술진보나 글로벌화 등에 영향을 받지 않는 저임금 서비스직종이 증가했다. 특히, IT 혁명 등 기술진보로 표준화시킬 수 있는 지식이나 기술의 코딩화가 가능해짐으로써 제조업 시대에 상대적 고임금직종(화이트칼라)이었던, 즉 단순 지식 혹은 표준적 지식을 사용하는 일상적 업무나 정형화된 지식이나 숙련을 사용하는 중간 소득 일자리가 기술에 의해 대체되었다. 과거 산업혁명의 역사에서 보았듯이 기술혁명은 기존 일자리를 축소시키는 측면이 있지만, 다른 한편 새로운 기술은 새로운 일자리를 만들었다. 현재 경험하는 기술진보의 특성은 산업화 시대의 기술 특성이 자본집약적이었던 것에 비해 아이디어집약적이라는 점이다. 즉 소득 2만 달러 시대에 만들어야 할 좋은 일자리는 아이디어집약적 산업에서 만들어야 한다.

아이디어집약적 산업은 기존의 제조업과 가치 창출의 원리가 다르다. 제조업의 대표업종인 자동차산업과 음원・게임・영화 등 이른바 아이디어집약적인 콘텐츠 산업을 비교하면 쉽게 이해할 수 있다. 제조업은 풍부한 기술개발비의 투입과 소수의 우수한 인재의 결합으로 기술을 개발한 후 대규모 설비투자와 생산설비의 보조 역할을 수행할 중간 숙련 보유 노동력 그리고 자원 등의 결합으로 대량생산을 추구했다. 자본이 중심적 역할을 수행한 것이다. 반면 아이디어업종은 상품개발 과정에 대부분 자원이 투입된다. 특히 상품개발은 양질의 아이디어를 보유한 노동력의 확보가 관건이다. 상품이 개발된 이후 개발 상품의 대량 생산을 위한 추가적인 노동력은 요구되지 않는다. 추가 노동력은 개발된 상품의 유통이나 관리 등에 필요할 뿐이다. 따라서 상품화될 수 있는 양질의 아이디어가 많을수록 소득 창출은 증가한다. 양질의 아이디어는 자본을 창출한다. 즉 투자처를 잃은 풍부한 시중 유동성은 양질의 아이디어를 쫓아 이동한다. 이처럼 많은 양질의 아이디어를 생산하는 것이 성장의 관건이다.

제조업은 대량생산체제이기에 표준화된 지식이나 숙련 보유자가 필요하고, 생산이 증가할수록 노동력에 대한 수요가 증가하는 특성을 갖는다. 따라서 제조업 육성을 위해서는 표준화된 중간 숙련 노동력의 대량 공급이 필요했다. 국가가 교육단계별로 교육프로그램을 정하고, 가능한 많은 노동력을 공급하기 위해 중등교육까지 의무화시킨 배경이다. 대량생산체제에서는 교육과정을 통해 습득한 표준화된 기술과 지식을 직무 수행 과정에서 숙련을 고도화시켰다. 그 결과 종신고용과 연공서열 체제 등 고용의 안정성이 확보되었다. 그러나 아이디어집약적 부문은 상품의 수명이 짧고 모방도 용이하기에 지속적인 혁신을 요구한다. 따라서 아이디어가 고갈된 혹은 언제든 대체가능한 노동력은 구조조정의 대상이 될 수밖에 없고, 이것이 '일자리 단기화'의 배경이다. 지속적인 혁신은 지속적인 양질의 아이디어의 공급에 달려 있는 반면, 양질의 아이디어 공급은 무엇보다 창의적으로, 즉 다르게 생각할 수 있는 사람의 규모에 의존한다. 즉 아이디어의 핵심은 차이에서 비롯하기 때문이다. 그리고 아이디어는 결합될수록 업그레이드되는 특성을 갖는다. 따라서 문제해결(상품개발)에 필요한 아이디어의 생산은 해당 분야에 대한 동기 부여, 정보나 지식의 활용 능력 그리고 다른 사람과의 소통 및 협력을 할 수 있는 인재 확보에 달려 있다. 이는 산업화 시대의 교육 방식과 대학교육이 아이디어집약적 부문에 필요한 인재 육성에 더 이상 효과적이지 않다는 것을 의미한다.

따라서 좋은 청년일자리 만들기('일자리 혁명')의 관건은 '교육혁명'에 있다. 즉 좋은 일자리 만들기는 아이디어집약적 산업들이 핵심을 구성하는 '혁신경제'의 건설을 의미하고, 또한 '혁신형 인재' 확보에 필요한 교육혁신과 대학혁명을 의미한다. 자율적 문제해결 능력을 갖는 '혁신형 인재'란 동기가 부여된 자율형 인간이자 소통과 협력을 통해 새로운 가치를 창출하는 이른바 '창의적 융합형 인재'이다. 동기 유발이 되어 있지 않은 노동력은 아이디어의 생산자가 될 수 없고, 타인과의 소통과 협력은 복잡성 세계의 문제해결에 필수조건이기 때문이다. 따라서 대학에서의 교육 방식은 공급자 중심의 톱다운 방식보다는 정보와 지식 등 자원을 끌어다 활용할 수 있는 역량을 배양시키는 학생 중심의 개념인 '학습' 방식으로 변화가 필요하다. 대학에서의 창의적 융합교육(통합적 사고 키우기)을 위해서는 보통교육에서의 상상력 키우기와 중등교육에서의 자기탐구를 기반으로 가능하기에 대학의 학생 선발 및 학습 방식 등의 혁신은 보통교육과 중등교육의 정상화를 견인시킬 수 있다. 현재 공급되는 노동력의 문제는 지식의 부족이 아니라 노동력 간 차이의 부족이기에 교육의 목표는 최고가 아니라 자기 칼라(차이)를 갖는 인재의 육성(Not Best, But Unique)이 되어야 하고, 이를 위해 '모두에 대한 수월성 교육'의 보장이 필요한 것이다. 이처럼 '혁신형 인재'를 육성할 수 있는 교육시스템의 혁신과 '모두에 대한 수월성 교육'을 내용으로 하는 교육혁신과 대학혁명은 사교육 폐해의 시정과 공교육의 정상화는 물론이고 창직의 활성화, 산업체계의 다양화 및 산업구조의 업그레이드에 필요한 인재 공급을 가능케 한다는 점에서 가장 좋은 일자리 정책이자 경제정책이다. 아이디어집약적 업종으로 업그레이드에 직면한 기업 역시 채용하는 인재에 대한 관점을 바꾸어야만 한다. 그리고 중앙정부나 지방정부 등은 아이디어의 상품화를 지원하기 위한 금융인프라와 '공공테크숍(public techshop)'처럼 누구나 무엇이든 만들 수 있는 제조 시설을 지원할 필요가 있다. 아이디어집약적 산업의 육성을 통한 산업체계의 다양화야말로 재벌 중심의 경제체제가 갖는 '시스템 리스크(꼬리 리스크)'를 제거하는 첩경이기 때문이다.

고용에서 창직(자기고용)으로 패러다임의 전환

기업의 고용 창출 역량이 계속 감소하는 가운데 일자리 만들기에 대한 인식의 전환도 필요하다. 산업화 시대 이전까지 인간은 자신의 일자리를 공동체와 더불어 자신이 만들었다. 산업화 시대에 들어 처음으로 타인에 의한 고용이 자리를 잡았다. 아이디어집약적 가치 창출 방식의 대두는 노조의 약화뿐만 아니라 자본에 대한 노동력의 의존도도 약화시킨다. 특히 기업의 고용 감소 추세로 다른 사람과의 협력으로 자신의 일자리 만들기가 증대할 수밖에 없다. 전통적 방식인 기업에 의한 일자리 만들기와 창직의 혼재는 역사 이행기의 또 다른 특징이 될 것이다. 90년대 이후 지속적으로 협력과 핵심자원의 공유가 비즈니스 모델에서 강화된 배경이다. 21세기에 새로운 가치 창출 모델들로 등장한 앱스토어 모델, 소셜 매뉴팩처링, 이타자리(利他自利)형 비즈니스 모델, 협력적 제조(collaborative manufacturing), 크라우드 소싱(crowd sourcing) 등에서 보듯이 창직(자기고용)에서 공동창조(co-creation)는 키워드이다.

공동창조 모델의 하나인 크라우드 소싱은 불특정 다수의 대중들이 직접 제품에 대한 아이디어를 내고 기업은 그 아이디어를 바탕으로 제품 설계 및 생산을 하는 체제이다. 구체적인 사례가 독창적 아이디어를 포착하여 상품화하고 판매함으로써 이윤을 얻는 쿼키(quirky: www.quirky.com) 모델이다. 즉 쿼키는 홈페이지를 통해 전 세계의 사람들이 자신이 가지고 있는 독창적 아이디어를 올리고 다른 사람들도 댓글을 달거나 투표를 함으로써 참여하고, 많은 사람이 괜찮다고 생각하는 아이디어는 제품 평가를 통해 상품으로서 가치가 있는지를 판단하는 과정을 거쳐 상품화한다. 아이디어 확정 과정에도 개선점 제안 등 공동창조 방식, 이른바 '커뮤니티 큐레이션' 방식을 사용한다. 참고로 크라우드 소싱과 커뮤니티 큐레이션 사이의 차이는 전자의 경우 승리자에게만 보상을 하는 반면, 후자의 경우에는 모든 지적 기여자에게 보상한다는 점에 있다. 커뮤니티 큐레이션이 공동창조의 정신을 보다 구현화시키고 있는 것이다. 쿼키가 "우리 모두는 공동체(We're All Community)"를 구호로 내세우는 배경이다. 즉 다른 사람이 제안하거나 만들어놓은 아이디어나 콘텐츠를 목적에 따라 보다 가치 있게 만드는 일을 의미하는 큐레이션 과정 속에서 회원들은 영향도(influence)라는 점수를 얻고, 해당 상품의 가치 창출에 대한 기여자로서 수익 배분의 대상이 된다. 이런 과정을 통해 최종 확정된 아이디어는 회사 내부의 전문가들이 연구, 디자인, 생산, 판매를 진행하여 시장에 나가게 되고 수익을 참여자와 배분한다. 그렇게 채택된 제품을 웹사이트를 통해 직접 판매하거나 대형 유통망을 통해 판매한다. 전자의 경우를 통해 판매되면 그 제품의 개발자는 그 제품의 이익의 30%를 가져가고, 후자의 경우를 통해 판매되면 10%를 가져간다. 즉 함께 만들고 판매하여 수익을 아이디어 제안자와 공유한다. 쿼키의 경우 아이디어 제안자와 수익을 공유하는 대신 아이디어 등록비로 10달러를 받고 만들어진 제품의 지적재산권을 자신이 소유한다. 이처럼 기존 아이디어 개발자가 생산과 판매를 위해 많은 투자가 필요했던 반면, 쿼키의 경우 아이디어 개발자는 10달러라는 적은 비용으로 생산과 판매를 모두 이룰 수 있다. 다른 한편 기존 제조업자는 신상품을 개발하기 위해 아이디어를 거의 자기 회사 직원에게 의존하여 아이디어 풀(pool)이 작았지만 쿼키는 대중을 상대로 아이디어를 모집하다 보니 아이디어가 넘쳐나고 제품이나 서비스 개발 및 기획 비용(R&D)과 시간이 감소하게 된다. 결과적으로 제품 공급 비용이 낮아지기 때문에 소비자들의 만족감도 증가한다.

공동창조는 자금조달도 기존의 금융 방식을 넘어 크라우드 펀딩을 사용한다. 크라우드 펀딩(crowd funding)은 "대중으로부터 자금을 모은다"는 뜻으로 소셜미디어나 인터넷 등의 매체를 활용해 자금을 모으는 투자 방식으로 자금이 없는 예술가나 사회활동가 등이 자신의 창작 프로젝트나 사회공익프로젝트를 인터넷에 공개하고 익명의 다수에게 투자를 받는 방식을 말한다. 목표액과 모금기간이 정해져 있고, 기간 내에 목표액을 달성하지 못하면 후원금이 전달되지 않기 때문에 창작자는 물론 후원자들도 적극 나서 프로젝트 홍보를 돕는다. 투자자 입장에서는 수만 원 내지 수십만 원 등 적은 금액으로 투자할 수 있기 때문에 부담이 없다. 트위터, 페이스북 같은 소셜네트워크서비스(SNS)를 적극 활용하기 때문에 '소셜 펀딩(social funding)'이라고도 불린다. 주로 영화·음악 등 문화상품이나 정보기술(IT) 신제품 분야에서 활발히 이용되고 있으며, 아이디어 창업 등 그 응용범위는 제한이 없다. 세계 최초의 크라우드 펀딩 사이트는 2008년 1월 시작한 인디고고(www.indiegogo.com)이며, 가장 유명한 크라우드 펀드는 2009년 4월 출범한 미국의 킥스타터(www.kickstarter.com)이다. 미국과 유럽 등지를 중심으로 확산되고 있으며 국내에서는 텀블벅(www.tumblbug.com) 등 5~6개의 크라우드 펀딩 업체가 운영되고 있다.

이처럼 공유와 협력은 주요 선진국들의 시장시스템들의 붕괴 속에 새로운 대안을 만들기 위한 키워드들이다. 생산과 소비 등 경제활동에서 협력과 공유와 상생이라는 생태계 개념, 즉 '서로 살리는' 호혜성의 원리가 부상하고 거래에서도 '관계'가 복원되고 있는 사실에 주목해야 한다. 가치 창출의 원천이 유형 가치에서 무형 가치로의 변화에 따른 결과이다. 무형 가치 창출의 원동력은 공유와 협력이기 때문이다. 그 결과, 가장 혁신적 기업들의 가치 창출은 '협력'과 '공유'와 '호혜성'에 기초하고 있다. 따라서 새로운 흐름을 꿰뚫는 키워드들인 '자율'과 '협력'의 원리로 사회운영을 재구성해야 한다.

또 하나의 꼬리 리스크, 한반도 리스크

앞에서 보았듯이 미국 경제는 대수축기에 진입했다. '제2의 일본' 가능성이 제기된다. '미국의 시대'를 만들었던 주요 시스템들이 작동하지 않는 반면, 미국 지도자들의 대응은 위기를 부른 사고 수준으로 접근하고 있기 때문이다. 그 결과 지난 3년 넘게 모든 수단을 동원했지만 위기 이전보다 상황은 더 악화됐고, 국가부채를 늘려도 GDP 증가 효과를 내기 어려운 이른바 '케인지언 종착역(Keynesian Endpoint)'에 접근하고 있다. 이론적으로 국가부채가 GDP 대비 100%가 넘을 경우 부채의 이자 비용이 성장을 상쇄하기 때문이다. 세계경제에서 미국 경제력의 상대적 비중 축소는 미국 중심의 세계질서에 근본적 변화를 수반할 수밖에 없다. 그동안 세계질서는 미국의 절대적 군사력 및 경제력에 기초한 것이었다. 그런데 미국 경제의 대수축과 지속 불가능할 정도로 증가한 국가부채로 미국의 세계안보 전략은 수정할 수밖에 없다.

마찬가지로 절대적인 미국 경제력에 기초했던 국제통화체제(달러체제)도 다원통화체제로의 전환이 불가피하다. 미국 경제력의 축소로 달러 준비자산에 대한 수요가 줄어드는 것이 불가피하기 때문이다. 또한 국제통화시스템의 역사가 통화가치의 하락 위험을 피하기 위한 끝없는 안전자산 추구 과정이었다는 점에서 국제통화시스템은 국제금융시스템과 분리해 생각할 수 없다. 따라서 달러체제의 약화는 국제금융시스템을 불안정하게 만들 수밖에 없다. 이는 미국의 금융시스템을 중심으로 운영되던 국제금융시스템과 선진국 경제력에 대한 신뢰 상실을 의미한다. 국제통화체제 및 국제금융시스템을 시급히 개혁해야 한다는 목소리가 높아지는 이유이다.

이처럼 미국 중심의 질서에서 다극체제로의 전환이 불가피한 반면, 초국가 협력의 지혜 및 리더십의 결여로 '다극체제의 불안정성 리스크'가 국제사회의 주요 문제로 부상했다. 그리고 불안정성 리스크의 최전선이 바로 한반도이다. 문제는 미국 사회의 많은 엘리트들조차 미국이 제대로 작동하지 않고 있고 다극체제로의 전환이 불가피함을 인식하고 있는 반면, 우리 사회의 많은 지도자와 지식인들은 여전히 미국 중심의 세계관에서 벗어나지 못한 채 미국 지도력의 회복을 막연히 낙관하고 있다. 즉 초국가 협력리더십의 빈곤 속에 '다극체제의 불안정성 리스크'는 군사적 충돌의 가능성을 고조시키고 있다. 주지하듯이 그동안 세계질서는 미국의 절대적 군사력 및 경제력에 기초한 것이었다. 그런데 미국 경제의 대수축과 지속 불가능할 정도로 증가한 국가부채로 미국의 세계안보 전략은 수정할 수밖에 없다. 쫓기는 입장인 미국이 중국 부상을 견제할 시간이 많지 않다. 패권의 분할이 불가능하다는 점에서 중국의 힘이 미국과 대등하게 증가할 경우 미국이 중국에 동등한 지위를 부여할 가능성이나 중국이 미국과 동등하게 취급되지 않는 것을 받아들일 가능성 모두 제로이다. 중국에 대한 불신이 커지면서 미국은 개입에서 봉쇄로 대중전략을 변화시켰다. 2010년 통상전쟁에서 보았듯이 경제적 압박에 의한 중국 견제는 이미 작동하지 않고 있다. GDP와 무역액과 자본의 순수출 등으로 구성한 경제력을 기준으로 볼 때 미국과 중국이 세계에서 차지하는 비중은 지난해부터 역전되었기 때문이다. 남은 수단은 미국이 확실한 우위를 점하고 있는 군사력의 동원이다. 미중 간 군사적 충돌의 1순위 지역은 서태평양, 즉 우리의 서해와 동중국해 및 남중국해가 될 수밖에 없다. 그중에서도 군사적 긴장이 가장 높은 곳이 서해이다. 미국으로서는 중국을 가장 효과적으로 압박할 수 있는 곳이기도 하다.

미・중 간 패권 경쟁의 현 주소는 '타국의 주권 존중과 내정불간섭'을 내세우는 '베이징 컨센서스'에 잘 드러난다. 1차 대전 후 당시 새로이 부상하던 미국이 영국 등 '과거 패권들'에 대한 역할 축소 요구가 자결주의였듯이 '베이징 컨센서스'는 미국 패권의 축소를 요구하는 '중국판 자결주의'이다. 특히 아시아에서 미국을 분리시키는 것은 중국의 최우선 과제이다. 중국이 아시아 국가들과의 경제 관계를 강화해온 이유이다. 현재 동아시아 국가들의 무역에서 중국 비중은 40%가 넘을 정도로 중국경제에 대한 의존이 높다. 대만과 한국의 경우는 사실상 중국 경제권에 들어간 상태이다. 반면 동아시아 국가들의 수출에서 미국의 비중은 크게 축소됐다. 중국 중심의 '동아시아주의'와 미국 중심의 '아시아・태평양주의'가 한반도에서 충돌하고 있다. 아세안+한・중・일 FTA와 '환태평양경제동반자협정(TPP)'이 한 예이다.

이처럼 한국은 미・중 갈등 속에서 한 치의 실수도 용납되지 않는 지정학적 위치에 있는 반면, 한국의 미・중 전략은 과거에 머물러 있다. 미국의 재협상 요구를 수용한 이명박 정부의 한・미 FTA와 한・미 동맹 강화가 그것이다. 현재의 한・미 관계 속에는 중국 부상을 견제하기 위한 미국의 한국 활용은 있지만, 한반도 평화체제의 수

립과 한국 주도의 한반도 통일은 확보되고 있지 않다. 그 결과 미국은 한국의 대중 경제의존도를 증대시키고 있다. 즉 한국 경제에서 중국 변수는 한・중 경제협력과 북・중 안보동맹으로 표현하지만, 한・중 경제협력이나 북・중 안보동맹 모두 비대칭성을 특징으로 한다. 한・중 사이는 비대칭적 경제협력 구조를 보인다. 미・중 사이의 균형보다 한・미동맹의 강화를 추구한 한국의 이명박 정부에 노골적으로 불만을 제기하는 중국이 한국경제에 대한 영향력 강화를 통해 한・미동맹 의존적인 안보구조를 약화시킬 수 있다는 점이다. 2009년부터 한국 자본시장에 대한 중국 영향력의 증대로 한국은행의 금리 정책이 안 먹히는, 즉 경제주권의 침식이 그것이다. 예를 들어, 2009년까지 한국 채권을 거의 보유하지 않았던 중국이 3조 달러가 넘는 외환 보유고를 앞세워 2009년 하반기 이후 한국 채권을 사들이기 시작해, 순식간에 세계 4위의 한국 채권 보유 국가로 떠올랐다. 특히 2010년 11월부터 외국인 채권 투자에 대해 세금을 물리기 시작한 이후 해외 투자자의 채권 매수가 급격히 줄어들었는데도 중국의 한국 채권 투자는 급증했다. 다른 나라들은 민간 자금이 주로 투자되는 반면, 중국은 주로 국가외환관리국이 투자하기 때문에 세금을 면제받는다. 중앙은행 간 채권 거래에는 세금이 붙지 않기 때문이다. 중국의 채권 투자는 가속도가 붙어 중국의 한국 채권 투자 규모는 유럽 및 미국을 크게 따돌리고 있다. 중국의 채권 투자 급증은 한국의 금리 정책을 무력화시키고 있다는 점에서 심각하다. 기준 금리(단기 금리)를 인상해도 중국의 채권 투자로 시중 실세 금리가 상승하지 않는 것이다. 이처럼 중국에 대한 수출이 미국과 일본에 대한 수출 규모를 합친 것보다 많을 정도로 높은 무역의존도와 더불어 금융부문까지 중국의 영향력이 크게 확대되고 있다. 실물부문에 대한 과도한 의존뿐만 아니라 금융주권이 중국에 의해 침식되고 있는 것이다. 예를 들어, 저금리 정책을 선택해야 하는 상황에서 중국의 대규모 채권 매도는 시장금리를 상승시켜 통화정책의 독립성을 훼손시키고, 금융시장의 불안정성을 크게 증가시킬 수 있다. 게다가 지난해부터 중국 자금은 주식시장으로 그 영향력을 확대시키고 있다.

한편, 미・중 갈등을 지혜롭게 활용해야 한다는 주장 역시 너무 선언적이다. 미・중에 의해 줄서기를 강요당하는 가운데 한국은 선택을 관철시킬 수 있는 능력이 없기 때문이다. 한반도에서 '다극체제의 불안정성 리스크'를 근본적으로 해소시키기 위해서는 한반도 통일과 동아시아 공동체의 건설이 다른 과제가 아니라 하나의 과제라는 인식이 필요하다. 즉 통일과 동아시아 공동체 건설은 동전의 앞뒷면에 해당한다. 이는 남북이 통합과 융합(합의)의 길로 가야 함을 의미한다. 이를 위해서는 남북이 화합과 합의 위에 상호 체제개혁의 과정이 필요하다. 한반도 신뢰 구축이나 북한의 변화 모두 기본적으로는 남북의 화합과 합의를 전제로 한 상호 체제개혁에서만 가능하다. 북한을 힘으로 밀어붙이고 무력으로 하는 통일이 한반도에서는 불가능하다는 것은 한국전쟁으로 입증되었다. 북한을 힘으로 밀어붙이는 통일은 중국을 미국, 일본과 손잡고 힘으로 밀어붙이는 것이나 다를 바가 없다는 점에서 신냉전적 사고이고 결과적으로 반민족적 발상이다. 예를 들어, 2012년 논란이 된 '한·일 군사정보포괄보호협정(GSOMIA)'은 '한·미·일 군사정보포괄보호협정'의 출발점이라는 점에서 중국 입장에서 보면 중국에 대한 대응으로, 북·중·러 군사협력 강화로 이어질 수밖에 없는 신냉전의 출발점이다. 이는 한반도를 미·중 충돌의 매개체로 만드는 것이고, 일본 재무장을 한국이 지원하는 꼴이기 때문이다. 따라서 북한을 힘으로 밀어붙이는 전략에는 동아시아 공동체 건설이 존재할 수 없다. 미국 사회 일각에서 북한 체제가 붕괴하면 미국과 중국 간 전쟁이 일어날 수도 있다는 분석이 제기되는 상황이다. 즉 북한이 경제 실패와 권력 투쟁 등으로 붕괴할 경우 중국은 자국으로의 대규모 난민 유입 등 혼란을 막고 한국과 미국의 한반도 장악을 저지하기 위해 북한 지역으로 상당 규모의 병력을 파견할 것이라고 예측하며, 이 경우 한국군 혼자 북한 붕괴 상황에 대처하기에는 역부족이기 때문에 미국 지상군의 개입이 요구되기에 미국과 중국 간 군사적 충돌의 가능성을 배제할 수 없다는 것이다. 이처럼 남북관계에서 미국과 중국이 절대변수인 한 "안보는 미국에, 경제는 중국에" 의존하는 '틈새의 편익'은 말장난에 불과하고, 미·중 갈등과 충돌의 소모품에서 벗어나기 어렵다. 동북아에서 미·중 충돌을 막기 위해서도 남북한의 자치 역량 강화는 절대적 요구사항이고, 이를 위해 화해와 합의를 전제로 한 상호 체제 개혁은 선택이 아니라 필수이다. 동아시아 공동체 건설은 남북의 자율성(자치)을 전제로 한 초국가 협력 체제의 구축을 의미하기 때문이다. 미·중 경쟁이 고조되는 상황에서 현재의 분단구조로는 남북이 미국과 중국의 영향력을 벗어나기 어렵고, 한국에서 미국의 영향력이 증가할수록 한반도 문제에 대한 일본의 영향력과 발언권을 높여줄 가능성만 높다. 남북 화해와 합의 위에 상호 체제개혁을 통한 통일은 남북이 일치하는 정체성 추구가 가능해지고, 동북아 공동체 구축과 동북아 완충지대 역할에서도 주도적 역할을 할 수가 있다.

역사이행기의 개인 선택: 답은 개전쌍전(個全雙全)

글로벌 장기 저성장을 특징으로 하는 역사 이행기에 개인은 어떻게 살아가야 할까? 고용은 갈수록 불안정하고 청년층을 위한 좋은 일자리 만들기나 고용 안정성의 획기적 제고 등이 없는 한 부동산 시장의 장기 침체도 불가피하기에 자산 가치 감소에 대한 우려도 고조되고 있다. 미래가 불확실성으로 가득하다. 한마디로 사고와 삶의 방식을 바꾸어야 한다. 지금까지의 경험을 갖고 판단하면 많은 어려움에 직면할 수밖에 없다. 개인들은 무엇보다 자기 삶의 주인으로 다시 태어나야 한다. 기성세대는 변신이 쉽지 않겠지만 가능한 변해야만 한다.

첫째, 기업은 개인의 경제적 삶을 더 이상 보장해주지 않는다. 개인은 적어도 60대까지 경제적 활동을 해야 하는 반면, 기업에 고용되는 기간은 갈수록 짧아지고 있다. 30대 중에서 기업에 고용된 비중은 50% 정도에 불과하고, 40대와 50대는 각각 10명 중 4명과 3명에 불과할 뿐이다. 향후 더욱 악화될 것이다. 즉 기업에 대한 의존을 낮추어야 하는 것을 의미한다. 사실, 기업은 역사적 산물이다. 기업이 일자리를 보장해준 것은 주식회사 형태의 기업이 일반화된 19세기 말부터, 즉 대량생산시스템이 도입된 이후이다. 대기업의 고용 비중이 약화되기 시작한 것도 대량생산시스템의 종언과 관련이 있다. 즉 일반인들이 좋은 직장이라고 생각하는 대기업의 경우 가치 창출 방식이 아이디어집약적으로 전환되면서 고용 창출 역량은 향후에도 지속적으로 감소할 것이다. 게다가 시장의 영역은 매우 불안정해지고 있다. 따라서 시장 밖의 세계로 시선을 확대할 필요가 있다. 시장 영역에 참여를 최소화시키는 것은 시장의 불확실성이 만들어내는 리스크를 최소화시키는 방법이다. 현재 시장 영역 밖의 세계로 마을기업, 다양한 협동조합, 지역화폐운동 등이 있다. 아직은 미미한 움직임에 불과하지만, 개인의 삶에서 다양한 주변 사람들과 협력을 통해 '자치의 영역'을 확장하고 강화해 나갈 필요가 있다. 이와 관련하여 다양한 '조합식 경제협동체'에 주목할 필요가 있다. 여기서 '조합식 경제협동체'란 자율성에 기초한 조합원 간 협력과 공동소유 및 공동창조, 즉 재산의 사유와 활동의 자유를 허용하되 상호 평등한 입장에서 협력적 작업을 하는 경제자치체를 의미한다.

둘째, 초저금리 시대가 도래하고 있고, 주식시장의 전망 역시 비관적이다. 무엇보다 새로운 성장 추진력이 보이지 않고, 불확실성의 일상화로 변동성이 높아진 상황에서 전문투자가 역시 높은 수익을 실현하기가 어렵다. 게다가 주식투자 비중이 상대적으로 높은 선진국의 경우 급속한 고령화로 주식 투자 비중이 장기적으로 하락할 수밖에 없고, 유동성에 의한 주가 부양도 고갈되고 있는 반면, 신흥시장국은 주식 투자에 대한 부정적 인식이 강하다는 점에서 글로벌 주식시장의 장기적 전망은 밝지 않다. 즉 높은 펀드 수익률을 안정적으로 기대하기 어렵다. 오히려 그동안의 인위적 주가 부양이 만들어낸 거품이 꺼지면서 폭락할 가능성도 높다. 무제한 통화공급에 의한 유동성 장세도 실물경제의 회생 없이는 지속 가능하지 않기 때문이다. 게다가 역사적으로 통화전쟁의 결과는 국제통화시스템의 붕괴로 이어졌다는 사실을 염두에 두어야 할 것이다. 주식은 더 이상 높은 수익을 보장하기 어렵고, 변동성이 커진 위험한 자산이 되었음을 인식할 필요가 있다. 즉 부동산과 주식 등 위험자산의 비중을 축소시키는 것이 바람직하다. 마찬가지로 글로벌 경제가 극도로 불안정해지면서 해외 자산이나 1차 상품에 대한 투자 역시 안정적 수익률을 기대하기 어렵다. 게다가 해외 자산의 경우 환율 위험성을 고려하면 매우 위험하기까지 하다. 이처럼 자산 운용이 매우 어려워지고 있기에 기대 투자수익률을 낮출 수밖에 없다.

결국 '교육혁명'이나 새로운 시스템의 도입 등 체제 이행이 없이는 개인의 안전도 보장되기 어렵다. 즉 함께 풀어나갈 수밖에 없다. 다양성과 자치성이 강물처럼 흐르는 사회의 건설(문화혁명), 공유와 협력 그리고 호혜성의 원리에 기초한 공동창조가 새로운 경제운영원리로 작동하는 혁신경제의 건설, 상호 체제개혁을 통한 남북한의 공진화 등은 개인의 온전한 삶을 확보할 수 있는 전제조건들이다. 역사이행기는 '혁명의 시대'를 의미한다. 개인과 사회가 하나가 되는 개전쌍전(個全雙全)의 원리가 새로운 한국 사회의 건설에서도 예외가 아님을 보여주는 것이다. 이처럼 한국 사회는 사회의 자치적 역량이 강화될 수 있도록 자율민주주의 수준으로 민주주의 수준을 한 단계 업그레이드시켜야 한다. 자유와 통제(계획)에 기초했던 기존 민주주의들을 자율과 협력에 기반한 새로운 민주주의로 업그레이드시키는 것만이 세계화와 민주주의 그리고 국민국가 사이의 삼중딜레마(trilemma)도 해결할 수 있다. 예를 들어, 민주주의와 세계화를 제대로 추진하려면 철저히 민주적인 국제정치공동체가 있어야 하는데 국민국가들 사이의 차이점을 고려할 때 이는 환상에 불과하다. 무엇보다 오늘날 세계는 금융의 세계화로 인해 경제파탄이 일어나는 것이 너무 일반화되어 있다. 다수의 대중을 채무 노예로 전락시키는 파국을 벗어나 산업화 시대에서 혁신경제 시대로 순조로운 이행을 하고, 세계화 속에서 민주주의의 강화와 개별 국가의 자율성을 유지하려면 사회구성원의 자율과 협력에 바탕을 둔 제3민주주의로 민주주의를 업그레이드시켜야만 한다. 이는 산업구조의 업그레이드와 초국가 협력이 절실한 주요 선진국 및 국제사회의 핵심과제이기도 하다. 즉 산업구조의 업그레이드와 민주주의 업그레이드는 함께 진행될 수밖에 없다.

찾아보기

ㄱ

가계부채 322, 330, 332, 333
간-세인트 저메인법(The Garn-St. Germain Act) 56, 57
개방형 협력적 혁신(open collaborative innovation) 215
개전쌍전(個全雙全)의 원리 348
고도금융 47
고용 없는 성장 123, 205, 236, 321, 336
공동창조(co-creation) 339, 347
과잉금융 38, 44, 48, 51, 63, 97, 105, 108, 118, 119, 198, 200, 247, 256, 284, 321
과잉부채 15
교육혁명 347
구성의 오류 8, 100, 153, 279
국가은행법(National Banking Act) 51
그램-리치-블라일리법(Gramm-Leach-Bliley Act) 59
그린 뉴딜(Green New Deal) 209, 211, 213
그림자금융 52, 66, 67, 68, 69, 152, 223, 309
그림자금융시스템(shadow banking system) 64, 70, 84, 131
그림자부채(shadow debt) 130
글래스-스티걸법(Glass - Steagall Act) 51, 52 55, 59, 63
글로벌 공공재 246, 336
글로벌 공급 체인 191
글로벌 과잉 저축 152, 153
글로벌 불균형 142, 143, 145, 147, 148, 152, 153, 209, 310, 317
글로벌 제로금리 157
금융화 22, 36, 44, 47, 101, 105, 111, 118, 121, 143, 243, 247, 321
금융공학 31
금융과두정 46, 221
금융서비스 현대화법(Financial Modernization Act) 59
금태환 정지 22, 150
긍정적 피드백 루프 94, 95
꼬리 리스크 63, 76, 247, 316, 330

ㄴ

닉슨 쇼크 27

ㄷ

다극체제 8, 9, 23, 141, 143, 154, 196, 197, 246, 342, 345
다극통화시스템(multipolar currency system) 245
다원통화체제 342
다원환율시스템(multilateral exchange rate system) 244
대마불사 60, 66, 221
대차대조표 침체 255, 279, 303
도드-프랭크 월가개혁 및 소비자보호법(The Dodd-Frank Wall Street Reform and Consumer Protection Act) 220
도드-프랭크(Dodd-Frank)법 65, 220, 223
디레버리지(deleverage) 효과 94

ㄹ

레버리지 효과 47, 48, 92, 94
리글-닐 주간(州間) 은행업무 효율화 법(Riegle-Neal Interstate Banking and Branching Efficiency Act) 58

ㅁ

마진콜(margin call) 93, 94, 95
모기지 전자등록시스템(MERS, Mortgage Electronic Registry System) 84
모노라인 78
미국식 사회계약 198, 240

ㅂ

바젤 III 222, 223
배젓의 규칙(Bagehot's rule) 159, 160
베이-돌(Bayh-Dole) 법안 20
베이징 컨센서스(Beijing Consensus) 306, 343
변동환율제 24
볼커룰(Volker rule) 220
부정적 피드백 루프 95, 100
부채담보부증권(CDO) 31, 45
부채담보증권(CDO) 84
부채레버리지 47
비관세장벽 19
비소구권 334

ㅅ

사유재산권체계 21, 217
사이노의존지수(Sinodependency index) 306
삽질 인프라 프로젝트(shovel-ready infrastructure projects) 190
삽질 프로젝트 187, 281, 303
상품선물현대화법(the Commodity Futures Modernization Act) 62
서브프라임 모기지 사태 50, 118, 121, 184, 231, 334
석유파동 28
성장추진력 275
소구권(遡求權, non-recourse loan) 137
소셜 펀딩(social funding) 341
소프트웨어 갭 21, 217
시스템 리스크(꼬리 리스크) 70, 76, 100, 102, 103, 222, 333, 339
시스템 위기 101
시퀘스터(sequester) 195
신용파산스왑(CDS) 33, 78
신자유주의 18
신자유주의 포퓰리즘 121, 324, 328
신재정협약 262
신중상주의 9

ㅇ

안정성장협약(Stability and Growth Pact) 250 259, 274
압축적 공업화 322
양적 완화(Quantitative Easing, QE) 43, 92, 157, 167, 171, 173, 176, 177, 179, 180, 181, 186, 282, 295
예금금융기관법(the Depository Institutions Act) 57
오퍼레이션 트위스트(operation twist) 176, 179, 282
우루과이라운드 19
위대한 개츠비 곡선(the Great Gatsby Curve) 238
유럽안정메커니즘(ESM, European Stability Mechanism) 258
유럽재정안정기금(EFSF, European Financial Stabiltiy Facility) 258
은행동맹 248, 263
은행법(Banking Act) 51
이자평형세 30
일본병 297, 324, 327
일자리 양극화 110, 200, 203, 324, 326, 336

ㅈ

자본통제 30, 191, 285
자산담보증권(ABS) 41
자산의 증권화(유동화) 42
자율규제 63
장외거래(OTC) 37, 79
재정동맹 248, 263
재정절벽(fiscal cliff) 187, 194, 195
저축대부업(S&L) 사태 121
정부보증기업 131, 134
정부보증기업들(GSEs) 131, 132
정실자본주의 134

정치동맹 248, 263
정치의 실패 7
제2의 일본 341
조합식 경제협동체 347
집단행동의 딜레마 154, 250, 274

ㅊ

차입매수거래(LBO, Leveraged Buyout) 93
채무 노예 9, 11, 322, 333
초국가 안전자산 141, 196
초국가 협력 6, 8, 9, 142, 154, 196, 240, 245, 246, 247, 264, 275, 318, 320, 342, 345
초국가 협력일 273
출구전략 188

ㅋ

캐리 트레이드(carry trade) 8, 92, 95, 179, 185
케인지언 종착역(Keynesian Endpoint) 342
킹스턴체제(Kingston System) 26

ㅌ

탈공업화 6, 15, 18, 200, 321, 322, 325, 332, 336
통화전쟁 92, 185, 303, 317, 347
특수목적법 65
특수목적법인 131, 333

ㅍ

팍스 시니카(Pax Sinica) 304
펀드 자본주의 48, 49

ㅎ

한국 경제의 일본화 323, 335
합성CDO(Synthetic CDO) 79
허구적 상품 20, 21, 22
헤어컷(haircut) 94
혁신경제 338, 347
혁신형 인재 338, 339
협력적 혁신 215

1980년의 예금금융기관 규제완화 및 통화관리법(the Depository Institutions Deregulation and Monetary Control Act) 56
3D 함정 294
CDO 72, 75, 219
CDS 219
EFSF 258, 259, 260, 263
ESM 258, 259, 263, 264
G20 정상회의 142, 151
G제로 시대 197
L&H 42
OTD 모델 42, 66, 103, 131
S&L (부도) 사태 49, 57, 76, 116, 122, 131

저자소개

최배근(崔培根)

건국대학교 경상학부 교수(현)
경제사학회 회장
코리아글로브(KG) 이사장
국가인권위원회 전문위원
경향신문 <경제와 세상> 고정칼럼 집필
MBC 자문위원
한겨레21, 지구촌경제 고정칼럼 집필
한국경제TV '최배근의 글로벌 이슈' 고정출연 해설
행정자치부 자문위원
하남민주연대 대표
대안학교 민들레학교 교장
전국사립대학교 교수협의회 사무총장
학교법인 지산학원 임시이사(공익관선이사)
건국대학교 민족통일연구소 소장

주요 저서

협력의 경제학, 집문당, 2013.
한국사회 대논쟁(공저), 한국사회과학협의회・중앙SUNDAY, 메디치미디어, 2012.
시장시스템들의 붕괴와 대변환, 집문당, 2012.
어게인 쇼크, 팬덤북스, 2011.
시장이론 비판, 집문당, 2010.
대변환의 시작, 집문당, 2009.
시장경제, 진화와 위기, 집문당, 2008.
시장과 네트워크 그리고 경제학, 집문당, 2007.
한국경제의 새로운 길, 박영사, 2007.
헌법 다시 보기: 87년 헌법, 무엇이 문제인가(공저), 창비, 2007.
시장경제와 민주주의의 유형: 영미형과 동아시아형의 비교, 집문당, 2005.
네트워크사회의 경제학, 한울아카데미, 2003.
디지털시대, 새로 쓰는 경제학, 한울아카데미, 2002.
인터넷한국의 10가지 쟁점(공저), 역사넷, 2002.
시장경제들의 역사적 기원과 특성, 법문사, 2000.
한국경제의 역사적 인식: 유럽 중심적 사고의 극복, 박영사, 1998.
참여민주주의와 한국 사회(공저), 창작과비평사, 1997.
우리가 바로잡아야 할 39가지 개혁과제(공저), 도서출판 푸른숲, 1997.
한반도통일론: 전망과 과제(공저), 건국대학교출판부, 1997.
한국경제의 이해: 한국경제성장의 회고와 전망(공저), 법문사, 1997.

파국에서 레짐 체인지로
-채무 노예의 길과 구체제 해체의 갈림길- 값 18,000원

2013년 2월 25일 1판 1쇄

저 자 최 배 근
발행인 임 동 규
발행처 **집 문 당**
주 소 110-360 서울특별시 종로구 돈화문로 82
등 록 1971. 3. 23. 제406-2003-000039호
영업부 (02)743-3192~3 팩스(02)742-4657
전자우편 sale@jipmoon.co.kr
편집부 (02)743-3096~7 팩스(02)743-0227
전자우편 edit@jipmoon.co.kr
홈페이지 www.jipmoon.co.kr

ISBN 978-89-303-1590-6

이 도서의 국립중앙도서관 출판시도서목록(CIP)은 e-CIP홈페이지(http://www.nl.go.kr/ecip)와 국가자료공동목록시스템(http://www.nl.go.kr/kolisnet)에서 이용하실 수 있습니다.
(CIP제어번호: CIP2013001088)